生命教育的知、情、意、行

王秉豪、李子建、朱小蔓、歐用生◎主編

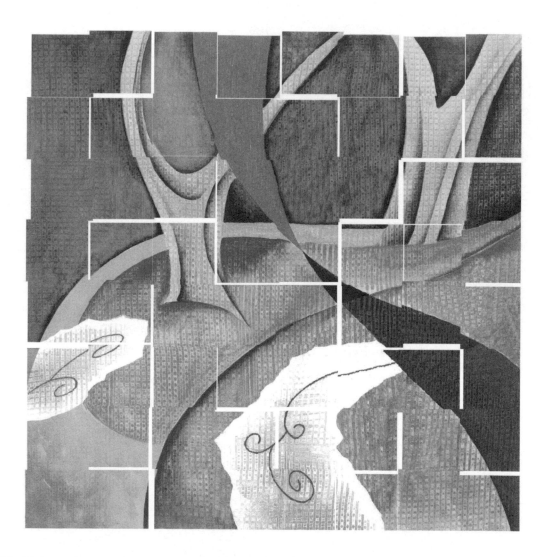

Life Education: Its Intellectual, Emotional, Volitional and Practical Dimensions

編者／作者簡介

主　編

王秉豪 2016年1月榮休前任香港教育大學（原稱香港教育學院，下同）國際教育與終身學習學系副教授、香港教育大學教育博士課程（生命教育與價值教育）課程統籌、宗教教育與心靈教育中心總監，現為國際教育與終身學習學系客座副教授、中國陶行知研究會生命教育專業委員會常務理事。

李子建 香港教育大學副校長（學術）、宗教教育與心靈教育中心總監、課程與教學講座教授、卓越教學發展中心聯席總監（研究）、可持續發展教育中心聯席總監。曾任香港中文大學教育學院院長。

朱小蔓 北京師範大學教授、博士生導師，國家課程改革委員會思想品德學科組組長。中國陶行知研究會會長、中國陶行知研究會生命教育專業委員會理事長。曾任南京師範大學副校長、中央教育科學研究所所長、國家督學。

歐用生 榮休前擔任臺灣首府大學講座教授兼人文教育學院院長、曾任臺北師範學院（現為臺北教育大學）校長。

執行編輯

何榮漢 香港教育大學宗教教育與心靈教育中心項目經理、中國陶行知研究會生命教育專業委員會副理事長、全人生命教育學會創會內務副會長，現為外務副會長。曾任循道衛理聯合教會學校教育部優質生命教育發展計畫幹事，現為該計畫教材專家小組成員。

吳庶深 臺北護理健康大學生死與健康心理諮商系副教授、曾任臺灣教育部生命教育諮詢小組委員。現任得勝者教育協會常務理事、臺灣安寧照顧協會理事、臺灣生命教育學會理事、臺灣失落關

懷與諮商學會理事、臺灣性教育學會理事、三之三生命教育基
金會顧問、香港教育大學宗教教育與心靈教育中心名譽學術顧
問、中國陶行知研究會生命教育專業委員會常務理事。

李漢泉　香港教育大學宗教教育與心靈教育中心項目主任、香港教育大
學教育博士課程（生命教育與價值教育）博士生。曾任突破機
構青少年成長訓練主任／程序主任，現為突破機構培訓導師
（義務）。現亦擔任華東師範大學、華東師範大學第二附屬中
學及上海樂欣勵教育信息諮詢中心生命教育專業培訓及發展項
目培訓導師。

李璞妮　香港教育大學教育博士課程（生命教育與價值教育）博士生，香
港教育大學宗教教育與心靈教育中心高級研究助理（兼任）。

序　言

陳英豪　心理學博士，曾任高雄師範大學學務長、臺南師範學院（現在
已改為臺南大學）校長、臺灣省教育廳長、考試委員。於1997
年任教育廳長時全面推動生命教育，並擔任教育部生命教育推
動委員會總召集人。

魯　潔　南京師範大學教授、博士生導師、教育科學學院名譽院長、國
家教育部人文社會科學重點研究基地南京師範大學道德教育研
究所名譽所長。全國教育科學規劃領導小組德育學科組長、曾
任中國教育學會教育學分會德育論專業委員會主任。於2008年
獲香港教育大學（原稱香港教育學院）頒授榮譽教育學博士學
位。

顧明遠　北京師範大學資深教授、曾任副校長、研究生院院長。曾任世
界比較教育學會聯合會聯合主席、中國教育學會會長。現任中
國教育學會名譽會長、國家教育諮詢委員會委員及該委員會第
一組「推進素質教育改革組」組長等職。於2001年獲香港教育
大學（原稱香港教育學院）頒授榮譽教育學博士學位。

篇章　作　者

1　朱小蔓　見主編

2　劉　慧　生命德育的宣導者與實踐者。首都師範大學兒童生命與道
德教育研究中心主任、初等教育學院教學副院長、博士生
導師。中國陶行知研究會生命教育專業委員會常務副理事
長。

3　鄭曉江　生前為江西師範大學江右思想文化研究中心主任、道德與
人生研究所所長、哲學系教授、武漢大學傳統文化研究
中心兼職研究員、國務院政府特殊津貼獲得者，國家二級
教授，江西省高校中青年學科帶頭人。中國哲學史學會理
事，中國炎黃文化研究會理事。

4　朱永新　新教育實驗發起人、中國教育學會副會長、蘇州大學教
授、博士生導師。

5　張文質　生命化教育的倡導者與實踐者、《明日教育論壇》主編。

6　吳庶深　見執行編輯
　　吳英傑　高雄第一社區大學授課講師、高雄市三洋維士比集團教育
基金會社工。

7,15 紀潔芳　山東大學、吳鳳科技大學、南華大學兼任教授、臺灣教
育部生命教育學習網共同主持人、臺灣教育部生命教育
諮詢委員會第五屆委員、臺灣教育部第三屆學生輔導及
生命教育諮詢委員。2004年獲加拿大人生意義國際網絡
（International Network on Personal Meaning）頒授終身成
就獎（Lifetime Achievement Award）。中國陶行知研究會
生命教育專業委員會常務理事。

8　梁錦波　香港神託會培敦中學校長、香港全人生命教育學會創會會
長，現為理事。中國陶行知研究會生命教育專業委員會常
務理事。

9　王秉豪　見主編

10　湯恩佳　美國愛奧華威斯理安大學工商管理博士。現任孔教學院院長、香港孔教總會會長、世界儒商聯合會會長、國際儒家生態聯盟副主席、國際儒學聯合會榮譽顧問等。1996年英女皇授予MBE勳銜，2005年獲日本世界宗教法王廳頒授世界和平大獎，2006年榮獲美國總統喬治‧布希頒發傑出儒學家獎，2009年獲美國名譽林肯勳章。2011年獲國家文化部孔子文化獎。2014年獲香港特區政府頒發銀紫荊星章。湯博士為香港宗教領袖，在政府禮賓編制排名第十二。

11　陳謳明　香港聖公會西九龍教區主教、聖公宗（香港）小學監理委員會有限公司執行委員會主席、明華神學院校董、普世聖公宗網絡（外勞及難民）主席。

12　陳立言　文藻外語大學教務長、吳甦樂教育中心副教授。南部生命教育資源中心執行長、曾任臺灣生命教育學會秘書長、理事長，現為常務理事。中國陶行知研究會生命教育專業委員會常務理事。

13　吳渭濱　香港突破機構副總幹事、全人生命教育學會創會外務副會長、香港書刊業商會理事、香港教育大學（生命教育與價值教育）博士生。

14　袁莉敏　北京工業大學副研究員，碩士生導師，現任北京工業大學建築與城市規劃學院黨委副書記，中國心理學會臨床與諮詢心理學專業註冊心理師，北京社會心理學會理事。

16　朱清華　江西財經大學馬克思主義學院專職教師。

17　陳熔釧、吳瓊慧、許興華、劉國安、陳惠遙
　　陳雅芳、林欣茹、朱玉真、陳姝蓉、孫孟儀
　　臺灣華江國民小學雁行團隊：陳熔釧校長、吳瓊慧主任、許興華主任、劉國安主任、陳惠遙組長、陳雅芳組長、林欣茹組長、朱玉真老師、陳姝蓉老師、孫孟儀老師。

18　黃祐榮　香港你心我心慈善基金有限公司生命教育協會主席、香港
　　　　　撒瑪利亞防止自殺會理事會理事。。

　　梁燕珍　註冊社工、現任基督教巴拿巴愛心服務團執行總監、香港
　　　　　你心我心慈善基金有限公司生命教育協會義務顧問、生命
　　　　　教育訓練有限公司榮譽顧問。

19　黃麗花　臺灣花蓮縣秀林鄉崇德國小校長、花蓮縣國民教育輔導團
　　　　　綜合活動學習領域國小組副召集人。

20　朱慧珍　香港寶血會培靈學校副校長。
　　　　　馮敏兒、朱慧珍、黃美娟、林慧思與謝文惠於2010-2011
　　　　　年度獲行政長官卓越教學獎（德育及公民教育範疇）。

21　許佩麗　香港馬鞍山循道衛理小學老師。
　　黎愛連　香港馬鞍山循道衛理小學老師。
　　　　　許佩麗、黎愛連與柯麗麗於2010-2011年度獲行政長官卓
　　　　　越教學獎（德育及公民教育範疇）。

22　黃鳳鳴　香港佛教慈敬學校副校長、香港佛教聯合會會屬小學校長
　　　　　會執行委員兼心靈教育推廣委員會主席、全人生命教育學
　　　　　會創會理事，現為內務副會長。

23　劉麗冰　香港道教青松小學副校長。

24　胡少偉　香港教育大學國際教育與終身學習學系助理教授。
　　杜家慶　香港佛教榮茵學校校長。

25　歐權英　深圳開智幼兒園校監、中國陶行知研究會生命教育專業委
　　　　　員會常務理事。

　　許善真　生命教育國際服務社行政總監。

26　張淑儀　香港神託會培敦中學助理校長。
　　賴寶伶　香港神託會培敦中學宗教及生命教育科主任。
　　　　　張淑儀、賴寶伶、鄭晚莊、張嘉蕙與梁淑芳於2010-2011
　　　　　年度獲行政長官卓越教學獎（德育及公民教育範疇）。

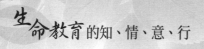

27　何榮漢　見執行編輯

　　李子建　見主編

　　王秉豪　見主編

　　李璞妮　見執行編輯

　　江浩民　香港教育大學宗教教育與心靈教育中心項目經理。

關於「香港教育學院」與「香港教育大學」名稱之說明

　　臨近本文集出版工作的最後階段，欣聞「香港教育學院」於2016年5月27日正名為「香港教育大學」（The Education University of Hong Kong），誠為香港師資教育的重要里程碑，我們謹以此文集恭賀「香港教育大學」之誕生。

　　據香港教育大學網站資料介紹（歷史與校園一欄），香港首個正規在職教師培訓課程，由聖保羅書院於1853年開辦，其後於1881年，時任香港總督軒尼詩爵士於香港島灣仔區成立首間位公立師範學校，為香港師範教育的起點。隨著社會發展，五所師範院校相繼成立，包括羅富國師範學院（1939年創校）、葛量洪師範學院（1951年創校）、柏立基師範學院（1960年創校）、香港工商師範學院（1974年創校），以及語文教育學院（1982創校）。為進一步提升師資教育和有關的專業培訓課程，香港政府於1994年整合這五所院校成為「香港教育學院」，並提升為香港八所公立大學之一。

　　「香港教育學院」於1997年遷入現時位於新界大埔區的校園，以大學水準及規格提供師資教育，隨後逐漸發展成為一所多元本科學位及碩士、博士課程，兼具研究實力的大學。2016年1月26日行政長官會同行政會議批准向香港教育學院授予大學名銜，經過法定程序，「香港教育學院」於2016年5月27日正式稱為「香港教育大學」。

　　由於本文集內文主要是涉及文章撰寫及成書的歷史時段，因此內文篇章仍保留使用「香港教育學院」（簡稱「教院」）的名稱。

資料參考自香港教育大學（http://www.eduhk.hk）網頁

主頁>關於教大>歷史及校園>回顧過去

http://www.eduhk.hk/main/tc/about-us/history-and-campus/at-a-glance/

陳 序

　　前臺灣省教育廳在1997年提出在中學先開展「生命教育」計畫，至今已近二十年。提出「生命教育」的目標十分清晰，即希望能在根本上匡正學校陷於「升學主義」而只重「智育」的偏頗，並讓孩子能在學習當中探索生命的意義，培養為人的道德情操，重己重人，關愛社會、環境等優美的人格品德。21世紀的教育，是要讓學生變得更好，這比學生變得更聰明還來得重要。而在這近二十年間，臺灣的生命教育亦從初期的理論探索，到百花齊放，逐漸整合形成共識，並在教育前線初步取得成效。

　　生命教育的內涵十分豐富，可以說，各人類文明傳統發展的成果，都可轉化為學校生命教育的內容。而如何在這博大深厚的源泉中，提煉建構出一適合各個地方自身的生命教育理論框架作為生命教育在實務發展上的助力，是各地推動生命教育發展的一個難點。在具體教學實踐上，如何讓生命教育的內容不淪為教科書上的一個個知識點，而是能轉化為學生的情感與意志，並令學生的日常行為有所改變，是推動生命教育的另一個難點。

　　在生命教育的發展中，政府、高等學府及中小幼學校，均扮演著重要的角色。其中，高等學府擁有深厚的教育理論基礎與研究實力，亦長於學術與專業平臺的構架，一方面能夠提供生命教育的理論基礎，另一方面，透過研究前線學校的實踐，可不斷進行理論創新，並透過專業平臺影響與支援中小幼學校，而這些作用恰好有助化解上文提及的難點。

　　早在2000年，臺灣輔仁大學學程中心已受臺灣教育部委託舉辦「生命教育與教育革新學術研討會」，並將研討會上發表的論文作局部修正與補充，集成《生命教育的理論與實務》[1]一書。筆者受邀，欣然為序。

---

[1] 《生命教育的理論與實務》一書由時為臺灣輔仁大學教授的林思伶主編，並由臺北寰宇出版股份有限公司在2000年11月出版。

香港教育學院宗教教育與心靈教育中心是香港推動生命教育的重要陣地，筆者與這個中心結緣，始於2013年生命教育國際學術研討會。[2] 在會議上，認識了時任中心總監的王秉豪博士與時任中心經理的何榮漢博士，深深感受到該中心和兩位同道對中小學生命教育發展的關注與熱誠。該中心於2012年年初主辦以「生命教育的知、情、意、行」為主題的生命教育學術及專業實踐會議，兩岸三地學者與前線老師近400人齊聚於香港教育學院。會上發表的論文及教學示範，經整理與補充，集成《生命教育的知、情、意、行》一書，行將面世。蒙本書執行編輯吳庶深教授不棄相邀，筆者樂為之序。

作為生命教育在臺灣的早期推動者，在近杖朝之年，見證了生命教育從臺灣起步，逐漸被世界華人社會認同，在兩岸三地邁步開展的歷程。這些認同與開展證明了，在教育體系面對新時代各種衝擊時，生命教育對青少年生命成長的重要意義。如今，《生命教育的知、情、意、行》一書經數年醞釀而功成，相信定能促進華人社會生命教育的交流與發展！

陳英豪[3]

---

[2] 2013年生命教育國際學術研討會為臺灣教育部委託臺北護理健康大學舉辦，於2013年10月18-19日舉行，研討會的主題是「以生命教育促進全人健康」。

[3] 編者註：陳英豪為前臺灣省教育廳廳長（任職期間為1993-1999年），曾經擔任國小、國中、高中、大學教師，師院校長，教育廳股長、專員、視察、督學、考試委員等職務。目前臺灣生命教育的推動與發展，離不開陳任職教育廳廳長期間在教育政策上的高瞻遠矚與支持。我們十分感恩陳英豪為本書作序。

魯　序[4]

　　時至今日，人類社會在各個方面都有長足的發展。開始於西方幾個世紀前的現代化浪潮，衝破了泛道德主義的束縛，把道德趕往社會的邊緣，甚至於變成虛無。世俗化是現代社會的主要特徵之一。隨著基於宗教文化建構的意義世界在現代社會中的不斷瓦解，帶來了道德的斷裂與人類意義的虛無，使個體與社會都陷入一種現代化的危機中，而現代化先行的西方社會就正在這個現代化陷阱中掙扎著。道德危機正是社會現代化發展的一個重要悖論。隨著這種現代化的全球化背景下。道德教育在世界各國就都顯得更加重要。

　　德育應該是最有魅力的，因為德育面對的是活生生的人，是人心，還有人的向善之心。但以往的德育往往卻與上述相背離，只是在宣講概念與道理，它要人做到的往往是難以達到的要求，去遵守許多違反身心發展的規訓。筆者認為道德和道德教育的核心問題不單是道德概念與思辨，或者只是著眼於一大堆具體的行為規範問題，而是「怎樣去做成一個人」的根本生存方式問題。

　　「道德教育要把人引向何方」是道德教育的核心問題。不同的人學觀和德育觀在這個問題上作出了不同的回答。引導和促使人去做成一個「人」，是生活論德育觀所作出的回答，也就是說，道德教育的根本使命就是要引導人走上「成人之道」。回歸生活的德育要回歸於人自身。在生活論的視域中，道德就是人們所選定的特定的生活價值，道德教育就是要幫助人用道德作為參照點來確定生活的方向和道路，使人能夠生活得「更像一個人」。為使每個人生活建構的品質和能力在教育中得到發展和提高，生活論德育所倡導的道德學習要使人學會的是：關注生活、反思生

---

4 編者註：作者歷年論及生命教育文章，幾涉各重要議題，今就過往分享重點聯綴為文，以小見大，以為本文集序言，亦裨益後進。

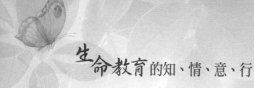

活、改變生活。

　　雖然不及歐美社會的高度現代化，但處於現代化進程中的兩岸三地（大陸、臺灣和香港）同樣也面對社會現代化進程中所帶來的道德危機。所幸有一群真誠與熱心的教育工作者，為下一代的教育盡心盡力，以求在現代教育體制中尋得一條新的道路，而生命教育就是其中一個重要的嘗試。

　　我與香港教育學院宗教教育與心靈教育中心結緣於2008年年底，當時受邀至香港教育學院領受榮譽教育學博士學位，期間我被教院的美麗風景與中心同事的熱誠所打動，亦有機會在中心的安排下，與教院第一屆主修「生命教育與價值教育」的教育博士課程學生見面研討。

　　喜聞中心於2012年年初舉辦生命教育學術及專業實踐會議，邀請了兩岸三地的學者與前線教育工作者以「生命教育的知、情、意、行」為主題進行了熱烈的討論，對生命教育的理論發展與具體實踐，都作出了極為有益的探索。雖然生命教育與生活論視域中的道德教育在概念的內涵上並非完全一致，但卻有著相同的指向，即兩者都著重於人的生命在現實生活中的實踐與建構，而非單憑概念與道理灌輸。正如大會主題「生命教育的知、情、意、行」，除了知識上的傳授，生命教育與道德教育更加重視學生在現實生活中的情感和體會，以及實踐的動力與具體落實履行。而這亦是所有關注生命教育的學者與教育工作者所應該關注的。

　　主辦方如今將「生命教育的知、情、意、行」學術及專業實踐會議眾多與會者的研討成果結集，輯成《生命教育的知、情、意、行》一書，我欣然為之作序，祝願兩岸三地的生命教育蓬勃發展！

魯潔

顧 序[5]

教育讓生命放光彩

　　教育的本質就是生命教育，是讓人的潛能得到充分發展，實現人生的自我價值。人類和其他生物一樣，一要生存，二要繁衍，三要發展。要生存，就要解決衣食住行的問題；要繁衍，就要生兒育女；要發展，就要受教育、學習，把前輩的生產經驗、生活經驗傳承下來。人類幾十萬年來就是這樣學習、創新、發展，戰勝惡劣的環境，獲取更好的生存、繁衍、發展的條件。人類發展的歷史就是人類透過教育，不斷超越自我的歷史。因此，教育的本質就是生命教育。

　　自古以來的教育家們都是在追求如何使下一代的生命得到更好的發展。無論是西方蘇格拉底、柏拉圖，還是東方的孔子、孟子，都是追求人的身心的健全發展。但由於人類進入階級社會以後，教育一方面為統治階級所利用，一方面被統治階級接受不到應有的教育，教育的本質被掩蓋了，教育成了各種利益集團的工具，忽視了人的生命的發展。特別是到了中世紀，神權統治一切，人性受到壓抑。文藝復興以來，打破了神權，提倡人權。兒童發展問題逐漸得到教育家、思想家的重視。特別是啟蒙思想家如夸美紐斯、盧梭等都關注兒童的自由發展。

　　20世紀以來，美國進步主義教育家杜威主張「兒童中心主義」，提出「教育即生長」、「教育即生活」、「學校即社會」，再一次引起對兒童生命發展教育的關注。陶行知先生從他的老師杜威那裡得到啟發，在中國創建「生活教育」，並且把老師的主張翻轉過來，提出「生活即教育」、「社會即學校」。他們兩者的理念是一致的，都是關注兒童的生命

5　編者註：作者分享於生命教育所思所感，雖已見於前作〈教育的本質是生命教育〉（刊登於2013年9月出版的《課程·教材·教法》第33卷第9期，頁85），以視今日仍有不少可借鏡之處，故得作者略作裁剪刊載，以為序。

發展。

　　二次大戰以後，隨著社會民主的擴大，逐漸認識到教育是每個人的權利，更是兒童發展的權利。1989年11月20日聯合國第44屆大會通過第25號決議《兒童權利公約》（*Convention on the Rights of the Child*），明確提出，兒童（至18歲）具有生存權、受保護權、發展權、參與權。在發展權中，指明充分發展兒童全部體能和智能的權利，兒童有權接受正規和非正規教育，以及有權享有促進其身體、心理、道德和社會發展的生活條件。《公約》宣布，「應以兒童的最大利益為一種首要考慮。」因而確立了「兒童第一」的原則。這使生命教育更有了國際法律依據。

　　當前提倡生命教育有著重要意義。原因是今天的教育已經陷入功利主義的泥潭，違背了教育的本質，壓抑了兒童的發展。學校為了自己的榮譽，片面追求升學率，很少考慮學生體能和智能的發展；家長為了孩子能夠考上名牌大學，只顧孩子的知識學習、考試成績，不考慮培養孩子的健全人格；政府官員只考慮自己的政績而不顧學生的成長；一些社會教育機構為了賺家長口袋裡的錢，只顧把沒有用的知識去充塞孩子的頭腦。可以說大家只看到眼前的利益，誰也不認真思考一下兒童將來的前途。教師為考試而教，學生為考試而學，每天十幾個小時埋頭於沉重的作業負擔之中，身體健康受到傷害、思想品質得不到提高，學生的生命受到摧殘。同時，由於生命教育的缺失，許多學生不知道尊重生命、愛惜生命，不會規劃自己的人生。因此今天正要發出「救救孩子生命」的吶喊！所以有識之士提出「生命教育」，是非常重要的。

　　什麼是生命教育？它的內涵是什麼？如何實施？目前已有許多研究，也有不同的觀點。我沒有深入的研究。以我的淺見，認為，生命教育不是一種教育模式，而是一種教育理念。一個人的生命有物質生命和精神生命兩個方面。當然這兩者難以分開，物質生命是指有健壯的體魄，它是生命的基礎；精神生命是指健全的人格，是生命的靈魂。有了健全精神生命就會使物質生命生活得更有價值、更幸福。生命教育的任務更多地是幫

助學生建立有價值的精神生命。我們要透過生命教育來轉變教育觀念，更新教育方法，使學生認識生命、尊重生命、創造生命價值，使他們幸福地生活，健康地成長。

生命教育要貫穿到教育的全過程。所謂全過程，從縱向來講，從兒童懂事之日起，就要告訴他生命是如何來的，知道愛護自己生命，同時愛護一切生命；逐漸地教育他們尊重生命，瞭解生命的價值；直到規劃人生，樹立理想，創造人生價值。從橫向來講，各門課程中都可以滲透生命教育，使學生潛移默化地受到具有人文關懷的生命教育。當然在高年級也可以適當地開設生命教育或者生涯教育的課程，幫助學生理解人生價值、規劃人生發展。

更重要的是，教師要有生命教育的理念，把學生的生命放在本職工作的第一位。敬畏生命，尊重學生，時時把學生的發展放在心上，以滿腔的熱忱給學生投以人情關懷。學校要建設成具有人文精神和充滿生命活力的學習環境，讓學生時時刻刻感受到關愛和尊重，樹立起自尊、自信、自強的精神，讓生命放出光彩。

顧明遠

編者序

　　香港教育學院宗教教育與心靈教育中心（下簡稱「中心」）於2012年舉辦「生命教育的知、情、意、行：生命教育學術及專業實踐會議」，邀請兩岸三地從事生命教育的學者、校長、老師及其他前線工作者出席。生命教育工作者因這次會議而濟濟一堂，實在難得。

　　其間與會者各自就生命教育學術及專業實踐各不同範疇的關注和嘗試，交流分享，熱烈討論，共學共創，成果豐富。會後，中心把這次會議的成果結集成是書出版，部分文章為作者在先前的作品的基礎上進一步深化的成果，冀能引發更多迴響，深化生命教育領域的學理和實踐。

　　編輯團隊主要工作，以會議現成文章為基礎，構建文集框架，從而據之再對每篇文章作出取捨，並按文集體例，向入選文章的作者提供修訂補充的意見，力求讓文集成為一有生命的整體。不足之處，尚望作者及讀者諸君多所賜教。囿於體例忍痛割愛的文章，將透過上載中心網站、刊載於中心年刊等方式，以另一種渠道流通。

　　文集編輯幾經周折，而今終於完成。除了要感謝揚智文化事業股份有限公司允為出版印行，以襄盛事，更要感謝眾位生命教育專家學者、校長、主任、老師及其他前線工作者，允賜文章，又包容忍耐編輯團隊的吹毛求疵，而不以為煩。最後不可不提的，是落實各項編輯工作的執行編輯李璞妮女士與學生助理林易燊、高俊偉、童中樂、陳詩敏，其夙夜不懈，勞心勞力，功不可沒。

王秉豪、李子建、朱小蔓、歐用生
何榮漢、吳庶深、李漢泉、李璞妮
2015-10-28

目　錄

陳　序　陳英豪　　　　　　　　　　　　　　　　　　　　vii

魯　序　魯　潔　　　　　　　　　　　　　　　　　　　　ix

顧　序　顧明遠　　　　　　　　　　　　　　　　　　　　xi

編者序　王秉豪、李子建、朱小蔓、歐用生、何榮漢、吳庶深、　xv
　　　　李漢泉、李璞妮

導　論　　　　　　　　　　　　　　　　　　　　　　　　1

　　　　　　　　　王秉豪、李子建、朱小蔓、歐用生
　　　　　　　　　何榮漢、吳庶深、李漢泉、李璞妮

第一篇　兩岸三地的生命教育發展　　　　　　　　　　　13

第 1 章　中國內地生命教育的興起與教師專業發展　　　　15

　　　　　　　　　　　　　　　　　　　　　　　　　　朱小蔓

　　　一、中國內地生命教育：緣起與顯現　　　　　　　　15

　　　二、生命教育理論與實踐：起步中的探索　　　　　　18

　　　三、生命教育與教師專業發展：關注教師情感素質及能力　24

　　　四、結語　　　　　　　　　　　　　　　　　　　　30

第 2 章　中國內地的生命教育發展狀況和前景　　　　　　32

　　　　　　　　　　　　　　　　　　　　　　　　　　劉　慧

　　　一、內地生命教育發展階段劃分　　　　　　　　　　32

　　　二、評述　　　　　　　　　　　　　　　　　　　　40

第 3 章　中國生命教育發展的歷程及前瞻——

從「生命教育」到「三生教育」　　49

鄭曉江

一、生命教育的興起　　49

二、推展中的問題　　54

三、對未來發展的建議　　56

第 4 章　讓每個生命成為最好的自己——新生命教育論綱　　60

朱永新

一、新生命教育概述　　60

二、新生命教育的原則與途徑　　72

三、結語　　78

第 5 章　生命化教育十年：尋找教育變革的可能路徑　　80

張文質

一、醞釀　　80

二、自願者　　82

三、生活　　83

四、生成　　85

五、呼喚　　86

六、直面真實　　88

七、妥協　　90

第6章　推動臺灣生命教育之發展──以非營利組織為例　　92

吳庶深、吳英傑

一、前言　　92
二、生命教育的發展及非營利組織　　94
三、結論　　108
後記與致謝　　109

第7章　海峽兩岸生命教育特色與發展　　112

紀潔芳

一、臺灣推動生命教育的特色　　112
二、大陸生命教育之推展　　125

第8章　生命教育──全人生命的關注　　137

梁錦波

一、概要　　137
二、生命教育的緣起　　138
三、生命教育在香港的發展　　138
四、生命教育之定義　　141
五、生命教育理念架構──全人生命的關注　　143
六、生命內涵成長的過程　　150
七、結語　　150
後記──關注全人生命的生涯規劃　　152

第 9 章　香港生命教育：挑戰與機遇　　　　　　　　　159

王秉豪

一、仍在呼喚生命教育　　　　　　　　　　　　159
二、缺乏積累和整合寶貴經驗的平臺　　　　　　162
三、教育局的官方取態　　　　　　　　　　　　164
四、研討的量與質有待加強　　　　　　　　　　166
五、香港學校生命教育的深廣度　　　　　　　　168
六、客觀環境的挑戰　　　　　　　　　　　　　170
七、機遇　　　　　　　　　　　　　　　　　　175

第二篇　生命教育的知、情、意、行　　181

第 10 章　儒家生命教育理論　　　　　　　　　　183

湯恩佳

一、孔子是儒家生命教育的奠基者　　　　　　　184
二、生命教育植根於五倫關係　　　　　　　　　185
三、生命教育源於信仰實踐　　　　　　　　　　186
四、生命教育以道德教育為主　　　　　　　　　188
五、孔子的生命教育方法　　　　　　　　　　　193
六、結語　　　　　　　　　　　　　　　　　　195

第 11 章　由宗教教育理念引申到公民教育——
　　　　　從香港課程改革到中國公民教育　　197

陳謳明

一、前言　　　　　　　　　　　　　　　　　　197
二、香港的教育變革　　　　　　　　　　　　　198

三、「宗教教育」的本質 202

四、香港課程改革與現代宗教教育 204

五、中國現代公民教育 208

六、總結 212

第 12 章　「絕望的困境與希望的存在」──
　　　　　以愛回應自殺的挑戰 215

陳立言

一、自殺的定義與自殺的分類 217

二、馬賽爾以主體際性之愛回應孤獨的困境 224

三、三種希望對自殺挑戰的回應 232

四、如何產生真正的希望？ 234

五、結語：存在本身就是意義 235

第 13 章　生命教育在自然 237

吳渭濱

一、　工業社會與大自然 237

二、　另類自然生態觀 238

三、　人類文化傳統與大自然 238

四、　自然觀察智能 239

五、　個人生命成長 240

六、　體驗學習模式 242

七、　「生命教育在自然」──體驗學習 244

八、　「生命教育在自然」──理念架構 245

九、　「生命教育在自然」──體驗學習案例 246

十、　「生命教育在自然」──體驗活動預備 249

十一、「生命教育在自然」──學員的學習反思 249

十二、結論 250

第 14 章　「大學生心理適應指導」的一堂課：生命教育　252

袁莉敏

一、導言　252

二、生命的孕育與成長　253

三、沉甸甸的生命　255

四、生命的價值　258

五、課堂討論與課後作業　259

六、總結與反思　262

第 15 章　影片賞析在生命教育教學中之運用——
　　　　　以《春去春又來》為例　265

紀潔芳

一、前言　265

二、影片內容與教學運用　266

三、回應檢討與建議　270

四、結語　271

第 16 章　教學示範：撥動愛的音符——
　　　　　關於情感問題的生命教育課　273

朱清華

一、課程介紹　273

二、教學過程　275

三、總結與反思　288

四、思考題　289

第 17 章　生命教育課程與教學的實踐——華江鴨鄉寶　　291

陳熔釗、吳瓊慧、許興華、劉國安、陳惠遙
陳雅芳、林欣茹、朱玉真、陳姝蓉、孫孟儀

一、前言　　291
二、團隊發展歷程　　292
三、方案發展目標、架構與內涵　　298
四、方案實施成效　　307
五、省思與展望　　313

 第 18 章　繪本中的生命教育　　315

黃祐榮、梁燕珍

一、引言　　315
二、關係　　316
三、態度　　317
四、選擇　　318
五、使用繪本推行生命教育的重要元素　　325
六、推行者的素質　　326
七、整全的推行計畫　　327
八、結語　　328

第 19 章　以正向心理學為基礎的生命教育課程設計：
「欣賞生命‧做我真好」　　330

黃麗花

一、前言　　330
二、課程設計規劃　　332
三、教學實踐分析（以第一節課為例）　　333
四、專業實踐省思　　336
五、結語　　339

第 20 章　教學示範：生命體驗之旅　　　　　　　　　344

朱慧珍

一、導言　　　　　　　　　　　　　　　　　344
二、教學單元設計　　　　　　　　　　　　　345
三、評估方式　　　　　　　　　　　　　　　346
四、學生習作及工作紙　　　　　　　　　　　350
五、行動與實踐　　　　　　　　　　　　　　350
六、總結與反思　　　　　　　　　　　　　　351
七、生命教育小提示　　　　　　　　　　　　355

第 21 章　教學示範：四年級「活出生命的色彩」、六年級
　　　　　「做一件事讓世界變得更美麗」暨成長禮　372

許佩麗、黎愛連

一、導言　　　　　　　　　　　　　　　　　372
二、背景　　　　　　　　　　　　　　　　　373
三、教學單元：四年級「活出生命的色彩」　374
四、教學單元：六年級「做一件事讓世界變得更美麗」暨成長禮 380
五、總結與反思　　　　　　　　　　　　　　389

第 22 章　佛教學校價值教育是人間佛教「心靈教育」
　　　　　之呈現，也是「生命教育」的實踐　393

黃鳳鳴

一、引言　　　　　　　　　　　　　　　　　393
二、佛教小學的共通點　　　　　　　　　　　394
三、從文化教育原理和宗教教義上，探討佛教小學推行的
　　心靈教育與生命教育　　　　　　　　　　395

四、從實踐案例和教學設計上探討香港佛教小學推行的
　　心靈教育與生命教育　　398

五、探究一所佛教學校的七個示例　　406

六、討論與反思　　415

七、總結　　419

第 23 章　青松——展現美好生命　　422

劉麗冰

第 24 章　生命教育個案分享：家長參與人道教室的經驗　　431

胡少偉、杜家慶

一、生命教育在香港的發展　　431

二、人道教室的理念　　433

三、校本生命教育的推行　　435

四、家長在人道教室的參與　　436

五、家長看到學員的成長　　438

六、家長在人道教室的付出　　439

七、家長參與生命學堂的啟示　　441

第 25 章　品格築起的生命彩虹——深圳開智幼兒園
　　　　　行知生命教育彩虹模式　　445

歐權英、許善真

一、彩虹模式的使命關：「赤」使命和「橙」目標　　448

二、彩虹模式的人命關：「黃」教師、「綠」孩子、「青」家長　450

三、彩虹模式的關係關：「藍」關係　　455

四、彩虹模式的課程關：「紫」課程　　456

五、結語　　459

生命教育的知、情、意、行

 第 26 章　生命教育在培敦　　　　　　　　　　462

張淑儀、賴寶伶

一、「生命」，我們所關注　　　　　　　　　463
二、不是課程，是旅程　　　　　　　　　　464
三、生命教育的評估方式　　　　　　　　　473
四、總結　　　　　　　　　　　　　　　　474

 第 27 章　知行合一，同步向前──香港教育學院執行
　　　　　「協助中／小學規劃生命教育計畫」的經驗　　476

何榮漢、李子建、王秉豪、李璞妮、江浩民

一、計畫概覽　　　　　　　　　　　　　　477
二、教師專業發展課堂　　　　　　　　　　479
三、臺灣生命教育學習團　　　　　　　　　480
四、學校支援　　　　　　　　　　　　　　485
五、附加項目　　　　　　　　　　　　　　487
六、總結與展望　　　　　　　　　　　　　488
銘　謝　　　　　　　　　　　　　　　　　489

導　論

王秉豪、李子建、朱小蔓、歐用生
何榮漢、吳庶深、李漢泉、李璞妮

「生命教育」（Life Education）於今是否成為「顯學」，尚可討論，
但關注者不少，應為不爭事實。

不管「生命教育」是西風東漸也好，是本土固有也好，讓「生命」
成長邁向圓善，本身就是「教育」的目標。

香港教育學院宗教教育與心靈教育中心（下簡稱「中心」）於2012
年1月假香港教育學院舉辦「生命教育學術及專業實踐會議」，大會以
「生命教育的知、情、意、行」為主題，邀請了兩岸三地「生命教育」的
學者、專家、校長、老師及其他前線工作者出席。會議上進行了熱烈的分
享，交流，討論，與會者感覺收穫良多。

本書選取了主題集中關於「生命教育」的「知、情、意、行」理念
和實踐的論文和教學設計的文章共計二十七篇，輯為一冊，以饗學界。
我們比較了各篇文章主旨、重點和關涉範疇後，整理為兩個部分。第一
部分談兩岸三地生命教育的歷史發展及特色；第二部分是有關生命教育
的知、情、意、行，當中的理念與實踐。理念及實踐包含了兩岸三地大

學、中學、小學以及幼兒教育方面對生命教育的探索，涉及「課程規劃」、「教學設計」等元素。謹略述兩部分文章的要旨如下：

第一部分：兩岸三地的生命教育發展。

朱小蔓、劉慧、鄭曉江、朱永新、張文質的文章，不約而同地為我們指出了大陸地區「生命教育」發展，其由其轍：「生命教育」並不是無的放矢，標新立異，而是實際對應學生生命成長的需要。在開始的時候，不管是大學學者走進中小學，與前線老師結為合作夥伴，開展「愉快學習」、「情感教育」，或是循「德育」、「生死」等議題切入，均是嘗試把教育從「分數掛帥」、「升學競爭」等等壓抑、扭曲「人」的生命活力、人格、情感的桎梏中解釋出來，希望學校教育能夠為人的生命健康成長奠基，確立人生的價值和意義。這幾篇文章令讀者對大陸地區有關推動生命教育的整體規劃、政策訂定、理念探索、施行實踐、內容選立等，有一全面瞭解。朱小蔓文章另一重點是教師的專業發展。「師者，所以傳道、授業、解惑也。」（〈師說〉）「經師易遇，人師難遭。」（《後漢紀》）「生命教育」不能只在於「言說」，更在於「踐行」。孔子說「人能弘道，非道弘人。」（《論語·衛靈公篇》）「生命影響生命」，教師的生命質素往往成為生命教育的成敗關鍵。如何培養生命教育的「人師」，應是當前急務，也是生命教育各方均需念茲在茲的事情。劉慧文中提及大陸地區生命教育前景另一必須關注的事項是務實踐行，理論及實踐必須如一，必須踏實而行，必須持之以恆。否則又只是為「政策」服務的措舉，失卻了面對「生命」的真實。鄭曉江於2012年初蒞臨參與香港教育學院「生命教育學術及專業實踐會議」的時候，已提供他的文章，以供中心日後出版之用。後惜哲人其萎，鄭曉江不幸仙逝，但他對生命教育的專注、投入以及眼光，均讓我們佩服不已。本文集原文收錄鄭曉江的文章，以表懷念。此文可說代表了鄭一以貫之的思考。朱永新的「新生命教育論綱」統攝生命教育的思考，引〈湯之盤銘〉「苟日新，日日新，又日新」（《禮記·大學》），提出一「新」字，強調重新為教育

定位，讓生命「生生不已」，教育可以讓人成就最好的自己。張文質的文章並不從學術的角度來論述生命教育，而是以自己的觀察和思考所得，提出大陸地區生命教育未來要關心的各項問題，與各篇呼應。

臺灣的生命教育寒梅早開，成果豐盈，為大陸和香港的生命教育，提供有益的參考。吳庶深與吳英傑的文章以「非營利組織」為主軸，探討生命教育推動和實行的另類可能。生命教育不單是學校的工作，而是社會整體的責任。如何善用這些「資源」，把對「生命」的關注延展普及，該文兩位作者均有所及所示，值得同道細味。紀潔芳向來關注生命教育的發展及推動，文章對兩岸生命教育的特色和發展，提出不少觀察和建議：臺灣生命教育發展遍及教學的不同層面（課綱、教材）、培訓、研究、出版等，而大陸地區則步趨其後，在生命教育的理論探討、師資培訓、資源結集等方面還可以有更大的發展。

梁錦波、王秉豪兩篇文章，提出了香港生命教育的關注面和推行情況。「生命教育」以「全人」為關注，涵蓋「身、心、社、靈」四項生命教育應當關注的重點，也應對了人生不能免於關聯的「天、人、物、我」四方面。當然，這並不是一一對應，即「我」只對應「（己）身」而不涉及其他。梁錦波在文章的後記提出：「生涯規劃」不應只是「職業」導向規劃，更應以「全人生命」來理解「生涯規劃」的真正意義，梁錦波引用香港中文大學教育學院院長梁湘明的說法：「生涯規劃」必須有三個層面，即生存（survival），自尊（self-esteem）與自我實現（self-actualization），和意義與目的（meaning & purpose），強調生涯規劃應有對人生的「意義」尋索和實現的關注。王秉豪則在香港生命教育的發展方面著墨，指出多年來社會上並不缺乏呼籲實行生命教育的聲音，但卻未能有持之以恆的政策或資源支持有關發展，因此生命教育在過去十多年一路走來，仍只能停滯在「開始」階段。加之學校未能有充分和有效的支援，往往只能在能力或易行的範圍內做有限度的生命教育工作，影響有限、成效有限。而且推行者（學校）也不一定能免除「資源」「增

值」的概念，把「人」物化成為「資源」，把「生命成長」換作「成效指標」。王秉豪語重深長談「挑戰」，實在也是殷殷期望有心者能在困難中尋出路。

第二部分：生命教育的知、情、意、行：理念與實踐。

這個部分主要是生命教育的「知、情、意、行」探討。第一個探討的是生命教育「知」的向度。這裡我們不著力於討論什麼是「生命教育」（What is "Life Education"？），而是討論「生命教育」的內涵和關涉的範疇。湯恩佳、陳謳明和陳立言三位的文章分別以不同的角度思考此一問題。湯恩佳〈儒家生命教育理論〉立足中國傳統儒家思想，指出孔子即儒家生命教育的奠基者，生命教育應重知識教育，更應重修身養性，踐行道德。當中既有「天命」、「天道」所是，由此而重「人道」：修身、齊家、治國、平天下。由個人道德修養用力，而及其家庭及其鄰里，而及一國之治及天下平順，循循遞進，不偏正道，切實可行。夫子之道一以貫之「忠恕」而已，總歸為之「仁」。教育以人為本，量材適性，四科、六藝、十傑，皆可見孔子對「生命」「教育」之真知灼見。陳謳明則以「宗教」（信仰）向度討論「知」、「行」的協調和實踐。宗教教育「貫串」（make-accessible）了「信仰傳統」、「當下情況」、「未來盼望」三個向度，整合過去、現在、未來，是再創造（recreate）、再建立（reconstruct）的歷程。文章指出「宗教教育」與「公民教育」有相類近之處，不乏探討「道德」、「價值觀」、「知識」、「參與技能」等，但宗教教育或生命教育實在是公民教育之靈魂。「公民」的呈現，必有「靈魂」（靈性），否則只是「守規矩」而不知所以然的表現。「靈魂」（靈性）是人立身安命的基礎，是人與造物主（或自然界）、人與自己、人與他人關係的基礎，也是人心「良知」之源。這裡強調了「生命」並不是單獨存在，當中關涉了生命教育的「四重關係」：我與天（靈性）、我與人（社會）、我與物（環境）、我與我（自我認識）。陳立言的文章〈絕望的困境與希望的存在──以愛回應自殺的挑戰〉，

以自殺防治為切入點，一方面反映了「自殺」問題的嚴重情況，也呼應了「生命教育」的發軔，不論是澳洲、美國、英國等西方地區，還是臺灣的「生命教育」，主要都是由回應「自殺」、「酗酒」等問題而開始的事實。「人」應該是現時可知會選擇放棄自身生命的唯一物種。自殺不值得鼓勵，但選擇自殺的人卻尤應關顧。「科學」並不能解釋所有問題的原因，也不能提供所有問題的答案。「治療」（treatment），包括心理輔導（counseling）、心理治療（psychotherapy）、藥物（medication）等可能都有一定的作用，但對於為崇高理想殺身成仁的行為，並不能視為「（個人）生病」，可能要在其他的層面和範疇思考解救之道。陳立言文章中特別針對導致「慢性自殺」背後的「孤獨」（loneliness），指出「希望」（hope）——「絕對希望」、「形上希望」為其「解藥」。唯其相信「人生有其獨特之意義」，以此作為「未來」的信念基礎，為堅持盼望提供充分的理由，方能回應尋死者的「孤獨」。這正符合儒家的「天命」觀。如孔子困於陳蔡（《論語・先進篇》）、畏於匡人（《論語・子罕篇》），都有萬夫莫敵的自信，豈輕言死。這也是「宗教教育」中的「靈性」，知道人生在世自有獨特之「價值」、「使命」，而能忍受種種困頓之意。以上三篇文章向度各異，但都指陳了「生命教育」不是政策、課程、教材可以盡意，應以「人生」的「真實」和「意義」來看待。

　　第二個探討的是生命教育的「情」、「意」、「行」的向度。雖然「理念」思考十分重要，但要把「生命教育」落實並推行，仍得經由各種不同的「教學」實踐。

　　吳渭濱〈生命教育在自然〉一文，指出「教育（教學）」不一定要在教室、課堂中進行，大自然已是十分豐富的資源，讓老師與學生「學習」和「經歷」。吳渭濱把「體驗學習」（experiential learning）和「解說」（debriefing）兩者架構成為一個循環向上的學習模式，值得老師參考。

　　袁莉敏〈「大學生心理適應指導」的一堂課：生命教育〉、紀潔芳〈影片賞析在生命教育教學中之運用——以《春去春又來》為例〉、朱

清華〈教學示範：撥動愛的音符──關於情感問題的生命教育課〉三篇的教學對象都是以大學生為主，而且都是以「學校」、「教室」、「課堂」為場景。袁莉敏的教學設計，透過探討「生命」的孕成和發展，配合影音（或圖片）、文章、冥想和生命回顧（遺囑、死前24小時要做的事〔我的選擇〕）等手段讓學生感受生命的喜悅和「重量」。紀潔芳利用《春去春又來》電影（分段）欣賞，在關鍵位置停頓，提出問題，讓學生思考、討論、回應。作為影音媒體教學設計和運用的一個示例，在學習點（teaching point）、時間控制（time control）、提問（questioning skills）等方面都有相當示範作用，很值得參考。朱清華以「音樂」貫串「情愛」的主題，為大學生上了「愛情」一課。不管是《兩隻小豬的淒美愛情故事》，還是利用時事分析，老師在一問一答中，和學生逐步澄清「愛」的真義。「生命教育」不是「頭腦」的教育（知），在過程當中，能動以「情」，才更有成效和持續力。

陳熔釧、吳瓊慧等〈生命教育課程與教學的實踐──華江鴨鄉寶〉，梁燕珍、黃祐榮〈繪本中的生命教育〉，黃麗花〈以正向心理學為基礎的生命教育課程設計：「欣賞生命‧做我真好」〉，馮敏兒、朱慧珍等〈教學示範：生命體驗之旅〉四篇輯為一組，主要對象為小學生，而各有特色。陳熔釧、吳瓊慧等展現的是一個整體的課程規劃：小學（國小）一年級至六年級一貫，不單教學有清晰目標，附以學習指標，展現「生命教育」並非「虛無飄渺」，也有具體之教學設計和評估。另外，課程設計善用地區優勢，把學校所在之社區、附近的溼地公園──華江雁鴨自然公園，編入課程之內，也成為學習場景。同時把「生命教育」由「知」、「情」提升至「意」、「行」的層次。

梁燕珍、黃祐榮〈繪本中的生命教育〉用繪本作為生命教育的教學輔助工具。並非每所學校都可以社區資源配套，也不一定走整體課程規劃的方向，但可以「聲」「色」說「故事」，讓學生透過圖畫故事和配合的體驗活動獲得信息，明白道理，並在老師的安排下進行「反思」、「互

動」，讓學生更深入地把握這些生命信息。文章特別提出了老師必須具備的生命質素：真摯（congruence），其內涵是工作人員（老師）對自己有深刻的瞭解，在自己與當事人（學生）的關係中沒有絲毫防衛，能真實呈現自己這個人，而非扮演某種角色與當事人保持安全的距離，如此老師才能「自覺」，才能「表裡如一」，並以自身的經歷對學生作出積極和正面的交流，「以生命影響生命」。

黃麗花以正向心理學為基礎，建構「欣賞生命·做我真好」學習單元，幫助學生對於人生，多點正面思考。黃麗花並不是一味的鼓勵學生「正面」思考，而是嘗試讓學生明白每人皆獨特，各有長處，不必羨慕他人，也不可輕看自己。黃麗花教學設計遵循ARCS模式：引起注意（attention），切身相關（relevance），建立信心（confidence），獲得滿足（satisfaction），選用故事的《神奇變身水》，和這個教學模式甚為匹配。「變身水」可以讓學生「變身」為任何的人、物，雖然並不牽涉道德價值的兩難選擇，但故事帶出的不同「抉擇」，也很能夠引發學生從不同角度思考「最理想的自己」，並從每個角色均有長處和不足的體會當中，發現每個人的「自己」都是最好。

朱慧珍〈教學示範：生命體驗之旅〉一文，介紹了她們學校「生命教育」三大範疇：「愛情生命」、「關懷生命」、「分享生命」，並集中描述了「分享生命」範疇中的一個服務學習課程。文章沒有展現全部課程，只抽選了一部分分享，但也可以因樹見林，從中看出學校實施生命教育有其特定的規劃。其校本生命教育的一項特色為「做中學」，即透過多感官和體驗活動，促使學生自省及實踐所學。學習並不是單向灌輸和說教，而是透過體驗活動「水桶陣」，讓每名學生在參與活動當中，察覺自身能力和同理心，屬「觸動情感，建立態度」（情、意的建立），同時安排學生預備探訪長者活動，並由此而提出「瞭解服務對象的需要和服務技巧」，這是「教授技巧，實踐所學」（踐行）。最後也是重要的，服務完成後的回顧和反思，「深化所學，反思感恩」。設計層層深入，環環相

扣，不為服務而服務，而是透過「服務」鞏固所學，而又能引發反思、感恩。課程中引入了社工機構的參與，善用校外資源。而課程評估分別有老師的課程檢討、學生的問卷調查、學生向家長報告所學及家長填答問卷回饋，學校由此而調整、改善課程，讓課程更切合學生的需要。有關教設計及施行，朱慧珍不吝分享，載於文章附錄，方便讀者參考。尤其值得留意的是學校為學生設立生命教育學習日誌（Life Education Learning Profile），記錄了學生六年的學習歷程，既能有效的檢視學生的學習進程，也可以成為學生一生的記憶和祝福。

生命教育傳遞的不單是「技巧方法」，更是「價值態度」。許佩麗、黎愛連〈教學示範：四年級「活出生命的色彩」、六年級「做一件事讓世界變得更美麗」暨成長禮〉、黃鳳鳴〈佛教學校價值教育是人間佛教「心靈教育」之呈現，也是「生命教育」的實踐〉，劉麗冰〈青松——展現美好生命〉三篇輯為一組。這幾篇文章展示了具宗教信仰元素的生命教育課程和活動設計。許佩麗、黎愛連的文章提供的不單是兩個年級的教學活動，而是連貫的課程，在許多不同的「小」活動中，建構「大」信息，尤其是當中滲入不少的宗教元素如詩歌、宗教經文（金句）、禮儀等，如何把這些元素自然、有機的整合在課程活動當中而不突兀，特別考驗課程設計及鋪排。「成長禮」的布置和進行充滿象徵意味，雖然學生未必能全部領會，但透過參與和老師的解說，或多或少都能感受當中的信息。黃鳳鳴分享的不是規劃完整的系統式課程設計，而是善用「時機」，隨時把信息透過教學設計和活動呈現「價值態度」，引導學生思考、感受的教學心思。學校把辦學理念、信仰的核心思考、抽象的價值，如臺灣佛光山星雲法師於1988年提出的「三好」精神（存好心，說好話，做好事），透過具體事件分享、學生的親身參與來呈現。其中學生「淨思」的活動，透過鐘音、淨思、調適呼吸，幫助學生練習收拾散亂的心神，鍛鍊專注力，學習控制情緒，提升心靈質素，尤其值得參考。劉麗冰文中提到以「上善若水」作為貫通生命教育的「天、人、物、我」的關

鍵。一則語出《道德經》與該校的道教背景直接相關；再者「水」之為「物」，可以在不同的科目中作為教學主題，一以貫之而不必額外「做工夫」，自然而然的流通在不同的科目當中，如生命教育科、中文科、視藝科及常識科等。而教學設計亦多元多樣，如水之善變：「故事分享」、「生命分享」、「小事大意義」等等。不過劉麗冰慨歎「題材易找，奈何推動生命教育卻又是一件十分困難的事」，「評估」、「實用」、「對升學有用與否」等等的疑問，往往成為對學校推動「生命教育」特別花心力應對的問題。

　　「生命教育」並非只在學校、教室、課堂中進行，而且牽涉的也不只是老師、學生，校外資源（如社區、不同的服務機構等）也十分重要。胡少偉、杜家慶〈生命教育個案分享：家長參與人道教室的經驗〉一文回應了「校外資源」運用和家長參與兩大課題。有關學校透過「人道教室」來推行生命教育，胡、杜兩位另有專文〈香港生命教育的分享：人道教室的實踐經驗〉（杜家慶、胡少偉，2011）描述。這裡主要針對家長作為生命教育的重要持分者，如何安排讓他們參與投入其中，作一比較詳細的報告。雖然家長不一定能完全放下子女的「成績」、「升學」等等前途問題，但沒有家長會覺得孩子的「德育」、「生命成長」毫不重要。所以「家長」並不一定是「生命教育」的阻力，在合適的情況下，邀請家長參與其中，他們可以成為莫大的助力。文章中分享了家長義工參與人道教室的教學工作的心態和反思。

　　歐權英、許善真〈品格築起的生命彩虹——深圳開智幼兒園行知生命教育彩虹模式〉一篇，描述如何以陶行知的生活教育（Life Education）理念開展幼兒的生命教育，在孩子幼年即透過學校、老師、家長整體合作，運用合適課程，以達成「生命」培育的至高目標，希望孩子能有繽紛的未來。文章用了不少形象化的描述，如「過關」、「彩虹七色」等，以表達作者對學校生命教育的相關理念，也是精彩的演繹。陶行知被宋

慶齡尊稱為「萬世師表」[1]（安徽省陶行知教育思想研究會，1984，頁83），也是「生活教育」的先驅。陶行知1927年在南京開辦曉莊學校，而如歐、許兩位在文中所引，陶行知對曉莊學校有這樣的說法：「曉莊是從愛裡產生出來的。沒有愛便沒有曉莊。……曉莊可毀，愛不可滅。曉莊一天有這愛，則曉莊一天不可毀。……愛之所在即曉莊之所在。」（陶行知，1930，頁450）或許，我們也可以這樣說：生命教育是愛的表現，愛之所在即生命教育之所在。

張淑儀、賴寶伶〈生命教育在培敦〉分享了香港神託會培敦中學十多年來走過的生命教育旅程。面對學生學習的困難，就業升學的選取，如何才是「教育」的真正目的？學校以「品德培育」、「生命成長」為最重要，也是最終要達成的使命。這趟旅程中，學校因應學生的需要，在沒有特別資源支援，先簡單由單一科目或活動組別（單科單組）開始，淺嘗輕試校本「生命教育」應怎樣實行。累積了一定經驗和成效以後，便嘗試不同科目、活動組別（跨科組）的合作推動。學校亦以行政配合，成立生命教育專科，也成立生命教育專責組別負責統籌及推行。在牽涉不同持分者的各類學校活動當中，展現生命教育的身影，例如生命教育日，邀請家長出席參與，校長也親身「上陣」，帶領「乒乓與人生」活動。如此上下一心，裡應外合，把生命教育打造成為學校的關注事項。經過了前兩個階段的努力，基礎打穩後，開展亦有成效之際，學校卻「鳴金收兵」，不再高調談學校要推行「生命教育」，反而是把「生命教育」滲入各科各組，各項學習等等。老師已經認受生命教育的理念，也知道生命教育不在大張旗鼓，而是要潤物無聲。這個第三階段的發展，進入「全校（參與）模式」（Whole School Approach）。培敦中學的「生命教育」發展三階段，不在於課程創新、活動獨特，而是突顯出如何嘗試由簡而繁，再由繁入簡，把生命教育「化」入全校的努力。值得讀者仔細閱讀思考。

---

[1] 陶行知於1946年7月逝世，宋慶齡題詞：「萬世師表」，以悼念陶行知。

　　香港教育學院宗教教育與心靈教育中心一直關注「生命教育」的發展和實踐。過去連續五屆承辦由香港教育局委辦的「協助小學規劃生命教育計畫」（2010-11，2012-13，2013-14，2014-15，2015-16），後亦承辦了第四及第五屆「協助中學規劃生命教育計畫」（2014-15，2015-16），透過「專家分享」、「（境外）學習交流」、「（到校）專業支援」三項安排，協助香港的中學、小學在學校實況為本，學生需要為先的原則下，推動和發展校本的生命教育。讀者細讀〈知行合一，同步向前——香港教育學院執行「協助中／小學規劃生命教育計畫」的經驗〉一文，當可發現上述計畫已涵攝了生命教育知、情、意、行的理念與實踐。是故以本篇殿後，也作本文集之收結。

　　本書自編輯至出版，由2012年至今已歷四年，時間不短。但為「生命」的思索和踐行，值得！

參考書目

北京愛如生數字化技術研究中心。《後漢紀》。《中國基本古籍庫》。合肥：黃山書社。

北京愛如生數字化技術研究中心。《師說》。《中國基本古籍庫》。合肥：黃山書社。

安徽省陶行知教育思想研究會（1984）。《人民教育家陶行知》，頁83。上海：上海教育出版社。

杜家慶、胡少偉（2011）。〈香港生命教育的分享：人道教室的實踐經驗〉。《香港教師中心學報》，第10期，頁107-114。

香港中文大學中國古籍研究中心。《論語》。漢達文庫，檢自http://www.chant.org/PreHan/Detail.aspx?b=0880&Ch=0880-0015

香港中文大學中國古籍研究中心。《禮記》。漢達文庫，檢自http://www.chant.org/PreHan/Detail.aspx?b=0874&Ch=0874-0043

孫效智（2001）。〈生命教育的內涵與哲學基礎〉。《哲學雜誌》，第35期，頁4-31。

孫效智（2009）。〈臺灣生命教育的挑戰與願景〉。《課程與教學季刊》，12（3），頁1-26。

陶行知（1930）。〈曉莊三歲敬告同志書〉。輯於《陶行知全集》（2005）第二卷，頁449-457。成都：四川教育出版社。

第一篇

兩岸三地的
生命教育發展

中國內地生命教育的興起與教師專業發展

朱小蔓

生命教育在中國內地學校的興起是一個新鮮事物。目前，無論是思想倡導、政策擬定，還是學理探究、教育踐行，都還處於初始階段。一方面，它已經顯現其重要價值，成為學校育德、育人新的理念、新的擴展方向，由此體現學校教育，尤其是德育新的創造、新的活力；另一方面，生命教育在政策及制度支持上，在深入研究方面還遠遠跟不上。在學校中開展生命教育，最大的挑戰和希望都來自於教師，指向生命教育專業化提升的教師專業發展任重而道遠。

一、中國內地生命教育：緣起與顯現

20世紀80年代中期，伴隨著中國改革開放，內地哲學界、教育學界的討論重提人的自由全面發展，將培養完整的人，視為教育的本體價值，其話語涉及到教育與人的情感、心靈與精神成長，教育關乎人的生命

活力、創造與整全。這是結束「文革」後的思想解放運動在中國內地教育學術界的重要成果。當時的大學教育學者紛紛走進中小學，與中小學教師一起合作開展教育科研，反對「經濟建設為中心」時代初露端倪的「分數掛帥」、「升學競爭」。我本人參與了原國家教委支持的小學「愉快教育」實驗，並且將親身深度介入南京、丹陽、無錫、江陰等地小學的教育實驗命名為「情感性素質教育模式」。這些探索與其他教育學者參與的諸多中小學教育改革一樣，都反對以分數和升學壓抑學生內在的生命活力，扭曲人的情感、人格，希望學校教育為人的生命健康成長奠基[1]。我以為，這些研究與香港、臺灣推展的生命教育、全人教育在教育哲學意涵上是一致的，也可以說與美國加州阿南達村的創立者華特士的生命教育理念有相近的思想旨趣。它們可以算作當代中國內地生命教育的序曲，我稱之為寬泛意義上的生命教育。

本世紀初以來，指向自然生命為基礎的討論生死現象，普及生命知識，尊重生命，關懷生命安全與健康，求問生命意義與人生幸福等等，含有明確的生命元素、我把它稱作專指意義上的生命教育開始興起並漸成潮流。它體現中國不斷改革開放，社會經濟發展，尊重人、關懷人的意識不斷覺醒，是社會進步在教育領域的反映。

其中，從中央政府的宏觀政策到民間社會推動、基層學校的實踐看，相關正面事件主要有：

2001年教育部出臺《基礎教育課程改革綱要（試行）》，同時世紀之交教師專業化思潮引入，大量來自域外的文獻為國內新課改提供了對教育及教師工作的新理念。2003年中共十六屆三中全會明確提出「以人為本」的治國理念（中國共產黨第十六屆，2003）。2005年中共十六屆五

---

[1] 相關的理論與實踐工作主要有：魯潔的教育人學思想、葉瀾的「生命‧實踐」教育思想、郭思樂的生本教育、朱永新的新教育實驗、裴娣娜的主體性教育研究、朱小蔓的情感教育理論等。

中全會提出，建設和諧社會需要心理健康的人（中國共產黨第十六屆，2005）。2008年教育部出臺《中小學健康教育指導綱要》，其中明確把健康行為與生活方式、疾病預防、心理健康、生長發育與青春期保健、安全應急與避險等作為中小學健康教育的五大領域的內容（中國教育部，2008）。《國家中長期教育改革和發展規劃綱要（2010-2020年）》明確提出要重視對生命的關懷，進行生命教育（中國教育部，2010）。2011年5月教育部組織專家組專題研究大中小學德育課程的銜接，其中，包括「遵循生命之道、直面生命困惑，為生命成長服務」在內的德育理念得到專家們的高度認可[2]。2012年2月12日教育部正式公布《小學教師專業標準（試行）》，對小學教師生命教育意識與能力提出明確要求（中國教育部，2012a）。

在地方層面，一些地區率先提出實施生命教育，如上海（2005）、遼寧（2004）等地研製、發布了生命教育綱要。上海率先於2011年提出教育評價的「綠色指標」體系，力求改變單純以學業成績作為唯一標準的評價方式，更全面地對學生學業水平狀況和各校課程標準的執行情況進行監控，引導學校為實現「輕負擔高質量」的教學而努力[3]。可以說，「綠色評價」就是希望從評量教育質量的觀念上體現「人性化」，反對盲從於經濟發展的GDP。

另一方面，伴隨我國社會轉型進一步深入，城鎮化進程持續加速、

---

[2] 本人作為課題組負責人之一參加中國教育部組織的「大中小學德育課程銜接」研究全過程。

[3] 在這個教育質量的「綠色評價」中，從五個方面，透過十個指數對學校進行綜合考量。它們分別是：(1)學生學業水平（學生學業水平指數）；(2)學生為取得成績付出的代價（學生學習動力指數、學生學業負擔指數）；(3)學校課程教學行為（師生關係指數、教師教學方式指數、校長課程領導力指數）；(4)各校均衡發展水平（學生社會經濟背景對學業成績的影響指數）；(5)學生品質和身心健康（學生品德行為指數、學生身心健康指數、跨年度進步指數）（上海市教育委員會，2011）。

人口流動迅猛，經濟體制改革、產業結構變動等，收入及貧富差距進一步拉大，導致社會矛盾加劇、突發事件頻發，青少年自殺與殺人事件上升；生態環境持續惡化、自然災害、食品安全、交通事故、校園歧視與暴力，學校應試模式的教育屢抑不衰等。正是這些不尊重生命權利、壓抑生命活力與潛能、傷害和阻礙生命成長的現象不斷地從負面激起和喚起國人的警覺與良知。

對關懷生命狀況、認識生命現象、喚醒生命意識的緊迫感與自覺性正是上述兩種情勢和力量的交集與反映。

二、生命教育理論與實踐：起步中的探索

(一)指向生命動態平衡的生命教育理念

生命教育是對人本身的關注，它包括尊重人、理解人、鼓勵人、促進人、成就人。從中國內地生命教育的發生與發展來看，無論是寬義還是專指意義上的生命教育，它們都是在思想上針對現代化進程中工具理性主義、功利主義盛行，現實教育中人文主義精神缺失的嚴肅質疑和深切憂慮，都對進一步認清教育的本質構成抗衡性、警醒性的思想衝擊，而且，也是對教育自身專業性質的再概念化與重構。

十多年來，內地生命教育的理論和實踐探索有不盡相同的理路與操作側重，關注與從事者著力於不同側面。而且，寬義與專義的生命教育一直並存和交互影響，推動本質意義上的生命教育持續深入。由於生命本身是多側度的，每個側度都有存在的價值，都需要關懷與開啟。我以為，所有的教育變革和策略，只有當它們指向「人」的生命動態平衡、優質發展的時候，才是較為完整意義上的生命教育。

◆ 自然生命

人首先是一個生物體的存在，肉身生命是人存在的基本依託和載體，遺傳因素不僅賦予了人天生的生命特徵，而且遺傳的未確定性和後天發展的無限可能性也讓人的自然生命充滿了無限可能。在自然軀體層面，生命對於每個人只有一次，失而不得，當然無比珍貴。中國內地學校教育，以多種形式途徑進行安全教育，幫助學生學習自救自護，珍惜自己和他人生命。不僅如此，承認每個個體由於遺傳而與生俱來的生命獨特性、個體差異性和性別差異性。重視個體生命在後天發展中的學習潛能，包括在智力性向和情感反應特徵方面的潛能，在教育活動中鼓勵個體從自己的生命特徵和優勢出發，發揮自己的生命潛能，做更好的自己。

◆ 社會生命

作為社會成員，每一個個體都在社會生活中承擔一定的角色，擁有一定的權利並承擔相應的責任和義務。生命的社會意義不僅在於每個生命對自己的社會角色有自覺意識和承擔相應責任的能力，而且懂得他人的社會角色承擔及其實現與自己的關聯所在。在新一輪課程改革中，要求學生懂得「生命相互依存」，包含與自然界生命、與社會成員生命，以及自我生命的相互依存。透過課程標準已投射出：對生命的關懷圈在擴展；而且，生命的依存關係、關懷關係需要每個個體主動建構。中小學思想品德教育將社會生活中的關懷、合作、責任等倫理道德範疇納入到生命教育中來，使其與公民教育、價值觀教育在思想和操作層面上得以相通（中國教育部，2012b）。

◆ 精神生命

活的生命體，需要陽光、雨露和其他養分，才能得以滋長；作為人科動物，人還有情緒和高級情感表徵自己的精神性生命。但在一個傾力追

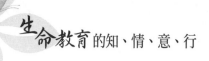
求物質財富的時代，一個醉心高科技力量的時代，一個過分相信物質條件、客觀標準、嚴格管控的技術至上的時代，一方面是物質財富越來越豐富；另一方面人們的幸福感、意義感並沒有隨之增加，人的情感文明遭遇許多新的問題，折射出人對精神生命的訴求。情緒情感的存在、狀況及流變是人重要的生命表徵，也是生命活動的重要機制。生命教育透過人與人，生命與生命間的心靈相互敞開、交互作用的過程來滿足人的情感需要，引導人的情感昇華。精神生命的獲得有多種途徑，對青少年來說，閱讀有思想品味的書籍是其中最重要之途；落實到師生間，最寶貴的是師生間相互的關懷與信任，因為這一精神氛圍本身即是真實生命間的道德談話、一條師生相伴共舞的精神之旅。捨此，人很難從更深切的感受中體悟到自然生命的可貴、社會生命的價值，以及在生命的精神空間遨遊暢快和美好。

由於生命是一個結構性存在，人的生命是多側度、多面向的綜合體，其自然軀體、感官、心理、倫理、審美、精神等各個側度及其面向都需要得到呵護。自然軀體生命是根本的載體和保障；社會生命集中承載和體現生命的社會倫理價值，引導人思考自我生命與他者生命之間的關係；精神生命則是人的自由、審美、超越之情懷，是人的生命個性存在之明證和展現。生命教育不能不顧及生命的各個側度。由於每個不同個體具體的、特定的境遇不同，其生命不同側度的需求強度不同。從歷史唯物主義的立場、觀點看來，生命教育在價值回應的重點上理應有所不同、有所側重。但兼顧並統合自然生命、社會生命與精神生命三者之間的關係，多角度、包容地引導和支持一個生命體，使其在動態中有機協調地得到整全的關照、呵護和引導，則是教育學堅持的立場和理想追求。

同時，人又是個有價值層級的意義系統。當生命的某一需求得不到及時回應，個人感受因身體、氣質、偏好及當下情境與心境的不同，價值序階（preference-hierarchy）容易出現錯亂，導致人的情感矛盾、跌宕起伏，不同側度的生命間會發生不平衡，其中因認知與情感的失調、身心的

失調而構成的傷害在人的生命系統中是至為關鍵的,又是中介性的。因此,一方面,我們希望人在生命幼年、少年時期的正當情感需求能得到及時和適切的回應,以此形成對他人以及共同體的順暢聯結及其信任感,從而可以在正常的體力、智力、交往活動中獲得自我價值感以及親社會的心理傾向和能力,同時,也透過促進人的理性判斷力和意志的增長,使人有條件在價值序階發生錯亂時經由情感澄清而重組生命情感經驗,恢復自我同一感,達至精神安寧。

當然,現實生活中的生命個體絕不會僅僅只有正面情感體驗,進入青春期以後的人生,尤其是職場等社會生活中的人生,生命矛盾必不可免;依教育的思維方式而言,當生命各側度間的平衡被打破時,其間的張力往往即是生命成長的動力機制;盡心著力推動人的生命內部不斷地重組情感經驗、不斷地走向新的平衡,才可能使生命現實地、有個性特點地獲得發展。

(二)學校生命教育實踐的新契機及主要途徑

◆內地第八次基礎教育課程改革理念與政策設計為生命教育拓開新的契機和空間

新課改從開始到現在已經有十多年了,儘管普遍的狀況還很不盡人意,儘管對知識的認識和處理還有很大爭議,但已清晰地透射出對學生全人生命關懷的新的氣象。

新課程改革構建三維教育目標,各學科標準將情感態度價值觀目標單獨設立而顯性化,倡導關注學生情緒、情感品質以及主動發展學生情感品質的意識和能力,使人的情感生命價值被突顯;重視學科與生活世界的聯繫,引導關注學生個體生活經驗及其生命感受;提倡「先學後教、以學定教」,激發學生學習潛能與活力,推動教師改變教學的「慣習」,師生在多樣化的學習方式、多樣化的教學組織方式下構建出新的、多樣化的師

生關係；不少學校對教室的物理空間進行改造，促使課堂學習的空間結構發生改變；還有，開設綜合實踐必修課程、鼓勵地方課程與校本課程等不僅為學生提供新的課程資源，也有助於教師釋放職業生命潛能，增進學校、教師與社區的聯結。

當然，在一些學校，課堂教學活動的改變目前還較多停留在表層模仿和硬性規定，導致表面化的「小組合作學習」，機械安排的「先學後教」，膚淺的「自主探究」等，教師對其背後的教育理念缺乏真正的理解和內生的動力，自然也不可能在課堂拓出生命教育的空間。

◆品德課程改革及其對學校德育工作的帶動使生命教育成為內地現行德育的重要內容和新的生長點

內地中小學品德課程十年改革，對公民教育與生命教育的實施有積極引導，其中較為明顯的主要有幾個方面：

生命教育意識從淡薄到被喚醒，從較為隱性到更為顯性。在品德課程理念上希望將生命教育作為底色投射至課程整體。就初中階段看，抓住青春生命的特徵，特別是思維獨立性與反叛性的矛盾、情感向內性與向外性的矛盾、自我同一性的衝突與統合，推動反思和理性認知的形成，促進學習者生命經驗得以展開和分享，生命反思及其理性認知得以形成。

除了理念上貫穿性地體現生命教育外，教材新增生命教育專門學習單元。比之於內地以往的德育框架，2011年版初中思想品德課程標準凸現了對自然軀體生命的珍視和保護、對生命獨特性與差異性的認識、對生命潛能與表達的強調和支持。這些都對學校傳統德育課程有明顯新的拓展。新修編改善的教材不僅在寬泛意義上關注生命狀態與品質，而且在專指意義上，比如：對身體、性別、性的意識，生命的社會倫理意義與審美精神價值，生與死，以及活出自己的生命價值等都有專門的教學安排及其處理。

現在，關注生命與精神成長、為學生生命成長服務，漸漸被接受

為品德課程的基本理念。不僅提出德育回到生活，而且關注個體生命狀態，關注生命經驗、情感體驗等成為品德課程教學的基本理念與方法。品德課程教學面貌有了很大改變，自主學習、自傳性作品、敘事性活動，讓「我」，而不是永遠是「我們」成為品德課程的主角，在意識中也不是永遠以「普遍認為」代替「我認為」。

◆利用地區性教育規劃、地方課程尤其是校本課程推行專門意義上的生命教育

目前在內地已經出現在地方課程裡的生命教育有青春期教育、性教育、性別教育、安全教育、健康教育等。此外，也包括各類以生命現象為主題的學習討論，如生命倫理、生命意義、生命價值等，還包括針對特殊人群的生命關懷教育，如殘疾兒童、留守兒童、打工子弟等[4]，其中有專設課程，更多是設計在德育課程及學校德育工作中。已有一些地區教育部門、學校和學者個人嘗試圍繞「認識生命」、「珍愛生命」、「發展生命」三個塊面為框架，來制定指導綱要、課程標準，以及編寫教材。這類生命教育實踐活動有不同學科背景的教師參與，不僅有助於體現課程的綜合性，而且推動他們成長為一專多能的教師，也使參與其中的班主任得到重要鍛鍊。在那些針對特殊需要人群進行生命教育的學校藉此帶動了學校在管理機構設置、課程運行與管理上的調整改革。

---

[4] 據全國婦聯2013年發布的《我國農村留守兒童、城鄉流動兒童狀況研究報告》顯示，全國留守兒童規模約達6,102.55萬人，占全國兒童21.88%，其中14週歲以下的約5,289.7萬人。0-17歲城鄉流動兒童規模為3,581萬，流動兒童數量大規模增加，2005-2010年五年增加了1,048萬人，增幅為41.37%，其中農村流動兒童達2,877萬（全國婦聯課題組，2013）。

三、生命教育與教師專業發展：關注教師情感素質及能力

由於身處廣義教育活動之中的人（包括我們自己）長期受意識形態、思維和話語模式的影響而不覺，難以在短時間內在思想意識層面全面認識、深刻理解和準確把握生命教育的真正內涵及其重要價值。長期以來教育學術研究的科學化典範與教育職場工作的脫節以及某種自我封閉，也導致教育學研究和實踐中忽視人、缺少人的在場。將知識、技能而不是人的完整意義上的生命發展作為教育學科研的主要目標，在很大程度上破壞了生命教育的應有環境，使生命教育得不到理論上的充分滋養和支持。加之受到近現代科技理性主義、盲目追求以經濟發展為目標的成人世界的強大的功利需求，導致無論是國家層面還是社會思潮、民眾心理，以及學校機構與家長的不明智，生命教育的思想普及、健康推展將是一個艱辛的過程，需要假以時日。在所有的困難和挑戰中，教師是一個重要的、不可逾越的影響因素。客觀地說，教師現有的專業水平與精神狀態難以擔當起生命教育的重任。教師關於人的知識、生命知識的極度缺失，教師自身生命活力之不足，在現行教育生態環境下精神與心靈的貧瘠，甚至迷失，都是生命教育研究與實施的現實障礙。

(一)生命教育對教師專業的挑戰與意義

就教師專業而言，無論寬廣義還是目前專指意義上的生命教育，都需要認真思考：教師專業化的思想、概念本身是否健全？教師的專業性真的是那些客觀的學歷標準、考級證書、工作績效嗎？當我們過分講求知識、技能，看重那些關於教師專業發展的知識（事實）和認識，教師內心、內在心靈的真實性價值是否被忽略？從生命教育的視角看，怎樣才是對教師專業化的更完整理解？用怎樣的理念、策略和方法去引導教師專業發展？怎樣保障教師專業化的健康方向？

較長時期以來，政府在提升教師專業技能及教師社會地位的教師專業發展思路上，主要訴諸提高教師學歷標準、加大專業培訓、以考試控制入職與晉級、實施量化考核與績效工資等顯性的、可量化的、可測度的「外控式」政策及管理。它一方面體現政府對教育及教師專業化進程的高度重視和中國經濟發展的「硬實力」，另一方面卻往往造成在教師專業發展方面的一個「悖謬」現象：即學歷提高了，教師職業身分認同及生命熱忱不足，表層的知識技能在增長，對人、對兒童的理解水平與溝通能力低下。對教師的行政管理與專業管理工作忽視生動、豐富、尊重、寬鬆的教育文化，便難以建構起學校中的信任關係與人道主義精神環境，教師的生命生活與潛能不能充分釋放，它不但導致教師自身生命意識、生命感薄弱；而且將「外控式」的管理和專業發展「模式」帶入自己的教育教學和師生關係中，習慣於把學生當作自己實現工作實績的工具，職業工作陷入到見「分」不見「人」的境地。缺少生命蓬勃創造氣息的課堂是無法煥發和通達學生生命的。

　　專指意義上的生命教育課程多具綜合性質，需要相關不同學科教師參與進來、共同備課。但凡做得好的學校，都有較為健全的教師學習組織，他們可以越出原有的學科及管理的界限，跨際學習工作，不僅彌補原有知識缺陷，而且在新的工作團隊中激發了生命能量與活力。

　　生命教育的推展挑戰教師的專業化概念、專業化能力、專業化管理。我們需要反思教師專業化進程的缺失，追問教師專業發展的核心和靈魂是什麼，找尋「照亮課堂的那束光」，找尋那師生生命關懷、生命相通之道。以外部的、物質的、看得見的、標準化的、可檢測的認識路線和方式處置教育、對待生命往往會不斷從內部積累越來越多的內傷。因此，尋找教師自我內部環境的改善和專業理念的轉變，是教師專業發展的關鍵性因素，是生命教育推展對教師素質的急切訴求。在教師職業中，除了專門的知識和教學技能的掌握之外，教師還必須在工作中尋找那些能夠給予我們生命活力的東西，把自己對專業的認同和歸屬與自己對自我生命的認同

線索結合在一起，從而使自己成為一個將自我認同與職業認同合二為一的完整的人，而不是自身分裂的人。

(二)關注教師情感品質與能力的提升

由於個體的具體經驗往往以情緒情感來表徵其存在，因而從情感入手的生命關懷、情感生命教育之研究是我們特別關注的學術方向與重點，即探求如何以生命中情感健康、情感成長、情感昇華帶動全生命的總體平衡，以情感與認知的平衡，而達至生理、心理、社會與精神方向及性質的總體平衡。就教師專業發展來說，我從上世紀80年代末以來一直將教師的情感品質與情感人文素質認作為實施生命情感教育、素質教育，引領教師專業發展的「內質性」條件，並且主要從師生雙方情感生命的發育及質量來考察教育的品質。

進行生命教育，是處理人與生命的關係，師生的生命狀態必將在教育過程中「出場」和「較量」，其各個側度的生命樣態主要透過情緒情感來表徵，教育活動也經由生命感受、體驗完成階段性的過程。因此，教師的情感品質與能力是生命教育順利展開的關鍵性「樞紐」。

◆教師的人文關愛情感及能力與生命教育息息相關

教師關愛、呵護生命的情感情懷，影響到關於情緒情感生命的對待。因為人的情緒有意向性，若要主體感受體驗到他人對自己生命的關懷，就必須在情緒情感上真誠地對待他人的生命。尤其是感受到對生命多樣性、獨特性的敏感、承認與尊重，對生命潛能及學習發展的無限可能性的認識與尊重。教師要轉向兒童立場，以兒童經驗為起點、兒童的注意與身心投入為契機，將兒童的情緒情感作為生命教育的機制和動力源。學校生命教育，一定意義上說，就是關注兒童生命經驗。兒童首先從父母做出的榜樣體驗到有真愛的利他主義和奉獻精神，繼而透過學校教育給予接

續、補充和豐富。在中國內地當前的教育情勢下，尤其要重視兒童在過度的學業競爭中出現的負性情緒表現，如：對學習無興趣、厭惡、被強迫感、恐懼、喪失自信等；還有因人口流動、家庭關係變動導致的孤獨、無助、冷漠、疏離感等，這些負性情緒的持存累積、建構其消極的生命態度和扭曲的價值觀，需要教師具有悲憫的情懷，敏感的覺察，同時有良好的情感溝通技巧，做出恰當處置。

◆教師自我生命在職場中的開放與生長

教師需要具備有關生命現象及其處理的知能條件，但根本還在於教師自我生命的敞開與不斷生長。

首先，是在教學活動中敞開自己與學科、知識之間的生命情感聯繫。

享譽世界的烏克蘭教育家蘇霍姆林斯基對他的教師同仁說：「你在物理、化學、生物等科目的課上講授教材時，不要只是毫無感情地說明真理，而要引導青少年沿著科學的艱險道路作一次富有探索精神的、充滿為真理而鬥爭的崇高動機的旅行。」（蘇霍姆林斯基，2001，頁811）。他希望教師透過自己的教學讓實際知識變成青少年的理智和心靈，使學生不會成為冷漠無情的「知識需求者」，而成為對真理與正義的勝利有切身利害關係的人（蘇霍姆林斯基，2001）。教師實際上以一種個人的方式體現了他所教授的知識。當教師對學科的情感是他本人的生命感受時，這種感受是影響學生的；教師對知識的熱愛感染學生愛知識，教師對知識背後的價值意涵敏感發掘、信賴與展示才能有效傳遞於學生生命；學生多樣化學習方式和過程中的生命感悟也成為教師生命擴展的不絕源泉。所以，我們主張在課堂上適當創造「情緒事件」、給學生留下更多「場景記憶」、「情緒記憶」。也即：透過情緒把握生命脈絡，透過情動引發心動，經過生命體驗實現生命教育。

其次，在師生交往中敞開與學生真實的生命聯繫。

教師從一入學便成為孩子的「替代父母」，是他們的「朋友」，是「諮詢者、引導者、精神導師」，但所有的角色都以敞開、接納為前提。但凡生命教育一定是師生生命相互敞開和走入的過程，這考驗著教師人格的本真、情感交往的誠意，錘鍊教師情感理解與表達的品質和能力技巧[5]。遺憾是受傳統教育文化的影響，中國教師往往缺乏向學生敞開心靈生命的勇氣，很難構成馬丁‧布伯式的「我—你關係」，同時，習慣於反求個人美德，不善於與學生在互動中建立諾丁斯式的「雙向關懷」關係。其實，在今天，關懷學生的真實需要，用平等、誠實、坦率的態度與學生雙向互動，才能在實踐與時間中構建起彼此有道德意義的生命關係。

再次，在與教師同儕合作中分享職業生命間的聯繫。

教師做生命教育的行動研究不同於一般的集體備課、教研活動，同儕間的交流、鼓勵和互動，其基本內容和形式皆是主體生命的投入和生命經驗的分享。教師的備課過程是同儕間互相交流學科教學情感感受和生命體悟的過程。教師本人對教學的摯愛執著，對勝任教學的自我肯定的積極體驗，不僅對學生產生情感傳遞、分享與教育作用，而且推動教師的職業身分認同和職業自豪。[6]透過引發自我反思，共同詮釋教學研究經歷所賦予的意義，相互增進自我覺知，獲得職業生命中道德意識的覺醒。

◆為教師生命的情感正能量提供支持[7]

我們不能回避在中國現代化進程中，在大規模人口流動，在教育大普及的特定需求下學校教育的巨大壓力和諸多現實矛盾。它們對教師職

---

[5] 此係個人教育研究中的直接觀察所獲，也是作為教師的直接體驗，相同與相似表述數次於個人演講中發表。

[6] 此係個人教育研究中的直接觀察所獲，也是作為教師的直接體驗，相同與相似表述數次於個人演講中發表。

[7] 該部分轉載自《中國教師》，2015年第1期，劉胡權的〈關注教師情感人文素質，提升教師教育質量：北京師範大學朱小蔓教授專訪〉一文。

業生活會不同程度地造成負性情感體驗。教師教育不能無視教師的負性情緒，也必須承認長期以來的師範教育對教師情感素質及其能力的培育和開發貢獻微薄。因此，今後需要對教師教育的情感維度予以重視。首先是教師對兒童、對自己的情緒情感發育及其變化機制的基本認知，教師工作不能建立在必要知識和認知缺失的荒漠上。第二，關注自己和學生情感情緒狀態，對於出現的負性情緒，需要探明原因、探明真相；有些負性情緒可能會有一定的正面價值，但不宜持續存在，尤其是年幼兒童。第三，珍惜教師在職業生活中經常出現的、有積極價值的情緒情感品種，比如安全感、工作中的勝任感以及師生關係、同儕情誼等，它們是教師在特定的職業情境中生成職業認同、道德操守及信念的重要源泉。第四，重視那些能夠外化出來、處人處事的情感能力，它包括情緒識別、理解、應對、調控，以及激勵自己與激勵他人的能力。這些能力雖然與教師的天賦條件有關，但更重要的源自長期的人文修養，同時一定程度上是可以經過培養訓練。

基於此，對於即將成為教師的師範生而言，教師教育的課程需要做調整。需要幫助教師對兒童情緒情感的發育特點、表達與理解方式等有基本的認知，要瞭解情緒情感對於兒童學習、兒童價值觀形成，以及人格個性形成的深刻關係，要培養自己與學生建立積極情感交往的願望及能力，包括敏感性等。

對於在職教師，需要從長期習慣於要求教師應該如何做、應該如何轉變，走向更多地援助教師怎麼做、怎麼改變；從長期單向的、齊一性的要求，轉化為更加重視個體化經驗和情境性條件，支持教師從個體內部漸漸生長起積極、正面的情感和意願。情感不能命令，情感教育需要文化土壤和情感氛圍。如何為教師成長提供精神上的支持性環境，是未來一個時期教師教育改革、教師管理改革需要著重考慮的。在當下教育現實裡，培育學校的人文環境、支持教師自主成長、激活教師的發展空間、幫助教師對自己的情緒情感有自我省察和自我調節的能力等變得格外重要。

四、結語

　　身處社會轉型的艱難時期，網絡文化方興未艾、全球人類貧富懸殊、文化衝突的時期，教育注定是極其艱難的，它需要勇士，需要理想、激情與智慧。目前，中國內地學校生命教育的外部環境條件不理想，內部動力不足，其原因是多方面的，也是十分複雜的。除了我們在上面提到的一些根本原因之外，生命教育，尤其是生命教育研究本身的難度也是致使生命教育研究與實踐困難的重要原因之一。因為生命是結構性存在，人的生命是多側度、多面向的綜合體，其各個側度、面向都需要得到呵護，都要研究；生命個體經驗豐富多樣，極其情境化；而且，生命本身又有變幻、流動，稍縱即逝的特點，所有這些都與我們所依賴和信守的客觀化、標準化、確定性的科學研究「典範」所不相匹配。因而在研究與實踐中，開展符合生命特徵、多元並存、貼近生命真實成長需求的生命教育研究還需要得到進一步的、艱苦的探索，它沒有或者很少有現成的理論和實踐經驗可以照搬。尤其是在現代社會越來越複雜的文化和環境中，生命受到的影響越來越複雜多變，以往成人經驗的穩定性和不可替代性受到極大破壞，後喻文化給生命教育帶來了新的挑戰和機遇，它逼迫我們打破傳統單一的、固守的生命教育研究與實踐方式，更多地從社會學、人類學、心理學以及青少年亞文化等學科及其視角去探尋生命教育的內容、方法和路徑。

　　對於生命教育的實踐操作，需要更多地積累與分享經驗，一個成功的個案就是希望和可能，就是認識的中介、效法的榜樣。總有一批校長、教師想做事，做得有起色。凡是成功的教育案例皆是校長帶領教師組織團隊去做，去嘗試，這些由行動產生的「聯繫」正是教師職業生命、職業道德成長外在化的道路。它透過不斷地向外伸展而後返身於內、聚焦於心靈，才可能形成越來越強大而完整的教師生命的自我認同。

參考書目

上海市教育委員會（2011）。《上海市中小學生學業質量綠色指標（試行）》，
　　檢自http://www.shanghai.gov.cn/shanghai/node2314/node2319/node12344/
　　u26ai29828.html

中國共產黨第十六屆中央委員會第三次全體會議公報（2003.10.14），檢自http://
　　cpc.people.com.cn/GB/64162/64168/64569/65411/4429167.html

中國共產黨第十六屆中央委員會第五次全體會議公報（2005.10.11），檢自http://
　　cpc.people.com.cn/GB/64162/64168/64569/65414/4429222.html

中國教育部（2008）。《中小學健康教育指導綱要》，檢自http://www.moe.gov.cn/
　　srcsite/A17/moe_943/moe_946/200812/t20081201_80266.html

中國教育部（2010）。《國家中長期教育改革與發展規劃綱要（2010-2020
　　年）》，檢自http://old.moe.gov.cn/publicfiles/business/htmlfiles/moe/
　　moe_177/201407/171904.html

中國教育部（2012a）。《小學教師專業標準（試行）》，檢自http://www.moe.
　　gov.cn/ewebeditor/uploadfile/2012/09/13/20120913155527401.doc

中國教育部（2012b）。《義務教育思想品德課程標準（2011年版）》。北京：北
　　京師範大學出版社。

全國婦聯課題組（2013）。《我國農村留守兒童、城鄉流動兒童狀況研究報
　　告》，檢自http://acwf.people.com.cn/n/2013/0510/c99013-21437965.html

劉胡權（2015）。〈關注教師情感人文素質，提升教師教育質量：北京師範大學
　　朱小蔓教授專訪〉。《中國教師》，第1期，頁85-88。

蘇霍姆林斯基著，蔡汀編（2001）。《蘇霍姆林斯基選集（五卷本）》（第二
　　卷）。北京：教育科學出版社。

中國內地的生命教育
發展狀況和前景

劉　慧

　　縱覽內地生命教育發展歷程，從1996年起至今已有十八年的時間，大致可分為醞釀期、起步期和發展期三個階段。儘管內地推行生命教育的時間不長，但生命教育的發展非常迅速，這是各級生命教育政策、教育行政部門、生命教育工作者、生命教育機構組織等共同作用的結果。同時，內地生命教育也存在一些問題，本文在分析了內地生命教育發展階段及其存在的問題的基礎上，給出了對生命教育未來發展的思考，具體內容如下。

一、內地生命教育發展階段劃分

(一)1996-2003年：生命教育的「醞釀期」

　　從理論研究與實踐探索兩個維度看，1996年至2003年為內地生命教

育的第一階段。考察內地有關生命與教育的學術論文，初見於1996年，主要是將「生命」作為教育的一個主題詞、教育內容[1]，但還沒有直接使用「生命教育」一詞，直到1999年才有研究者直接使用並進行論述[2]。

這一時期主要是生命教育的理論初探，只有為數不多的學者關注生命與教育問題[3]，學校道德教育與生命的關係問題，如劉慧和朱小蔓（2001）撰寫的論文〈多元社會中學校道德教育：關注學生個體的生命世界〉反思了現代教育的弊端，並分析其中的根源，從關注學生個體生命的視角尋求教育可能的路徑，被《中國社會科學文摘》轉載。還有學者發表介紹港臺和國外有關生命的教育，呼籲教育要關注生命[4]。這一階段的理論研究狀況，在中國知網[5]上以生命教育為篇名查找，期刊論文僅有四十六篇，碩博士論文三篇，其中一篇博士論文[6]。

從課題立項看，自1996年至2003年，只有極少量的有關生命教育的課題立項，但已涵蓋了縣、市、省、國家等各個級別。例如，1996年江蘇省泗洪縣教研室啟動「小學『生命教育』實驗研究」課題[7]，1997年被

---

[1] 如，鄭新蓉（1996）發表的題為〈尊重生命應是道德的基本內容和原則之一〉，葉瀾（1997）發表的〈讓課堂煥發生命的活力〉。

[2] 如，錢巨波（1999）發表的〈生命教育論綱〉、頓占民（1999）發表的〈解讀生命：啟動生命教育工程奠定社會文明基石〉。

[3] 如，朱小蔓（2000）在《教育的問題與挑戰：思想的回應》一書中設專章論述基礎教育與生命的關係。

[4] 如，劉濟良和李晗（2000）介紹香港的生命教育，鄭曉江（2000a，2000b）、王學風（2002）等撰文介紹國外和臺灣中小學的生命教育狀況。

[5] 2014年5月15日取自中國知網http://epub.cnki.net

[6] 如，劉慧（2002）撰寫的《生命道德教育》；二篇碩士論文，即王媛（2002）撰寫的《生命教育理念探》和萬淼（2002）《潤澤生命：生命教育視野下的現代教師素質》。

[7] 它屬於泗洪縣小學教育綜合性研究自主創立課題，由縣教科室和部分學校參與；該課題立足於學生作為一個完整的生命體，將生命教育作為素質教育的理論基點，開展小學生命教育的實驗探索。

江蘇省教育學會批准為立項課題，2002年被江蘇省教育科學規劃辦公室批為省「十五」重點課題；2003年有國家級教育科學課題，如「關愛生命：新時期學校德育有效性問題研究」課題被全國教育科學規劃領導小組批准為全國教育科學「十五」規劃教育部重點課題[8]。

從學校開展生命教育的活動看，在這一期間，內地已有大學開設生命教育講座或課程[9]，還有高校開展生命教育講座[10]。

在政策層面，這一階段，教育行政部門並沒有明確的生命教育文件出臺，但已有相關的政策文件。如2003年12月，針對當時個別高校接連發生學生由於心理異常等原因致傷或致死他人的嚴重事件，教育部頒布了《教育部辦公廳關於進一步加強高校學生管理工作和心理健康教育工作的通知》（以下簡稱《通知》），這是推動高校生命教育的重要力量，它引起了教育界，特別是高校對大學心理健康狀況的關注，在此之後，也引發了有關大學生生命教育論文發表的「小高潮」。

(二)2004-2009年：生命教育「起步期」

2004年至2009年為內地生命教育的第二階段，這一階段主要以省級生命教育政策文件的頒布和依託課題開展學校生命教育實踐探索為重要標誌，由此開啟了內地生命教育的「起步期」。

---

[8] 該課題主要研究的問題是嘗試解決學校德育中的生命「空場」現象，呼喚學校德育關注生命的意識，樹立關注生命的學校德育新理念，探索行之有效的關注生命德育的方法，切實提高學校德育的實效性（劉慧，2003，頁4）。

[9] 如，筆者於2003年9月在瀋陽師範大學面向全校學生首開《生命教育》（36學時），主要內容有生命教育的價值、生命教育的基本概念、生命教育的理論支撐、關愛生命、生命需要、成為自己、死亡教育、生命之愛、生命敘事等九個主題，同時指導大學生以生命教育為畢業論文選題，如孫宇（2003）的《高中生生命意識現狀與生命教育：基於一所高中的調查研究》。

[10] 如2002年武漢大學對大學生開展生命教育講座（屈文謙、胡慶方，2002）。

從省和直轄市級教育行政部門制定出臺的有關生命教育文件看，最早的是遼寧省教育廳，於2004年11月頒發《遼寧省中小學生命教育專項工作方案》；其次是上海市科教黨委和上海市教委，於2005年6月頒布《上海市中小學生生命教育指導綱要》；之後，內地諸多省市教育行政部門陸續出臺生命教育的指導綱要等文件[11]。影響各省市教育行政部門紛紛出臺有關生命教育文件的一個重要推動力，來自於國家層面的一系列政策文件，此方面的具體內容，在第二分部評述中闡明。

　　從學校生命教育的開展狀況看，這一時期的主要推動力量來自兩方面，一是各級生命教育課題，如2004年2月浙江省舟山市普陀區教育局開展《中小學生命教育的理論與實踐研究》，聘請專家指導，制定研究方案，以課題研究推進區域生命教育實踐（劉慧，2010）；2004年10月遼寧省鞍山市鐵東區啟動《鐵東區中小學生命教育的實踐研究》課題，成為「關注生命：新時期學校德育有效性問題研究」課題實驗區，16所中小學成為生命教育的實驗學校，從校園文化、主題活動、學科體現生命、生命化評價、教師生命敘事等六個方面展開生命教育活動。

　　二是各級生命教育政策。伴隨生命教育政策出臺，有關教育行政部門開始有組織有計畫地在各級各類學校中推行生命教育。生命教育進課堂、進校園，開發生命教育校本教材等活動在學校系統不同程度、不同範圍地開展，一些高校開設《生命教育》選修課、必修課等[12]。

---

[11] 在此期間，浙江省舟山市普陀區教育局研制了《生命教育課程標準》，包括幼兒園、小學、初中和高中四學段（浙江省舟山市普陀區教育局，2006）；黑龍江省教育廳研制了1～9年級《生命教育課程標準》（黑龍江省教育廳，2008）；2009年5月雲南省教育廳在人民大會堂召開「生命・生存・生活」論壇，將內地區域生命教育推向了高潮。

[12] 如，2004年北京亞太實驗學校小學部開設生命教育課程，並開發生命教育教材。2007年7月長春醫學高等專科學校獨立設置《生命教育》必修課程，2007年首都師範大學初等教育學院將《大學生命教育》（選修課）寫進了人才培養方案，從2006級本科生開始接受生命教育，每屆約80%（約250人）的學生選修此課。

　　有關生命教育研究的學術論文，在這一時期大量湧現。在中國知網上以「生命教育」為篇名查找，發表的論文共有1,275篇，其中，作為教育界權威核心期刊的《教育研究》於2004年第5期刊登了一組生命教育筆談，並有一批研究成果面世，一些大中小學的生命教育教材也相繼出版[13]。

　　再有，一些高校、研究機構和社會團體，也成為推動生命教育發展的重要力量。有的高校和研究機構開始成立生命教育研究所（中心）[14]，2005年以來，一些社會團體開始關注生命教育[15]。借助這些平臺，海峽兩岸的生命教育交流日漸頻繁，對推進內地的生命教育發展具有重要意義。

　　值得一提的是，2008年5月12日汶川地震，引發了國人對生命的普遍關注，社會媒體對生命教育的特別關注[16]，將社會對生命教育的關注推向了高潮。

---

[13] 如，劉濟良（2004）的《生命教育論》等一套生命教育叢書，馮建軍（2004）的《生命與教育》，劉慧（2005，2008）的《生命德育論》和《陶養生命智慧》等；2005年人民教育出版社出版了一套《生命教育（小學低、中、高年級）》，中國青年出版社出版了一套為小學一年級至初中三年級學生編寫的《生命教育》系列教材，共9冊；2007年顧海良主編《生命教育：大學生讀本》等。

[14] 如，2008年浙江傳媒學院成立生命學與生命教育研究所和心理健康與生命教育中心，並於2009年主辦了首屆海峽兩岸大學生生命教育高峰論壇暨中華青少年生命教育教師高級研修班（蔡志明、何仁富，2010）。2008年吉林省教育科學研究所成立生命與安全教育研究中心，自成立以來先後六次組織全省大型教師培訓活動，數十次地區及市（縣區）級的教師培訓（王野川，2014）。

[15] 如，北京甘霖智慧國際培訓機構，從2003年起在國內積極推廣生命教育運動，舉辦生命教育大型講座；中國宋慶齡基金會從2005年起，每年主辦一次中華青少年生命教育論壇，開辦生命教育家長培訓班、青少年生命教育夏（冬）令營，並在北京、浙江等地創辦生命教育基地。還有一些民間社團組織積極開展生命教育活動，如自殺干預、心理諮詢熱線、生命教育論壇等。

[16] 如，2008年9月1日中央電視臺經濟頻道舉辦《開學第一課》「知識守護生命」大型公益活動，旨在以生命意識教育為主題，倡議全國中小學學生每年每學期都進行應急避險教育。而在此之前，8月28日教育部向全國中小學校發文通知，要求全國各地學校組織學生和家長收看這一節目。

(三)2010年至今：生命教育「發展期」

2010年8月《國家中長期教育改革與發展規劃綱要（2010-2020）》（以下簡稱《教育規劃綱要》）的頒布標誌著內地生命教育進入了「發展期」。

《教育規劃綱要》明確提出了「生命教育」。《教育規劃綱要》在「堅持以人為本、全面實施素質教育是教育改革發展的戰略主題」中提出「重視安全教育、生命教育、國防教育、可持續發展教育」（中國教育部，2010）。儘管《教育規劃綱要》中只有「生命教育」這四個字，但其對內地的生命教育影響卻很重大。如果說在此之前，內地的生命教育在教育界還屬於「自選動作」，那麼在此之後就成為了「規定動作」。這是推動內地生命教育向全面、深入發展的決定性力量。

由此，生命教育理念「走進」教育部制定的一些重要的政策文件中。如2012年教育部頒布的中小學幼稚園三個《教師專業標準》，生命教育成為其中的一個重要理念[17]。不僅如此，在新修訂的義務教育課程標準中，無論是初中《思想品德》，還是小學《品德與生活》和《品德與社會》，生命教育理念與內容都體現其中[18]。

---

[17] 在《小學教師專業標準（試行）》「基本理念」中，對「師德為先」理念的闡釋是，「教師要關愛小學生，尊重小學生人格，富有愛心、責任心、耐心和細心；做小學生健康成長的指導者和引路人」（中國教育部，2012，基本理念）；在「基本要求」中生命教育的內容多處體現，如「關愛小學生，重視小學生身心健康，將保護小學生生命安全放在首位」（中國教育部，2012，基本要求）。

[18] 如，《義務教育思想品德課程標準（2011版）》中，生命教育理念體現在各個方面，在基本理念的第一部分「幫助學生過積極健康的生活，做負責任的公民是課程的核心」中指出，「思想品德課程的任務是引領學生瞭解社會、參與公共生活、珍愛生命、感悟人生……」在課程目標之「情感·態度·價值觀」中的第一條就是「感受生命，養成自尊自信、樂觀向上、意志堅強的人生態度」在內容標準之「成長中的我」中，第二部分「自尊自強」的課程內容與活動建議中分別有共有七條，其中各有三條明確寫出有關生命教育的內容（中國教育部，2011）。

自2010年以來，一些重要期刊雜誌紛紛推出「生命教育專欄」，如《鄭州大學學報》（2011年第3期）頭版專欄「生命教育研究（筆談）」[19]；《當代教育科學》（2012年第9期）頭版專欄刊登圍繞基於兒童生命的小學教育研究的四篇論文；《南昌大學學報》（2012年第2期）開闢「道德與人生」專欄[20]；《課程教材教法》（2013年第9期）設生命教育專欄，刊載以顧明遠撰寫的〈教育的本質是生命教育〉等七篇文章。還有一些生命教育論著、教材等出版[21]。

在此期間，又有一些高校成立生命教育研究機構，如2010年北京師範大學生命教育研究中心成立，2011年首都師範大學兒童生命與道德研究中心成立，有計畫、有組織地開展學術研討會、課題研究、教師生命教育培訓等活動，從理論研究與實踐探索兩個方面推進生命教育。不僅如此，還與生命教育的社會團體聯合召開生命教育論壇，共同培訓教師[22]，大大提升了生命教育的影響力與生命教育的品質。

在2013年，最有影響的事件是中國陶行知研究會成立生命教育專委會。這是內地首個在一級學會下設立的二級學會，作為中國陶行知研究會會長朱小蔓兼任理事長，由兩岸三地的生命教育學者和工作者組成了常

---

[19] 刊登鄭曉江、劉慧等撰寫的四篇文章，分別從生命教育事業的回顧與前瞻、生命的價值及其教育、生命教育學的構建和發展生命教育事業的再思考展開論述。

[20] 刊載由劉慧、歐陽康和鄭曉江撰寫的〈生命教育的涵義、性質和主題〉、〈在愛心體驗與責任擔當中踐履和提升生命價值〉和〈生命困頓與生命教育〉三篇學術論文。

[21] 如，2013年8月，在吉林省出版的《生命教育系列教材》（中、小、幼共4冊）、《生命安全的保護與救助：中小學安全教育科普讀本》三冊、編繪《生命與安全教育學校及班級用掛圖》一套。

[22] 如，首都師範大學兒童生命與道德教育研究中心連續兩年（2012-2013年）與宋慶齡基金會聯合舉辦中華青少年生命教育論壇，邀「兩岸四地」的生命教育專家學者、實踐者、工作者集聚一堂分享、交流生命教育研究成果與實踐經驗。

務理事會，共商、共促生命教育事業。在揭牌儀式上，朱小蔓做了主題為
「探問生命教育——陶行知生命教育思想學習心得」的報告，為內地生命
教育理論探源提供了一個視角。

這一年，內地學者也應邀參加臺灣「2013第九屆生命教育學術研
討會——生命教育與十二年國教」和澳門「2013年兩岸四地教育發展論
壇——生命教育：與生命同行」，並發表演講介紹內地生命教育發展狀況
[23]，更加深了與港澳臺地區的生命教育同仁之間的交流與瞭解，有利於共
同促進生命教育的發展。

這一時期，教師生命教育仍是一項重要內容，以生命教育課題和項
目帶動仍為主要形式。透過省市區縣級的多種生命教育主題課題，開展學
校生命教育校本培訓、學科課程中生命教育培訓等[24]。

---

[23] 在臺灣生命教育年會上，劉慧教授報告〈2010年前後大陸生命教育及師資培育
狀況分析〉、張志坤副教授報告〈生命教育在教育人類學助力下的創新與豐
富〉。在澳門生命教育年會上，劉慧教授報告〈內地生命教育推行狀況與發展
趨勢〉和〈內地幼稚園、家庭生命教育狀況分析〉；何仁富教授報告〈生命成
長、生命管理與生命教育〉。

[24] 如，2013年8月吉林省教育科學研究院召開全國教育科學「十二·五」規劃課
題「生命與安全教育」研討會，邀請各地生命教育理論研究者與實踐探索者參
會，分享生命教育經驗、研討進一步推動生命教育的議題等。再如，2010年起
首都師範大學初等教育學院承接北京市順義區的特色校、優質校建設項目，趙
全營中心小學以生命教育為辦學理念開展優質校建設，探索出生命教育校本培
訓的有效模式；2012年受北京市教委委託承擔市級學科帶頭人和學科骨幹教師
培訓項目，生命教育成為「小學品社工作室」的培訓主題，圍繞「關愛生命」
分為四個研究小組：品社課教材中「關愛生命」的內容、教學情境中「關愛生
命」現象、生命敘事素材、「關愛生命」的德育活動；2013年3月又受海淀區教
委委託培訓區級小學品德與社會課骨幹教師，主題仍是生命教育。

二、評述

　　回顧內地生命教育的發展歷程與狀況，可從不同視角給出評述，如生命教育理念由「邊緣」走向「中心」，生命教育實踐由「個別活動」走向「課堂教學」，教師生命教育由參與課題走向課堂教學實踐，以及存在著生命教育理論研究的缺乏、學校生命教育實踐不普遍、不均衡、專業的生命教育師資培育缺乏等問題（劉慧，2014）。在此，從以下幾個方面評說。

(一)內地生命教育起步不早，但發展迅速

　　在生命教育發展的醞釀期，儘管學生自殺、意外死亡、漠視生命等現象引發了對生命的關注，但生命教育也只是「個別人」關注的「個別現象」。這一時期，雖然沒有生命教育專著或教材問世，以生命教育為題的期刊論文和碩博士論文也十分有限，但為數不多的論文被關注的程度卻很高，有的論文下載和引用量都比較大；[25]在課題方面，已有國家級、省市級的有關生命教育的課題立項，儘管數量極為有限；在大學和小學教育中，生命教育課程也已出現，儘管只是個別現象。

　　生命教育的起步期，則與其醞釀期大不相同，內地生命教育如雨後春筍般在各地湧現。以遼寧省、上海市開端的區域生命教育，在短短的五年內，遍布內地諸多省市。尤其是2008年的汶川大地震震撼了整個民族的生命，觸及了每個人的心靈深處，並帶給我們太多有關生命的感受、體驗、思考與啟示，喚醒了我們民族的生命意識（劉慧，2008）。這一時

---

[25] 如劉慧和朱小蔓撰寫的〈多元社會中學校道德教育：關注學生個體的生命世界〉一文，在中國知網上查看，被引用269次，下載1,221次。取自2014年5月13日星期二http://epub.cnki.net

期，學界重視生命教育研究的傾向越來越明顯，生命教育的論著、碩士和博士研究生撰寫的以生命教育為題的畢業論文相繼問世，有關生命教育的研究成果迅速增長；不僅如此，多套從幼稚園到中小學、大學、職業院校的生命教育教材也陸續出版。這一時期，不僅是教育界關注，而且社會團體、新聞媒體等社會力量也開始關注生命教育，更為有力地推動了生命教育。

　　進入到發展期，可以說，生命教育基本成為教育界的共識。在這一時期，教育界中代表性的事件主要有，生命教育理念體現在《教師專業標準》等一些教育部頒發的政策文件中；一些學術雜誌設專欄刊登生命教育文章；一些高校和社會學術團體成立有關生命教育的研究機構；各級教師培訓中增設生命教育內容；在臺灣、香港、澳門等生命教育論壇中有內地生命教育的「聲音」等。總之，生命教育誕生十五年以來，高校、中小學、幼稚園、社會團體、教育行政部門、出版社、雜誌社、電視媒體（社會網路）等多種機構組織不同程度的參與其中，學者、一線教師、社會工作者、行政官員、社會各界人士等相繼合作探索，多層次、全方位的推動了內地生命教育的迅速發展。

(二)教育政策是全面推動生命教育的決定性力量

　　內地生命教育的全面推進，離不開教育政策的引領與指導。從國家政策的角度看，自2003年至2010年，中共中央國務院、教育部等出臺了一系列重要政策文件，如2004年3月頒布的《中共中央國務院關於進一步加強和改進未成年人思想道德建設的若干意見》（以下簡稱《意見》）和《教育部關於學習貫徹〈中共中央國務院關於進一步加強和改進未成年人思想道德建設的若干意見〉的實施意見》，強調加強未成年人思想道德建設；為落實《意見》精神，各省市教育行政部門將生命教育作切入點，作為更為科學、有效的實施德育工作的新理念與新途徑。2006年10月中國

共產黨第十六屆六中全會做出《關於構建社會主義和諧社會若干重大問題的決定》（以下簡稱《決定》）。《決定》明確指出，要「注重促進人的心理和諧，加強人文關懷和心理疏導，引導人們正確對待自己、他人和社會，正確對待困難、挫折和榮譽。加強心理健康教育和保健，建立健全心理諮詢網路，塑造自尊自信、理性平和、積極向上的社會心態」（人民日報，2006）。這一精神與生命教育的理念相吻合，有力地推動了內地生命教育。2010年國務院頒布《教育規劃綱要》則直接明確地提出重視生命教育。

這些政策文件的相繼出臺，對內地的生命教育產生了至關重要的影響。這些政策的頒布，首先觸發的是教育界對生命教育的研究，有關生命教育的研究論文發表數量迅速增加，更為重要的是引發了區域性生命教育的政策出臺，遼寧省首開先河，上海市緊隨其後，一些省市相繼制定政策。省直轄市生命教育政策文件對所在區域的教育具有一般性、指導性、綱領性的作用，對推動區域生命教育具有決定性作用。

考察各地頒發的生命教育政策文件，生命教育成為落實「加強與改進未成年人思想道德建設」的切入點和新的生長點。雖然切入點是為了貫徹、落實《意見》，但都明確的提出了「生命教育」一詞，並圍繞德育，將生命教育納入其中，這不僅找到了推進學校德育工作有效性的新的著眼點，突破了以往德育工作的「瓶頸」，而且更為重要的是將德育工作從完全的社會的知識本位的立場轉向以人為本的角度，德育不再僅僅是社會對學生的要求，而是人自身存在和發展的需求，解決了長期以來人們對德育的反感情緒，使德育成為「親人的」有魅力的德育成為了可能。

教育行政部門是教育政策制定與實施的直接組織者與執行者。在貫徹、落實生命教育政策的過程中，教育行政部門成為直接推動生命教育的重要力量。如遼寧省教育廳在研製生命教育專項工作方案過程中，由基礎教育處牽頭，組織瀋陽師範大學和遼寧省教育學院有關部門人員共同研製；在實施過程中，區教育局派有關人員到先進地區參觀學習生命教育經

驗等。雲南省教育廳成立三生教育處，與德育處配合，組織全省的三生教育活動。不僅如此，教育行政部門還是省市間生命教育橫向交流的組織者，如吉林省教育行政部門組織省內中小學教師到雲南等省市參觀學習，在組織本省的生命教育論壇中又邀請一些省市教育行政部門、學校等參加。透過省市區級教育行政部門的組織行動，迅速擴大了生命教育的影響力。

(三)課題領銜使生命教育理論與實踐互動前行

從內地生命教育發展歷程看，生命教育的課題與專案是推動區域、學校生命教育實踐的重要載體。即使在醞釀期，生命教育課題就已覆蓋了國家、地方、學校三級，隨著時間的推移，有關生命教育的立項課題與專案數量越來越多，涉及的內容也越來越豐富。如在國家級、省級教師培訓專案中開設生命教育內容，這是一個普及性很高、影響力很大的方式；再如北京市級學科帶頭人和學科骨幹教師培訓專案，將生命教育納入小學品德課程教學中；在北京順義特色校建設、優質校建設中，將生命教育作為學校辦學的理念全面推行。

可以說，生命教育理論研究成果更多的是透過課題和專案的方式走進學校實踐，同時也透過課題與項目研究，不斷補充、豐富了生命教育理論。在此過程中，生命教育的理論研究與實踐探索合二為一，生命教育研究者與一線教師緊密結合，以行動研究的方式推動、豐富與擴大生命教育。總之，以生命教育課題為載體的生命教育理論與實踐探索相伴相生，共同推動生命教育的開展，不僅產出一批研究成果，而且也是教師的生命教育過程。

(四)生命教育內涵多層多樣,多地開展的生命教育略有側重

從生命教育誕生與發展脈絡的角度分析,生命教育的內涵是變化的。起初,生命教育的意涵,從現實的角度,主要是預防自殺,保護生命不受傷害;從理論角度,生命是教育的基點,生命教育是本真教育的回歸,生命教育是關於生命的教育。2004年之後,生命教育與德育密切相關,主要思路是將生命教育「統整」於德育旗下,主要以生命與自己、社會、自然的關係為主線,重新梳理既有的德育內容,並將世界觀、人生觀、價值觀教育等納入其中。汶川地震之後,生命價值高於一切、生命的脆弱與堅強、用知識保護生命、生命的價值與意義等觀念和內容成為生命教育的主題。另一條線索是伴隨著新課程改革,讓課堂煥發生命活力之觀點為一線中小學教師所接受、喜愛,構建生命課堂成為許多中小學開展生命教育的主要方式(劉慧,2013)。

不僅對生命教育內涵的認識是多層多樣的,而且各地生命教育的實踐也各有特點。如吉林省的生命教育與安全教育相連,雲南省的生命教育與生存教育、生活教育並舉。這樣的狀況,也可以說源自對生命教育內涵的理解所致。從社會背景看,內地生命教育一定包含安全層面,儘管《教育規劃綱要》中將二者並提,但從本質上講,安全教育內含於生命教育之中,安全教育是現階段內地生命教育的一部分,而且是基本部分。雲南省的三生教育也是如此,這樣的提法也是與當地社會發展狀況密切相關。但無論在推行生命教育過程中側重於哪些方面,其實質是一致的,即,生命教育一定是體現為教育對人的生命的重視。總之,生命教育是以人為本教育理念的進一步落實,內容與形式豐富多樣,各地生命教育實踐多維度、多層次地展開。

值得關注的是,一些高校生命教育研究中心的成立,不僅有力地推動了生命教育的理論研究,而且還大大推進了生命教育實踐的開展,尤其是與社會團體的合作更提高了生命教育的推動力度。

(五)內地生命教育存在的問題

內地生命教育發展至今，存在的問題主要有生命教育理論研究的缺乏、學校生命教育實踐不普遍、不均衡及專業的生命教育師資培育缺乏（劉慧，2014），此外，還有以下幾個方面：

在生命教育課題研究方面，一些課題在實施中「雷聲大，雨點小」，實際效果並不如人意。由於研究隊伍人員有限、精力有限，給予實驗學校的指導也就非常有限；一些中小學牽頭的市級課題，因缺乏專門人員的指導、缺乏專業研究人員，或學校領導的更換，實際開展情況並不理想；生命教育課題多為階段性的，可持續的課題立項不多，由此也造成了一些實驗學校失去了繼續推進生命教育的動力與支持性條件。

在學校開展生命教育實踐活動方面，將生命教育或作為一項活動，或一個課題專案，由此帶來的問題是學校教師實際參與其中的人數並不多，即使在生命教育課程開發、校本教材的編寫等方面，本校教師參與的也很有限，生命教育如何在課堂學科教學中體現，更是一個值得探索的問題。

在政策方面，缺乏國家層面的生命教育指導性文件，僅有生命教育四個字，難以有效地推動生命教育。省市級教育行政部門出臺的生命教育指導綱領有待進一步落實，尤其是有些地方主管領導更替，生命教育處於止步不前的狀態。有的省級生命教育政策出臺後，在學校的推行有些「過急」，因缺乏必要的準備和相應支持性條件，尤其是缺乏必要的教師生命教育培訓，生命教育的政策難以真正落實。

(六)未來生命教育發展思考

首先應儘快研制國家級生命教育指導綱領、課程標準，為全面深入推進生命教育的健康發展提供有力的政策保障。

　　未來學校生命教育的發展趨勢應是全方位推進，而不能將生命教育僅僅作為多種教育中的一種，或僅僅作為學校特色活動來進行。

　　加大教師生命教育力度。積極探索富有指導性、推廣性的教師生命教育模式；培養生命教育專業人員，借助學校已有的碩士生和博士生的培養，培養生命教育專業人士。

　　生命教育研究機構將成為推動生命教育的重要力量。以研究機構為依託開展專業研究，構建生命教育理論體系；與此同時，開展橫向聯合，整合學校、家庭、社會中生命教育資源，推進生命教育實踐力度。

　　加強海峽兩岸（華人世界）的生命教育交流，共同推進生命教育發展。加強與國外生命教育的交流，進一步豐富、完善生命教育的理論研究與實踐探索。

參考書目

〈中共中央關於構建社會主義和諧社會若干重大問題的決定〉（2006.10.19）。
　　《人民日報》，01版。

《生命教育》（2006）。北京：中國青年出版社。

中國教育部（2010）。《國家中長期教育改革與發展規劃綱要（2010-2020
　　年）》，檢自http://old.moe.gov.cn/publicfiles/business/htmlfiles/moe/
　　moe_177/201407/171904.html

中國教育部（2011）。《義務教育思想品德課程標準（2011版）》。北京：北京
　　師範大學出版集團。

中國教育部（2012）。《小學教師專業標準（試行）》，檢自http://www.moe.gov.
　　cn/ewebeditor/uploadfile/2012/09/13/20120913155527401.doc

王野川（2014）。〈用觸及靈魂的生命教育成就學生健康成長：吉林省學校生命
　　與安全教育發展研究報告〉，檢自http://www.xdjykx.net/plugins/enterURL/1/
　　infoDetail.jsp?infoID=1401640

王媛（2002）。《生命教育理念探》。河南師範大學教育學原理碩士論文，未出
　　版。

王學風（2002）。〈臺灣中小學生命教育〉。《現代中小學教育》，第7期，頁
　　5-7。

朱小蔓（2000）。《教育的問題與挑戰》。南京：南京師範大學出版社。

屆文謙、胡慶芳（2002.5.30）。〈引導學生珍惜生命，武漢大學在學生中開展生
　　命教育〉，檢自www.hnyjs.com/szns/smjy14.htm（2013年11月13日）

孫宇（2003）。《高中生生命意識現狀與生命教育：基於一所高中的調查研
　　究》。瀋陽師範大學教育學專業學士論文，未出版。

浙江省舟山市普陀區教育局（2006）。《生命教育課程標準》。舟山：浙江省舟
　　山市普陀區教育局。

馮建軍（2004）。《生命與教育》。北京：教育科學出版社。

黑龍江省教育廳（2008）。《生命教育課程標準》。哈爾濱：黑龍江省教育廳。

萬淼（2002）。《潤澤生命：生命教育視野下的現代教師素質》。河南師範大學
　　教育學原理碩士論文，未出版。

葉瀾（1997）。〈讓課堂煥發生命的活力〉。《教育研究》，第9期，頁3-8。

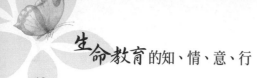
頓占民（1999）。〈解讀生命：啟動生命教育工程奠定社會文明基石〉。《保定師專學報》，第3期，頁25-29。

劉慧（2002）。《生命道德教育：基於新生物學範式的建構》。南京師範大學教育學原理博士論文，未出版。

劉慧（2003）。〈關注生命：新時期學校德育有效性問題研究申請報告〉（全國教育科學「十五」規劃教育部重點課題DEA030111），未出版。

劉慧（2005）。《生命德育論》。北京：人民教育出版社。

劉慧（2008）。《陶養生命智慧》。北京：教育科學出版社。

劉慧（2008.5.27）。〈喚醒一個民族的生命意識〉。《中國教育報》，03版。

劉慧（2010）。〈近十年我國生命教育的回顧與展望〉。《思想理論教育》，第20期，頁4-8。

劉慧（2013）。〈生命教育內涵解析〉。《課程教材教法》，第9期，頁93-95。

劉慧（2014）。〈中國大陸生命教育發展狀況分析〉。《生命教育研究》，第6期，頁1-26。

劉慧、朱小蔓（2001）。〈多元社會中學校道德教育：關注學生個體的生命世界〉。《教育研究》，第8期，頁8-12。

劉濟良（2004）。《生命教育論》。北京：中國社會科學出版社。

劉濟良、李晗（2000）。〈論香港的生命教育〉。《江西教育科研》，第12期，頁24-25。

蔡志明、何仁富（2010）。《大學生命教育論》。北京：中國廣播電視出版社。

鄭新蓉（1996）。〈尊重生命應是道德的基本內容和原則之一〉。《江西教育科研》，第5期，頁29-31。

鄭曉江（2000a）。〈國外死亡教育簡介〉。《教師博覽》，第2期，頁42。

鄭曉江（2000b）。〈臺灣中小學的「生命教育」課〉。《教育博覽》，第8期，頁48。

遼寧教育電子音像出版社策劃組（2005）。《生命教育（小學低、中、高年級）》。北京：人民教育出版社。

錢巨波（1999）。〈生命教育論綱〉。《江蘇教育研究》，第3期，頁4-7。

顧海良主編（2007）。《生命教育：大學生讀本》。北京：人民教育出版社。

中國生命教育發展的歷程及前瞻——從「生命教育」到「三生教育」[1]

鄭曉江

一、生命教育的興起

　　生命教育的歷史，一直可以追溯到1964年，日本學者谷口雅春出版了《生命的實相》一書，首先呼籲生命教育的重要性。1968年，美國知名作家、演說家、作曲家、攝影家傑・唐納・華特士在加州北部內華達山腳下的丘陵地帶，正式創建了「阿南達村」學校，以實踐其生命教育

---

[1] 編者註：該文總結歸納了作者生前關於生命教育、三生教育的若干重要文章及演講資料。作者著作權繼承人鄭瑤女士已處理上述資料的著作權，文章從而得以在本文集刊出。

的思想。1979年，澳大利亞雪梨成立了「生命教育中心」（Life Education Center, LEC），這應該是西方國家最早使用「生命教育」概念（Life Education）的機構，現在已成為一個正式的國際性機構（Life Education International），是聯合國的「非政府組織」（NGO）中的一員。該中心主要從事的工作是：防止「藥物濫用、暴力與愛滋病」。現在，美國、英國、德國、日本等國家和臺灣、香港、澳門等地區都普遍地開展了不同形式、不同內容的生命教育。從2004年開始，在中國的上海、遼寧、黑龍江、湖南等省市也開展了生命教育，而雲南省和陝西省則在推廣「三生教育」。何謂「三生教育」？為何國內外均稱「生命教育」，而雲南省卻提出和推廣「三生教育」？生命教育與「三生教育」究竟有何關係？未來發展的方向是什麼？這就需要我們從國內外生命教育的興起及發展過程的探討中來獲得答案。如果仔細地考察中國生命教育興起的歷史過程，可以概略地分為以下五個階段：

第一個階段，從1997年到1999年，可以稱之為引入與逐步發展的階段。從1997年開始，前臺灣省教育廳廳長陳英豪首先提出「生命教育」的概念與願景 ，同年，臺灣教育部委託實施倫理教育多年有成的臺中市曉明女中設計生命教育課程，並推動辦理研習、訓練師資等，並於1998年度在全臺灣各國中（相當於大陸的初中）實施，高中則於第二學期實施。這一年還制定了《臺灣省國民中學推展生命教育實施計畫》，2000年7月臺灣公布了《教育部推動生命教育中程計畫》，並組成了生命教育委員會，由臺灣各級學校推動生命教育。2001年，臺灣教育部成立生命教育推動委員會，曾志朗部長宣布該年為「生命教育年」。2004年又頒布了普通高中生命教育類選修課程綱要，2006年列入了高中選修課程，在臺灣各大學都開設有生命教育方面的講座或生死學的選修課程等。

第二個階段，從2000年至2003年，這是中國大陸開始關注生命教育的教學理念及課程並引入的階段。從教育教學理論上對「生命」概念的重視，把「生命」作為教育的價值追求，特別在教育教學過程中強調師生

都必須「生命在場」的看法應該說發端甚早，比如葉瀾教授早在1997年發表的〈讓課堂煥發出生命活力：─論中小學教學改革的深化〉就關注到「生命」的概念及其在教育教學上的重要性。她認為，要「從更高的層次──生命的層次，用動態生成的觀念，重新全面地認識課堂教學，構建新的課堂教學觀」，「讓課堂煥發出生命的活力」（葉瀾，1997，頁5）。在1999年共發表有五篇冠以「生命教育」的文章，如頓占民〈解讀生命：啟動生命教育工程奠定社會文明基石〉，也基本上是把生命教育當作一種教育的價值追求目標來看待的（頓占民，1999）。黃克劍、張文質先生則在1993年開始探索，逐步創立了「生命化教育」的理念與教育實踐：「生命化教育是立足於生命視野對教育的一種重新認識和理解。它以生命為教育的基點，認為教育就是要遵循生命的特性，不斷地為生命的成長創造條件，促進生命的完善，提升生命的價值。」（百度百科，無日期，詞條釋義）黃克劍先生認為：「教育所要做的事可以放在三個相貫通的層次去理解，即授受知識，開啟智慧，點化或潤澤生命。」（黃克劍，2007，頁4）從葉瀾教授到黃克劍、張文質先生對「生命」在教育過程中重要性的闡述，嚴格來說，與現今所講的作為一門新的教學門類的「生命教育」還不是一回事。真正把生命教育不僅作為一種教育的理念、方法，更主要的作為教育的途徑、教育的模式、獨特的課程體系引入大陸中國，並加以介紹、研究和推廣的應該是在2000年。劉濟良和李晗發表了〈論香港的生命教育〉（劉濟良、李晗，2000），本人則發表了〈國外死亡教育簡介〉、〈臺灣中小學的生命教育課〉（鄭曉江，2000a，2000b）。這三篇文章，透過對臺灣和香港地區的生命教育課程的介紹，突出了生命教育課程的性質，提出了生命教育，顧名思義，即是關於生命的教育。此「生命」既指「教育的內容」，又涵攝「教育的對象」，還涉及「教育的方式」。所以，從更廣泛的意義去理解，生命教育應該是一種更為根本的「教育理念」和派生出來的課程體系。這之後，截止於2010年4月，中國知網上關於生命教育的論文已達3,066篇，而目前中

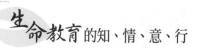

國出版的有關生命教育的書籍也約有百餘種之多。

　　第三階段，從2004年至2007年，是從引入生命教育的理念和課堂教學模式到具體實施生命教育教學實踐的階段。其標誌性事件有遼寧省2004年啟動的《中小學生命教育專項工作方案》和上海市2004年制定、2005年實施的《中小學生命教育指導綱要》，以及2006年湖南省頒布的《湖南省中小學生命與健康教育指導綱要（試行）》。隨後，黑龍江、重慶、長春、蘇州、常州、咸寧、深圳等省市區各自下發了開展生命教育的指導文件。不過，從總體上看，這一階段的生命教育往往起因於學生安全事故層出不窮，各級各類學校急切地要開展學生自然生命保全及健康教育所致，可以說，是一種「窄化形式的生命教育」。據《中國教育報》的文章披露：「全國每年約有1.6萬名中小學生非正常死亡，平均每天約有40名學生死於溺水、食物中毒、交通等事故，這其中約有80%的非正常死亡本可以透過預防措施和應急處理避免……」（彭鍛華，2009）有文章披露，武漢市擁有中小學生約百萬名，近三年，全市發生學校安全事故926宗，其中非正常死亡160人。所以，《武漢市中小學校安全條例（草案）》規定，校園內重特大傷亡事故校長將被免職（宋蘭蘭，2010）。吉林省長春市編寫的《生命教育讀本》，吸收了國內外生命教育課題的科研成果，把自然災害、火災、居家事故、校園安全事故、非法侵犯等生活中可能遇到的各種危險及如何應對的常識，都進行了深入淺出的闡述。而一篇〈小學《生命教育》課講義〉的文章認為：「生命教育課程的性質是透過《生命教育》課的實施，對小學生進行生命安全教育，使他們獲得相應的生存知識和生存技能，培養良好的生活習慣，形成保護生命的能力。是一門綜合課。」（長春市中小學生命教育網，2009，段五）可見，這些說法與做法，都把「生命教育」窄化成了「安全教育」。但是，生命教育是否可以等同於「學生自然生命安全保護的教育」呢？在512四川汶川特大地震的背景下，尤其是在各級各類學校嚴格的「學生安全行政問責制」的規定下，中國大陸興起的生命教育一開始便偏向於「學生自然生命安全保護的教育」

就是必然的和可以理解的了。但是，學生自然生命的安全當然是非常重要的，沒有健康的生命存在焉能談教育？但是，我們又必須再問：學生的生命安全問題如何是21世紀才出現的問題？應該說自有學校教育以來，這就是學校重要的任務。如果把生命教育定義為「學生自然生命安全保護的教育」，那今天的生命教育也就可以取消了。所以，中國的生命教育事業要有正常且積極的發展，關鍵在讓生命教育走出「學生自然生命安全保護教育」的背景，尋找到自身獨特的發展之路，也就是說要突出生命教育目標、內容及課程的獨特性、不可替代性，以及特別的意義與價值。

第四階段，從2008年至2010年6月，是中國生命教育進入大發展的階段。標誌性事件是2008年5月雲南省頒布了《關於實施生命教育、生存教育、生活教育的決定》和《關於生命教育、生存教育、生活教育的實施意見》；2010年2月23日，中共陝西省委教育工作委員會陝西省教育廳下發了《關於在全省大中小學積極開展三生系列教育活動的通知》。這一階段的突出特徵是從生命教育的推廣發展出了「生命教育、生存教育和生活教育」三位一體式的教育教學模式。何謂「三生教育」？這在《啟動生命，促進成長：教師「三生教育」手冊》中有這樣的解釋：「三生教育是透過教育的力量，使受教育者接受生命教育、生存教育和生活教育，樹立正確的生命觀、生存觀、生活觀的主體認知和行為過程。」（雲南省教育廳，2010，頁5-6）而在該書的〈序：實施「三生教育」，建設現代教育價值〉中，「三生教育」的宣導者羅崇敏先生指出：「三生教育應成為認知性、體驗性和創新性很強的育人事業，應成為使學生知生理、調心理、明倫理、懂哲理、曉事理的認知和行為過程，應成為學校教育、家庭教育和社會教育有機統一的系統工程。」（頁3）其實，人的生命首先要生存，所以要有生存知識的教育；人的生命還要生活，所以要有生活的教育；那麼，人類「生命」自身呢？關於生命的教育應該說明學生認識生命、尊重生命、珍愛生命，促進學生主動積極、健康地發展生命，提升生命的品質，實現生命的意義和價值。所以，雲南省「三生教育」的提出與

推廣，幫助第一線的老師與全國各教育行政領導們認識到了生存、生活教育之外、之深層，還有更為根本的生命意義與價值的教育。而且，把生存與生活教育從生命教育中剝離出來，單獨立項，真正體現了對人之整全生命的理解，真正突出了生命教育的核心向度。從引入臺灣地區生命教育的經驗開始，中國的理論界、教育界經過了八年積極的研討、推廣、提升和總結，終於在2008年由雲南省提出並實施「三生教育」，其意義重大，價值非凡，這意味著從此之後，我們終於有了中國自己的生命教育的獨特品牌，是可以推向海內外的一種內蘊中國元素的新的教育智慧和教育模式。

　　第五階段，從2010年7月至今，是「生命教育」取得國家「准生證」並由此翻開了嶄新的一頁，進入了快速發展的階段。2010年7月29日正式公布實施的《國家中長期教育改革和發展規劃綱要》（2010-2020年）在戰略主題中明確提出了要「學會生存生活」，要「重視安全教育、生命教育、國防教育、可持續發展教育。促進德育、智育、體育、美育有機融合，提高學生綜合素質，使學生成為德智體美全面發展的社會主義建設者和接班人。」可見，進行生命教育已成為了國家教育發展的戰略決策，這也是在國家教育改革文件中第一次載入了要「學會生存生活」，要進行「生命教育」的內容，具有深遠的歷史意義。而且，隨著《綱要》把「生命教育」與「安全教育」並列，正說明了兩者並不是一回事，把兩者混淆在一起，以至取消了生命教育的獨特內容的看法與做法，就此可以基本結束了。

二、推展中的問題

　　中國從生命教育到「三生教育」的推展已走過了十個年頭，取得了極大的成績，但亦有不可忽視的缺陷。

　　首先，表現在教師的知識素養方面。仔細考察中國從生命教育到

「三生教育」的發展歷程，可以發現，有關生命倫理及生命哲學（生死哲學）方面的基礎顯得比較薄弱。2008年，筆者在臺灣做生命教育的演講，一直從高雄講到臺中、臺北，發現臺灣從事生命教育的老師，大多數的知識背景是教育學的、心理學的、哲學及生死學的、宗教學的，所以，他們從事生命教育多從教育學、心理學、生死學、宗教學中獲取資源。而中國大陸從事生命教育工作的老師，大多數是從事於教育學、心理健康教育、思想政治及德育的教學工作，所以，生命教育的教材及課程多偏重於心理健康教育、安全教育、德育及思想政治教育方面的內容。這有比臺灣優長的方面，但亦有其短處，即：缺乏生命倫理學、哲學生死學、宗教學意義上對生命、生存、生活的理解和把握，教師這方面的知識及修養缺失嚴重。生命教育或「三生教育」作為一種全新的教育理念和教育模式，最終目的是要解決人們生存技巧、生活意義和生命價值問題，所以，從哲學、生死學、宗教學的高度對生命、生存、生活的界定、內在的相關性及深層意義與價值諸問題的論述，應該是生命教育和「三生教育」的基礎與出發點，值得深入探討，並形成一線生命教育、「三生教育」老師的基本知識的素養。

其次，表現在生命教育及「三生教育」的教學資源方面。就目前中國已開展的生命教育和「三生教育」中，中華優秀傳統文化的資源沒有得到應有的重視。對中華民族優秀歷史文化傳統的認識及在生命教育及「三生教育」教學中的運用，是非常重要及必要的。中共十七大政治報告指出：中華文化是中華民族共有的精神家園。生命教育及「三生教育」重要的目標之一，就是為現代人建構精神家園，這就應該十分重視中國優秀的歷史文化傳統的資源。比如，中國傳統的書院教育也有類似生命教育的內容。其一是「廟學合一」制，亦即在書院正中，一般設立孔子的牌位，在老師率領學生對至聖先師的虔誠禮拜中，培養學生的敬畏心和超越性生命追求。其二是先賢祠的設立。讓學生們在其中學習本土鄉賢的事蹟，樹立其人生遠大的理想和目標。其三是「一日為師，終身為父」的教

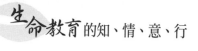

育理念，以及「經師」與「人師」合一的教學傳統。學生以事「父」之道
事師，老師也以教「子」之心來教書和育人。在生理上，老師與學生並沒
有血緣關係；但人不僅有生理生命，更重要的是人有精神的文化生命，
老師培育學生，實際上即是養育學生的精神文化生命，是對其知識的、
人格的、精神的成長負責。所以，在這個意義上，老師能稱得上是學生
的「父親」。這些優秀的傳統文化資源都應該成為生命教育和「三生教
育」取之不盡、用之不竭的思想文化的源泉。

　　生命教育和「三生教育」的老師透過講授應該讓學生接續上中華
民族優秀文化的血脈是非常重要的。現代人最大的問題之一，就是喪失
了「精神家園」，生命教育和「三生教育」應該在這方面做出最大的努
力，全面落實人文教育的理念與內容。

　　總而言之，生命教育即是關於生存、生活、生命以及生死的教育，
其目標在於使人們學會如何積極地應對人生過程及生死的挑戰，學會尊重
生命並理解生命的意義，進而培育人們對待自己、他人乃至一切生命體
的責任感，以讓人們從小就知曉生命的可貴，懂得如何去創造人生的價
值，從而獲得身心靈的健康，事業成功，生活幸福。

三、對未來發展的建議

　　承上所述，有關生命的教育約有九大議題：認知生命、體驗生命、
敬畏生命、珍惜生命、悅納生命、尊重生命、熱愛生命、發展生命、不朽
生命。展望未來生命教育或「三生教育」的發展，也為了落實這九大議
題，應該從以下幾個方面著手：

　　第一，生命教育或「三生教育」的基礎理論研究、師資培訓問題。
「三生教育」的理論基礎、學理基礎、歷史淵源、學科特徵等重大的理論
問題都需要深入探討；而培養大批合格的生命教育及「三生教育」的師資

力量則是當務之急。

第二，生命教育或「三生教育」各個層次核心課程的研發和系列教材的編纂與推廣問題。到目前為止，已正式出版的有關生命教育的教材已有七、八種之多，而雲南省編撰及出版的「三生教育」教材一套七本，已廣泛地運用於幼稚園、小學、中學、大專院校的「三生教育」的課程之中。但總體來看，已出版的有關生命教育、三生教育的教材還有不少的缺陷，需要在國家層面上組織力量，深入研究、撰寫出新的教材，使之更貼近受教育者，也更能取得實際的效果。

第三，生命教育或「三生教育」教學方法的更新問題。生命教育或「三生教育」本質上是一種人文的、德性的、價值性教育，與我們許多老師廣為熟知的知識性、邏輯性、科學性的教學活動有本質的區別：首先，上生命教育課時，老師既是教育者同時又是被教育者，因為每一個人都有生命成長的問題，教學相長在這裡體現得最為突出；其次，生命教育是最為個性化的教學，在生命存在的層面，每一個人都是不同的，教學的對象有多少，我們教師就要有多少教育教學的方法與內容，這是任何其他一門課程都不會有的現象。所以，生命教育課對教師的要求是相當高的，歸結為一點即是：我們的老師既要是「經師」（知識傳授的老師），也要是「人師」（學生的生命導師），是二者的合一。所以，在生命教育或「三生教育」中要真正貫徹個性化教學、體驗性教學、啟發性教學、生命融通式教學和知行合一式教學。這就對生命教育或「三生教育」的老師提出了更高的要求，也應該大力提升學校的教學硬體設施與條件。

第四，生命教育或「三生教育」的教學資源問題。應該具備廣闊的學科視野，整合生命教育或「三生教育」的教學資源，充分意識到生命教育或「三生教育」教學資源的廣泛性。「三生教育」除了應該積極地吸收生命哲學、生死哲學、心理學、教育學、藝術學、文化學、歷史學等等各科的知識以為教學資源外，尤其要注意吸取中國優秀的文化傳統，要立

足於中華民族優秀文化血脈的基礎上來做好生命教育和「三生教育」的工作。

第五,生命教育或「三生教育」的社會化問題。應該努力把生命教育或「三生教育」推向社會,進行老年人的生命教育、女性的生命教育、幹部的生命教育、軍人的生命教育,乃至外出務工人員、服刑人員的生命教育等等。因為,生命教育仍是公民教育,是現代社會每一個公民都應該具備的基本素質。也就是說,「生命教育」和「三生教育」不僅僅應該是學校中的顯性課程,也不僅是一種應該滲透到學校中各類課程中去的隱性觀念;生命教育和「三生教育」還是公民教育、社會教育、家庭教育,因為,實現生命的意義與價值是每一個人在生存與生活中都必須具備的素質與能力。

第六,從教育行政體制上保證生命教育或「三生教育」持續開展下去的問題。根據全國各省市開展生命教育和「三生教育」的實際情況來看,如何從教育行政體制上保證生命教育、「三生教育」廣泛、持續、健康地發展,這是一個重大的問題。不能讓生命教育、「三生教育」成為「人(官)存則存,人(官員)走茶就涼」的短命的教學門類,要從學科的研究上、學校課程體系的設置上、教材的編寫與使用、資金的投入、專職教師的培養、考評體系的建構上等等各個方面入手,以實現生命教育、「三生教育」持續健康地發展。

如果說,從20世紀80、90年代開始,在我國的生命教育還是個別省市、個別學校的「星星之火」的話;那麼,在今天,我們經歷了造成人員、財產慘重損失的四川汶川、青海玉樹大地震、甘肅舟曲泥石流災害之後,應該也必須高度重視生命教育、「三生教育」,使其成為遍布全國城鄉各級各類學校及社會、家庭中的「燎原之勢」,真正讓全體民眾受益,構建起和諧人生、和諧社會與和諧世界。

參考書目

《小學〈生命教育〉課講義》（2009.3.28），檢自長春市中小學生命教育網，
　　http://www.cclifedu.com/other/xiang.php?id=327

百度百科（無日期）。生命化教育（詞條），檢自http://baike.baidu.com/
　　view/1940432.htm

宋蘭蘭（2010.11.17）。〈我市為百萬中小學生安全立法，發生重特大傷亡事故校
　　長「下課」〉。《長江日報》，05版（要聞／民生）

彭鍛華（2009.5.19）。〈用生存教育把「人」寫大〉。《中國教育報》，05版
　　（現代校長）。

雲南省教育廳（2010）。《啟動生命，促進成長：教師「三生教育」手冊》。北
　　京：高等教育出版社。

黃克劍（2007）。〈市場化‧人文視野‧信仰（一）：「生命化」教育三題〉。
　　《福建論壇（社科教育版）》，第6期，頁4-8。

葉瀾（1997）。〈讓課堂煥發出生命活力：論中小學教學改革的深化〉。《教育
　　研究》，第9期，頁3-8。

頓占民（1999）。〈解讀生命：啟動生命教育工程奠定社會文明基石〉。《保定
　　師專學報》，第3期，頁25-29。

劉濟良、李晗（2000）。〈論香港的生命教育〉。《江西教育科研》，第12期，
　　頁24-25。

鄭曉江（2000a）。〈國外死亡教育簡介〉。《教師博覽》，第2期，頁42。

鄭曉江（2000b）。〈臺灣中小學的生命教育課〉。《教師博覽》，第8期，頁
　　44。

讓每個生命成為最好的自己
——新生命教育論綱[1]

朱永新

一、新生命教育概述

(一)何謂生命？

　　生命是大自然最為神奇的創造。每一個生命都是奇蹟般的存在。

　　但是，什麼是生命？這是一個關乎人類的根本性問題。和德爾菲神廟門楣上刻的那句「認識你自己」一樣，「什麼是生命」的問題，直指人類對自身的認知與理解。人類對自身的探究從未停止，對生命的洞悉也從未完整，這個問題一直沒有固定答案，對「生命」也一直沒有出現過公認

---

[1] 本文的寫作與袁衛星先生、盧鋒博士、余國志博士，南京師範大學馮建軍教授，蘇州大學新教育研究院的許慶豫院長、孫衛華博士及新教育研究院的許新海博士、童喜喜老師等多次討論，並承蒙他們說明收集與整理資料，特此說明並致謝。

的標準定義。

　　就生命的內涵而言，隨著學科的分化，涉及生命的各門學科都試圖從各自的角度來界定生命，形成了對生命的不同認識和理解。生物學意義上的生命，是指由高分子的核酸蛋白體和其他物質所組成的生物體。社會學意義上的生命，是指自然屬性與社會屬性的高度統一體，社會性是人的生命區別於其他物種生命的本質屬性。哲學意義上的生命，則是指自然界的一種客觀存在，是自然界矛盾運動的產物；同時，生命也是一種主觀存在，是認知現實世界的主體。從心理學、經濟學、文學、宗教等其他角度，人們對生命還有著更多定義。所有這些定義，顯然是從不同角度界定生命，也是從不同側面豐富完善著人類對生命的認識。

　　從教育學的角度看，生命是能夠自覺到自我成長的有機體，教育就是積極促成個體生命自覺地自我成長的活動，使人的生命不斷豐富、提升，不斷趨於完善的活動。教育是生命的事業，教育學就是幫助生命成長的學問。

(二)新教育的生命觀

　　新教育認為，人的生命具有如下三個重要特點：

　　第一，生命因獨特而彌足珍貴。「世界上沒有兩片完全相同的樹葉」，更沒有兩個完全相同的生命。不同的遺傳基因、不同的社會經驗、不同的心靈感悟，決定也造就了世界上沒有兩個完全相同的人。世界猶如花園，美在百花齊放；生命猶如鮮花，美在各美其美。

　　生命的獨特性造就了世界的多樣性和豐富性，意味著每個生命的理想歸宿便是成長為最好的自己，我們每個人也只能成長為最好的你、我、他，而無法互相取代。生命的獨特性也決定了每一個生命都是不可替代的存在，任何一個生命的消亡都是無法彌補的遺憾。幫一個生命成長一點，就是將世界完善一點；讓一個生命延長一點，就是把世界擴展一

點。這也正是教育的價值和意義之所在。

每個生命只有一次，都是獨一無二、無法複製的。同時每個生命的成長也是不可逆的，無法重來的，與時間一樣具有矢向一維性，這就使生命顯得格外珍貴。因此，最好的教育應該是珍惜和尊重所有生命的教育，讓人們認識生命、理解生命、珍惜生命、呵護生命、熱愛生命和成就生命，讓每個生命活出自己，活得尊嚴，活得完整，活得幸福。

第二，生命因自主而積極發展。在蒼茫世界、浩瀚宇宙之中，每一個生命都顯得那麼脆弱、微小，存在的時間是那麼短暫。所有生命都是深受局限的存在。人的生命同樣如此。生命的存在，受制於空間和時間，既被周圍的環境深刻影響，又被不可逆的時間牢牢束縛。

但是，和其他生命不同，人的生命具有強烈的自主性。人的生命發展既受限於外因的影響，同時取決於內因的自我抉擇，體現出特有的自覺、自為和創造的特點。人在成長的過程中，不斷突破自我，從而讓生命成為一個動態生成的系統。在這個不斷生成的動態的過程中，不斷生成新的生命。《易經》的「生生」思想說的就是生命的這種生成性。法國哲學家柏格森也指出：「對有意識的存在者來說，存在就是變易；變易就是成熟；成熟就是無限的自我創造。」（柏格森著，王珍麗、余習廣譯，1989，頁10-11）生命的發展有正向與反向兩種可能，有自覺與盲目兩種方式。生命的發展性決定了最好的教育應該能夠幫助師生朝著正向前行，向著自覺發展，「苟日新，日日新，又日新」（《禮記·大學》）。在這個意義上，教育為生命發展提供了無限的可能性。因此我們說，每個人都是自己生命的主人，是自己生命的創造者和塑造者。生命的自主性，決定新生命教育應該幫助每個人學會自我教育，讓每個生命成長為自我教育的主人，自主成長，讓每個生命在有限的歷程中，成為最好的自己。

第三，生命因超越而幸福完整。幸福，是人類永恆的追尋。過一種幸福完整的教育生活，是新教育人追尋的夢想。人只有活出生命的精

彩，實現生命的價值，才能感受到幸福。人只有發揮生命的潛能，張揚生命的個性，才能談得上完整。

當人意識到自我的生命是一種有限性的存在時，人並不安於成為有限存在的奴隸。在美國當代哲學家尼布林看來，生命的超越性表現在「對自我的改善和對生命有限性的突破」。人能夠意識到自身的潛能和使命，從而自覺地賦予自己有限的生命以充實的內涵，突破現實世界的種種束縛與困境，謀求自我生命價值的創造與提升，追尋更高的價值和意義。這就是一個人在努力超越生命的有限存在。

這個不斷自我超越的過程中，人創造並享受著當下存在的幸福、不斷突破的幸福，透過這兩種不同的幸福，感受到人之為人的矛盾統一的整體存在。這種生命的完整性，一方面體現在過程中的每一個階段、每一個當下，一方面體現在生命完結處的個體成熟、自我成就、自我實現。

正因意識到生存的局限，才產生了超越的可能。正因不斷地自我超越，人的生命才實現了幸福完整。生命的超越性告訴我們，教育必須透過生命的主體發生作用，重視個體主觀能動性的發揮。生命的超越性決定了新生命教育應該讓師生與人類的崇高精神對話，說明師生不斷超越當下的自我，不斷挑戰生命的可能，讓有限的生命實現最大的價值，讓自己充分體味人生的幸福完整。

(三)新教育的使命

縱觀生命的成長歷程，我們不難發現這樣一個基本的邏輯：肉身的誕生，是生命的自然事實；交往關係的存在，則是生命的社會事實。自我意識的覺醒，是生命的精神事實；這三個事實，構成了我們理解生命的三個基本向度。所以，新教育把生命理解為具有三重意義上的生命：自然生命、社會生命和精神生命。

自然生命是指個體的物質存在，如身體、組織、器官等身心系統。

社會生命是指個體與人、自然、社會形成的交互關係。精神生命是指個體的情感、觀點、思想、信仰等價值體系。人的三重生命之間互相聯繫、互相制約、辯證統一。

自然生命是社會生命、精神生命得以存在的前提。離開自然生命，社會生命、精神生命就不可能存在。自然生命的長度，有效地保障並促進著社會生命、精神生命的繼續發展。

社會生命也制約著自然生命的豐富和精神生命的提升。每一個自然生命都會被時空所局限，此時社會生命的寬度，影響著人們對自然生命的認知和把握，並從很大程度上決定了精神生命的境界。

精神生命則能最大限度地突破自然生命、社會生命的局限，綻放人這一特殊生命體的存在價值。精神生命的高度，是對自然生命、社會生命的最終昇華與定格。

在這三重屬性之中，社會生命和精神生命是人的本質屬性，離開社會生命和精神生命，人的自然生命就退化為簡單的動物屬性，不可稱其為人。所以，只有集自然生命之長、社會生命之寬、精神生命之高，才能夠形成一個立體的人。這樣的生命體，也才是我們認為的完整的人。

新教育認為，人的成長，或者說教育的意義，就像築造一座金字塔般，以自然生命之長、社會生命之寬為底座，底座越牢固越龐大，精神生命之高則越可能堅不可摧，直至高聳雲霄。

也就是說，生命最終是否幸福完整，是由生命的三重屬性共同決定。自然生命之長強調延續存在的時間，社會生命之寬重在豐富當下的經驗，精神生命之高則追求歷久彌新的品質。長寬高三者的立體構築，構成了生命這一「容器」的容量。一個平常的肉身究竟能夠走多遠？一個普通的靈魂究竟能夠創造怎樣的傳奇？要以生命的長度、寬度、高度三個維度觀照，進行追尋。

從一個理想的生命狀態來說，全面地拓展生命的長度、寬度和高度是最完美的生命結構，但由於生命的偶然性和不確定性，生命的長度有時

是不可控制的。有些生命雖然很短暫，但是由於其生命擁有足夠的寬度和高度，他們的生命容量依然很龐大，生命的品質依然很高潔，足以形成一座偉大的豐碑。

我們以此反觀今日愈演愈烈的應試教育，就不難發現：如今越來越早就開始的嚴密應試訓練，不僅輕視生命的長度，同時也極大縮減生命所能達到的應有寬度，弱化了生命所能達到的應有高度。所以，新教育提出的「新生命教育」的意義，就在於把生命作為教育的原點，主張透過教育，讓每一個生命積極拓展自身的長寬高，也讓人類不斷地走向崇高。

(四)生命教育是新教育卓越課程體系的基礎課程

近幾年來，我們提出了新教育的卓越課程體系。這個課程體系以生命課程為基礎，以新公民課程（善）、新藝術課程（美）、新智識課程（真）作為主幹，並以「特色課程」（個性）作為必要補充。

「新生命課程」作為新教育的基礎課程，其目的在於引導學習者珍愛生命、積極生活、成就人生，不斷超越，把握生命發展的無限可能性，成為最好的自己。

「新公民課程」是解決作為一個社會人的權利、責任與義務問題。它的目標是培養遵守社會公共道德，認同、理解、遵守與維護共和國憲法，關心及參與公共事務，具有獨立思考與敢於承擔責任，對民族的傳統和文化有歸屬感的現代公民。

「新藝術課程」是「智力、認知和構思能力的重要喚醒者」，在新教育的卓越課程體系中具有十分重要的位置。藝術應該成為新教育的本質，它應該滲透在教育的所有地方，尤其是在所有課程的起點與終點處。

「新智識課程」類似於通常所說的文理課程，是新教育卓越課程的主幹部分。它應該完成兩個重要任務：一是成為課程的卓越二度開發

者，或卓越的執行者，在指定的課程內容中實現理想課堂的三重境界；二是在執行規定課程內容的同時，開發彌補性的課程。

「特色課程」專指別人沒有唯我獨有，或者說把它做到一般人難以企及的程度。作為特色課程，一方面是每個人都可以享受或應該習得的，另一方面，是只有少數天賦出眾的人才可能把它當成一生的技藝。特色課程只是整個課程框架的有益補充。

在這個體系中，「新生命課程」是卓越課程體系中其他課程的基礎。沒有生命的個體，教育也就無存在的任何意義，生命是教育存在的必然前提。試想，如果我們的孩子連生命都沒有了，或者說，他的生命是不健康（包括生理健康、心理健康、社會家庭健康）、不安全的，那麼，不管你是什麼樣的教育，對他都是沒有用或者是收效甚微的。此外，我們的教育除了按照《教育法》的規定「培養學生的創新精神和實踐能力，造就有理想，有道德，有文化，有紀律的德、智、體、美等方面全面發展的社會主義事業的建設者和接班人」的社會性目的外，是不是還需要發展好每一個個體生命，讓每一個受教育者都能實現自我、成為最好的自己？這正是新生命教育的目標。

(五)新生命教育「新」在何處

新生命教育，即新教育理論框架下的生命教育。它以「過一種幸福完整的教育生活」為核心理念，以人的生命為中心和原點，圍繞人的自然生命、社會生命和精神生命展開教育，旨在引導學生珍愛生命、積極生活、幸福人生，讓師生過一種幸福完整的教育生活，從而讓每個生命成為最好的自己。

新生命教育之「新」，主要體現在以下幾個方面：

◆價值之新

新生命教育立足生命的品質，追求生命的價值，以「讓每個生命成為最好的自己」對接新教育實驗「過一種幸福完整的教育生活」。

幸福不僅是人類的終極追求，也是教育的最高目標。費爾巴哈曾經說：「生活和幸福就是一個東西。一切的追求，至少一切健全的追求都是對於幸福的追求。」（費爾巴哈著，榮震華、李金山譯，1984，頁543）亞里斯多德認為，人的一切行為和最終追求的終極目的就是幸福：「幸福就是一種合乎德性的靈魂的實現活動，其他一切或者是它的必然附屬品，或者是為它本性所有的手段和運用。」（亞里斯多德著，苗力田譯，1999，頁18）可見，如果一個人感到自己人生無論如何都與幸福無緣，那麼生命存在的價值也就可想而知了。

同時，人的生命的各個方面具有內在的統一性。作為完整個體的人，正是自然生命、社會生命和精神生命的統一。人的生命的完整性，是指每一個人在以上各個方面的充分和最大限度的發展，由此從自然、社會和人自身中獲得最大的自由，並從這種自由中獲得最大的幸福（袁貴仁主編，2003）。

以「幸福完整」為願景，新生命教育力求「讓每個生命成為最好的自己」。這裡的幸福，不僅是物質生活的滿足、人際關係的和諧，更重要的是精神世界的豐富、自我價值的實現。新生命教育在指導、幫助個體追求幸福的過程中，透過豐富完整的教育生活，匯聚人類最美好的東西，讓學生與之相遇，並且從中發現自己，找到自己，成就自己。

◆理念之新

新教育實驗有五大理念，這些理念也是新生命教育的基本理念。

第一，無限相信學生與教師的潛力。新教育認為，每個人都是一個世界，每個生命都是一個奇蹟。孩子和教師身上的潛力怎麼去評估都不會

過分。如何喚醒生命的潛能、激發生命的力量，促使教師和學生最大限度實現自己存在的價值，是教育要面對的永恆問題。

第二，教給學生一生有用的東西。新教育認為，教育不能只關心分數，只教給學生用於考試的知識，這是教育實用主義、急功近利的表現。教育應該以人的生命發展為指向，以人一生最需要的知識、技能、情感、態度、價值觀為內容。

第三，重視精神狀態，宣導成功體驗。只有關注師生的精神狀態，才可能真正構建師生的精神世界。積極的人生態度是生命教育不可或缺的內容，師生只有不斷地感受成功，體驗成功，才能夠不斷地相信自我，不斷地挑戰自我，不斷地實現生命的超越。

第四，強調個性發展，注重特色教育。每一個生命都是唯一的，生命的這種獨特性通常表現為個性。只有尊重個性，才可能讓每個人成為真正的自己；只有充分發揮個性中的積極因素，才可能讓每個人成為最好的自己。

第五，與人類崇高精神對話。如果說當下的教育已經開始注意到人的問題，那麼我們對於人類的命運，對於人類文化的發展延續，以及對於人類文明的進程，還沒有引起足夠的關注。其實，人的生命同時也是文化的存在，是種生命與類生命的統一，與人類崇高精神對話，能夠讓人作為文化的存在生活得更理性，更智慧，更優雅。

◆理論之新

新生命教育的理論基礎從本體論、認識論與價值論三個方面來構建，主要對應哲學、心理學和倫理學三個學科層面。

從哲學層面來說，新生命教育立足身體，著眼人的幸福完整的存在。「身體」是新生命教育的載體和基礎，但身體不是孤立的生物性存在，離開了心靈的身體與動物性的肉身無異，離開了生命複雜內涵的生命教育就淪為無意義、無價值的純知識與技巧的傳播。如柏格森認為，生命

是川流不息的「綿延」或「意識流」，它只能靠非理性的直覺加以把握（柏格森著，王珍麗、余習廣譯，1989）。而在中國古代，對身體的規範是教育最重要的內容，「禮」在很大程度上正是透過身體的不同安置來表現嚴格的等級秩序，身體的教養成為文明的標誌，文明與野蠻的分野在很大程度上就是透過身體行為來表現的，而此時，「身」實際上就已經受到了「心」的「照顧」。而馬克思主義關於人的全面發展理論告訴我們，生命存在是人的全面發展的載體。馬克思主義還認為，在社會實踐中，人只有保持健康的狀態，具有強健的體魄，充沛的精力，堅強的意志品質，積極向上的樂觀精神，才能從事改造世界的活動，才能不畏任何困難和挫折，創造物質財富和精神財富，創造能滿足人類生存和發展需要的價值，為人類和社會做出自身的貢獻，獲得社會價值；在社會實踐中，人還必須保持健康的狀態，具備較強的社會協調性，善於處理各種複雜的人際關係，才能在社會交往中不斷改造社會和自身，在適合於自己存在發展和完善的環境中，使自己真正得到自由全面的發展。

從心理學層面來說，新生命教育宣導積極生活，助推自我實現。美國心理學界正在興起的積極心理學，力求用一種更加開放、欣賞的眼光去看待人類的潛能、動機和能力等。它旨在三個層面提高學生的幸福體驗：第一是有正面情緒，即有愉快的生活，幫助學生多體驗正面、積極的情緒，並減少負面、消極情緒的體驗。第二是有投入的生活，即幫助學生全心投入他們從事的事情中，儘量體驗「心理流暢」。第三是有意義的生活，即幫助學生在各種生活事件中尋找生命的意義。從心理學的角度而言，人本主義心理學的動力觀，也是新生命教育的一個重要理論來源。自我實現是人本主義的核心，是馬斯洛心理學的主旨所在。自我實現就是一個人力求變成他能變成的樣子，即「成為你自己」。而新教育道德人格發展圖譜所揭示第三境界第六階段的「惠澤天下」，則是一個人所能達到的最高層次的自我實現，即每個人在個人潛能或特性的完整實現中，達到了人類共性潛能的完整人性的實現。

　　從倫理學層面來說，新生命教育起於「敬畏」，終於「幸福」。早在中國傳統文化的萌芽期，先哲們就提出了「生最貴」的思想。儒家代表人物荀子說：「人有氣、有生、有知、亦且有義，故最為天下貴也。」（《荀子・王制》）而在1915年，諾貝爾和平獎獲得者，法國醫學家、哲學家阿爾貝特・史懷哲正式提出了敬畏生命倫理思想。史懷哲敬畏生命的倫理認為，人的存在不是孤立的，它有賴於其他生命和整個世界的和諧。人類應該意識到，任何生命都有價值，我們和它們不可分割（阿爾貝特・史懷澤著，陳澤環譯，1992。史懷澤在本文譯作史懷哲）。史懷哲敬畏生命的倫理重新定義了善惡的概念：「有思想的人能夠體驗到必須像敬畏自己的生命意志一樣敬畏所有的生命意志，他在自己的生命中體驗到其他生命。對他來說，善是保存生命、促進生命，使可發展的生命實現其最高價值。惡則是毀滅生命，傷害生命，壓制生命的發展。這是必然的、普遍的、絕對的倫理原理。」（阿爾貝特・史懷澤著，陳澤環譯，1992，頁9。史懷澤在本文譯作史懷哲）因此，生命存在是幸福的基礎和條件；敬畏生命是新生命教育的開始。而追求幸福是人類作為一個族類總體的終極目標，正是這一終極目標，激發出人類改造世界的無限激情，牽引著人類社會從低級到高級的進化與發展。生命幸福既是結果也是過程。人不僅要追求幸福的生活，更要在生活中體驗幸福。因此，幸福既是結果的幸福，更是過程的幸福。

◆ 課程之新

　　新生命課程是在新生命教育的理念指導下研製的課程，課程目標主要有三個重要指向：(1)健康的身體。以健康的身體為主要指向的新體育，將更加深刻地把身體教育作為人的教育的基礎，作為身心靈統一和諧發展的基石，以此來構築「生命的長度」；(2)積極的生活。以學習習慣、生活習慣、文明習慣的養成，來構築「生命的寬度」；(3)幸福的人生。這裡面最主要的是人生觀、價值觀教育，以此來構築「生命的高度」。

這三個指向中，「健康的身體」是基礎目標，「積極的生活」是中間目標，「幸福的人生」是最高目標。根據這三個指向，新生命課程圍繞「珍愛生命」——安全與健康、「積極生活」——養成與交往、「幸福人生」——價值與幸福三個維度來展開課程內容。[2]

---

[2] (1)安全與健康，主要有居家安全、校園安全、社會安全、身體健康、心理健康等關鍵字。居家安全方面，應讓學生在瞭解居家安全常識外，重點掌握居家如何防電防火、防盜防搶，以及應對突發事件及確保上網安全。校園安全方面，應讓學生在瞭解校園安全常識外，重點掌握在校如何確保遊戲和運動安全，防止和應對校園暴力、疾病傳染及其他意外。社會安全方面，應讓學生在瞭解社會安全常識外，重點掌握交通安全、野外安全，學會應對自然災害、暴力恐怖。身體健康方面，應讓學生在瞭解身體器官、生長發育、疾病危害等基礎上，重點掌握營養、運動、治療等對健康的作用。心理健康方面，應讓學生在瞭解情緒、性格、壓力等基礎上，重點掌握情緒管理、環境適應、壓力紓解等方法；(2)養成與交往，主要有學習習慣、生活習慣、親近自然、溝通父母、結交朋友等關鍵字。學習習慣方面，應讓學生在尊重教師、認真學習基礎上，學會獨立思考、合作探究。生活習慣方面，應讓學生養成衛生習慣、鍛鍊習慣、勞動習慣，並學會自我管理。親近自然方面，應讓學生在瞭解生命現象、生命起源基礎上，認識生態平衡，保護自然環境，學會綠色生活。溝通父母方面，應讓學生在瞭解生命誕生、父母養育基礎上，學會理解尊重，懂得孝敬父母，承擔家庭責任。結交朋友方面，應讓學生在瞭解集體生活、社區生活、公共生活基礎上，掌握選擇良師益友、應對同輩壓力、提升社交能力的方法，尤其是兩性交往；(3)價值與幸福，主要有生涯規劃、個性發展、價值追求、幸福體驗、生死考量等關鍵字。生涯規劃方面，應讓學生在培養興趣愛好、發展興趣特長基礎上，養成職業素質，提升職業能力，做好生涯規劃。個性發展方面，應讓學生發揮自我的潛能和積極因素，彌補短處和不足，選擇最有效的成長途徑，各得其所地獲得最大限度的個體發展。價值追求方面，應讓學生在追求真善美的基礎上，學會做出負責決定，初步確立人生信仰，共創和諧社會環境。幸福體驗方面，應讓學生在學會體驗幸福、分享幸福、傳承幸福前提下，汲取快樂源泉，尋找生活樂趣，追求精神境界。生死考量層面，應讓學生在瞭解生命由來、生命成長、生命歸宿基礎上，瞭解死亡現象，懂得臨終關懷，學會向死而生，並在理解生命的意義與價值基礎上，成就人生。

二、新生命教育的原則與途徑

(一)新生命教育的原則

◆循序漸進的原則

　　新生命教育的內容比較豐富，適合於各個年齡階段，但不同年齡階段的學生在這些領域有著不同的發展需要，要依據不同年齡段兒童身心發展基本規律，選擇貼近青少年生活和實際，與他們成長、發展、學習、交往密切聯繫的內容，進行科學組織與編排，形成相互聯繫，循環遞進的螺旋系統。

◆知行統一的原則

　　新生命教育超越單一的書本知識的傳授，其教與學的邏輯是實踐性的，是一門以社會生活實踐為主要形式的活動性課程。課程形態主要是在具體的生活場景中，透過組織學生參與各種活動或透過身臨其境的體驗，使學生掌握生命保護的技能，引導學生去思考、判斷、體驗他們自身的經驗。要讓學生在活動中體驗生命，在活動中感悟生命，在活動中建構生命。

◆發展預防的原則

　　新生命教育要面向全體學生，以發展性、預防性教育為主，同時又必須對已經發生的青少年學生危機問題進行科學的干預。預防是為了發展，發展是最好的預防，合理、有效的干預也是發展的重要條件，三者之間有機結合、缺一不可。

◆統籌協調的原則

　　新生命教育要充分整合和利用學校、家庭、社會的教育資源，在發

揮學校教育優勢的同時，協調家庭、社會的力量，形成教育合力。要建立以專設課程為主導，並與其他課程的教學及各類教育活動有機滲透、相互配合、共同推進的實施機制。

(二)新生命教育的途徑

新生命教育在學校究竟如何實施？如何解決生命教育的課程、教材、師資、資源等問題？我們認為，最重要的還是強烈的生命意識與生命關懷。在這個基礎之上，無論是採取利用現有課程資源的基礎上加強學科滲透，還是單獨開設生命教育課程；無論是各個學科的老師協調作戰，還是由專任的生命教育教師為主進行，都可以取得良好的效果。而其中最關鍵的，是把生命教育融入師生的日常生活中。

新生命教育既要引導學生認識生命現象，掌握生命發展的知識，還要引導學生掌握生活技能，學會生活，在生活中感悟生命、體驗生命、砥礪生命、發展和完善生命。認識生命不是新生命教育的目的，是為了更好的發展生命。新生命教育的目的在於發展生命，生命只能在活動中發展。因此，活動成為新生命教育的主要形式，這些活動包括實踐活動、體驗活動、研討活動、反思活動等。無論是哪種活動，都要體現出活動中主體的積極性、建構性、反思性。生命的發展是一個自覺的過程，只有透過活動實現生命的覺悟，才能真正促進生命的發展。

◆整合課程資源，加強學科滲透

在學校沒有專任教師的情況下，新生命教育可以有機滲透在學校教育的各門學科、各個環節、各個方面，既要充分運用學科教學，傳授科學

---

[3] 小學的自然、體育與健身、品德與社會等學科；初中的生命科學、科學、思想品德、社會、體育與健身、歷史等學科；高中的生命科學、思想政治、社會、體育與健身、歷史等學科。

的知識和方法；又要突出重點，利用課內課外相結合等方式開展形式多樣的專題教育；更要堅持以實踐體驗為主，開展豐富多彩的課外活動。要重視營造學校、家庭和社會的和諧人際環境，發揮環境育人的作用。

現有學科教學中，不少是新生命教育的顯性課程[3]。可在這些學科的教學中增強新生命教育意識，挖掘顯性和隱含的新生命教育內容，分層次、分階段，適時、適量、適度地對學生進行生動活潑的新生命教育。如體育教師講授安全與健康，心理教師講授心理與職業，品德老師講授意義與價值等。同時，新教育研發的讀寫繪[4]、晨誦午讀暮省課程[5]、生命敘事劇課程[6]等蘊含了豐富的生命教育的有關內容。而這三門課程都有一個極為顯著的特點：課程內容與生命息息相關，師生生命在場顯現。所以，新教育的課程，其實也是生命的課程。

◆讓體育回歸「身體教育」

新生命需要新體育。體育的意義遠遠沒有被我們所認識。美國學者黛博拉‧韋斯特和查理斯‧布赫（2006著／2007譯）總結了體育對於心理發展的十一條益處。其中包括改善人的情緒，減緩沮喪和焦慮狀態，緩解壓力，說明人們融入群體，改變工作與學習的節奏，帶給人挑戰和成就

---

[4] 新教育讀寫繪課程主要是指師生共讀有關生命的繪本故事，由兒童根據自己的理解與想像，複述或改編故事，主要以繪畫語言、輔以少量文字（或由父母代筆）進行記錄的一種生命課程。

[5] 新教育晨誦課是指結合當下情境而精心選擇、誦讀一首有關生命的詩歌，透過誦讀經典詩歌的內容來豐富兒童當下的生命，透過音樂增強對誦讀內容的領悟和體驗，透過精美的PPT圖片展示詩歌的美好意境，透過誦讀的形式宣導一種回歸樸素的兒童生活方式，師生共同創造一種幸福、明亮的精神狀態。新教育人詩意地稱之為「與黎明共舞」，以開啟新一天的學習。

[6] 新教育生命敘事劇課程是指根據不同年齡段的身心特點和閱讀能力，在共讀適宜當下的經典書籍後，將每個人的生命體驗融入其中，把自我個性、當下生活投射到共讀書籍之中，並因此而爭鳴、共鳴、創編、排練、演出一部戲劇的整個過程。它是個體生命與文學藝術作品的高度融合。

感，體會到藝術和創造力，提高自信心，提供「體會尖峰時刻的機會」（人完全被運動所吸引、興奮等），改變生命的品質等等。甚至有研究表明，體育鍛鍊有助於提高學習成績。

新生命教育的最重要基礎就是新體育。讓體育回歸「身體教育」，也不失為開展新生命教育的一種突破，不失為對現行體育的一種超越。現在所理解和開展的體育並非身體教育的全部。我們認為，真正意義上的體育，應該是根據人體適應與變化的自然規律，有意識地用人體自身的運動來增強體質，促進身心健康的科學方法，是社會的一種文化教育活動。而身體教育可以包括以下五大領域：

1. 衛生教育：保全身體，養生繕性。包括禁止與預防身體傷害與侵害、保潔、防病、逃生、護身、養生（營養、休養、保養）等一系列的教育。

2. 健身教育：野蠻體魄，積健為雄。增加健身時間，每日至少確保100分鐘；拓展課程設置，增加體育課時和體育社團活動時間，確保體能訓練強度與效能；合理的競技體育教育與抵拒違禁藥物、暴力教育；處理好普惠體育與精英體育的關係。

3. 軍事教育：尚力尚武，愛軍愛國。改進軍訓，適當延長時間和訓練強度和難度，大學試行服兵役制度，不斷增強學生的國防觀念和戰鬥能力素養。

4. 性愛教育：珍愛身體，謳歌愛情。循序漸進、途徑合宜地開展生命由來、性別辨識、性成熟與避孕、愛欲與婚姻等方面的教育，以及同性戀、姦淫與賣淫犯罪、愛滋病與性病防範等方面問題的討論，確立正確合宜的性愛觀念。

5. 死亡教育：直面生死，追慕不朽。因境制宜、因人制宜地開展敬畏生命教育、悼亡教育、葬禮教育、臨終關懷教育、生命永恆等教育，以及關於自殺、犧牲與獻身、安樂死、幽靈、地獄與天堂等問題的討論等等。

◆開設新生命教育專設課程

開設專設課程，以使學生在專人指導下，從個人生活、學校生活、社會生活等各個方面，對生命問題進行較全面的瞭解，更好地理解生命問題產生的根源及可以採取的對策，是開展新生命教育最有效的途徑。這一課程應以教材為中心，教材應當包括學生用書、配套音像資源包和數位化學習平臺等。學生用書是承載教學內容的規範化、系統化的教科書，是基礎性資源，是教與學的基本依據。音像資源包作為重要的動態性輔助資源，對豐富學習內容和改變課堂學習方式，有著重要作用。新教育團隊已經初步完成了《新生命教育課程指導綱要》，正在組織力量研發相應的教材。我們的教材將圍繞生命教育的三個基本方面展開，同時涵蓋「人與自然」、「人與自我」、「人與他人、社會」等方面。新生命教育教材呈現方式將力避成人化傾向，以情境練習、自主活動為主，有利於學生形成對生命的體驗和感悟。

我們也正在努力構建新生命教育的課程資源。數位化學習平臺是實現「人人皆學，時時能學，處處可學」的重要載體。這個課程的資源平臺將打破學校課程的界限，走向學生發展可以利用的一切資源。從空間上看，包括學校資源、社區資源、家庭資源；從形式上看，包括文本資源、音像資源、實物資源以及網路資源等。

我們在認知性學習、思考性學習的同時，應當特別強調體驗性學習在新生命教育中的開展。以新生命教育的重點也是難點之一「死亡教育」為例，我們需要著重告訴孩子的是：生命只有一次，每個人的生命都是唯一的。他有他的珍貴性、特殊性、發展性。而死亡，就是生命的終結。這種終結無可逆轉。這就是認知性學習。但如果死亡教育（新生命教育）課程只停留在講事實層面，價值觀的傳遞就停在認知的階段，無法達到知、情、意、行合一。所以，我們還應當帶領學生進行問題討論和分享，經由討論帶出學生的想法，並產生自我判斷，這就是思考性學習。這裡的思考，可以結合影視、文學作品催生，如日本影片《送行者》、

義大利影片《美麗人生》、《湯姆的外公去世了》、《爺爺有沒有穿西裝》、《老鼠爺爺的告別信》、《出生後的一天又一天》等相關的生命教育或心理自助讀物，都可以幫助孩子昇華對死亡的認知，進而樹立一種尊重生命、善待生命和熱愛生命的意識。思考性學習中，教師應彈性的、適時也適性地回應每個學生提出的問題，重要問題應組織討論。問題討論不僅能瞭解學生理解的程度，也可以發現他們內在的問題。而體驗性學習是新生命教育中重要的學習方式。體驗是很重要的，因為我們的信念都是從我們的經驗及體驗而來。而信念會影響我們的態度和行動。仍以死亡教育為例，我們可以結合兒童的親身經驗[7]來談論死亡。又如，開展「臨終關懷」志願活動，創設「瀕死體驗情境」。透過與醫務工作者、專業人士的接觸瞭解，知道生命健康、安全的重要性，領會個體生命的過程性；透過與臨終者回顧人生、直面死亡來淨化靈魂，觸動內心對生命的珍視，從而自覺地規劃人生，樹立向死而生、積極樂觀的生活態度。

在新生命教育的課程評價方面，我們也將把評價的重點放在判斷新生命教育的目標的實現程度，改進學校的新生命教育工作，最終促進學生生命品質的提升。評價時，單項評價與綜合評價相結合，以綜合評價為主。包括對學生與生命有關的學習方式、知識與技能、情感態度以及行為表現的評價，對教師生命教育教學設計、組織和實施的評價，對學校新生命教育管理工作的評價。形成性評價和終結性評價相結合，以形成性評價為主。評價必須在各種新生命教育活動的過程中進行，以教師和學生在新生命教育活動中的實際表現為主要的評價內容；評價要充分考慮各個學校、教師或學生的具體情況，力求為改善學校新生命教育實施狀況提供依據。定量評價與定性評價相結合，以定性評價為主。尤其要關注課程的整體實

---

7 兒童第一次接觸死亡概念可能是看到魚缸裡一條魚浮在水面上，不動了；可能是看到路上一條狗躺在地上，不動了；還可能看到一次交通事故的新聞報導，被撞倒地的人，不動了；也可能是家裡姥姥、姥爺（或爺爺、奶奶）躺在床上不動了。可以結合兒童這些體驗到的具體情況來學習。雖然「死」的對象不同，但都是死亡。

施情況和學生生命發展的整體品質，關注學生在新生命教育活動中的情感體驗、思想反省，及其認識、分析和解決生命問題的意識和能力的發展。

三、結語

作為對人的生命進行守望的神聖事業，教育的首要任務是要對人的生命進行觀照，離開了人的生命，教育的一切問題無從談起。因此，對教育問題的一切追問，都是對生命問題的追問。教育是面對生命，又旨在追求生命的發展，是最具有生命關懷的事業。可以說，關注生命是教育的天職，也是教育本真的表現。教育就在於為生命的自由自為的發展提供良好的發展環境，任何脫離生命或者遮蔽生命意義的「教育」，都是一種「異化」的教育，都難言本真意義上的教育。

新生命教育的提出既是時代發展的要求，更是教育向其本真內涵的回歸。新生命教育作為對人的完整生命進行觀照和守望的一種實踐活動，其視野中的生命是全面的，既包括肉體，也包括精神；既有理性，又包含感性；既指當下，又含有未來。新生命教育主張生命的完整、全面而和諧的發展，對生命發展的任何偏廢，或者過分發展生命的某一方面而壓制生命的另一方面，都有悖於新生命教育的理念。當然，新生命教育並不僅僅是一種教育理念，它的真正意義在於實踐。只有在實踐中關注生命、體悟生命、發展生命、完善生命，才能不斷地使可能生命變為現實生命，不斷地實現生命的超越，使生命不斷地得到昇華。

儘管新生命教育的實踐探索取得了一定的成效，但客觀上它才剛剛開始，是一個不斷發展和完善的過程。由於新生命教育在我國的理論和實踐發展的時間並不是很長，人們對它的理解仍有差異，看法並不統一；再者，怎樣創造條件，把新生命教育的理念真正付諸實踐，變成現實，這都是新生命教育必須直面和有待進一步深化研究的主題。但有一點我們能

夠肯定，那就是：透過幸福完整的教育生活，讓每個生命成為最好的自己，生命才會由此成為幸福完整的存在。這是我們不懈的追尋。

參考書目

亞里斯多德（Aristotle）著，苗力田譯（1999）。《尼各馬可倫理學》。北京：中國社會科學出版社。

阿爾貝特·史懷澤（Albert Schweitzer）著，漢斯·瓦爾特·貝爾編，陳澤環譯（1992）。《敬畏生命》。上海：上海社會科學院出版社。

柏格森（Henri Bergson）著，王珍麗、余習廣譯（1989）。《創造進化論》。長沙：湖南人民出版社。

香港中文大學中國古籍研究中心。《荀子》。漢達文庫，檢自：http://www.chant.org/PreHan/Detail.aspx?b=0901&Ch=0901-0001

香港中文大學中國古籍研究中心。《禮記·大學》。漢達文庫，檢自：http://www.chant.org/PreHan/Detail.aspx?b=0874&Ch=0874-0043&s=21111#s21111

袁貴仁主編（2003）。《馬克思主義哲學原理（修訂版）》。北京：北京出版社。

路德維希·費爾巴哈（Ludwig Feuerbach）著，榮震華、李金山譯（1984）。《費爾巴哈哲學著作選（上卷）》。北京：商務印書館。

黛博拉·韋斯特（Deborah A. Wuest）、查理斯·布赫（Charles A. Bucher）著。劉衛東、李立鎖等譯（2007）。《體育基礎：教學、鍛煉和競技》（第15版）。南京：江蘇教育出版社。

生命化教育十年：
尋找教育變革的可能路徑

張文質

一、醞釀

我們最早涉及到生命化教育話題的討論是在1993年，真正開始踐行這一理念，可以延到2001年之後。在這十年時間裡，黃克劍老師帶領我們這個思想團隊有一個漫長的醞釀過程，正是因為這個漫長的醞釀過程，成就了一種可能比較堅韌的有價值的思想。

2001年，我們要到學校去踐行這個課題思路的時候，我還特意給黃克劍老師掛了電話，我說是不是可以在學校來嘗試這樣的課題呢？黃克劍老師一向謹慎，他回答得也比較有意思。他說，要是在兩年之前，我不太同意你這樣做，現在時機也許成熟了。

又過了幾年，他跟我說：我也真沒有想到，我們這樣的課題理念，或者說是教育思想理念能夠得到這麼多的教師的呼應。但是這幾年呼應的

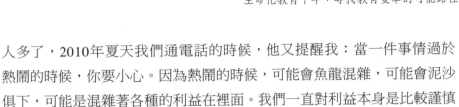

人多了，2010年夏天我們通電話的時候，他又提醒我：當一件事情過於熱鬧的時候，你要小心。因為熱鬧的時候，可能會魚龍混雜，可能會泥沙俱下，可能是混雜著各種的利益在裡面。我們一直對利益本身是比較謹慎的。我們希望這樣一種課題、一種理念，它是由一些鬆散的、自由的、乾淨的思想方式和行動方式構成的。

我在遇到困難的時候，經常會給一些先生掛電話。比如跟黃克劍老師通電話的時候，其實並不是針對困難本身，而是聽聽他的聲音，我的心裡就感到踏實了；有時候我會找錢理群老師請教某些問題，其實並不是為了尋找某種答案——可能我已經有自己的答案了，而是想在他那邊找到某種確證；有時候和孫紹振老師掛電話，其實並不是要交流什麼思想，而是分享他的幽默，這樣，我對生活的熱情又會被激發起來。

我總是同時跟全國各地的朋友聯繫，其實我經常在「1+1教育網」（www.edu11.net）上看大家，我覺得「1+1」上的朋友都是有福的朋友。在「1+1」上面有很多的教育媒體，包括《中國教師報》、《中國教育報》、《教師博覽》、《師道》、《班主任之友》、《教師月刊》、《湖北教育》、《河南教育》、《明日教育論壇》、《福建論壇》等都在此開博。「1+1」不等於是生命化教育的網站，同時它又跟生命化教育理念有著一種非常美妙的血緣關係、一種精神的呼應，所以加入「1+1」，很多老師會自然的與生命化教育這個團隊更為接近。

我們也會借助這樣的網路力量、這樣的書籍力量，借助某種生命的力量，讓我們自己擁有更多的同道人，擁有了更多的一起探討、一起分享的朋友。

一起做生命化教育實踐的學校和教師都會有一種體驗：確切地說，不是一個人到哪裡去傳播某種思想，而是共同進入某種具體的教育實踐過程中，是一種彼此發現、彼此啟迪、彼此收穫的過程。

二、自願者

有很多老師問我，生命化教育做了這麼多年，為什麼沒有大型的活動呢？我對大規模的活動一直是心存憂慮的，一方面我比較反對大規模的活動——我對廣場效應一直是很恐懼的。說實在的，我也不希望生命化教育過於熱鬧，因為在這樣的一個時代，過於熱鬧的東西都值得我們反省。另一方面，我們是一個沒有任何立項、沒有任何體制支援、沒有任何資金資助的團隊，當我們要進行一個大型的研討活動的時候，我就很擔心經費問題怎麼解決。

我們很多活動都是小規模、小型的，這樣在面對面交流時可能更流暢些，感覺可以更從容些，思想的那種開放性可以更高一些。比如說福州的「1+1教師讀書俱樂部」，讀書活動大都在我們機構或學校的辦公室裡開展。我們「1+1教師讀書俱樂部」完全是大家自願的、自費的，有時到學校舉辦活動，學校要請我們吃飯，我們也是謝絕的。我們願意自己讀書、自己討論、自己掏錢，生命化教育最重要的一點就是自願。

從某種意義上說，這種聚集是很重要的。這種聚集它不一定能解決什麼問題，也不一定能提出個解決問題之道，但它可以創造某種可能性、某種也許、某種停頓、某種提醒，或者，提供某種參照系、某種不同的思維方式、某種不同聲音的交流，這種聲音的交流始終在我們「1+1」上持續著。

說起「1+1」，我覺得這也是屬於這個時代的一種幸運，網站從2008年開辦到現在，都是北京的一個朋友——關海先生，無私資助這個純粹的教育思想網站，他一年要為此付出十到二十萬。一些朋友說「1+1」「猶唱後庭花」，思想的光芒好像很微弱，但我經常想的是：它存在就有價值。它存在更重要的價值就在於帶領大家去交流，大家互看、大家自我欣賞，每一個人貢獻自己的溫度，這樣堅持起來，讀書的人就會慢慢增

多，寫作的人也會漸漸增多，因為彼此之間有種兄弟般的情誼在裡面。

「1+1」上曾經有幾位博友貼過一些比較刺激的文章，導致網站關閉了兩次，每次關閉都要罰款數千元。我有時候心裡就有點生氣，有一次，便對一位批評「1+1」的老師說：那上一次罰款的錢先由你來出吧！前年網站整頓了十三天，在這十三天裡，我接到全國無數的電話，大家都在詢問：怎麼了？出什麼事了？這種持續的精神的加冕，不在一起但精神卻連結在一起，這樣的一種生活狀態，哪怕現實的改變極其渺茫，但只要能夠繼續下來，就有意義。生命化教育課題雖然沒有立項，但它已經走向了全國各地。這種接納是一種心靈上的接納，是一種精神的共鳴，是一種彼此肯定的教育趨向。

當然我們這裡也有一些學校和區域申請了國家教育部的課題，我們從「課題」本身來說是支援的。按照《教師月刊》主編林茶居的說法，「生命化教育課題是村級的」，村級的，就是連登記都沒有，但它生下來的兒子可能是國家級的！當然，生下什麼課題立項並不重要，更重要的是這樣的理念能聚集更多的志願者，用各自不同的方式去踐行。哪怕僅僅是回家對自己的孩子好一點，哪怕僅僅是見到校工的時候像尊敬校長一樣向他致意，這時，我們的行為、我們的努力就有意義。生命化教育一直處於一種緩慢的傳播過程中，非常緩慢！

三、生活

生命化教育團隊是一個非組織化的研究團隊，不一定非要排出第一把交椅是誰，第二把交椅是誰。我們始終是一個思想團隊，當我們有這個任務時，就集結這一批成員，有那個任務時就是另一批人集結起來。比如我們編的生命教育讀本，全國各地有十二個教師在共同參與。我們始終是一個在有共同思想背景之下的、非組織化的精神團隊，然後有時候又是一

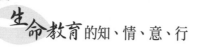
支根據不同的任務分工，進行鬆散性的、有目的合作的團隊。

我們對組織過度行政化之後產生的種種弊端是有警惕的。我們認為，每一個人都各有所長，所以我們這個團隊裡面有些狀態就特別好，有時候要組織某種活動，我們會說，這個活動某某最擅長，就由這些人來做。很多事情我們都不勉強，同時讓每個人都能以一個建設者的姿態來參與，使大家的人際關係都處於一種比較自然的、比較良好的、比較和諧的狀態。

我們的體制確實弊端很多，有一次我去北京，和幾個同學一起吃飯，其中一位是某省的教育廳副廳長，一位是教育部的副司級官員，還有一位是雜誌社社長。雜誌社的這個同學跟我說，他們三個人吃飯的時候居然要排座位！我聽了之後真的非常驚訝，吃飯本來是件輕鬆的事情，如果還要搞出這麼複雜的名堂來，那事情顯得糟糕又可怕。因為，那便把人性中所有比較美好、比較自然的東西都給濾掉了，或是被有意識的給裁剪掉了。

生命化教育研究本身也是一種生活方式，它的疆域是非常寬廣的，並且是不斷拓展的。作為一種生活方式，它更加強調彼此之間的美好協作，彼此之間的欣賞、尊重和理解，包括某種包容和克制，都很重要。雖然我是一個宣導者，但更多的時候我覺得我只是一個召集人，在這樣的一種狀態裡面，大家都很開心，一見如故。

生命化教育可能在某種精神理念的指引下，我們彼此一起，同時又是各自去踐行，而正是在這樣的踐行過程中，我們去發現教育的真諦。

有一次，我在西北師範大學教科院給教育學碩士博士講課，有人給我提出了一個問題，就是讓我來闡述某一個生命化教育的關鍵字。我說，其實更重要的不是來闡述，而是將這些關鍵字當作我行動的目標——我用我生命的方式去闡釋它。在這個闡述的過程中，我的生命體驗了關鍵字的真諦所在。

從某種意義上來說，生命化教育還缺少抽象的概括，還缺少理論的

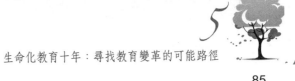

提升，但是我們更重要的是把它看成一種生命的行動，看成一種存在的方式，看成一種尋找精神家園的途徑。正是由於這種精神形態上的尋找，使得那些有著共同的價值取向、相近的教育追求的人，從鄉村、從城市、從邊緣學校、從中心學校，從全國各地聚集在一起。

聚集在一起並不是聚集在一個人的旗幟之下，也不是聚集在唯一的一面精神的旗幟之下。這種聚集本身就形成了一個思想的不斷形成和開放的共同體，可能大家追求的是偉大事物的那種魅力，而這個偉大的事物，它是一種理念性的，它並不一定能在現實裡面找得到，我們只是在不斷的探尋過程中，這個偉大事物變得越來越明晰，同時又越來越遙遠——明晰是我們朝著它去踐行，我們可以慢慢看到它的身影；越來越遙遠是指我們在現實中找不到它的實體性的存在。

四、生成

正因為生命化教育是這樣一種精神的追求，所以真理並不掌握在少數人那裡，也不掌握在多數人那裡。真理是我們探尋的目標，我們用各自不同的方式去朝聖。甚至在朝聖的時候，我們也不知道對方是何方神聖，不過，這種偉大事物一旦降臨教育實踐，我們是能夠感受到的。正如，我們在跟學生的互動中，能夠看到教育的魅力所在；我們在從事著這種教育的學術交流過程中，能夠找到教育存在的意義。

我有一個很深的感觸：我的很多教師朋友，一直堅持讓自己處於一種開放而活躍的共同閱讀、共同寫作、共同討論的生活狀態裡面，兩三年過後，我發現大家都奇蹟般的成長了。

我剛認識孫明霞的時候，她已經是一個很優秀的教師，但是誰也沒有想到，孫明霞在短短的兩三年的時間裡寫出了兩本這麼精彩的書。精彩的書並不是成績的證明，它更是一種精神生活、價值生活的追求。我們

找到了一個自我的確認,這樣的生活是有意義的,這樣的生活是值得過的!在這種情形下,我們超離了現實的、某一個具體的人或具體的機構對你所做的評價,因為你找到了自己的精神的參照系,你找到了精神的更高的一個自我評價的標準。我們也具備了超越的力量,這種力量有時候是能夠戰勝具體的生活、工作,包括人際關係之間的某些困難的。

比如說,人家評價你,說你很麻木,說你很辛苦,「知我者謂我心憂,不知我者謂我何求」,但實際上,無論是「憂」,還是「求」,其實都有一個背後的東西照耀著你。

生命化教育跟其他的課題有一個非常鮮明的不同的地方,或者說非常鮮明的屬於自己的魅力,很多課題都是從幾個方案幾個步驟幾個規劃開始進行的,而生命化教育卻把某一種規劃、某一種步驟、某一種行動、某一種方式交回個人手中,由個體自身踏入實踐當中去。生命化教育回到了戴耘教授所說的:只有在情景中,才有真正的教育智慧和教育判斷力。也就是說,在這種情景中,我們真正體會到「生命在場」的那種勇氣、那種責任,並獲得之後的一種精神的回報。這種回報就好像是長跑者在長跑結束後身體裡分泌出的某種「蜜」,這樣的「蜜」就是支撐我們繼續長跑的力量。

五、呼喚

我們福建有一個鄉村教師,他早早的就在家裡通了互聯網,透過互聯網,他對世界有許多新的感觸。有一次,他對我說:我開始意識到,我是一個「世界人」。透過網路,他走出了他那個鄉村,同時又有機會和他真正嚮往的人、他喜歡的人、他欣賞的人生活在一起,有一次他還因此受邀參加了教育部組織的專家座談會。回去以後,他的同事最關心的問題是:餡餅為什麼會掉在你的頭上而不是掉在我們的頭上?你這傢伙運氣怎

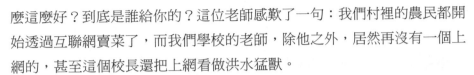

麼這麼好？到底是誰給你的？這位老師感歎了一句：我們村裡的農民都開始透過互聯網賣菜了，而我們學校的老師，除他之外，居然再沒有一個上網的，甚至這個校長還把上網看做洪水猛獸。

有些人拒絕這個世界的改變，還幻想繼續生活在黑暗的集權時代，但實際上，我們進入網路，進入某一個網站，在某一個網站建立了個人的博客——也即是「個人媒體」之後，你既可以展示你的思想，又可以呈現你的魅力，同時還可以更多的承擔作為公民的責任。

生命化教育實際上是一種呼喚，它有不同的呈現方式，但也可能呈現的結果有相似的地方，這種呼喚就是讓更多的人一起回到教育的正道上來，回到人性的正道上來，回到個人的努力之中去，回到自己微小的可能對現實有幫助的行為上來——按照羅傑斯的觀點，就是跟他人、跟世界建立一種「助益性」的關係。

有很多老師都問過我：張老師，我算不算生命化教育課題的實驗老師啊？我一般會反問過去：你自己說啊！你自己覺得是，肯定就是，你如果覺得不是那就肯定不是啦！

為什麼這麼說呢？因為我們從來沒有給哪位老師頒過證書，實際上每一個參加生命化教育實踐的老師都沒有這種證書。這並不意味著我們沒有目標，我們當然還是要有規劃、有目標的，但我們的目標更多的是屬於個人的。我相信孫明霞有自己的目標，我相信凌宗偉有自己的目標，還相信很多老師都有自己的目標。這個目標，既包含了一種教育的追求在裡面，另一方面，又一定要回到教育的實踐中，回到自己的生存狀態中去。

其實，做一些最小的事情都非常不容易，任何一個變革都很困難。我記得有個老師跟我說，他組織學生每天中午聽音樂，一起讀一本書，後來因為考試的問題，就很難堅持下去了。後來我給他一個建議，我說以後要學會妥協，有時候你就要有生存的智慧，也就是說，你每天這麼做有困難，這是實情，但每個禮拜做一次呢？每個月做一次呢？或許一個月一次

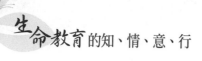

是可以做到的，那就繼續堅持吧！

按照我的描述是，我們的應試教育非常可怕。確切地說，還有一種「應查教育」──應付各種檢查、評比，危害勝於洪水猛獸！我對「應查」的描述是：要麼檢查團就要來了，要麼檢查團剛剛走，要麼檢查團就在學校，而且，不是僅僅就一個檢查團。學校裡經常就是處在這麼一種狀態。

今天中國還沒有真正的教育科學，還沒有一種常態的、在教育的正道與常識的基礎上進行的教育。今天教育中有三個東西很可怕：應查教育、應試教育和奴化教育。後一種教育是它們的核心。對於我們的教育和教師而言，我們的規劃有很多都是難以實現的，所以需要我們自己在教育實踐裡面，既有承受，又有堅守。一方面要有批判式的思考，另一面需要建設者的態度。

所謂的教育改良，應當是一種生態性的植入，健康、自然，跟學校原來的文化能夠相互適應、相互包容。

六、直面真實

這幾年來，我們一直在做一項工作，就是編一系列對教師有直接影響的書，已經出版的書包括《迷戀人的成長》（華東師範大學出版社，2006）、《生活在癡迷之中》（華東師範大學出版社，2007）、《永懷生命的初戀》（華東師範大學出版社，2007）等等。這些書都是從教師個人的事件裡面，提煉出對教育的各種理解力和某種行動的能力。像那本《生活在癡迷之中》，還是相當打動人心的，因為都是教師的一種生命的親歷，也是自我的一種對教育、對生命、對個人成長、對自己的專業實踐的感悟，充滿智慧，有非常鮮明的個人的生命印記在裡面。

對我們這個課題研究團隊來說，有兩點是非常重要的：

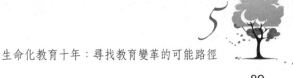

　　第一，是善於寫作，教育寫作一直是我們凸顯的東西，跟其他教育課題相比較，我們始終在不斷地推出新的教育成果。近幾年我們又開始逐步推出一些教師的個人作品集。個人的作品集包含了三個層面：一個是個人教育自傳，另外是個人專業成長過程中的一些成功的教育實踐，第三個是在成功教育基礎上進行的一種自我反思。

　　大家共同撰寫自己的教育格言，撰寫自己的教育關鍵字，描繪自己的教育地圖。

　　第二，我經常在想，生命化教育，連我自己都覺得麻煩，困難在哪裡？在進行一項教育實驗時，我們總想著要去追溯某種背後的教育思想，這個工作非常不容易。但是，當你直面教師生存狀況的時候，你發現，思想溯源的工作也許還不是那麼重要。你走進學校，發現什麼最重要呢？從廁所的改變、辦公室的改善、師生關係的改善、還有老師的健康狀態……這些都非常重要，這就是生命化教育。

　　面對教育的現實，你就會發現，實際上這是一種生存的焦慮。按以前的一種說法，就是「抗戰壓倒了啟蒙」。

　　當我在「九五」教育規劃期間跟福建的幾個學者做指導自主學習的課題研究時，就開始大量的到中小學聽課，小學聽得尤其多。我們曾經在一所學校花了一個月時間把所有老師的課都聽完了，不但聽課還要做評課，這樣使得我們對小學教學有了比較深入的瞭解。

　　在充分瞭解的基礎上，我們感覺到小學教育確實是整個人一生生命品質、生命成長最核心的時期，所有真正的教育，重點應該在小學。也是在這個過程中，我覺得教育中的人文關懷特別的重要。在福建省我是最早講「教育中的人文精神」這個主題的，這個主題跟生命化教育就離得很近了。我從1997年開始寫《唇舌的授權》，寫到2000年就出書了，這本書裡，很多都是我自己在課堂中觀察的結果。當時我也發現了教育中一些比較大的問題——這些發現跟葉瀾教授的一些發現很接近，教育中的反生命、漠視生命，包括蔑視生命、扭曲生命、片面的理解生命，這樣的行為

太多太多了。《唇舌的授權》對教育有一種直接、率真的批評，寫得淋漓盡致，很多讀者、老師看得很暢快，但我覺得那個時候更多的是帶著對教育的不滿來研究教育的。

生命化教育作為一個沒有國家立項，沒有資金支持，也沒有太多人共同研究的課題，要直接走進學校是有點困難的。我們只能從走進一所學校，面對一個教師開始。我們最先走進的是兩所鄉村學校，在那裡跟老師很細緻的講解生命化教育，那時更多的是對生命化教育的一種想像，還拿不出具體的事例，拿不出可以借鑑的材料。但我始終相信，人對真善美的追求是一種內在性的，它並不是受到外在的肯定才有價值，才有意義，這種追求深深的植根於我們生命本身。我也堅信，對更好教育的追求是每一位教師心中存有的信仰，只是需要你怎麼去激發它，怎麼去引導它，怎麼一起去建構它，這可能是更核心的問題。

努力從個人開始的改善就是我們的期許，或者說，是我們的第一個目標。我們的課題研究如果能讓老師有意識的從個人開始，從改變自己的生活方式、學習方式、研究方式、教學方式，從自我的改變開始，就成功了一半。

七、妥協

曾經有老師問，生命化教育是不是也帶有功利性，如何才能避免與應試教育的衝突？我是這樣回答的：如果要說功利，生命化教育的功利是大功利，是為了讓孩子成長得更好，讓孩子成長得更安全，讓孩子的心態和身心更健康，讓孩子的未來能夠更開闊。教育確實要考慮當下的問題，不可能回避現實。我的意思是說，有時候也需要學會妥協，該妥協的地方應該有所妥協，該放棄的地方應該有所放棄。個性教育和規範教育總是有矛盾的，規範教育強調的是社會化，個性教育強調的是對每一個人天

性的充分尊重，當它發生矛盾的時候，作為父母、作為教師，有時候需要有所妥協。所謂的妥協，也就是說我們首先要避免孩子過早的被學業淘汰，在學業上我們不一定都要追求優異，但是始終要努力讓孩子保持中上的學習成績，保持良好的學習心態，這是非常重要的一個工作。每一個時代，都有那個時代的教育背景，我們今天這個時代，既需要關注我們腳下的土地，也需要瞭望更開闊的未來，所以作為父母和教師，也許需要兩種眼睛：一種眼睛就是盯住他的現在，一種眼睛就是張望他的未來。

推動臺灣生命教育之發展 ——以非營利組織為例

吳庶深、吳英傑

一、前言

生命教育從1997年至今，推動已超過十年的時間（陳英豪，2000；鄭金川，2001；吳庶深、曾煥棠、詹文克，2002；吳庶深，2008；孫效智，2009）。這十年來，無論是中央及地方政府、各級學校、學術界與非營利組織都日益重視生命教育的推動和實施。從各界舉辦與生命教育有關之研習活動與推動生命教育的課程實施來看，生命教育已經成為學校、家庭、社會教育不可或缺的主要內涵，突顯出生命教育的重要性。生命教育在這十年推行的當中，除了政府單位努力推行之外，許多非營利組織也在生命教育此議題的回應上，常扮演著強有力的幕後推手，也展現了非營利組織的特性是主動積極、非強迫性、有彈性、互動性與平等性（郭祥益，1998），可說是推動生命教育的無形資源，也是社會教育幕

後的推手。另一方面，非營利組織的人力、物力、財力、場所、設備、教育相關材料，如教材、教案等等都是推動生命教育的有形資源。

　　生命教育實施的目標不再只是幫助學生獲得學業成績或是為了找到一份工作，而是協助學生在學習與成長的過程中，習得生命共同體的意識，不僅擁有專業技能，更重要的是能自我悅納、關心家庭、熱愛他人、尊重不同的生命與大自然環境。透過生命教育的推動，彌補現行教育之不足。教育部在《推動生命教育中程計畫》（2001年至2004年）（臺灣教育部，2001）中，在推動體系上，成立生命教育諮詢小組委員會，執行學生輔導工作計畫並建立學生輔導新體制，以「教、訓、輔」三合一整合實驗方案，將非營利組織列入其中，最後結合社會資源來推動生命教育（吳庶深、詹文克、蕭伊吟、吳英傑，2008），如**圖6-1**所示。

　　近年成立多個以生命教育為使命而成立的非營利組織，同時其所

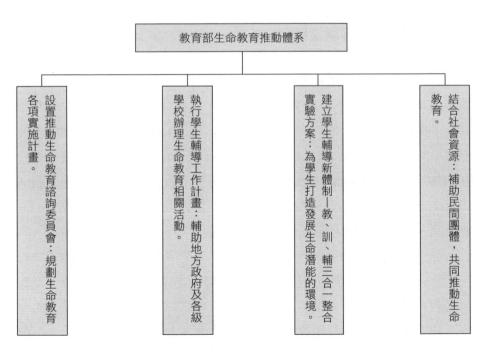

圖6-1　生命教育推動體系圖

扮演的角色以及分布的類型相當多元。在《推動生命教育中程計畫》（2001年至2004年）內容中，有八次提到生命教育需要與非營利組織一同來推動，由此可見非營利組織在生命教育政策的推動上有其重要性——透過非營利組織推動生命教育的策略，來達到此議題社會教育的影響力（臺灣教育部，2001）。

若非營利組織更加清楚生命教育的核心概念與價值，同時結合非營利組織在社會教育上的推動策略，相信可使得全民漸漸肯定生命教育的重要性，並對於生命有更深切的體認與尊重，而這些體認與尊重將是生命教育帶給臺灣最有價值的寶藏。

二、生命教育的發展及非營利組織

(一)臺灣生命教育發展過程

目前已知比較明確使用「生命教育」（Life Education）一詞的，大概是由澳洲Ted Noffs牧師於1974年所提倡，其創立動機起因於青少年嗑藥問題。由於當時許多青少年死於嗑藥問題，Ted Noffs牧師瞭解到預防教育應從小開始，才能解決這個嚴重的問題。經過了五年的研究與計畫，終於在1979年於New South Wales建立了第一所生命教育中心（Life Education Centre, LEC）。目前此機構已發展為一國際性機構，在中國（香港）、紐西蘭、南非、泰國、英國、美國等八個國家均有機構運作。

從上述可知澳洲生命教育之發展與臺灣生命教育緣起於自殺防制和死亡教育，並繼而發展成積極的生命意義提升之目的有很大的差異。臺灣生命教育則起因於青少年不尊重生命所引發之問題。由於資訊爆炸的今日，社會倫理觀念趨於模糊，學生的價值混淆，自殺率節節上升，各種吸毒、傷人的事件不斷地浮現在每天的報紙上，青少年的人格、健康發

展、對生命的價值都受到了嚴重的挑戰與威脅。有鑑於社會處處表現出不尊重生命的態度，前臺灣省教育廳於1997年底開始推動生命教育，訂定了「臺灣省國民中學及高級中學推展生命教育實施要點」，其中以研發生命教育教材為推動重點；1998年2月在前省教育廳陳英豪廳長的指導下，成立了生命教育中心，並從曉明女中實施六年的倫理教育經驗中，反覆修正提出第一階段國、高中生命教育六年一貫生命教育課程（錢永鎮，2000）。此外，前教育部長曾志朗亦訂定2001年為「生命教育年」，推動生命教育四年計畫。教育部亦訂定《推動生命教育中程計畫》（2001年至2004年），全面推動生命教育。這種種努力，皆為期盼孩子能在成長及學習的過程中，逐步體會生命的可貴，並進而尊重生命、關懷生命與珍愛生命（吳庶深、曾煥棠、詹文克，2002）。如今，生命教育已經正式納入高中的課綱中。

生命教育目前處於全面推動時期，由九年一貫及高中生命教育的選修課程來進行推動。在九年一貫的方面是透過行政規劃與執行，在校園中建立全人教育的環境，與體驗活動、環境教育、潛在課程等方式，使學生能夠瞭解生命的意義；包容、欣賞並接納他人；熱愛生命，樂觀進取，回饋社會，建設鄉土。另外，高中部分則在2006年暫行課程綱要加入選修生命教育類科（林綺雲，2006），希望引領學生進行終極問題與終極實踐的省思，以建構深刻的人生觀、宗教觀與生死觀，培養學生道德思考能力，並學習「態度必須公正，立場不必中立」的精神，來反省生命中的重大倫理議題，內化學生的人生觀與倫理價值觀，以統整其知情意行，提升其生命境界。所遇到的現況是急需師資培訓以及教材、教案的編寫，因此，現在教育部配合課程改革開設「生命教育專長增能學分班」來培養師資。

(二)推動生命教育的非營利組織

本研究藉由搜尋網路資料與蒐集相關文獻來瞭解目前推動生命教育

的相關非營利組織，並且整理出一份參與的團體名單與參與生命教育現況的初步分析。因此，第一個階段使用臺灣公益資訊中心（http://www.npo.org.tw）當中的臺灣NPO資料庫查詢，在此資料庫當中的「名稱」及「成立使命」兩個選項，輸入生命教育為搜尋關鍵詞，所找到共有8筆；以及教育部生命教育學習網（http://life.edu.tw）生命教育網路所呈現資料，在此所呈現共有54筆，然而生命教育機構只有18筆。第二個階段結合相關書面資料，所引用資料《生命教育課程教學與人力資源：教學資源手冊》（紀潔芳，2007）當中所提到非營利組織與財團法人共有36個，加上〈生命教育在臺灣之發展概況〉（陳立言，2004）所整理出來的非營利組織有15個，最後加上研究者所搜尋到的6個校外資源團體。第三階段根據所搜尋到生命教育團體及大專院校設有生命教育相關科系與研究所當中所提供網路資源與相關連結的名單，如臺灣生命教育學會（http://210.60.194.100/tlea/）、泰山文化基金會（http://www.taisun.org.tw）、南華大學生死研究所（http://mail.nhu.edu.tw/~lifedeath）、臺北教育大學生命教育與健康促進研究所（http://lifehealth.ntue.edu.tw）等等來加強核對內容。

2008年12月份使用兩大搜尋引擎Google（http://www.google.com）及Yahoo（http://tw.yahoo.com），針對各個非營利組織所建構的網頁，進行資料的蒐集與整理。選擇此兩大搜尋引擎來互相搭配，主因是Google可以查尋到比較多海外的資料，但較雜亂也可能是不相關的資料，反觀Yahoo則是臺灣的資料為主，而且較有條理。此外，單就以資料數來看，Google的資料比Yahoo多；另外就搜尋資料內容來比較的話，Google較容易找到有出現關鍵字的內文或是檔案名稱，而Yahoo則是容易找尋到比較大的目標。目前所搜尋到的相關非營利組織共有69個，列於**表6-1**。

除了根據上述的網站搜尋方式之外，也思考在臺灣生命教育發展的歷史當中，臺灣生命教育非營利組織成立，主要兩個向度是生死教育與生命教育（徐敏雄，2007），因此，研究者也參考徐敏雄教授所提出的此

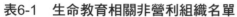

表6-1　生命教育相關非營利組織名單

1.臺灣生命教育學會	2.彩虹愛家生命教育協會
3.中華青少年純潔運動協會	4.中華智慧人文教發展協會
5.財團法人佛光山文教基金會	6.福智佛教基金會
7.世界宗教博物館發展基金會	8.得榮社會福利基金會
9.中華民國得勝者教育協會	10.社團法人臺灣葡萄園社會關懷協會
11.宇宙光全人關懷中心	12.臺灣基督長老教會──教育委員會教育中心
13.泰山文化基金會	14.財團法人生命教育基金會
15.中華民國道德重整協會	16.高雄縣圓照寺
17.臺灣聖脈生命教育協會	18.臺北市探索生命教育基金會
19.中華民國劉俠（杏林子）之友會	20.西蓮教育基金會
21.佛教慈濟慈善基金會──慈濟生命教育網、教師網	22.財團法人金車文教基金會
23.中華民國生命教育推動協會	24.中華民國關懷生命協會
25.耕莘文教基金會	26.培基文教基金會
27.中華生死學會	28.財團法人周大觀文教基金會
29.臺灣明慧教育學會	30.財團法人張老師基金會
31.社團法人國際生命線總會	32.高雄縣生命義工協會
33.臺北市佛教觀音線協會	34.臺灣兒童暨家庭扶助基金會
35.佛光心靈專線	36.佛教蓮花臨終關懷基金會
37.財團法人中華民國安寧照顧基金會	38.漸凍人協會
39.天主教康泰醫療教育基金會	40.臺灣安寧照顧協會
41.財團法人天主教會嘉義教區附設嘉義縣私立聖心教養院	42.中華民國癌症希望協會
43.垂死之家	44.財團法人罕見疾病基金會
45.財團法人天主教善牧社會福利基金會	46.臺南市婦女兒童安全保護協會
47.雙福社會福利慈善事業基金會	48.財團法人勵馨社會福利事業基金會
49.財團法人人間文教基金會	50.財團法人臺灣大地文教基金會
51.財團法人心路社會福利基金會	52.創世社會福利基金會
53.臺灣世界展望會	54.仁愛慈善福利事業基金會
55.第一社會福利基金會	56.伊甸社會福利基金會
57.慈懷社會福利慈善事業基金會	58.靖娟兒童文教基金會
59.兒童福利聯盟文教基金會	60.財團法人陳清波文教基金會
61.財團法人陽光社會福利基金會	62.財團法人中華基督教路加傳道會
63.董氏基金會	64.財團法人天主教失智老人社會福利基金會
65.財團法人海洋臺灣文教基金會	66.中華民國荒野保護協會
67.財團法人黑潮海洋文教基金會	68.臺灣失落關懷與諮商協會
69.臺灣婦女維護生命協會	

資料來源：研究者自行整理。

兩個向度。發現有關臺灣生命教育的非營利組織名單，至少目前有發現69個團體，也可能超過此數字。在網路資料當中，主要是使用「生命教育」一詞為關鍵字搜尋，若網路資料當中，未使用「生命教育」一詞等情況就會無法搜尋到相關的資料，也成為本研究的限制之一（**表6-2**）。

表6-2　本研究的37個非營利組織名單

組織名稱	組織使命與宗旨
1.臺灣生命教育學會	以學術與教育專業、教材出版及師資培育等為主要推展工作，並進行研究、規劃、促進及推展生命教育學術理論與實務工作。 取自：http://www.tlea.org.tw/
2.彩虹愛家生命教育協會	以關懷兒童與家庭為職志，生命教育為內涵，運用多元藝術為工具，協助並提供志願服務者各項培訓與資源。 取自：https://www.rainbowkids.org.tw/
3.中華青少年純潔運動協會	給予青少年「以人格為基礎的性和愛的教育」，以實現美滿婚姻，真愛家庭，幸福人生。推動人格與生命教育，以促進青少年身心健康與純潔，防止青少年沉淪於性愛墮落與毒品、暴力中，並建立正確的人生觀。 取自：http://www.purelove.org.tw/
4.中華智慧人生文教發展協會	推動優質社會教育，匯聚全民力量，啟動前瞻的生命教育、親職教育暨青少年關懷的具體行動。 取自：http://www.npo.org.tw/npolist_detail.asp?id=4998
5.財團法人佛光山文教基金會	積極獎勵專業人才，及優秀青年，進修留學，造福社會，提升文化水準，弘揚佛法，達到淨化人的目標。 取自：https://fgs.webgo.com.tw/
6.福智佛教基金會	促進心靈淨化、塑造完美人格；重建倫理道德、發揚文化傳統；提升精神文明、圓成大同世界。 取自：http://www.blisswisdom.org/
7.世界宗教博物館發展基金會	建立「尊重、包容、博愛」的社會，闡揚生命的智慧與健康的人生觀、提升華人社會的國際形象與地位、推展宗教交流促進世界和平、保護人類的宗教智慧與資產。 取自：http://www.npo.org.tw/npolist_detail.asp?id=361
8.財團法人臺北市私立得榮社會福利基金會	效法基督精神，活出愛光聖義，流露喜樂平安，建構祥和社會。結合社區資源，提升青少年生命價值，為青少年建立全人發展的環境。 取自：http://www.glory.org.tw/

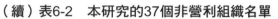
（續）表6-2　本研究的37個非營利組織名單

組織名稱	組織使命與宗旨
9.中華民國得勝者教育協會	致力集結社區關懷的力量，透過得勝者計畫方案的實施，以愛來實際關懷青少年身、心、靈的需要，以真理來引導他們行走正確的人生道路，進而能活出得勝的生命。 取自：http://www.champ.org.tw/
10.社團法人臺灣葡萄園社會關懷協會	認識自我的人格特質。促進身心靈均衡成長。發展健全的人際關係。尊重自然的多元生命。重視積極進取的生命價值。 取自：http://www.tvla.org.tw/
11.宇宙光全人關懷中心	以全人理念接觸關懷對象，透過各類預防性，教育性及治療性的服務，協助個人面對自己，享受人生，活出美滿圓融的生命及處理問題的能力，朝向全人均衡發展的目標。 取自：http://www.cosmiccare.org/
12.臺灣基督長老教會──教育委員會教育中心	期盼能發行「全人的」、「優質的」、「易懂的」基督教教育教材，來培育造就跟隨耶穌的信徒。 取自：http://christed.pct.org.tw/
13.泰山文化基金會	以健全人生觀念，開創和諧生活為目的。致力於推展家庭教育及青少年生活教育。 取自：http://www.taisun.org.tw/
14.財團法人生命教育基金會	以愛與服務的精神，推動全球生命教育之理念，研究生命教育之落實方法，促使人類生命價值的彰顯。 取自：http://www.catholic.org.tw/life99/index.html
15.中華民國道德重整協會	由自身改變做起，健全家庭，安定社會，促進人類和平。 取自：http://www.mra.org.tw/
16.高雄縣圓照寺	建立一個關懷溫馨的社會，倡導每人關心一件事，並聯合志同道合的朋友，共同關心與行動，真正落實「菩薩道」的理念。 取自：http://www.yct.com.tw/
17.臺灣聖脈生命教育協會	以推廣生命教育課程研習，促進兩性和諧，提升生命品質，淨化心靈層次為使命。 取自：http://www.dharmalineage.org/
18.臺北市探索生命教育基金會	以推動探索生命教育為設立使命。 取自：http://www.exp.org.tw/
19.中華民國劉俠（杏林子）之友會	以見證基督，永續劉俠精神，推動社會福利、藝文教育活動，提升生活品質及豐富生活內涵為使命。 取自：https://ptp.sfaa.gov.tw/store/a25784508/
20.西蓮教育基金會	秉持「心淨則國土淨」之理念，以提倡佛教學術研究與教育活動，推展各類社會教育活動，實踐慈悲喜捨精神為使命。 取自：http://seelandmonastery.org/foundation/

（續）表6-2　本研究的37個非營利組織名單

組織名稱	組織使命與宗旨
21.慈濟慈善基金會——慈濟生命教育網	將佛教慈悲喜捨四無量心化作實際的行動，投入慈善醫療教育文化等工作，為貧病苦眾生即時解難，並以有形的志業及建設，帶動無形的人心大愛，期待淨化人心，同造愛的社會。 取自：http://www.life.tcu.edu.tw/
22.財團法人金車文教基金會	發揚中國固有優良傳統文化，鼓舞社會善良風氣，推動社會公益，提升大眾生活品質。 取自：http://kingcar.org.tw/
23.中華民國關懷生命協會	基於「眾生平等」之信念，以提倡動物權、為動物爭取福利、保育野生動物與維護生態平衡為使命。 取自：http://www.lca.org.tw/
24.耕莘文教基金會	以舉辦文教活動，提高國民文化水準，促進個人人格成長及其他社會服務為使命。 取自：http://www.tiencf.org.tw/
25.培基文教基金會	本會致力於全人教育，依循普世通用的生活原則，以培養國人健全品格、增進家庭和諧、提升工作效能、促進社會祥和風氣為使命。 取自：http://tw.iblp.org/zh/
26.中華生死學會	以探討生死學相關主題，如生死教育、生死輔導、生死關懷與生死管理等，藉學術研究與推廣，端正社會風氣為使命。 取自：http://deathology.tripod.com/
27.財團法人周大觀文教基金會	今天我們維護孩子的生命尊嚴，明天孩子維護我們的生命尊嚴。 取自：http://www.ta.org.tw/
28.臺灣明慧教育學會	探討道德教育的內涵，闡明道德教育的意義與價值，讓學員在生活中實踐真誠、善良、寬容、堅忍等品德，培育其成為一個身心靈健全、明慧不惑的人，真正讓人心歸正、返本歸真。 取自：http://foundations.olc.tw/foundations/view/544137a6-10dc-47cd-860b-2b20acb5b862
29.自殺防治網——董氏基金會	以「促進國民身心健康、預防保健重於治療」為使命。 取自：http://www.jtf.org.tw/suicide_prevention/
30.馬偕自殺防治中心——臺北馬偕醫院	延續馬偕博士「寧願燒盡，不願銹壞」的精神，以基督的慈愛為根基，堅持「人家不願做的事，我們為愛的緣故，願意不計代價去承擔」的信仰精神。以尊重生命、關懷生命、保護生命、熱愛生命為使命，維護每一個生命免於被侵犯，以及自體侵犯的權利。維護每一個生命追求生存、健康以及愛與被愛的權利。 取自：http://www.jtf.org.tw/suicide_prevention/

（續）表6-2　本研究的37個非營利組織名單

組織名稱	組織使命與宗旨
31.你可以不必自殺——法鼓山	有鑑於在防止自殺、預防自殺的行動上必須採取主動關懷的立場，為吸引有自殺傾向及意圖的族群注意到此一網站的存在，提供即時有效的協助，法鼓山人文社會基金會本著法鼓山「提倡全面教育、落實整體關懷」的精神，希望能幫助自殺邊緣徘徊的人聽到或是看到，轉變觀念，讓社會大眾認知珍惜生命，活著就有希望，以減少或避免悲劇的繼續發生；藉此建構起一個全民的保護安全網。 取自：http://www.ddhsif.org.tw/WebLink.aspx?pid=10&index=218
32.臺灣憂鬱防治網	推動臺灣與鬱症和相關疾患之防治及心理衛生健康促進之工作及研究發展，聯繫會員情感並與國內外＊鬱症防治相關團體聯繫及合作。 取自：http://www.depression.org.tw/
33.生命教育與自殺防治專業網——社團法人中華民國自殺防治協會	維護每一個生命、身體與心靈，免於被侵犯，以及自體侵犯的權利。維護每一個生命、身體與心靈，追求生存、健康、快樂，以及愛與被愛的權利。 取自：http://www.npo.org.tw/npolist_detail.asp?id=5421
34.忘憂草憂鬱防治協會	提供病友及家屬有關憂鬱防治的專屬平臺，與全方位協調和病友生理、心理及與社會之平衡。舉辦研討會、座談會及各項相關活動，促進病友情感交流，達到經驗分享與相互扶持之目的。結合宗教、醫藥、政府單位、民間財社團組織、社區營造單位，推動策略聯盟社群之合作。推動產學研計畫的發展，提升憂鬱防治相關產業之水準。結合社會資源，帶動終生學習，並承辦相關訓練課程與輔導病友就業及創業之機會。建立與各領域醫療診所之連結、活化社區醫療照護網之功能，俾便有效防治與追蹤。 取自：http://www.depression.org.tw/association/
35.臺北市生命線協會	本會基於博愛精神，以服務社會增進人群健全的幸福為使命，藉著守候生命線之工作，使因絕望而喪失生機者，獲得生活的勇氣。 取自：http://www.lifeline.org.tw/
36.桃園縣生命線協會	本會係以公益目的之非營利社會團體，以愛社會、愛同胞之心，對社會中絕望而企圖自殺的人，施以救援；對失望而志氣消沉的人，給予勇氣，並以有效的行動，協助心靈創傷的人，重獲新生，重燃生命之火為使命。 取自：http://www.1995line.org.tw/
37.嘉義市生命線協會	以自殺防治和民眾心理衛生為本會創立目標。 取自：http://www.chia-yi1995.url.tw/

＊編者註：原文中的「國內外」是指臺灣及海外。

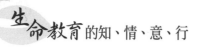
　　研究者從**表6-2**中歸納出非營利組織參與生命教育推動策略的五種方式，分別是研習活動、相關活動、出版文宣品、承接公部門專案以及其他。此五種大方式可分成21個細項，如**表6-3**所示。

　　從非營利組織推動生命教育初步策略分析來看，可以看見各個非營利組織所發展出來的特色，像是有的團體努力在培訓方面或是有的團體著

表6-3　非營利組織生命教育推動策略

A.生命教育研習活動	A1師資培訓
	A2研討會
	A3民眾講座
	A4志工訓練
	A5學生講座
B.生命教育相關活動	B1營隊
	B2體驗活動
	B3參觀活動
	B4戲劇表演
	B5讀書會
	B6推廣閱讀
C.出版文宣品	C1教材
	C2期刊
	C3生命相關議題 （如：哲學與人生、宗教與人生、生死關懷、道德思考與抉擇、性愛與婚姻倫理、生命與科技倫理、人格統整與靈性發展等相關議題）
	C4兒童繪本、讀本
	C5影音光碟
	C6研習手冊
	C7學術調查
D.承接公部門專案／ 　與民間企業合作	D1教育部
	D2地方政府
	D3民間企業
E.其他	說明團體狀況、特殊事項

資料來源：研究者自行整理。

眼在預防上面,都看到相當不錯的成果。非營利組織對於生命教育議題花了相當多的人力、物力、財力等等資源。因此,在這麼多的成果與資源之下,未來形成一個有效對話與整合資源的平臺是有其必要性,透過此平臺來讓各個非營利組織進行資源與訊息的交換,更重要的是讓組織之間可以進行對話、分享彼此的資源,相信對於生命教育會有很大的助力。

　　根據目前上述的37個非營利組織經過比對及統計後,對非營利組織參與生命教育有概括性的瞭解,也看到推動生命教育策略的多元性,並且以非營利組織自身使命、理念為基礎,再加上推動策略的多元化,而達到非營利組織在推動生命教育獨有的特色,運用特色來讓生命教育有不同面向的體驗。

(三)非營利組織推動生命教育策略統整分析

　　本研究運用非營利組織參與生命教育的五種推動策略來分析各團體推動生命教育的現況,使用網路上所呈現資料作為分析的素材來分析37個臺灣非營利組織推動生命教育的策略,蒐集到資料包括舉辦過的活動資料、出版文宣品的目錄等。以出版文宣品的方式為主要策略所累積的次數為70次,再來是生命教育研習活動所累積的次數為68次,接著是生命教育相關活動所累積的次數為29次,還有就是在其他的部分,其內容包含使命、名稱中有出現「生命教育」一詞以及特殊事蹟與活動所累積的次數為23次,最後是承接公部門專案與民間企業合作所累積的次數為7次。從《推動生命教育中程計畫》(2001年至2004年)來看,政府期待與非營利組織的連結進一步的強化(臺灣教育部,2001)。目前現況看來在連結上似乎可有進步的空間。在承接公部門專案/與民間企業合作的部分,也許可成為未來研究的方向之一,相信對於推動與發展生命教育有很大的助力。有關於非營利組織參與生命教育初步分析統計總表,請看**表6-4**。

表6-4 非營利組織生命教育策略統計表

項目	組織數 （N＝37）	符合條件非營利組織 （下列數字為表6-2的組織編號）
A.生命教育研習活動		
A1師資培訓	17個	1、2、4、6、7、8、9、13、14、16、20、25、26、27、30、32、33
A2研討會	8個	1、2、5、7、16、26、33、37
A3民眾講座	23個	3、4、5、7、8、9、13、14、17、20、22、24、25、26、27、28、29、31、32、34、35、36、37
A4志工訓練	16個	1、2、8、14、15、19、21、22、24、27、30、33、34、35、36、37
A5學生講座	4個	8、9、10、37
B.生命教育相關活動		
B1營隊	14個	1、2、3、6、8、11、15、20、22、24、25、26、27、28
B2體驗活動	7個	18、21、22、27、28、29、32
B3參觀活動	3個	7、32、34
B4戲劇表演	2個	3、24
B5讀書會	2個	19、30
B6推廣閱讀	1個	5
C.出版文宣品		
C1教材	12個	1、2、4、7、8、9、11、12、13、14、25、31
C2期刊／雜誌	11個	2、7、8、10、11、13、24、29、30、32、33
C3生命相關議題	18個	2、3、5、7、8、11、12、13、15、17、21、23、24、25、26、27、29、31
C4兒童繪本、讀本	4個	2、5、7、8
C5影音光碟	9個	2、3、7、8、17、23、27、29、31
C6研習手冊	11個	1、2、5、7、8、13、14、16、20、26、37
C7學術調查	5個	4、29、31、32、37
D.承接公部門專案／與民間企業合作		
D1教育部	5個	1、2、6、9、14
D2地方政府	2個	2、16
D3民間企業	0個	無
E.其他		
E1使命、名稱中有「生命教育」	9個	1、2、3、4、14、17、18、19、26
E2特殊事項與活動	14個	6、11、12、27、28、29、30、31、32、33、34、35、36、37

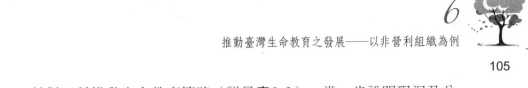
　　針對五種推動生命教育策略（詳見**表**6-3），進一步說明現況及分析，透過分析，可看見各個非營利組織在推動生命教育方面，都有屬於自己的特色：

◆生命教育研習活動

　　如第一大項生命教育研習活動的部分，排名前三項分別是民眾講座、師資培訓及志工訓練。民眾講座方面是非營利組織最多使用的策略，而泰山文化基金會有十多年的經驗，在臺北及彰化等地已舉辦了數百場針對民眾的公益講座、研習、課程等等，以「生活哲學」、「生命哲思」、「心靈探索」、「價值信念」、「親職教養」等議題為一般民眾舉辦「照亮心靈」、「智慧生活」系列講座及身心成長課程，可看出泰山文化基金會在此努力而留下的足跡。

　　在師資培訓方面，臺灣生命教育學會致力培訓高中生命教育的教師，對於高中的生命教育推動有很多的著力，如開辦「高中教師在職進修生命教育類課程學分班」，協辦「生命教育師資培育課程實驗暨種子師資培育計畫」、協助「生命教育師資培育課程實驗暨種子師資培育計畫」種子學校召募及舉行「生命教育師資培育課程實驗暨種子師資培育計畫」工作坊等等。

　　最後是志工訓練。志工是一種無形推展，主要是志工本身對參與團體的使命與理念會有基本的認識，並且在服務的過程中，除了本身有生命教育的功效之外，也會讓受服務的人感受到生命教育的魅力。像是慈濟生命教育網，藉由在網頁上介紹志工及志工自我分享來帶出生命所受到的感動；另一方面，臺灣彩虹愛家生命教育協會至今已培訓超過全國五千名志工媽媽，她們每週約可接觸約十萬名兒童，進而把優質的生命信念價值觀帶入校園。

　　民眾講座、志工訓練是社會教育方式之一。生命教育需要全民認同與參與，透過社會教育讓全民瞭解生命教育的重要性，以及讓教師們參與

生命教育的培訓，增加對於生命教育的認知。藉由政府、學校教育單位與非營利組織的配搭，使得全民與教師們瞭解到生命教育是什麼，如此一來生命教育便能夠動起來。

◆ **生命教育相關活動**

在第二大項生命教育相關活動當中，最常採用的方式就是營隊。營隊是一種充滿回憶的過程，在這樣的過程可以獲得深刻的學習與經驗。耕莘文教基金會創立了關懷原住民的社團，每年邀集大專同學深入山區運用營隊的方式，讓工作人員以尊重和學習的態度，結合實際生活經驗來加深彼此瞭解且促進交流，也使得大專工作人員在過程中獲得自我成長，養成成熟的人格。另外，體驗活動是非營利組織推動生命教育的重要特色，如金車文教基金會結合體驗學習、團體動能與生態保育觀念等等，並且建立人際的溝通能力。在參觀活動方面，世界宗教博物館運用博物館本身來發展有特色的生命教育，如常設展中的「生命之旅廳」。生命需要藉由經驗來累積生命的厚度，而生命教育相關活動扮演有提供豐富經驗的功能，可補充政府政策與學校教學的不足。

◆ **出版文宣品**

出版文宣品是所有推展生命教育的非營利組織最努力的工作之一，可見其受重視的程度。其中臺灣基督長老教會的教育委員會教育中心，針對小孩、青少年、成人各個年齡層，均出版了生命教育教材，非常全面。近幾年來，繪本無論大人、小孩都有很好的接受度，因此世界宗教博物館出版了《小小真愛生命教育繪本系列》，家長們可以使用繪本跟孩子說故事。繪本也是老師們教學上很好的教材。在讀書會方面，佛光山文教基金會推動兒童閱讀生命教育，製作一系列兒童閱讀生命教育教材，如《護生畫集》及《譬喻的故事》，藉由好的閱讀教材來推動兒童讀書會活動。在學術調查方面，董氏基金會心理衛生組從1999年起，以憂鬱等相

關主題，進行研究調查，包括「憂鬱與憂鬱症」現況調查、「憂鬱症患者與家屬相處狀況」調查、「人際關係與憂鬱症傾向之相關性調查」等等，並透過記者會將調查結果告知社會大眾。非營利組織所出版豐富的文宣品，是協助學校及政府單位推動生命教育很好的資源。

◆承接公部門專案／與民間企業合作

接下來是承接公部門專案／與民間企業合作的推動項目。與地方政府合作的例子有高雄縣圓照寺與高雄縣政府教育局從2004年至今，共同主辦全國中小學教師生命教育研習營，並且由教育部中部辦公室擔任指導單位，可以看出來公部門支持這樣的合作模式。另外，中華民國得勝者教育協會運用「得勝者計畫」於學生講座上，分別在2005與2007學年度承接教育部訓委會青少年活動計畫。但是還看得出來這類項目所呈現的比例並不是很高，另外也缺少相關資料來做進一步的核對，若從《推動生命教育中程計畫》（2001年到2004年）來看，與原先期待非營利組織與公部門及民間企業多合作推動生命教育（臺灣教育部，2001），在程度上有落差，這也是本計畫未來需要進一步探討與延伸的部分。整合其他資源來形成更大的影響力，相信這是未來的趨勢與發展。

◆其他

使命是非營利組織的核心價值，然而許多團體的使命並非一開始就有生命教育。社會福利單位並非以教育為主，可能在提供其他服務的過程中看到社會對生命教育的需要，如財團法人臺北市私立得榮社會福利基金會在學生講座上的推動。近幾年該基金會在推動生命教育上做了很多的努力，漸漸成為基金會的特色。同時推動生命教育的業務通常會有其他的業務來配合，像成長課程、家庭、兩性等等。在特殊事項與活動方面，周大觀文教基金會已經舉辦了十七屆「全球熱愛生命獎章」活動，對象是全球各地熱愛生命的人士。這是具有國際特色的生命教育活動，也讓世界各地

有機會知道臺灣推展的生命教育。其他還有自殺防治機構提供諮商輔導的服務、成長團體與支持團體等等，如各地生命線協會運用電話諮商方式來提供心理輔導的服務。

　　臺灣非營利組織推動生命教育的策略，有如上述，主要是研習活動與相關活動、出版文宣品以及與公私部門的合作等等。在推動的策略上，還是以學校教師的研習為主，其次是學生夏令營及家長研習，對於生命教育理念的推廣是有幫助的，但是對於解決生命教育的主要挑戰，如社會支持度、升學主義的挑戰、師資培育的瓶頸以及適當教材的闕如等等挑戰，貢獻上仍然是有限的。

三、結論

　　本研究主要是初步探討臺灣非營利組織推動生命教育的策略，藉由相關文獻資料，如期刊、書籍以及網路資料，透過內容分析法來研究分析。蒐集大量文字資料，經過資料分析、歸納以及詮釋的研究過程，得知非營利組織在推動生命教育的策略方面，主要是以「生命教育研習活動」、「生命教育相關活動」、「出版文宣品」、「承接公部門專案或民間企業合作」和「其他特殊事項，如使命或名稱當中有出現『生命教育』一詞」等五個主要的方向。非營利組織在推動生命教育時，希望透過適當策略，達到最好的成效，過程中，當然會遇到不少的困境，但在困境當中是可以看見希望與未來。然而會讓非營利組織持續堅持下去的原因，除了對於組織使命的回應之外，看到生命與生命之間的成長與轉變，是極為重要的推力。

　　最後，也期待這樣的研究結果，能夠提供珍貴的臺灣經驗給兩岸四地的非營利組織，作為推動生命教育之重要參考。

後記與致謝

　　西元2008年是臺灣生命教育發展重要的一年。當年教育部明令頒布高中生命教育課程自2010年起，從選修課變成必修課，這正是臺灣非營利組織深耕「生命教育」後結出的美好果實，而本研究正好記錄下這個重要的時刻。

　　時至今日，我們更積極參與臺灣非營利組織推動生命教育相關工作，無論是第一線實務工作或是參與計畫決策等等，因而瞭解到臺灣各非營利組織仍持續關注「生命教育」此議題，透過各組織的「使命任務」與「執行業務」來充分實踐生命教育的核心精神與價值。

　　本文作者之一吳庶深老師，也曾擔任得勝者教育協會理事長，針對國中生發展「選擇寬恕」等生命教育課程，並在臺北護理健康大學研發「奧斯卡生命教育講」的教學模式與方法，運用不同類型的電影探討生命教育豐富的內涵，在教學的過程中發現學生對電影教學方法感到興趣及肯定。「生命教育」不但能夠觸動個人的生命成長，也能促進友善校園的發展（吳庶深，2015）。本文作者之一吳英傑老師，除了在文藻外語大學吳甦樂教育中心擔任兼任講師，教授「全人發展」必修課程之外，也在三洋維士比集團教育基金會擔任社工，帶領基金會志工團隊到臺灣偏鄉執行志願服務方案：「綠島國中育樂營」，透過營隊的生命教育三大核心課程，讓離島偏鄉的孩子們能夠瞭解自己的生命、肯定自己的價值，最後勇敢追尋自己的夢想。

　　因此，從我們的實務觀察中，所獲得的結論是透過各非營利組織的力量，讓生命教育的精神與價值能夠協助到每個人，使每個個體都有機會認識自己、發現自己及展現自己，進而讓生命對於生命產生影響力，形成一個良好的善循環，這正是非營利組織對於臺灣生命教育發展中最大的貢獻。近年來臺灣社會受到經濟不景氣的衝擊，加上天災人禍頻生，社會大

眾的捐款集中在特定的需要中，相對生命教育相關的團體捐款減少，收入不穩定，對生命教育相關工作的推廣有很大的衝擊，有一些生命教育的團體也開始探索運用企業的策略，銷售相關的產品或教材等，用來增加機構的收入。

生命教育需要企業的資源投入以及非營利組織的合作，這樣才能匯聚不同組織與資源的力量，共創多贏，以推動社會不同層面的生命教育與社會實踐（孫效智，2013）。最近幾年，臺灣的非營利組織積極的善用媒體的力量，透過廣播、電視、網路等各種媒體管道，傳遞生命教育的理念，讓社會大眾瞭解與認同生命教育的意義及內涵，期待每個人更熱愛自己的生命，尊重及接納別人的差異，珍惜家人和好友的關係，停下忙碌的生活，熱愛大自然，並對有需要的人士付出關懷與行動，尋求個人的生命意義與價值。

特別感謝香港教育學院多年來推動華人生命教育的學術交流，讓海峽兩岸四地的學者及實務工作者有彼此分享的機會，一同關心青少年的健康與成長。最後感謝參與本研究的臺灣生命教育相關民間團體，及關懷臺灣生命教育的大眾，因為你們的參與，生命教育才能全面的推動。本文的撰寫過程中，感謝我的研究助理黃于蓓小姐協助本文的校訂及排版，使本文能夠順利完成。

參考書目

林綺雲統整（2006）。〈臺灣生命教育的省思——過去、現在與未來〉。《生命教育半年刊》，創刊號，頁25-43。新北市（前稱臺北縣）：世界宗教博物館。

吳庶深（2008）。《心靈教育：生命教育的核心概念》。香港：香港教育學院宗教教育與心靈教育中心。

吳庶深（2015）。〈奧斯卡電影生命教育講——尋找個人的生命價值與意義〉。輯於《2015兩岸大專院校生命教育高峰論壇會議手冊》，頁133-136。臺北：國立臺北護理健康大學。

吳庶深、曾煥棠、詹文克（2002）。《先進國家與我國中等學校生命教育之比較研究》（臺灣教育部委託雙福基金會進行研究）。臺北：臺灣教育部。

吳庶深、詹文克、蕭伊吟、吳英傑（2008）。《95年委辦生命教育白皮書之芻議計畫》。臺北：臺灣教育部。

紀潔芳（2007）。《生命教育課程教學與人力資源：教學資源手冊》。嘉義：吳鳳管理學院。

孫效智（2009）。〈臺灣生命教育的挑戰與願景〉。《課程與教學季刊》，12（3），頁1-26。

孫效智（2013）。〈大學生命教育的理念與策略〉。《生命教育研究》，5（2），頁1-35。

徐敏雄（2007）。《臺灣生命教育的發展歷程：Mannheim的知識社會學分析》。臺北：師大書苑。

郭祥益（1998）。〈非營利組織終身學習的推展〉。《成人教育》，第46期，頁33-39。

陳立言（2004）。〈生命教育在臺灣之發展概況〉。《哲學與文化》，31（9），頁21-46。

陳英豪（2002）。〈生命教育的理論與實務〉。輯於林思伶主編，《生命教育——今天不做明天會後悔的工作》，序言頁1-3。臺北：寰宇出版。

臺灣教育部（2001）。《推動生命教育中程計畫》（2001年到2004年）。臺北：臺灣教育部。

鄭金川（2001）。〈生命教育基金會舉行成立與募款大會〉。生命教育全球資訊網，檢自http://life.ascc.net

錢永鎮（2000）。〈中等學校生命教育課程初探〉。輯於林思伶主編，《生命教育的理論與實務》，頁127-149。臺北：寰宇出版。

海峽兩岸生命教育特色與發展[1]

紀潔芳

一、臺灣推動生命教育的特色

臺灣生命教育教學，在大學方面經90年代已在臺灣大學首開「生死學」課程，爾後南華大學、臺北護理健康大學及臺北教育大學相繼成立生死教育相關研究所，目前生命教育相關課程已在大學通識課程普遍開授，而在醫護學系、老人事業服務學系或殯葬系等，生命教育相關課程甚至列為該系之專業課程。

在高中學校生命教育列為必修課程，在國中及小學則列為融入式課程。無論為哪一層級學生開授生命教育課程，都需兼顧活潑生動的教學

---

[1] 編者註：該文總結歸納了作者關於海峽兩岸生命教育特色與發展若干重要文章及演講資料。作者已處理上述資料的著作權，文章從而得以在本文集刊出。

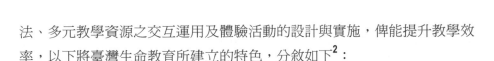

法、多元教學資源之交互運用及體驗活動的設計與實施，俾能提升教學效率，以下將臺灣生命教育所建立的特色，分敘如下[2]：

(一)生命教育教學乃以哲學、社會學、心理學及教育學為基礎

以往港澳及大陸學者常以為生命教育即是宗教教育，這是很大的誤會。在生命教育中臨終關懷單元對死後去處之探討會介紹各種宗教終極關懷之解說，而生命教育教學主要以相關之哲學、社會學、心理學及教育學為基礎。

(二)生命教育之推動是由上而下

臺灣教育主管機構早在90年代即洞燭機先，主要為針對時弊如青少年生活目標茫然、課業壓力大、人際關係不良、生命價值混淆、受網癮之引誘、青少年自我傷害人數日益增加等。有魄力推動生命教育。政府列撥大量經費，有系統、有計畫培育師資、建置生命教育學習網等，做好紮根工作。

生命教育之推動如由上而下，即由政府大力主導，則速度快、成效好、普及率高且不易變質。海峽兩岸四地臺灣及澳門生命教育之推動是由上而下，故成效顯著。另香港及大陸則是由下而上，即由各地區、各學校或各社團自行推動，如之，則少數條件優越地區發展較理想，但大多地區速度慢，品質良莠不齊，易生弊病。

---

[2] 以下資料部分來自作者的〈臺灣地區大學生命教育課程實施特色之探討：以彰化師大、吳鳳、南華與北護為例〉一文（紀潔芳，2006）。

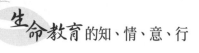
(三)積極培育師資

優良師資是有效推動生命教育之關鍵，猶記得在90年代甫推動生命教育時，中小學老師都有直覺感認為推動生命教育勢在必行。但對生命教育的內涵是缺乏清晰概念，更談不上有效教學方法的實施。故生命教育師資之培訓乃當務之急。臺灣推動師資培育乃採多元方式進行：

第一，推動在職教師進修。教育主管機構透過師範院校開授課程，鼓勵在職教師進修生命教育學分或學程（第二專長）。學分費由教育主管機構負擔。因為在職教師已有豐富教學經驗，所以學習成效良好，快速可以成為獨當一面之種子教師。為鼓勵教師素質提升，在職教師凡取得碩士學位者，薪酬可晉升三級。

第二，在師資養成教育中即在師範院校增開生命教育課程。

第三，在高等學府設置生命教育相關研究所，培育中高階人才。臺灣地區大學設置研究所分別是：

- 臺北教育大學健康促進與生命教育研究所（一般生與在職班，2012年已併入教育所）
- 臺北護理健康大學生死教育與輔導研究所（一般生與在職班）
- 高雄師範大學進修部生命教育研究所（在職班，2012年暫停招生）
- 南華大學生死學與輔導研究所（一般生與在職班）
- 南華大學哲學與生命教育研究所（一般生與在職班）
- 輔仁大學宗教研究所生死組（一般生與在職班）

以上研究所包括一般生及在職生，每個研究所每年約培育三十多位有關生命教育之碩士、完成三十多篇碩士論文。尤其難能可貴的是在職生，包括中小學教師、醫護人員、殯葬服務人員或哲學、藝術等專業人員來進修，將他們豐富的工作經驗及職場困擾問題透過嚴謹之研究方法或質性或量化，完成一篇篇結合理論與實務之碩士論文，此對生命教育之推

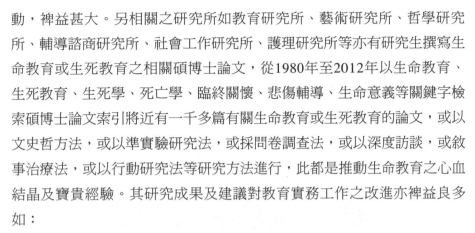

動，裨益甚大。另相關之研究所如教育研究所、藝術研究所、哲學研究所、輔導諮商研究所、社會工作研究所、護理研究所等亦有研究生撰寫生命教育或生死教育之相關碩博士論文，從1980年至2012年以生命教育、生死教育、生死學、死亡學、臨終關懷、悲傷輔導、生命意義等關鍵字檢索碩博士論文索引將近有一千多篇有關生命教育或生死教育的論文，或以文史哲方法，或以準實驗研究法，或採問卷調查法，或以深度訪談，或敘事治療法，或以行動研究法等研究方法進行，此都是推動生命教育之心血結晶及寶貴經驗。其研究成果及建議對教育實務工作之改進亦裨益良多如：

- 高中職學生婚前性行為與態度及接觸色情網路之探討
- 大學生的性態度、性行為與網路交友性行為之研究
- 植物人家庭照顧者之生命意義與家庭動力之探討
- 意義治療團體對教育學院大一新生生活目標輔導效果之研究
- 智能障礙者之家長生命意義之研究
- 無男丁家庭祭祀傳承、生活規劃與生命意義之探討
- 高雄區慈濟志工生命意義感與死亡態度之相關研究
- 生命盡頭的駐足回首——從社會建構過程探討臺灣當代老年之生命意義
- 從遷徙轉業翻身探究客家人的生命意義——以國姓鄉為例
- 生死教育課程對職校護生生命意義影響之研究
- 世界觀、生活目標與生命意義感之相互構築一個以重複受災地區成年人的敘事研究
- 社會支持、孤寂感與休閒活動參與對老人生命意義影響之研究——以臺中地區長青學苑為例
- 幼年時期父親自殺對子女的衝擊與悲傷調適歷程之述說研究
- 自殺者遺族悲傷調適之模式初探
- 喪失子女的父母失落與悲傷反應及復原歷程之研究

．生死教育對某技職校院學生生命意義感教學成效之探討

．道德兩難教學法在生命教育與健康促進的應用

．中等學校自殺防治教育方案設計之探討

．因應校園死亡事件之失落與悲復輔導實務分享——以高雄市某國小
為例

．《了凡四訓》融入生命教育對國小六年級學生生命意義之影響

．《菜根譚》融入生命教育對國小二年級學生生命意義影響之行動
研究

．莊子生死觀融入生命教育教學之探討

．論語生死觀融入大學生命教育教學之探討

．中學教師靈性健康、職業倦怠與幸福感之探討

第四，在大學通識課程中開授「生命教育」選修課程。目前臺灣地
區幾乎每一所大學通識課程均開授「生命教育」相關課程，令大學生有選
修機會，一方面充實個人之基本知識，另一方面亦為畢業後就業預做準
備。

(四)生命教育教學特色之建立

生命教育不只是知識的傳導，更重要是在教學中去觸動學生心靈深
處，有心動才有行動，能行動才能撼動。故在教學上宜採用活潑生動的
教學方法，運用多媒體教學資源，並設計許多體驗式教學活動令學生感
動。

在教學中通常可採用之教學方法與教學體驗活動可參考**表7-1**。

上列之教學體驗活動皆有其欲達到之教學目標，在筆者2015年出版
的新書《打開生命教育百寶箱》有詳細介紹。

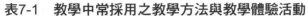

表7-1　教學中常採用之教學方法與教學體驗活動

教學方法	教學體驗活動
1.講述法	1.生生不息
2.討論法	2.心心相應
3.批判思考與價值澄清	3.媽媽真辛苦——護蛋
4.體驗教學法	4.媽媽真辛苦——背背包
5.實作教學法	5.畫我大樹畫我家
6.探索教學法	6.正念減壓——從品嘗一顆葡萄乾做起
7.個案探討法	7.腹式呼吸
8.合作學習法	8.練字收心
9.欣賞教學法	9.我的小書
10.生命典範教學法	10.人生三際
11.教學參觀	11.畫我一生
	12.生命卷軸
	13.看照片說故事
	14.從小到大，我花了多少錢
	15.預立遺囑
	16.生前告別式
	17.口足畫家
	18.飛輪人生
	19.鳥與水——單腳跳舞
	20.戲劇表現——手套偶等
	21.自我讀書計畫、執行與檢討

(五)生命教育網站之設置及推廣

　　網站之設置是推廣生命教育普及率強、效率高之有效方式。臺灣教育主管機構持續列撥經費設置「生命教育學習網」，為全球華人包括教師、家長、學生及一般人士提供生命教育專業知識、學術論文、教案及多媒體教學資源。筆者多年來均擔任該計畫之共同主持人。筆者曾應邀在大陸各地培訓生命教育種子教師包括內蒙赤峰、青海西寧、昆明、長春、石家庄、濟南、廣州、成都、思茅、杭州、紹興、溫州、常熟、上海等地區都遇到許多本網站使用者，倍感親切，他們亦感念在大陸生命教育推廣初

期，教學資源較缺乏，「生命教育學習網」針對小學、中學及大學提供了不少教學資源，都很實用，包括論著中小學各版本教案及多媒體教學資源如繪本說故事、人間芳草均可下載運用於教學。筆者感謝這些老師的回饋，多少辛苦都值得了！也鼓舞著網站工作同仁再接再勵，更盡心力，令「生命教育學習網」百尺竿頭，更進一步。又臺灣教育主管機構在各縣市均設置「生命教育中心學校」、各校亦設置生命教育網站，如「臺南市之協進國小（生命教育）」、臺中市之「惠明學校（視障教育）」、新北市之永平中學、臺中市曉明女中（生命教育）等生命教育網站均有精彩教學資源。另前文化建設委員會（簡稱文建會）之「繪本館」及「品德教育」製作許多DVD，內容亦非常實用。又教育部之「防治霸凌」DVD亦提供針對時弊、切合時需之教學資源，均可免費下載。

(六)政府編列經費支持高等學府主辦生命教育學術研討會

生命教育教學研討會之舉辦，助益於海內外學者專家集思廣益，交流心得。尤其歐美國家自1960年即於大學開授「死亡學」或「生死教育」相關課程，亦出版了許多教科書及專題研究，非常值得借鏡。有關邀請歐美學者前來發表論文及專題演講，鐘點費及交通費為數都相當可觀，為因應時代需要、助益於臺灣生命教育的快速推動，是值回票價。筆者於2000年至2008年接受教育部補助於彰化師大及吳鳳科技大學舉辦了十七次生死教育教學研討會，分別為：

1.繪本說故事融入生命教育教學（2007年12月）。
2.生命意義、臨終關懷與生死教育研討會（2007年11月）。
3.兒童生死教育教學研討會（2007年5月）。
4.生命教育教學論壇——北區（2006年10月）。
5.生命教育教學論壇——南區（2006年10月）。
6.耕耘心田生命教育研討會（2006年5月）。

7.生命教育融入技職教育教學研討會（2005年12月）。

8.亞太地區生命教育教學研討會（2005年5月）。

9.防治青少年自殺與生命教育研討會（2002年12月）。

10.高中生死關懷新設課程教學研討會（2004年5月）。

11.生命意義探索研討會（2003年9月）。

12.臺灣地區大專院校生命教育課程教學研討會（2004年11月）。

13.生命教育心靈成長教育研討會（2002年5月）。

14.臺灣地區高中職生死教育研討會（2001年11月）。

15.臺灣地區國中生死教育研討會（2001年5月）。

16.臺灣地區兒童生死教育研討會（2000年10月）。

17.臺灣地區大專院校生死教育研討會（2000年1月）。

研討會中除了出版論文集並掛上生命教育學習網（www.life.edu.tw）網站，另彙編相關資料，列舉如下：

1.臺灣地區中小學生生命教育教學資源之建置（2003年版）。

2.臺灣地區生命教育教學資源手冊（2004年版）。

3.大專院校生命教育相關課程教師教學心得與學生回饋專輯（2004年版）。

4.臺灣地區自殺防治研討會論文集（2004年12月）。

5.臺灣地區大專院校生命教育課程教學研討會論文集目錄（2004年11月）。

在以上研討會中，邀請之海外學者專家有：

1.Linda Goldman（美國），Peter Lang（英國）。

2.Dr. De Leo（澳洲），Dr. John M. Hu（英國）。

3.Lilian C. J. Wong（美國），Paul Wong（美國）。

4.鄺羅淑兒（香港），羅金容老師（澳門）。

5.蔡祐榮主席（香港），羅菊娜老師（澳門）。

6.鄭曉江教授（大陸），黃懿蓮督學（澳門）。

7.凌鋒醫師（澳門），格拉斯·彼得（荷蘭）。

8.蘇肖好院長（澳門），岩本悠先生（日本）。

9.潔亞（馬來西亞、醫生），滿詠萱（菲律賓）。

10.梁藝（中國、輪椅天使）。

11.姍姍（俄羅斯、藝術冒險家）。

12.Dr. Alfons Deeken（德國，於日本任教）。

13.Dr. John Morgan（美國，書面文章）。

14.Dr. Mark Manno（美國，於臺灣任教）。

15.簡柏基（香港，撒瑪利亞防止自殺會生命教育中心副主席）。

16.仇翠瑜（香港，撒瑪利亞防止自殺會生命教育中心）。

17.梁燕珍（香港，撒瑪利亞防止自殺會生命教育中心）。

從2008年後筆者全心投入汶川地震災區學校之生命教育，六年中先後赴四川、西寧有十次之多，有關生命教育學術研討會由南華大學、臺北護理大學、臺北教育大學及臺灣大學持續推動，成效殊勝，上大學網站皆可查詢。

(七)參加國際學術研討會，與時代脈動銜接

美國ADEC（Association for Death Education and Counseling）與AAS（American Association of Suicidology）均是國際生死教育很重要之學會，每年在美國或加拿大舉辦之年會均是國際生死教育學者很重要之聚會，世界各地都將近有千位學者參加。多年來臺灣學者之論文多半被接受，前往發表，並與各國專家互相交流，亦鼓勵研究生參加年會、工作坊及證照考試。亦藉相會之際邀請國際大師來臺講學，曾獲邀來臺之國際知名學者有Dr. Robert Niemeyer、Dr. Sofka Carla、Dr. John Banmen及世界自殺防治知

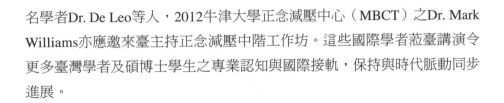
名學者Dr. De Leo等人，2012牛津大學正念減壓中心（MBCT）之Dr. Mark Williams亦應邀來臺主持正念減壓中階工作坊。這些國際學者蒞臺講演令更多臺灣學者及碩博士學生之專業認知與國際接軌，保持與時代脈動同步進展。

(八)在各地區指定學校成立生命教育資源中心

生命教育資源中心之成立，一方面為教師舉辦短期教師培訓，一分面彙集典藏多元生命教育教學資源如教科書、參考書籍、繪本、DVD及研討會論文集，以為教師編彙教材及查詢之用。

(九)大量出版生命教育相關教學資源

教學資源是推動生命教育非常重要的輔助工具，臺灣出版商具國際市場眼光，每年參加國際書展，以孩子角度選擇好書、好繪本，支付歐美地區出版商為數可觀的版權費，出版諸多教科書、參考書籍、繪本及視聽媒體等，助益教學活動更為生動活潑。惟近年來臺灣本土化繪本畫家也有不少作品出版，在內容上更貼近東方人的需求且親和力強。並受到海外書商的青睞，大量購買。臺灣目前生命教育或生死教育將近有五十多本大學教科書，或翻譯或臺灣學者專家撰寫，均各具特色。「生命教育」在高中是必修課程，也將近有六個版本教科書。

另有關學術性期刊有：

1. 《生死學研究》（年刊，南華大學生死學系發行）。
2. 《生命教育研究》（半年刊，臺灣大學生命教育研發育成中心與臺灣生命教育協會聯合發行）。
3. 《生命教育》（半年刊，世界宗教博物館發行）。

以上學術性期刊較偏重理論或理論與實務結合，採取雙盲審稿，頗有學術地位。另有關生命教育之雜誌至少亦有十多種如《關懷》（乳癌病友）、《彩虹》（關懷紅斑性狼瘡病友）、《生命》（生死教育、安寧療護、臨終關懷）及《安寧療護》（關心臨終者之雜誌），助益讀者對生命教育實務有更多認知。

(十)在各民間相關機構踴躍主辦生命教育活動，收相輔相成功效

臺灣有許多生命教育相關民間社團如生命教育學會、自殺防治協會、董氏基金會（防治菸害與憂鬱症防治）、周大觀文教基金會（幫助弱勢朋友及發揚善行）、張老師、生命線（生命關懷熱線電話）、安寧照護基金會、康泰醫療文教基金會、蓮花基金會、世界宗教博物館等經常舉辦生命教育相關活動，收相輔相成功效。

此間還不包括宗教性社團，臺灣是宗教信仰自由的地區，宗教團體對臨終關懷及悲傷輔導有很大的幫助，惟臺灣之生命教育推動，主要以教育及心理哲學、社會學為核心。

(十一)對技職教育體系學生生命教育之重視

技職教育培育之人才應為具有生命關懷的「人」，才能真正成為企業所需要的人才（陳立言，2012）。生命教育的核心價值之一是每個孩子都有一片藍天，讓孩子多元適性發展。有些學生書不是讀得很好，但手非常巧，自可從技職教育著手。臺灣技職教育體系非常完整，從高職、大學、碩士及技職博士之培育有完整的體系，而其中之生命教育如職業專業、服務態度、企業倫理、職業道德融入專業課程中。其著眼點基於下列前提：

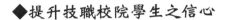

◆提升技職校院學生之信心

技職校院大多數學生在升學過程中曾經受過考試挫敗之打擊，以至於信心不足，甚或自卑、自責，故宜透過生命教育之教學幫助其提升信心，肯定自己，豐富其生命。在這多元適性發展時代，每個孩子頭上都有一片藍天，海闊天空任其翱翔，尤其更應該提升家人及工商企業人士對技職校院學生之重視，不宜隨意貼標籤。

◆技職校院專業課程比重較多，人文課程比重較少，需增加通識課程以提升學生之人文素養

技職校院學業學生畢業後，大多在工商業界工作，在經濟變遷的衝擊中，「關愛生命」之課程可助益學生澄清生命理念及提升生命韌性，勇敢面對挫折。故宜加開「生命教育」之課程，以提升學生之人文素養。

◆在企業發展中融入對大我之關懷

在經濟發展中，工商業人士者除了重視營業額及利潤外，宜透過生命教育課程之薰習以提升其社會責任及對大我、大自然之關懷，如對企業社會責任之重視及生產綠色商品等。如企業經營者有關愛生命與企業的社會責任理念，則在作企業決策時，除了考慮本身的利益外，也必定會考量到他對消費者、社會、國家及環境之責任，提升對大我之關懷。

◆在忙碌的人生中追求生命的真意

本課程之教學重點之一乃建立正確的人生觀、內化生命的價值。一位工商業者除了忙碌於工作、追求利潤外，亦應藉由生命教育來探索生命真意，追求人生之終極真實。

◆各專業課程宜融入生命關懷

通常技職教育有工業學群、商管學群、觀光學群、幼教學群、家教美容及廣告視覺等學群。在各系中融入生命教育，如國企系開授「關愛生命與企業之社會責任」，如幼保系開授「生命教育與幼兒教育」，在消防系、保全系亦可開授「消防人員或保全人員之生命觀與關愛生命」等。畢竟關愛生命是要落實於各行各業中，方能提升社會福利與國民之生活品質。

在筆者服務之吳鳳科技大學曾於2005年12月舉辦「臺灣地區生命教育融入技職教育教學研討會」，邀請各學者專家分別對生命教育融入美容、餐飲、觀光、工業、科技、商業、保全、交通管理、消防、幼兒教育、護理及工程規劃等專業領域，成效深獲肯定。研討會論文集可上life.edu.tw網站查詢。

(十二)重視特殊教育學生之生命關懷

臺灣地區非常重視特殊教育之實施，因應實際需求在80、90年代有大量特殊教育學門的人才赴歐美深造，並紛紛獲得碩博士學位回臺灣服務。在特殊教育的人力資源中，也分為許多專業項目，如：資賦優異、視障、聽障、肢障、學障（細分閱讀障礙、注意力障礙等）、自閉症、多重障礙及情障等，有配合特殊人士之社會福利法，令特殊學生受到更多、更適切之生命關懷。

(十三)落實「生命熱線」之設置成效

當一般人有鬱悶、挫折時，有生命熱線之設置可敘說鬱悶情懷、紓解壓力是很重要的。臺灣生命熱線的設置較有規模的有生命線、張老師、觀音線等，而其中尤其以「生命線」成效殊勝，是全天24小時接聽

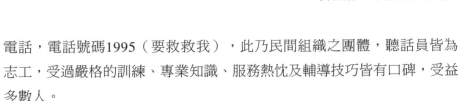

電話，電話號碼1995（要救救我），此乃民間組織之團體，聽話員皆為志工，受過嚴格的訓練、專業知識、服務熱忱及輔導技巧皆有口碑，受益多數人。

二、大陸生命教育之推展

大陸推動生命教育約在2000年左右，當時在大學僅由少數教授如武漢大學段德智教授、江西師範大學鄭曉江教授開授生死學課程，惟生命教育要怎麼教還談不上。2000年以後，青少年自殺事件日漸增多，學生網癮的嚴重問題，價值觀的混淆，生命意義的迷惘，通常在缺乏中華文化薰習及缺乏宗教信仰的地區，一旦經濟快速成長，會出現社會安定的中空現象。此時生命教育的重要性已開始被重視，但對生命教育的概念尚未明確，就更談不上有效的教學方式。

2005年宋慶齡基金會首次推出第一屆青少年生命教育高峰論壇，生命教育漸開始推動，一直到2014年已舉辦了十屆，此高峰會議就猶如磁鐵一般，凝聚了學者專家、全國各地校長、教師及海峽兩岸四地生命教育的好朋友，每年相聚一次互通有無，拿出一年來亮麗的工作成就互相激勵。更提出未來的新構想互相勉勵，在此特別感謝宋慶齡基金會的推手及幕後辛苦的工作者。

2008年後大陸發生多起天災，這是生命教育發展的另一重要階段。512汶川大地震，七萬多人死亡，即有七萬多個家庭破碎，數十萬人輕重傷及失去了美好的家園。2009年玉樹大地震、舟曲土石流……一直到2012年雲南彝良地震，有無數人需要安撫傷慟及調適情緒，更需要在懷憂喪志中引領出生命能量，此時對心理學及生命教育更有特別迫切的需要。

另2010年7月中央公布「國家中長期教育改革和發展規劃綱要」中首

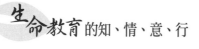

次將生命教育列入2010至2020年教育發展重點,這是大陸推動生命教育的新局面。雖然有新方向,但後續的實踐力慢了些,誠美中不足。以上是大陸生命教育發展的經過。

筆者多年來在大陸推動生命教育可從大學、中小學分享之。

(一)大學生命教育之推展

1.大陸目前開授生命教育相關課程之大學大約有十多所,正陸續增加中,較早開課之大學是江西師範大學道德與人生研究所鄭曉江等教授,開授生死哲學及生命教育相關課程,深受學生肯定。鄭曉江教授也應邀到監獄為受刑人講授生命教育課,受刑人深受感動。這已不只是知識的傳授,還達教化之功效,實功德無量。鄭教授有系統有次第引領碩博士學生從事專業研究,或專研生死哲學,或研究養生休閒、風水地理、中國生死哲學及生命教育教學。鄭教授學識淵博,著作等身,除了在校內開課外,還應邀在全國各地講演,亦多次來臺講學,今日大陸生命教育之蓬勃發展,鄭曉江教授領導之學術團隊可說功不可沒。

2.何仁富、汪麗華等教授首以教師團隊方式於浙江傳媒學院開授「生命學與生命教育」及「大學生心理健康與生命成長」課程,同時開授五個班級教學,編寫教材,活潑生動的課程深受學生肯定。目前學校已列為大一學生之必修課。另該校也設置生命教育教學資源中心,典藏豐富,包括臺灣出版各版本之大中小學生命教育教科書、學術研討會論文集、相關之碩博士論文、繪本、視聽媒體等。又何、汪教授賢伉儷亦多次到臺灣、香港及澳門參加學術研討會,並分別於2009年、2011年及2014年於傳媒學院舉辦第一屆、第二屆及第三屆海峽兩岸大學生命教育高峰論壇。何教授賢伉儷原籍四川,在2008年汶川大地震亦多次投入災區心理救援工作,累積了豐富之

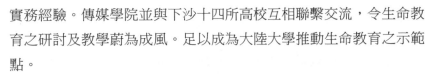

實務經驗。傳媒學院並與下沙十四所高校互相聯繫交流，令生命教育之研討及教學蔚為成風。足以成為大陸大學推動生命教育之示範點。

3.筆者從2005年至今，先後應山東大學、山東理工大學、杭州師範大學、北京聯合大學、浙江傳媒學院、中國美術學院、紹興文理學院、南京師範大學、西南科技大學（四川省）、溫州醫學大學（前溫州醫學院）、思茅師專（雲南省）、長春醫專（吉林省）、韓江師範學院（廣東）、廣西幼兒師範高等專校（南寧）等校之邀請前往講學，或與學者教授探討生命教育教學，或培訓學校輔導員推動生命教育，並交流防治青少年自殺之實務經驗，兩年來應山東大學之邀擔任該校兼任教授亦有榮焉！

4.在此特別值得一提的是溫州醫學大學（前溫州醫學院），先後辦了兩次共為期四天大學生命教育研習，除了該校教師參加外，並廣邀附近七所高校，有浙江師範大學、科技大學及舟山海事學院等校教師參加。研習會後溫州醫學院隨即開授生命教育課程，並廣列預算設置生命教育教學資源中心，購進許多有關臺灣生命教育教科書及繪本供教學用。2011年該校榮獲宋慶齡基金會遴選為全國生命教育典範學校。另思茅師專及長春醫專在生命教育推展上頗有特色，以培育具有愛心的教師及具仁心仁術之醫護人員為核心，筆者亦應邀為其學校教師培訓生命教育教學法共18小時，並由吳鳳科大頒發研習證明。

5.2014年後來居上大紅鷹學院（寧波）之突飛猛進亦令人刮目相看，不但將生命教育列為必修課，並組成三十位教師團隊編教材，參加兩岸生命教育高峰論壇，聘請臺灣教授為該校教師培訓，並於2015年1月組團前來臺灣參訪及蒐集大量教學資源。

(二)中小學生命教育之推展

中小學生命教育之推展可分兩種方式進行：

◆由地區教科所或教育局主辦

此間最典型的是杭州教科所，在韓似萍教授力邀下，三天為一培訓梯次，三年來共培訓校長、主任、教師及班主任約一千二百多人。從幼兒園、小學、初中到高中，從普通高中到職業學校、特殊學校，甚至沒遺忘少輔院的孩子。亦從教師的培訓擴展到家長培訓，這完整教師、學生及家長金三角的生命教育團隊組合，將令教學成效更臻完善。韓所長並在杭州市設立五所生命教育教學資源中心，典藏豐富，助益教學成效提升。近一年來更積極倡導網路教學，已與筆者共同製作生命教育教學DVD，提供教師及家長之網路學習，開啟普及教學之新紀元。除了杭州教科所外，成都教科所、樂清教科所、雲南省教育廳德育處等都舉辦過地區性教師培訓。

◆由中小學個別學校或結合數校舉辦教師培訓

通常較有理念、較尖端、較先進之中小學校長深感推動生命教育之時代意義，自行舉辦校內教師生命教育培訓，樂於負擔講師臺灣來回之機票費、食宿費及講師鐘點費，他們覺得這是值得的。惟吾等不辭辛苦遠赴大陸推動生命教育，除了將恩師栽培之厚德轉出外，亦另有一番自我期許之生命意義；鐘點費不妨取之於斯、用之於斯（大陸），捐贈生命教育相關基金會，協助大陸災區學校生命教育之推動。況古人說讀萬卷書，行萬里路，在各地方講學順道遊覽名勝古蹟、探索風土人情；如在西寧拜見塔兒寺宗喀巴大師聖蹟、欣賞青海湖的日落、在香格里拉的漫步、登玉龍雪山的震撼、在紹興古城參訪蘭亭、緬懷秋瑾鑑湖女俠的遺恨、在王守仁墓前的追念、飽受南京中山陵、明孝陵古木參天氣勢恢宏的薰習、內蒙古的

一望無際、躺在地上有210度的感覺、滿滿的繁星彷彿快要掉下來了、成都眉山的蘇東坡的故居、江由的李白、杜甫的草堂、諸葛孔明的丞相祠堂等都令人徘徊不已。廣西南寧之篤厚、北海之浪漫、杭州西湖的斷橋、雷峰塔及西溪溼地的生態保護又是一番江南景色。上完培訓課，放鬆心情，寓學於遊，增長見聞，不但是一樁賞心悅目的事，在人生歷練中助益生死洞達之涵融。

在多年生命教育的推展中，最感動的是溫州，溫州是朝氣蓬勃的新興都會，溫州人開朗積極，心胸開闊，勇於吸收新知，行動力強，在生命教育推動上雖起步晚，但進度快，是筆者在推動生命教育上得心應手的示範點，分敘之：

溫州市八中、三中、綉山中學、二十一中、十二中等學校不但為全校教師舉辦生命教育教師培訓，亦特為學生舉辦三至六小時生命教育專題講座。其中：

1. 九年級學生面臨中考故學習重點為壓力紓導、創造力培養及確認生命價值等。
2. 高一學生之學習重點為把握高中生活好的開始，提升信心，建立良好人際關係及有困擾時懂得尋求支持。
3. 高三學生面臨高考生命教育之學習重點為壓力及情緒調適，時間管理及探索人生意義。

對學生而言，六小時之講座包括體驗活動及實踐是很豐碩的。此間亦有部分家長參與研習，學習親子愉快溝通、學習智慧型關心孩子。上述學校已預約筆者進行持續性培訓。

最為感動的是溫州綉山中學、二十一中生命教育之推動相當積極；兩位校長多次參加培訓，學習認真，頗有心得，並付之於實踐；在學校設置生命教育資源中心，充分有效運用典藏之教學資源，辦理教師培訓，並請筆者為學生做專題演講，高三、高二、高一、初三、初二、初一，針對

各年級需求共舉辦六場，每場三小時。對學生之演講以體驗活動、感受分享、師生互動為主，還頗受學生肯定。尤其為學生特選的精采影片（約10-15分鐘），能觸動學生心靈，或流淚，或感歎，讓人堅信只要用心，方法用對，「不信東風喚不回」。另為初三及高三家長舉辦兩場專題演講，呼籲家長要從感性的關愛子女進入智慧型關心，將壓力關懷轉為助力關懷、學習親子愉快有效溝通，聽聽孩子內心的聲音。不要只用自己成長的經驗教孩子，要打開心胸，吸收新知，和孩子同步成長，要確認每個孩子都有一片藍天，讓孩子多元適性發展，學習真正有效的幫助孩子。

　　生命教育能從教育領導者、教師、學生及家長等共襄盛舉，如果社會教育能多提供正向配合，假以時日，成效定是可觀的。

◆教師參與培訓的心得感想

　　以下為教師之培訓心得：

①創傷之抒發，糾結的和解

　　在生命教育課程培訓中有關《媽媽的臉》DVD的觀看、「心心相應」體驗活動的內心對話及釋放氣球、觀賞《最愛爺爺》或《藍天下貓腳印》的生命故事，甚至聆聽68歲董老師自彈自唱之《因為愛情》……大多數老師都有觸動心房之痛，淚流滿面。剛開始有些流淚，老師還會不好意思，偷偷拭淚，筆者告知今天有流眼淚的老師是值回票價的。在人生中親人過世是很大的失落，自己往往覺得已經沒事了，殊不知傷慟還藏在內心深處，碰不得的，只要一碰，眼淚就如斷線珍珠般滴滴答答，但哭一次，就抒發一次，健康一次。

　　在觀賞《媽媽的臉》影片後，也有老師自願出來分享家人臨終的遺憾，說得痛哭流涕，也引發了其他老師之創痛，但下課時都說痛哭一場後心中暢快多了！

②在上課過程中是愉快的

有的老師在培訓後紅著臉懺悔當聽到要參加三天的培訓時，眉頭都皺起來了，三天之疲勞轟炸，會累死人！帶了一堆小說準備度日子（在臺灣亦有老師有同感）。但進入課程中，不是哭，就是笑，心中滿滿的感動，歡欣！很驚訝原來可以這麼輕鬆上課，甚至生生不息的培苜蓿，畫畫人生三際，心心相應之摺紙，畫我大樹畫我家的毛線畫，讓我又回到了快樂的童年。聽教授講故事如《我的幸運日》（繪本）、《永遠愛你》（繪本）……沒想到這麼大了還會喜歡聽故事，也慚愧每天為自己孩子講故事的功力實在太差了。經過這次的觀摩學習，我知道怎麼為學生及家中的孩子講故事了。在生命教育教學中教師先有了感動，學生才會感動！

③培訓教師勇敢地將上課之感動及慚愧回饋家人

在觀賞 *Turnnig Point* DVD後，筆者讓老師們談談「誰曾經是自己生命中的燈塔？」、「自己又曾當過別人的燈塔嗎？」

洪老師在第二天研習中靦腆地告訴大家，昨晚他鼓起勇氣告訴父親「爸爸！你是我生命中的燈塔」，沒想到一向嚴肅的老爸竟流下了眼淚，父子原來可以這麼親近的。在「點燈」的活動中大家手牽手，心連心，感動在「點燈」歌曲中，高歌一曲後，每位學員要與三位學員做「瑞士的擁抱」（右左右），人與人的隔閡，在那剎那中消失，人與人的親密也在剎那中連接上。

第二天高大的男老師小顏，分享昨天晚上回家很勇敢抱了爸爸說「爸爸！我好感謝你！」爸爸錯愕了一下，摸摸小顏有沒有發燒？待回過神來也告訴小顏「兒子！我應該告訴你，我從來都以你為榮！」也回抱小顏，這回輪到剛從屋外進來的媽媽錯愕不已！

在「心心相應」活動中，有學員在所摺的愛心中寫上「最感恩的人」及「傷害最深的人」居然是同一人，當看到貼著愛心的氣球冉冉上升時，心中有如釋重負的感覺。在回家後遂有勇氣從心動到行動向冷戰了一個月的太太道歉，要拉下臉說對不起是很不容易，但學員已體會到「及時

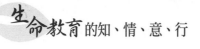

表達你的愛」是很重要的。

④學習尊重學生

「這次培訓讓我對生命教育有了更新的認識，同時讓我對自己的工作重要性及工作的方式（方法）也有了許多的看法。每個人生來就有存在的意義，我們應尊重他們、引導他們、幫助他們，用心去關愛他們，只要我們用心去做、用心去教育，每個孩子都會有閃亮之處的……」（王○○）

⑤學習如何運用多媒體教學

「……讓我最有觸動的就是苜蓿種子的發芽和生長過程，尤其是在第二天早上看到種子冒出了白色的小嫩芽以後，我激動地叫了起來，其次就是看了很多的DVD影片後，我覺得生命的意義到底應該怎樣去體現，《搬過來搬過去》讓我懂得了人與人之間要相互謙讓、相互體諒、相互包容。《冬冬的第一次飛行》和《謝坤山的故事》讓我知道了無論有多大的困難，多大的阻礙，透過自己的努力一切都是可以實現的。*Doggy Poo*讓我明白了在我的求學生涯中，我應該去發現學生們存在的價值，去看到他們身上的閃光點。『時間會改變一切，對別人好一點』這句話送給自己，也送給所有我的朋友和同學們……」（邵○○）

(三)大陸生命教育推動之進展

大陸生命教育之推動雖起步較慢，但一直在進步中，有些地區特別是沿海地區生命教育教學有長足進步。

劉慧曾提及大陸生命教育特色（劉慧，2014）：

1.生命教育理念由「邊緣」走向中心。

2.生命教育實踐由「個別活動」走向「課堂教學」。

3.教師生命教育由參與課題走向課堂教學實踐。

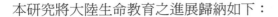

本研究將大陸生命教育之進展歸納如下：

1.已由「概念」教學進入「可操作」之體驗教學。

2.已由只強調「安全教育、品格教育」等進入可談論「生死」之議
　題。

3.學生作業慢慢脫離傳統制式，開始進入活潑生動、有創造力之作
　業，例如「預立遺囑」、「培育萱蓿」及參觀「安老院」等活動。

4.教師教學方法慢慢已從「講述法」的單向教學進入雙向溝通，令教
　學更活潑，成效更好。

5.由於經濟快速成長，學校視聽設備已漸充實，大多數學校已較能用
　多媒體配合教學，令教學更生動，更有效率。

6.生命教育之研習已由教師進修擴大至學生及家長參加，尤其家長樂
　於參加研習有紮根的成效。

7.有些地區或中小學已自行編彙及出版生命教育教科書，雖內容及表
　達方式，還有改進空間，但已非常難能可貴。

8.出版社開始出版有關生命教育之DVD及繪本，充裕了生命教育之教
　學資源。

9.由各基金會或大學主辦有關生命教育之學術研討會亦日益增加。如
　宋慶齡基金會自2005年至今每年均舉辦「生命教育高峰論壇」，
　令大陸與港澳臺生命教育學者專家及中小學教師有機會相互交流心
　得。在論壇中各校並展出自行開發之教學資源，相互觀摩學習、對
　增進彼此之進步助益甚大。另浙江傳媒學院自2009年至今亦舉辦
　兩屆海峽兩岸大學生命教育高峰論壇，助益領導生命教育教學之發
　展。

10.部分團體或學校組團赴臺灣參觀，並交流生命教育教學經驗。臺
　　灣推動生命教育有十多年之經驗，大陸學者及中小學教師能身臨
　　其境及觀摩學習，此是成長最快速方法之一。

(四)大陸推動生命教育之建議

1.宜儘早訂定生命教育教育目標。宜由教育主管機構邀請學者專家、教師、企業界及教育行政人員組成課程規劃委員會，訂定大中小學生命教育教育目標及相關課程，並依之訂定大中小學課程教學目標及教學大綱，令生命教育教學有所依循。

2.宜在大學相關科系開設「生命教育學程」，俾能培育中小學師資。另宜為在職教師開設「生命教育」學分班，鼓勵在職教師進修。

3.宜在大學設立生命教育研究所，培育生命教育碩博士高階人才外，亦可在生命教育領域作深入之學術研究。並宜設置碩博士在職專班，接受在職教師入學，並鼓勵作生命教育實證性研究之碩博士論文。

4.在教學資源方面，宜成立生命教育教學資源中心，提供教師大中小學各版本教科書、繪本及視聽媒體等資源，助益教學效果提升。

5.宜成立生命教育網站，提供相關訊息及教學資源。

6.宜定期舉辦海峽兩岸四地生命教育教學研討會，以收交流與集思廣益之效。

7.宜鼓勵及支援生命教育學者專家及教師參加歐美地區有關生命教育研討會，如ADEC、AAS等。

8.在大學進修部宜為成人開授生命教育課程，內容偏重於日常生活相關內容；如銀髮族之關懷、臨終關懷、悲傷輔導等。

9.鼓勵及支持教師赴臺灣、香港及澳門參訪生命教育教學。

筆者通常建議從桃園進關，從高雄出關，由北而南可參觀松山高中（高中生命教育）、臺北護理健康大學癒花園（大學生命教育）、萬興小學（閱讀及圖書館之充分利用）、世界宗教博物館生命教育中心（社會教育）、惠明學校（特殊教育）、協進國小（國小及幼兒園生命教育）、

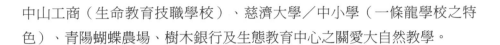

中山工商（生命教育技職學校）、慈濟大學／中小學（一條龍學校之特色）、青陽蝴蝶農場、樹木銀行及生態教育中心之關愛大自然教學。

(五)結語——要在樹的源頭澆水

目前臺灣推動生命教育已與國際接軌，每年與歐、美、日等地學者大量交流，更重要已將中華文化特色融入生命教育教學中；大陸生命教育之推動從2000年至2014年在各層級學校及各非營利基金會努力下已蔚然成風，在各方群策群力下，大力培育生命教育中高階人才是未來努力目標。21世紀是華人的世紀，富有中華文化之生命教育將會傳入歐美且廣受重視。

一棵樹，如果只將樹葉澆濕對樹的成長幫助不大，重要是要給樹根充足的水分，方能生根、發芽、成長、茁壯、開花、結果，孩子是我們的源頭，生命教育是源頭的源頭，我們要在樹的源頭澆水！

下圖是筆者多年來推動生命教育之城鎮。

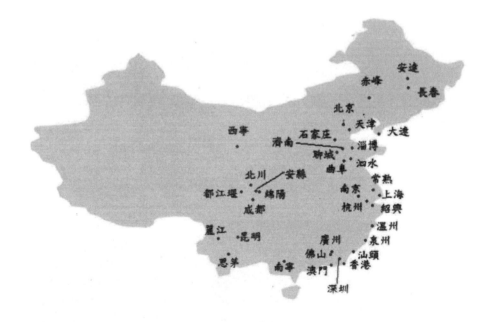

參考書目

紀潔芳（2006）。〈臺灣地區大學生命教育課程實施特色之探討：以彰化師大、吳鳳、南華與北護為例〉。《教育人力與專業發展》，23（4），頁23-32。

紀潔芳等（2015）。《打開生命教育百寶箱》。臺北：佛教蓮花基金會。

陳立言（2012）。〈技職院校實施生命教育課程之經驗與反省〉。輯於2012年臺灣大學《第八屆生命教育學術研討會（自主，靈性與大學生命教育）論文集》。

劉慧（2014）。〈中國大陸生命教育發展狀況分析〉。《生命教育研究》，6（1），頁37-60。

生命教育—— 全人生命的關注[1]

梁錦波

一、概要

2011年8月英國暴亂事件，不單引起政治家的關注，更喚醒教育工作者對培育年輕生命的反思。其實富裕社會新生代在備受保護的環境中成長，抗逆能力未被發展，生命變得軟弱無力，人生漫無目的，生命教育就在這個迫切需要中蓬勃發展。然而，各地學者對生命教育定義及闡釋各有不同，未能建立一個完整的理念架構。本文嘗試整合東西方學者的觀點，建構生命教育理念框架——「全人生命的關注」，以人類稟賦的身心社靈元素，發展物我人天的均衡關係，並建議生命教育工作者可從其中任何一方面入手，逐步發展至全人的生命教育。

1 編者註：該文曾發表於《全人生命教育學會（創會）會刊》，現已獲授權並經修訂，刊登於本文集。

二、生命教育的緣起

在國外，最初是探討「死亡教育」（Death Education）作為生命教育的議題。1963年Fulton首次在美國明尼蘇達大學開設死亡教育課程，發展至60年代中期，已成為不少大學的正式課程（張淑美，1996）。在60年代的日本，由於唯物教育的盛行，導致親子與師生關係的決裂，日本學者谷口雅春出版一系列的《生命的實相》，首先呼籲實施生命教育，以克服唯物教育所產生的缺失，帶動日本社會的進步。

在西方，生命教育（Life Education）一詞之出現，源自澳大利亞1979年的生命教育中心（Life Education Centre），中心成立的宗旨就是教育及防止青少年暴力、酗酒、濫藥、感染愛滋及自殺等問題，幫助他們生理健康發展。

華人地區以臺灣的起步較早及全面。1997年，教育廳有鑑於當時臺灣社會發生多宗嚴重校園暴力、凌虐及自殺事件，遂於1997年底宣布於中等學校開始推展生命教育。其後1999年臺灣「921大地震」，奪走上千人的生命，引起國人對生命議題的重視，推動了生命教育蓬勃發展。

三、生命教育在香港的發展

在香港，生命教育發展的歷史不算長遠。1996年已有中學推行名為「生命教育」的課程。其後於1999年，香港中文大學宗教系獲香港優質教育基金資助，推行了為期兩年的「優質生命教育的追尋」計畫，共有21所中學成為夥伴學校。聖公會宗教教育中心有感於當時校園暴力及童黨問題，於2001年推行「生命教育計畫——親親孩子親親書」，培育孩子身、心、靈成長，並幫助學生面對校園及社會問題（周惠賢、楊國

強，2002）。香港城市大學於2002年提出透過教育改革，發展生命教育正規課程，教導孩子自愛、自律及自強，發揮頑強的生命力。事實上，香港課程發展議會在《學會學習——終身學習、全人發展》（2001）的教育改革藍本中已將「德育及公民教育」訂定為四個關鍵項目之一，提倡課程以外生命素養的發展。

綜合而言，有幾宗事件促使香港學界關注生命教育（吳梓明，2004），包括：

1. 1996年的八仙嶺大火、馬鞍山馮堯敬中學師生於遠足時遇上山火，造成不少死傷，引起教育界教導學生認識生命可貴的關注。

2. 2002年，香港發生了不少震撼社會的自殺事件。例如：2002年3月，3名年僅13-15歲的少年學生相約到長洲度假屋燒炭自殺，引起社會極大迴響。同年4月17日的一天內有13人企圖自殺，其中5人死亡。輕生原因包括考試、功課或工作壓力，或是受到朋輩欺凌等，喚醒學界必須提醒學生珍惜自己寶貴的生命。

3. 2003年非典型肺炎在香港爆發，一千七百多人染病，近三百人死亡，醫護人員相繼犧牲，港人傷心欲絕。然而醫護人員無懼死亡威脅堅守崗位，盡心盡力搶救傷者，贏得全城的愛戴，亦喚醒學校注重防疫及教導尊重生命的重要性（心連心，2003）。

4. 近年，校園暴力、童黨、欺凌及青少年濫藥的個案不斷增加，亦再次引起教育界關注生命教育的問題。

近年來，生命教育在香港發展蓬勃，不少辦學團體亦將生命教育訂定為學校發展重點。香港天主教教育發展委員會在優質教育基金贊助下，推動一項名為「愛與生命」的教育系列，藉教材開發、教師培訓和活動，幫助青少年認識「愛」與「生命」的意義和關係（吳梓明，2004）。香港神託會早於2002年在其學校及社會服務單位推行生命教育，其轄下的香港神託會培敦中學，已於2002年開始推行五年一貫全方

位生命教育（梁錦波，2010）。循道衛理聯合教育於2005年發展「優質
生命教育發展計畫」，發展屬校的生命教育的正規、非正規和隱蔽課程
（劉賀強，2008）。香港中文大學崇基學院神學院亦於2009年成立「優
質生命教育中心」（http://www.cuhk.edu.hk/theology/cqle/），推動基督教
學校的生命教育，並提供課程，培訓生命教育的教師。此外，一群跨宗
教、跨界別的前線生命教育工作者，包括大學教授、中學校長、小學副校
長、前線社工、青少年研究主管等籌組的「全人生命教育學會」，亦於
2011年正式成立（http://www.holistic-life-ed.org/），推動香港全人生命教
育的發展。

　　香港教育局因應中小學校對生命教育逐漸重視，撥款推行生命教
育的先導計畫，於2010年委託香港教育學院宗教教育與心靈教育中心推
行「協助小學規劃生命教育計畫」，為期九個月，協助20間小學規劃校
本生命教育計畫（http://www.ied.edu.hk/crse/201011lifeedu），亦同時委
託香港中文大學教育學院香港教育研究所負責「協助中學規劃生命教育
計畫」，促進20間中學推行校本生命教育（http://hkier.fed.cuhk.edu.hk/
ledc）。

　　此種政府─大學─前線學校之合作推行生命教育的模式，實屬首
次。然而，三者的角色互相配合──政府牽頭，提供資源吸引學校參與，
同時擔當監察者的角色；大學擁有廣博的理論基礎，又擅於聯繫各界建立
專業網絡，豐富生命教育的知識領域；前線學校藉校本實踐，累積寶貴的
推行經驗，並能與友校建立分享平臺（**圖8-1**）。

　　政府除了撥款推行生命教育計畫外，又藉獎項鼓勵學校推行優
質生命教育。「行政長官卓越教學獎」自2003年設立以來，每年頒發
卓越教學獎以表揚不同學習領域或範疇的優秀教師（http://qef.org.hk/
ate/2011.12ate/tchinese/index.htm）。從第一屆至第六屆，獎項主要表揚八
大學習領域（如中國語文、英國語文、數學、科學、個人社會及人文、
藝術、科技、體育）之教學，當中亦加入「學前教育」及「特殊教育需

政府（提供資源、監察、督導）

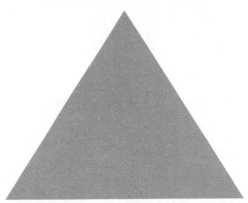

大學（整理知識、促進協作）　　　　　　　　　　　　學校（校本實踐、累積經驗）

圖8-1　政府、大學及學校在推行生命教育的理想關係

要」等範疇。基於「行政長官卓越教學獎實施全面檢討」的建議，教學獎遂擴展至包括一些富有意義的主題及新的範疇。在2010-2011年度之第七屆，首次加入「德育及公民教育」一項，以表揚在這個領域表現卓越的學校，獲獎的三間學校（香港神託會培敦中學、馬鞍山循道衛理小學及寶血會培靈學校）均以其卓越的「生命教育」而獲得此項目的卓越教學獎（行政長官卓越教學獎薈萃2010/2011），足見香港政府教育局對生命教育的重視（香港教育局，2011）。

四、生命教育之定義

　　為生命教育下一個明確的定義並不容易，不論是在歐美、國內、臺灣或是香港，教育工作者對「生命教育」這個概念均有不同的理解，各地推動者在這個概念的詮釋上亦沒有進行充分的討論並獲得共識（孫效智，2000）。狹義而言，不少人把「生命教育」等同「自殺防治」（黃

有志，1999）或「死亡教育」（劉明松，1997）。然而，一個狹義的定義容易流於片面，窒礙生命教育的廣泛發展。郭秀光（2001）對生命教育提出一個較為寬闊的觀點：

> 「生命是一門內化的功課，他連接了兩個極端。在生與死中間有無數的環境和問題興起，因應多元化的社會，總有一條道路可以承載所有的狀況。生命教育就是在這一個過程中，透過課程設計和對話空間使師生們從欣賞、意義、創新、價值、人生觀、生活態度、調適能力、容忍度……等等來建構完整的生命體。」（頁56）

但凡在生與死之間，協助發揮生命力量，就是生命教育。正如鄭崇趁（2002）提出生命教育的目標，就是珍愛生命、發展生涯以至自我實現。孫效智（2000）則認為生命教育就是要讓人「深化人生觀、內化價值觀、整合行動力、實踐人之所以為人的意義與理想。」至此，生命教育已經成為「整合性教育」（黎建球，2000），「生命教育」不再只是「生命教育」而是「人的教育」。生活中的任何學習與成長，如生命潛能的開發、生命意義的發揮、生命價值的創造、生活情緒的調理等，都是生命教育的一環（李月娥，2002）。

在如此寬廣的定義下，生命教育與道德教育、倫理教育、人文教育、全人教育、死亡教育，甚至環境教育等都有關聯（鄭崇趁，2002）。如此一來，就會模糊了生命教育的特點與內涵，使推展失去焦點。因此，在眾多不同觀點中，近年臺灣推行生命教育主要循五種取向發展（吳庶深、黃麗花，2001）：

1.宗教教育取向：生命意義、死後歸宿、終極信仰。（安身立命）
2.健康教育取向：生理衛生、心理衛生、生態保育。（健康快樂）
3.生涯規劃取向：認識自我、發展潛能。（自我實現）
4.倫理教育取向：思考能力、自由意志、良心道德的培養。（倫理行

為）

　　5.死亡教育取向：珍惜人生、超越悲傷、臨終關懷、安寧照顧。（生死尊嚴）

　　不同取向，各有焦點，進路雖不同，但建構更美善生命的目標卻相同。

　　究竟哪個定義最理想呢？正如孫效智（2001）指出，雖然學者們對生命教育提出各種不同的定義，可是基本上並沒有對錯。至於社會是否接受某個定義，則需要社會整體透過共識過程去討論，以最符合當時的社會情境為佳。香港位處中西文化的交匯，在受英國統治的一百五十年期間，在教育理念上深受西方（包括歐洲及北美）的影響。回歸中國後，一方面承受中國深厚文化承傳，又接觸近代中國的價值及思想。因此，正如許美德教授（Hayhoe, 2011）論及香港教育的特色時指出，香港具有獨特的契機，就是能夠從深層次中吸收影響世界的三股傳統，即中國、歐洲及北美傳統，從而整合並創造一個更具包容性的教育模式，使香港的下一代能夠為香港、中國以至世界做出貢獻。正因如此，香港的生命教育亦須從先驅者臺灣、中國內地以至西方的經驗中，整合出一個更具包容性的生命教育架構——全人生命教育。

五、生命教育理念架構——全人生命的關注

　　「全人教育」（Holistic Education）在西方的學術界並非具有一個源遠流長的歷史發展或明確的學術領域。其學術根源來自不同領域的揉合，包括哲學、課程學、心理學及神學（Forbes & Martin, 2004）。委身於全人教育三十多年的西方學者福布斯（Forbes, 1999, 2003）在論及全人教育的目標時，提出「終極性」（Ultimacy）的觀念。認為全人教育就是要發展學生潛質至最高境界，以達至「終極性」。「終極性」存在於三種

形式：

　　1.宗教形式：心靈覺醒或心靈頓悟等。

　　2.心理學形式：如馬斯洛（Maslow, 1968）的「自我實現」（self-actualization）、羅傑斯（Rogers & Freiberg, 1994）的「功能統整的人」等。

　　3.其他形式：如身體潛能之極度發展。

　　由此可見，福布斯將「全人教育」引申至宗教（或哲學）層面、心理層面及身體層面。

　　另外一位在全人教育領域耕耘超過三十五年的大師──約翰·米勒（John P. Miller），在其著作《生命教育：全人課程理論與實務》（1996著／2009譯）中界定全人課程的三種脈絡：

　　1.哲學脈絡：永恆哲學思維。

　　2.心理學的脈絡：超個人心理學。

　　3.社會脈絡：生態／互賴的觀點。

　　約翰·米勒並強調全人教育的三個層面：平衡（balance）、總括（inclusion）與關聯（connection），並帶引出身體與心智關聯之觀點。由此可見，約翰·米勒的西方角度全人生命亦包含哲學領域、心理領域、身體領域及社會領域四個元素。

　　多元智能大師霍華德·加德納（Howard Gardner）將以往人類的智商（IQ），引申至八種多元智能（Gardner, 1993），包括語文、邏輯數學、空間、肢體動覺、音樂、人際、內省、自然觀察等。雖然加德納的多元智能並不主要用作理解全人的領域，因他強調要將「智能」（intelligence）一詞與個性（personality）、動機（motivation）、意志（will）、注意力（attention）、性格（character）、創造力（creativity）等人類重要能力分開理解（Gardner, 2002）。但從八種智能之類別中，可隱約看見分布於哲

學（自然觀察、邏輯數學）、心理（內省）、社會（人際）及身體（肢體動覺）等領域之中。

在臺灣，吳秀碧（2006）分析個體生命的活動內涵，從心理學家將身心視為一元的假設或視為二元的假設加入「靈性」的概念，從而引申至個體是由身體、心理、靈性三部分所構成。這三部分各有其運作機制與系統。然而相互之間並非完全獨立，而是互通，彼此影響。在吳秀碧的三元論的生命結構中，人際與人群關係等的社會元素，則已包含於心理層面之內。循此三元結構，吳秀碧（2006）勾劃出生命教育在三個層面的教育目標如下：

第一，生理與身體層面。主要在協助個人生理與身體的成長和發展，增進身體的健康，並學習對物質適度的感受、期待與滿足，使個人得以減少對物質的沉迷，而能投注精力在心理與靈性層面的成長。

第二，心理層面（包含社交層面）。主要在協助個人發展有效人際關係技巧，並從正面的人群經驗中，獲得成功經驗，以及發展積極正向的自我，以達至自我認同，終極目標在協助個人尋求自在圓滿及自我實現的生活。

第三，靈性層面。主要任務在促進個人人生觀的建立與提升。這個過程必須由協助個人發現其自我生命存在的意義為起點，而以頓悟人與自然之間的關係為終點，即達到「天人合一」的境界。

然而，在臺灣教育部（1997）指示各級學校實施生命教育文件中，生命教育的內涵包括：「人與自己、人與他人、人與環境、人與宇宙的四個向度」，當中「人與自己」（即心理層面）與「人與他人」（社會層面）亦明顯分開。因此，一個以「身、心、社、靈」四個層面的全人生命架構似乎更能清晰顯示個人生命的元素。

支持全人生命四元架構的一位學者為吳庶深教授（2008），他所提出生命教育的理念亦以促進個人生理（身）、心理（心）、社會（社）、靈性（靈）全面發展為主。

生命教育就個體本身而言，是關乎全人的教育，目的在促進個人生理、心理、社會、靈性全面均衡之發展；就個體與外界的關係而言，是關乎與他人、與自然萬物、與天（宇宙主宰）之間，如何相處互動的教育。其目標在於使人認識生命（包括自己和他人），進而肯定、愛惜並尊重生命；以虔敬、愛護之心與自然共存共榮，並尋得與天（宇宙）的脈絡關係，增進生活的智慧，自我超越，展現生命意義與永恆的價值。（頁6）

吳庶深除了指出全人生命包含「身、心、社、靈」四個領域以外，更強調生命教育應著重發展個人與外界（包括人與他人、與自然萬物、與天）等之互動關係。事實上，在理解全人生命的內涵時，不少臺灣學者（林治平、潘正德、林繼偉、盧怡君、姜仁圭、李清義、蘇友瑞，2004）皆以關係發展為進路。他們認為人生的意義與價值，乃在於以人為中心而促成的四種基本關係中，包括：

1.我與物質世界、生物世界（人與物）。
2.我與人文世界、精神世界（人與己）。
3.我與社會關係、文化歷史（人與人）。
4.我與哲學宗教、終極靈魂（人與天）。

這四種關係各有其重要性，不可偏廢，「我」便是在這四種關係中形成的。要達至美滿的人生，人必須在這四種關係中均衡發展。要均衡發展關係，就必須建立相應的智能，林治平（1998）以宗教商數（God Quotient, GQ）、情緒商數（Emotional Quotient, EQ）、知識商數（Knowledge Quotient, KQ）及智力商數（Intelligence Quotient, IQ）四種智商，以對應人與天、人與人、人與物及人與我的四種關係，如**圖8-2**。

由是觀之，西方對全人教育的理念較重視心理與社會層面，東方則

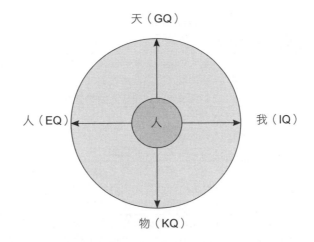

圖8-2　人與天、人與人、人與物、人與我的均衡關係

資料來源：林治平等（2004）。

由於深厚的哲學傳統，在靈性層面有更多的關注。綜合各家的觀點，本文嘗試探討一個全人生命之模式。全人生命包含身、心、社、靈四個元素，相對地發展至物質、心性、人際及哲學（宗教）的人生境界。其中每一個全人生命元素須涵蓋如**表8-1**所示之關注重點。

　　由此可見，全人生命教育涵蓋著性教育、健康教育、理財教育、環境教育、個人成長、生涯規劃、倫理教育、國民及公民教育、生死教育、哲學及宗教教育等範疇，涵蓋面甚廣，廣義的理論架構如**圖8-3**。

　　在關係學說中（林治平，2001），要達至美滿的人生，個人應均衡發展四種關係，即人與物質（物）、人與自己（我）、人與他人（人）及人與超自然或宗教（天）的關係。倘若將「我」分開為「心性的我」及「身體的我」，而將「身體的我」歸入「物」的關係中，則「物、我、人、天」的四種關係，可相對應全人的「身、心、社、靈」四個元素，如**圖8-4**。

　　身⟷物關係之發展，就是建立知識商數（KQ），心⟷我即智力

表8-1　全人生命元素須涵蓋之關注重點

生命的元素	發展的人生境界	關注重點
身	物質的人生境界	・個人生理與身體的成長與健康（性教育、健康教育） ・對物質適度之運用與期待（理財教育） ・對環境保育之關注（環境教育）
心	心性的人生境界	・自我瞭解 ⎫ ・自我認同 ⎬（個人成長） ・自我實現（生涯規劃）
社	人際的人生境界	・家人、朋友、社群之人際關係（倫理教育） ・國民與世界公民之身分 ・本土與跨地域文化之瞭解及尊重 ⎬（國民及公民教育）
靈	超越的人生境界	・尋求生命終極的意義（生死教育） ・尋求自然或宇宙的意義（哲學） ・尋求宗教的意義（宗教教育）

圖8-3　全人生命涵蓋之領域及關注點

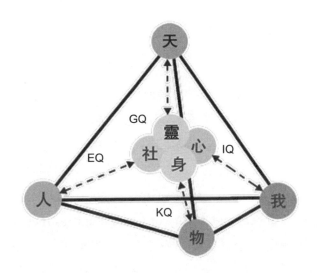

圖8-4　全人生命——身、心、社、靈與物、我、人、天的關係

商數（IQ），社⟷人即情緒商數（EQ），靈⟷天即宗教商數（GQ）（林治平，1998）。生命教育的具體任務，就是要擴充身心社靈的內涵，幫助年輕人建立物我人天的均衡關係，並且擴展他們四個商數之發展。

　　然而，今天香港的生命教育較著重身、心、社等方面的推動，在靈的層面，特別是生死教育方面，仍感不足。麥梅卿博士（2011）曾訪問部分中學生及大學生，探討他們對生死的認識和態度，發覺大部分父母（老師）在子女年幼面對第一個「死亡經驗」時，沒有向子女解釋生死的意義，亦鮮有處理他們心底的哀傷。因此，麥梅卿呼籲家庭及學校須更著力推動生死教育，讓新生代知道「命」的限制，就能發揮「生」之不息力量，活得更好，更能從容面對生活、生存和生命的問題。

六、生命內涵成長的過程

　　年輕人在身、心、社、靈的成長歷程中，亦即在KQ、IQ、EQ及GQ之增長過程中，會因應個人的興趣與潛能，從其中一方面首先起步，因此，生命教育的推行必須探索個別年輕人之強項，而加以發展。當年輕人在他的強項或優先項目發展至某一水平時，就會牽動其他領域之成長，以達至人生的均衡狀態。引用告羅斯（Gross, 1998）有關課程—教學—評鑑的橡筋圈理論（Rubber-band Theory of Curriculum-Instruction-Assessment, CIA），要提升學生的學習容量，學校只需先擴展其中一方面，就能促進其他兩方面的提升。

　　因此，全人生命的擴充，並非強調身、心、社、靈同時的增長，而是基於孩子的強項，或學校的特殊情境，發展生命元素中的優先項目。當身心社靈某一領域獲得充分發展時，就能對其他未被擴充的領域形成張力，最終推動其他方面的成長，以達致一個均衡的人生。舉例說，當一個年輕人在體壇（身為起點）有卓越表現時，他必須更用心的瞭解自己，追求更高的自我實現（心的成長）。成為公眾人物後，其人際關係必須提升，並對社會、國家以至世界做出貢獻（社的拓闊）。當他獲得一定的成就後，必然會審視人生尋求生命更終極的意義（靈的擴充）。以身為起點，推動心的成長、社的拓闊及靈的擴充，並達致一個更圓潤、豐盛及均衡的人生（圖8-5）。

七、結語

　　懷特海（Whitehead）在《教育的目的》（*The Aims of Education*）一書中指出，「教育的終極關懷就是生命的教育」（Whitehead, 1929,

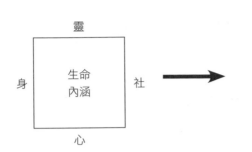

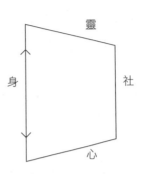

1.身心社靈乃正方形的四邊,其長度相等,達至均衡狀態。正方形的面積表示生命內涵的大小。

2.「身」的成長就如「身」那邊的橡筋拉長,導致心、社、靈三邊產生張力。

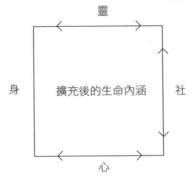

3.在張力之下,「心」、「社」、「靈」三邊必須成長(延長)以達致均衡狀態。一個擴張的正方形,表示一個擴張而又均衡的生命就能達成。

圖8-5　生命內涵的擴展步驟

p.23)。嚴長壽(2011)批評現代教育過於單一,學生和老師都被「標準答案」集體綁架,家長繼續膜拜不合時宜的升學主義,並要求孩子追逐「速利」、「速成」、「齊一」、「從眾」的人生。

真正的教育,應以尊重孩子為考量,讓每個孩子經過適切的啟發和引導,找到自己最合適的出路,也就是讓孩子的未來有「通才適所」的發展(陳之華,2009)。當孩子在自己的強項獲得充分發揮時,其身心

社靈的全人生命就能相繼得著擴展，並能發展個人與物我人天的均衡關係，得著豐盛的人生。

後記——關注全人生命的生涯規劃

全人生命的關注——即身、心、社、靈整全模式，它提供一個較全面及完整的理念框架，讓教育工作者規劃及實施與生命教育相關的課題。生涯規劃就是其中一個例子。

香港行政長官梁振英先生在其2014年施政報告中（香港政府，2014）提出，加強對青少年生涯規劃的支援，並由教育局撥款為每所中學增設每年約50萬元的「生涯規劃津貼」（教育局，2014）。自此，生涯規劃在香港學界頓成為熱門課題。教育局聯合香港輔導教師協會與大學舉辦大型研討會，探討生涯規劃的推動方向及策略（香港輔導教師協會，2014）。教育局亦於同年發表英文版本的「中學生涯規劃輔導指引」（EDB, 2014），建議生涯規劃教育須包括以下元素：

1. 自我瞭解及自我發展（self-understanding & development）：讓學生藉自我評估工具，瞭解自己的能力、性向及特長，發展學術及事業方向。
2. 對事業的探索（career exploration）：讓學生瞭解社會上各行各業的要求、機會及限制，從而探索升學及就業的可行選擇。
3. 事業的規劃及管理（career planning & management）：引導學生制訂及規劃最切合自己的升學及就業方向，並協助學生培養通往理想事業所需的知識與技能。

由是觀之，教育局（EDB, 2014）提出的生涯規劃模式較偏重事業發展（career development），即全人生命中的「身」（物質的人生境界）及

「心」（心性的人生境界，即自我瞭解、自我認同、自我實現）。然而梁湘明（2005）對生涯規劃提出了一個更全面的定義：

> 生涯規劃是一個深思熟慮的過程，讓人能整全地規劃一生，包括生命中重要的範疇，如工作、學習、人際關係和閒暇。這過程也要求人在其社會環境中按步驟積極地實施所定的計畫。（頁81）

他更提出生涯規劃須包含三個層面：(1)生存（survival）層面——即找工作、謀生；(2)自尊（self-esteem）與自我實視（self-actualization）層面——即長處、興趣、滿足感；(3)意義與目的（meaning & purpose）層面——即人生目的、社會貢獻及世界任務等。只有當人類找到人生的目的及意義時，生命才有明確的方向。

找尋人生意義的最大體現可在弗蘭克（Frankl, 2006）的暢銷書《活出意義來》（*Man's Search for Meaning*）中看到。此書敘述他在納粹德國集中營的親身經驗，啟發他創立「意義治療法」（Logotherapy），建立了「第三維也納心理治療學派」。其焦點放在「人存在的意義」以及「人對此存在意義的追尋」上，讓人發現其生命的意義及天賦使命。他的名言「生命不會因環境際遇而令人無法忍受，除非當它失去意義與目的」，充分道出了找到人生意義的重要性。他認為現代社會經歷的集體問題是一種「存在的空虛」，人類在追求享樂的同時，卻發現「生命沒有意義」，感到生活無聊厭煩，以致出現抑鬱、酗酒、吸毒、濫藥、自毀等社會問題。因此，人類必須以承擔責任的態度，更以奉行上天旨意的高度來追尋生命的意義，以達致「自我超越」（self-transcendence）的境界，活出美好人生。

正向心理學家馬汀·塞利格曼（Martin Seligman）亦認同以上看法，並指出現代社會的自我膨脹及追求享樂的趨勢，導致抑鬱日漸流行（Seligman, 2007）。他提出十六個抑鬱流行的重點原因，以下是其中三項：

1. 家庭、國家與上帝置於個人利益之後。

2. 「消費者主義」成為日常生活的常態，購物成為憂鬱的解藥。

3. 栽培高自尊成為教育與教養的主要目標。（Seligman, 2007, p.41）

塞利格曼特別提出，當社會以「感覺良好」（feeling good）取代了「表現滿意」（doing well）時，新的危機就會出現。他亦提出承擔使命與尋找人生目標對個人心靈健康的重要性（Seligman, 2007）。

在充滿競爭的21世紀，當社會上的理想職位愈來愈少，且供不應求時，生涯規劃須肩負起培養年輕人對工作世界的價值觀，如廉潔、公平、公義等。在未能找到合適的職業時，仍能保持積極樂觀的心態，視每一種工作皆無分貴賤，均有其尊嚴，對社會均有其建設性，並以敬業樂業的態度，從中尋求滿足與意義（Carnoy & Levin, 1985）。在金融海嘯後，不少經濟疲弱的國家，國民向上流動機會減少，培養國民這種敬業樂業的價值觀更形重要，原因是它能達致穩定社會的功效。

因此，一個整全的生涯規劃應包括身、心、社、靈的全人生命的發展，如圖8-6。

關注全人生命的生涯規劃不僅重視就業輔導（employment guidance）及事業輔導（career counselling），而且重視年輕人對生命意義及人生目標的探索，以培養他們對家庭、社會、國家的責任感，並鼓勵年輕人在探索的過程中不單「自我實現」，更經歷如弗蘭克（Frankl, 2006）提及的「超越並凌駕於人類有限的智慧之上」的人生意義。這種「自我超越」是通往「良好事業精神」（spirit at work）途徑之一（Kinjerski & Skrypnek, 2008），令人肯定自己對事業的價值與意義，並在工作世界中獲得人生的滿足感。

「靈」
• 尋找人生的意義、使命與目標
• 規劃自我超越的人生

「社」
• 探索自己在家庭、社會，以至
　國家的任務與角色
• 培養工作世界所需的人際能力
　及責任感
• 建構工作世界應有的價值觀
　（如廉潔、公平、公義等）

「心」
• 藉自我評估工具瞭解自己的長
　處、興趣、性向與能力
• 對事業的探索，包括掌握升學
　及就業的資訊
• 裝備對未來工作世界所需的技
　能

「身」
• 時間管理，閒暇調控
• 理財教育，對物質適度的運用
　與期待

圖8-6　關注全人生命的生涯規劃

參考書目

《心連心》（2003）。香港：《明報》及「心連心全城抗炎大行動」。

Miller, J. P.著，張淑美等譯（2009）。《生命教育：全人課程理論與實務》。臺北：心理出版社。

吳秀碧（2006）。《生命教育理論與教學方案》。臺北：心理出版社。

吳庶深（2008）。《心靈教育：生命教育的核心概念》。香港：香港教育學院宗教教育與心靈教育中心。

吳庶深、黃麗花（2001）。《生命教育概論：實用的教學方案》。臺北：學富文化事業有限公司。

吳梓明（2004）。《從宗教教育到生命教育》。香港：基督教文藝出版社。

李月娥（2002）。《慈濟教師應用靜思語教學實施生命教育之質性研究——以臺北市一所國民小學為例》。臺北市立師範學院教育研究所碩士論文，未出版。

周惠賢、楊國強（2002）。《香港的生命教育：文化背景、教育改革與實踐方向》。香港：宗教教育中心。

林治平（1998）。《QQQQ的人生：全人理念與現代化》。臺北：宇宙光全人關懷機構。

林治平（2001）。《全人理念與生命教育：中原大學宗教學術研討會論文集（一）》。臺北：宇宙光全人關懷機構。

林治平、潘正德、林繼偉、盧怡君、姜仁圭、李清義、蘇友瑞（2004）。《生命教育之理論與實踐》。臺北：心理出版社。

香港政府（2014）。〈2014施政報告〉。施政報告網頁，檢自http://www.policyaddress.gov.hk/2014/chi/

香港教育局（2011）。《行政長官卓越教學獎薈萃2010/2011》。香港：教育局。

香港教育局（2014）。《教育局通告第6/2014號：生涯規劃津貼》，檢自http://applications.edb.gov.hk/circular/upload/EDBC/EDBC14006C.pdf

香港輔導教師協會（2014）。〈號外：「生涯規劃」專題〉。《香港輔導教師協會通訊輔導之聲（電子版）》，檢自http://www.hkacmgm.org/wp-content/uploads/2014/04/HKACMGM-Newsletter-Special_issue-2014_finalokay.pdf

孫效智（2000）。〈生命教育的內涵與哲學基礎〉。輯於林思伶主編，《生命教

育的理論與實務》，頁1-22。臺北：寰宇。

孫效智（2001）。〈生命教育的內涵與實施〉。《哲學雜誌》，第25期，頁4-31。

張淑美（1996）。《死亡學與死亡教育：國中生之死亡概念、死亡態度、死亡教育態度及相關因素之研究》。高雄：復文。

梁湘明（2005）。〈生涯規劃：跨理論假設與實施策略〉。《亞洲輔導學報》，12（1-2），頁79-93。

梁錦波（2010）。〈三維導向之六年一貫生命教育〉。輯於葉建源、陳茂釗合編，《燃點生命的教育》，頁6-18。香港：香港教師會。

郭秀光（2001）。〈生命教育之我見〉。《教育資料與研究》，第39期，頁53-57。

陳之華（2009）。《每個孩子都是第一名》。臺北：天下出版。

麥梅卿（2011）。〈生死教育的兩岸三地〉。《時代論壇》，第1253期，頁12。

黃有志（1999）。〈自殺風潮與死亡教育〉。《新講堂》，第3期，頁12-13。

臺灣教育部（1997）。《推動生命教育四年中程計畫》。臺北：臺灣教育部。

劉明松（1997）。《死亡教育對國中生死亡概念、死亡態度影響之研究》。國立高雄師範大學教育學系碩士論文，未出版。

劉賀強（2008）。〈生命教育的本質與施行策略〉。《教師中心傳真》，第68期，頁10。

課程發展議會（2001）。《課程發展路向──學會學習》。香港：課程發展議會。

鄭崇趁（2002）。〈生命教育的目標與策略〉。輯於何福田主編，《生命教育論叢》，頁11-20。臺北：心理出版社。

黎建球（2000）。〈生命教育的意義價值及其內容〉。輯於林思伶主編，《生命教育的理論與實務》，頁37-48。臺北：寰宇。

嚴長壽（2011）。《教育應該不一樣》。臺北：天下出版。

Carnoy, M., & Levin, H. M. (1985). *Schooling and Work in the Democratic State*. Stanford: Stanford University Press.

EDB (2014). *Guide on Life Planning Education and Career Guidance for Secondary School* (1st Ed.). Hong Kong: Education Bureau, Government of the Hong Kong Special Administrative Region. Retrieved from https://careerguidance.edb.hkedcity. net/edb/export/sites/default/lifeplanning/.pdf/about-careers-guidance/CLP-Guide_

full_E.pdf

Forbes, S. (1999). *Holistic Education: An Analysis of Its Intellectual Precedents and Nature* (Unpublished dissertation). University of Oxford, Oxford, UK.

Forbes, S. (2003). *Holistic Education: An Analysis of Its Ideas and Nature*. Brandon, VT: Foundation for Educational Renewal.

Forbes, S., & Martin, R. A. (2004). *What Holistic Education Claims About Itself: An Analysis of Holistic Schools' Literature*. Paper presented at the American Education Research Association Annual Conference, San Diego, California.

Frankl, V. E. (2006). *Man's Search for Meaning*. Boston: Beacon Press.

Gardner, H. (1993). *Frames of Mind: The Theory of Multiple Intelligences* (The 10th Anniversary ed.). New York: Basic Books.

Gardner, H. (2002). "Who Owns Intelligence?" In Howard Gardner, *Howard Gardner in Hong Kong*. (School Education Reform Series, No. 5). Hong Kong: Hong Kong Institute of Educational Research, Faculty of Education, the Chinese University of Hong Kong.

Gross, J. (1998). *Staying Centered: Curriculum Leadership in a Turbulent Era*. Alexandria, VA: Association for Supervision and Curriculum Development.

Hayhoe, R. (2011). *Education Reform and Human Resource Development: A Perspective on Hong Kong*. Paper presented at International Education Forum and Expo, Hong Kong.

Kinjerski, V., & Skrypnek, B. J. (2008). Four Paths to Spirit at Work: Journeys of Personal Meaning, Fulfillment, Well-Being, and Transcendence Through Work. *The Career Development Quarterly, ProQuest Education Journals, 56*(4), 319-329.

Maslow (1968). *Toward a Psychology of Being*. New York: Van Nostrand Reinhold Company.

Rogers, C., & Freiberg, H. J. (1994). *Freedom to Learn* (3rd ed.). Upper Saddle River, NJ: Prentie Hall, Inc.

Seligman, M. E. P. (2007). *The Optimistic Child*. Boston, New York: Houghton Mifflin Company.

Whitehead, A. N. (1929). *The Aims of Education, and Other Essays*. New York: New American Library.

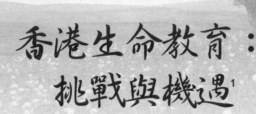

香港生命教育：
挑戰與機遇[1]

王秉豪

一、仍在呼喚生命教育

　　去年發表的一份研究報告指出，香港本土華裔中學生群體的心靈健康和生活滿足感，均比南亞裔學生低（袁月梅、梁長城，2014）。這發現令人意外，因為南亞裔學生不少是新移民，而且家境一般較貧苦，生活上遇到的適應問題和其他困難理應比主流族群的學生多，然而他們卻比後者擁有較佳的心靈健康和較高的生活滿足感。研究人員對此的觀察和解釋是，相比於大部分主流華裔中學生，南亞裔中學生的家庭生活和同族間的社交互動均更為融洽緊密，他們亦恆常參與宗教活動。針對主流學生心靈

1　本文初稿發表於臺北護理健康大學人類發展學院出版的《生命教育的核心價值及意義：2015兩岸大專院校生命教育高峰論壇會議手冊》（頁19-33）。

狀況欠佳這個事實，研究人員提出「心靈教育及生命／價值教育是全人教育的支柱，應被納入必修課程之中，提升教育工作者及學生個人對生命真義的關注和胃口。」（袁月梅、梁長城，2014，頁23）這建議背後假設實施生命教育有利於學生的心靈健康。有證據支持這假設嗎？香港嶺南大學何濼生教授在2014年「香港兒童快樂指數調查」問卷中，要求受訪兒童顯示對「學校有提供生命教育」這句子的同意程度，發現愈同意學校有提供生命教育的學童愈快樂[2]，結論是「生命教育為學童帶來快樂」（何濼生，2015，頁32）。因此何濼生教授在調查結果發布會中，呼籲加強學校生命教育（歐陽文倩，2015）。

類似上述對生命教育的呼喚，時有所聞。例如兒童死亡個案檢討委員會在首份有關預防兒童死亡事故的報告中，建議優化學校的生命教育課程[3]，增強學生的適應力和抗逆力（Child Fatality Review Panel, 2013, p.68）。從行文判斷，這類呼籲的對象，大多包括、甚或主要是教育當局。例如上面引述過袁月梅和梁長城（2014）認為「心靈教育及生命／價值教育……應被納入必修課程之中」，而有權把生命教育納入必修課程之中的當然是課程發展議會和教育局課程發展處。有趣的是，也有教育局官員反過來建議學校推行生命教育。教育局高級專責教育主任（教育心理服務／九龍）劉穎賢博士於2013年9月新學年之初，在教育局官方網站「局中人語」專欄發表〈新學年迎接新挑戰〉一文，其中建議學校：「透過生命教育或安排適切的生活體驗，讓學生提升自己的能力感和信心，從中掌握抗逆力、正向及多角度思考和解難能力。」（劉穎賢，2013，段四）我們在後面會檢視教育局對生命教育的取態。

對生命教育頻繁的呼喚，弔詭之處在於生命教育在香港其實已推動

---

[2] 十分同意學校有提供生命教育的學童，快樂指數平均達7.48（滿分為10），遠高於十分不同意學校有提供生命教育的學童的5.19（何濼生，2015，頁30）。

[3] 英文原文為：﹁To enhance the school curriculum in respect of life education﹂。

多年。香港首部生命教育學術論著（周惠賢、楊國強，2002）的其中一位作者楊國強博士，在該書出版十年後，寫了〈再思生命教育的取向〉一文，指出以下現象：「在生命教育的教師培訓課堂中，常常有教師會問及什麼是生命教育。坦白說，這是一個頗耐人尋味的現象。生命教育在香港學校中出現，起碼已有十年以上的歷史，但大家似乎還不太掌握其內涵。」（楊國強，2012，頁1）無論是生命教育工作者還是社會大眾，一般的印象是香港的生命教育仍停滯於起步階段。香港中文大學崇基神學院2009年成立「優質生命教育中心」，距離該大學宗教系於1999年獲優質教育基金資助，破天荒推行為期兩年、以宗教學校為對象的「優質生命教育計畫」（周惠賢、楊國強，2002，頁9），已相隔十年，但是中心主任龔立人教授依然認為，「生命教育在香港仍屬起步階段。」（詠和希，2009，段四）婦女基金會副總監程沛玉同樣認為「『生命教育』在香港仍停留在探索階段」（程沛玉，2012，段二）。研究死亡教育的麥梅卿博士的結論是「香港生命教育的發展相對緩慢」（Mak, 2012, p.175）。[4]王秉豪則嘗試提供較為全面的觀察：

> 香港現時的學校生命教育，呈兩極化趨勢。一方面小部分學校在有心和得力的領導層和前線老師同心協力推動之下，生命教育開展得非常成功，得到教育界和社會公眾的認同，甚至成為本地和境外教育同工的取經對象。部分辦學團體、特別是宗教辦學團體如香港基督教循道衛理聯合教會和香港佛教聯合會，積極在其屬校開展生命教育，屬校之間資源分享，事半功倍。然而另一方面，大部分學校的生命教育，仍有待認真開展。（王秉豪，2013，頁42）

問題是為什麼生命教育在本地推動了那麼多年，大部分學校的生命教育，仍有待認真開展？

---

[4] 英文原文為："the development of life education is comparatively slow in Hong Kong"。

二、缺乏積累和整合寶貴經驗的平臺

自上世紀90年代末開始，個別學校和社會團體開展的生命教育項目和開發的生命教育資源，數量不可謂少，當中部分也屬優質，然而大部分都在當時激起一點漣漪之後，便悄無聲色，無法匯聚成一股洪流。早在2001年，贐明會便出版了由鄭冰兒編撰的《青少年生死教育手冊》，內容非常豐富，但至今已甚少人知道，遑論使用。2004和2005兩年，由明報主辦並由教育統籌局及香港教育專業人員協會等多個教育專業團體協辦了兩屆生命教育傑出教案表揚計畫，並由明報開設生命教育專頁，定期刊登相關內容和編輯出版《生命教育教師手冊》（李洛霞、文鴻森，2004），熱鬧過一陣子，但沒有把生命教育推上另一層臺階，《生命教育教師手冊》也已塵封，而塵封的原因並非由於有後來居上的替代品取而代之，因為至今為止還未有超越其性質和水平的出版物。其他甚有參考和使用價值的資源，有由郭一葦慈善基金贊助、基督教香港信義會「生命天使」教育中心出版的《「生命之旅」生命教育教材套》小學篇、中學篇兩套（基督教香港信義會「生命天使」教育中心，2006a，2006b），和由華人永遠墳場管理委員會資助、無國界社工出版的《生命行者：「生命教育」教材套》（馬學駿，2011），但同樣難逃流傳不廣的命運。這又是另一個弔詭：一方面，有心推動生命教育的老師們慨歎缺乏可供參考的本地經驗材料；另一方面，本地現成的經驗材料卻束諸高閣，乏人問津，遭受被遺忘的命運。個中原因，需要深入研究。這裡只作出一點初步觀察。

當大部分老師尚無一定生命教育的根底，現成的教學資源得物也是無所用。[5] 另一方面，筆者的一位博士研究生在探討本地學校生命教育的實施

---

[5] 基於相同考慮，天主教香港教區轄下「宗教及道德教育課程發展中心」在撰寫教材之餘，致力宗教教育教師的專業發展工作（陳乃國，2015年5月21日，香港教育學院宗教教育與心靈教育中心「愛人以德：倫理、品德與生命教育的理念與實踐系列活動」開幕座談會，口頭發言）。

情況時發現，老師們每年都準備新教材，工作量沉重。為什麼不沿用往年的教材呢？那是因為生命教育必須貼近現實生活，「過期」的內容需要更新。[6]教師們的認真，令人欽佩。也許年前出版的現成教材已追不上社會文化急速發展的步伐，是它們被遺忘的其中一個原因。但是它們的存在本身是否容易被生命教育工作者知道和查找得到，應該是更為根本的因素。

優質教育基金曾於2006-07年度，委託香港中文大學「大學與學校夥伴協作中心」聯同香港浸會大學教育學系，負責一個名為「『生命教育計畫』研究及發展工作」的項目。該項目的目的在結集優質教育基金之前資助過的生命教育計畫的優異成果，「進行深入研究和發展，期望進一步總結經驗，並將成果發布及作經驗分享。」（The Chinese University of Hong Kong & Baptist University, 2007, p.39）盤點的結果發現，優質教育基金在1998-2002年間，共資助了54個與生命教育有關的計畫。該項目的成果之一，是「建立網上資源庫向教育界人士提供教學資源」（The Chinese University of Hong Kong & Baptist University, 2007, p.41）。可惜的是，該寶貴的網上資源庫只運作了一段短時間，便無以為繼，停頓下來。[7]問題的癥結在於優質教育基金只提供一年資助，當中並不包括網上資源庫長久維持和更新所需的龐大支出。該資源庫早已停止操作的網頁2013年仍可在網上找到，但已被人轉移到另一網址。[8]今年2015年則不再能夠搜尋到該網頁。這麼有價值的生命教育資源便白白地被浪費掉。這案例也有其代表性。不少學校和社會團體推行的生命教育活動都依賴各種短期資助，當中只有部分能夠把資助用於開發和啟動生命教育課程，然後在不再有後續資助的情況下，持之以恆；其餘的在資助完結後，生命教育活動也隨之而終止，未能維持原有的勢頭，寶貴的經驗亦隨之流失，令生命教育的發展停

---

[6] 吳渭濱，2015年4月16日，私人談話。

[7] 該網上資源庫的網址是http://www.lifeed.edu.hk/，網頁早已不存在。

[8] http://137.189.165.127/

滯不前，永遠處於起步狀態。

我們回過頭來，看看現今有沒有方便老師們查找生命教育資源的網站。教育局課程發展處把「生命教育」置於「德育、公民及國民教育」範疇之中。教育局在該範疇的網站設有「學與教資源」網頁，在「生命教育」條目下列出七項資源（教育局，2015a）。這只可以說是聊勝於無，並沒有系統蒐集已有的生命教育資源，未能反映各方至今的心血成果，對需要尋找適切生命教育教學資源的老師，大概幫助不大。由一群有志推動生命教育的教育工作者發起成立的全人生命教育學會，在其網站也設有「教學資源」一欄，但其中只有一個介紹香港神託會培敦中學宗教及生命教育科課程綱要的簡報檔案，而該中學是全人生命教育學會會長梁錦波博士服務的學校（全人生命教育學會，2015）。這反映出民間雖不乏有心人，勞心勞力推動生命教育，但在缺乏資源的情況下，在諸如整理生命教育經驗和整合資源等工作上，有時難免有心無力。

三、教育局的官方取態

早在2002年，立法會議員黃成智，針對青少年自殺、濫用藥物、使用暴力等嚴重問題，提出議案，要求政府在學校推行生命教育（立法會，2002）。議案雖獲通過，但對教育統籌局（自2007年7月起改稱教育局）的實際工作，影響似乎不大，因為該局認為政府已在德育及公民教育、學科教學、輔導等各範疇做了生命教育的工作。2004年，時任教育統籌局課程發展處總課程發展主任（德育及公民教育）的張永雄，在面對記者提問時，回應說教育局已在德育及公民教育課程中加入生命教育，但沒打算多撥款，並強調社會有責任推動生命教育，「不應把所有責任推給學校。學生並非活在一個與世隔絕的學校氛圍當中。」（Lee, 2004, para.21）[9] 這官方取態延續至今。2014年，有記者查詢生命教育的推行情

況，教育局回覆表示：

> 「非常重視培育青少年『尊重生命』和『愛惜生命』的價值觀」，鼓勵學校建基於校本條件，以不同形式推廣生命教育，幫助學生建立正面、積極的價值觀，學習面對和克服人生逆境，並嘗試探索生命意義和價值，建立珍惜自己、重視家庭、關心他人的人生觀和生活態度，過快樂、充實和有意義的人生。（黃郁文，2014，頁6）

回到本文開頭對於「呼喚生命教育」的觀察，教育局本身也在呼喚生命教育：鼓勵學校推行校本生命教育，期望社會團體推動生命教育。另一方面，教育界和社會公眾有不少聲音，表示期望政府帶頭採取更積極的政策，支持學校生命教育，其中包括把生命教育納入必修課程。教育局至今的回應，和業界的期望還有落差。該局自2010年起，邀請有志推動學校生命教育的大學，申請承辦為期一學年的「協助小學規劃生命教育計畫」和「協助中學規劃生命教育計畫」，分別幫助20所小學和20所中學發展校本生命教育，至今已進行了四輪。[10]首三屆不少學員在計畫結束後，表示期望有另一個進階計畫，讓他們能夠繼續更深入探討生命教育，並且當他們在學校推動生命教育時，得到專業支援。可惜他們這個願望，至今仍然落空。一些有志於推動生命教育的老師，唯有自行繼續摸索，增加了他們的困難。這也是本地生命教育發展緩慢，遲遲未能更上一層樓的一個因素。

---

[9] 英文原文為："Cheung Wing-hung, chief curriculum development officer of the Education and Manpower Bureau, says the bureau has incorporated life education into the moral and civic education curriculum in schools, but it has no plan to provide extra funding. He says society has a responsibility to promote life education. 'You can't put the entire burden on the school,' Cheung says. 'Students are not living in a school bubble.'"

[10] 香港教育學院宗教教育與心靈教育中心，有幸連續四屆獲委託承辦「協助小學規劃生命教育計畫」，並同時承辦了第四屆「協助中學規劃生命教育計畫」。

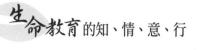
四、研討的量與質有待加強

本地生命教育發展緩慢的另一因素,是針對生命教育的研討,無論在量還是質方面,都甚為不足。算得上生命教育學術專著的,只有周惠賢、楊國強(2002)、吳梓明(2004)、吳庶深(2008)、龔立人(2013)等寥寥數本。雖然各類非學術刊物不時會以生命教育為專題發表文章,但內容均流於簡介或感受心得分享性質為主,篇幅短小,目的在引起讀者對生命教育的關注。以下略舉數例,以見一斑:

1. 《好管家:香港神託會通訊》(香港神託會出版),2003年7月,刊登11篇生命教育文章,共17頁。
2. 《播道月報》(中華基督教播道會總會出版),2007年3月第569期,刊登連編者的話在內共4篇生命教育文章,共7頁。
3. 《教師中心傳真》(香港教師中心出版),2008年7月至10月第68期,刊登連編者的話在內共13篇生命教育文章,共16頁。
4. 《拓思:廉政公署德育期刊》,2013年2月第68期,刊登8篇生命教育文章,共21頁。
5. 天主教香港教區《教區生命倫理小組‧通訊》,2013年9月第12期,刊登4篇生命教育文章,共4頁。
6. 《教師中心傳真》(香港教師中心出版),2014年11月至2015年2月第87期,刊登連編者的話在內共15篇生命教育文章,共19頁。

十多年來,這類入門性質的文章仍然不斷出現,證明編者們覺得包括教育工作者在內的一般讀者,尚需要生命教育的啟蒙。

筆者上面指出,香港的學校生命教育整體上說不上蓬勃,但有小部分學校已把生命教育開展得非常成功。超過20%的中小學,在最新近的學校概覽中(《小學概覽2014》,《中學概覽2014/2015》),告訴公眾

學校有進行生命教育。2014年「香港兒童快樂指數調查」則從「受眾」的角度，發現「約27%的受訪兒童十分認同學校有提供生命教育，他們主要為小學學生。」（嶺南大學，2015，段五）相比之下，本土的生命教育研究和理論探索，更落後於本身大有發展餘地的生命教育實踐。筆者以「生命教育」為關鍵詞，搜索本地學術期刊論文，結果見**表9-1**。

　　歷年來香港學術期刊發表研究生命教育的論文，只找到共11篇，其中近半（5篇）刊登於《青年研究學報》第16卷第1期（2013），而這5篇論文中，只有1篇以香港生命教育為探討對象，其餘4篇談的都是兩岸四地中大陸、臺灣和澳門的情況。香港的大學考核學者的研究表現時，注重論文發表數量和質量及研究項目數量和經費的多寡。而論文以發表於國際頂級英語學術期刊為鵠的，不此之圖而專事利益本地讀者的學者，其職位難保。要獲國際頂級英語學術期刊編輯青睞，研究題目當「與國際接軌」。「生命教育」（Life Education）作為研究領域，在國際上尚非一門顯學，少香港學者關注，實屬無奈之事。研究和實踐應該構成一個互相促進的循環。在研究這條腿乏力的情況下，香港生命教育的實踐也舉步維艱。

表9-1　香港學術期刊中以「生命教育」為關鍵詞的論文篇數（至2014年）

期刊名稱	以「生命教育」為關鍵詞的論文篇數
《教育學報》	1
《基礎教育學報》	0
《教育研究學報》	0
《亞洲輔導學報》	0
《教育曙光》	1
《香港教師中心學報》	3
《青年研究學報》	5
《優質學校教育學報》	1
總篇數	11

五、香港學校生命教育的深廣度

由於教育部門對學校是否和如何推行生命教育，並無任何規定，所以即使正在實行生命教育的學校，也是各適其適，差異甚大。以兩所同位於九龍黃大仙區的基督教中學為例。五旬節聖潔會永光書院初中（中一至中三）設生命教育科[11]，並以此為學校的一項特色。「學校透過班主任課、生命教育課、宗教活動、德育短講等活動，以推行德育及公民教育，讓學生認識正確的價值觀。」（家庭與學校合作事宜委員會，2014，五旬節聖潔會永光書院）與永光書院把生命教育設置為只針對初中生的獨立科目不同，香港神託會培敦中學「推行六年一貫生命教育，全面發展學生的內涵素質，藉課程及主題活動雙管齊下，使學生在知、情、行三維向度啟動下，發展成為熱愛生命、主動學習、具內涵、有韌力、能服務奉獻的新生代。」（家庭與學校合作事宜委員會，2014，香港神託會培敦中學）從《中學概覽2014／2015》所見，培敦中學並不開設一門獨立的「生命教育」科目，而是大大超越了個別課目的範圍和層次，把生命教育作為統攝觀念，貫通整個正規和非正規課程。要確定在推行生命教育的學校當中，哪種取向更具代表性，有待仔細的資料蒐集和分析，這裡只能夠作出一點粗略的觀察。在香港推動生命教育不遺餘力的何榮漢博士認為，「全方位即包括在學科、辦學理念及學校氛圍上都推行生命教育的學校極少」（生命教育課，2009）。程沛玉（2012）甚至認為，「礙於現時學校受時間資源等限制，有關『生命教育的』內容多流於零散化及表面化，只能針對時下年輕人問題的表徵。」（段二）香港教育學院承辦的「協助小學規劃生命教育計畫」和「協助中學規劃生命教育計畫」，參與學校根據其自身條件，決定推行生命教育的策略，計畫執行人

---

[11] 該校把「生命教育」列為2014/2015學年初中開設科目，但不知何故「生命教育」並未出現在2015/2016學年初中擬開設科目名單中。

員按生命教育牽涉的課程範圍把學校分成以下三組[12]：

    1.單科組生命教育：24所學校。

    2.跨科組生命教育：27所學校。

    3.全校模式生命教育：18所學校。

有勇氣嘗試以全校模式推行生命教育的占少數。

    每屆「協助小學規劃生命教育計畫」的最後階段，老師在計畫執行人員的協助下，設計生命教育試行單元。**表9-2**是試行單元主題的粗略分類及每類的數目。

表9-2   2012/13及2013/14兩屆「協助小學規劃生命教育計畫」生命教育試行單元主題分類

生命教育試行單元主題	學校數目
關愛他人	12
孝親	9
服務學習	7
感恩	4
建立信心／面對挑戰	4
認識自己	3
環保	3
情緒管理	2
全校生命教育全面規劃	2
夢想	2
與人相處／接納他人	2
生死	1
關心外地災情	1
欣賞大自然	1
禮貌	1
啟蒙禮	1

[12] 包括2013/14及2014/15兩屆「協助小學規劃生命教育計畫」和2014/15一屆「協助中學規劃生命教育計畫」的學校（2013/14年度「協助小學規劃生命教育計畫」的4所特殊學校除外）。

從生命教育「天人物我」四個範疇觀之，選擇「人」作為試行單元主題的學校占多數，「我」次之，「物」和「天」則甚少。處理生死問題的只有一所學校。這可能和老師們認為小學這個年齡階段較適宜從關愛身邊家人朋友做起有關，也有可能老師們覺得生死問題敏感，難於處理，不敢輕舉妄動。學校教師和課程領導者的生命教育觀念有必要拓寬和深化，直面深刻的心靈問題。

六、客觀環境的挑戰

上面提到學校推行生命教育，受到時間資源等限制。香港教師會2010年度全港教師週年教學研討大會以「生命教育」為主題。工作人員著手籌備的時候發現，「生命教育的重要性是誰都認同的，可是在真實的學校教育處境中，生命教育卻是在繁忙的上課下課之間最容易給遺忘了的。很多老師說：對，生命教育很重要，但我們沒時間！」（葉建源、陳茂釗，2010，前言全文段一）同樣地，救恩學校陳梁淑貞校長說，未曾聽聞過社會、家長、老師，甚至學生對生命教育的理念有任何不認同，「但在推行上確實存在一定的難度，不容易實踐出來。」例如「每學年上課共190天，除了常規的課程外，所剩餘能運用的時間和空間實在不多。要在課程外投放『生命教育』的元素，有一定的挑戰。」（實踐生命教育，2011）基督教香港信義會學校社會工作組的社會工作員梁淑珍同樣指出，「在學校推行生命教育的困難之一是課時緊迫」（黃郁文，2014，頁6）。2010/11年度行政長官卓越教學獎「德育及公民教育」範疇獲獎者之一的賴寶伶老師，在香港神託會培頓中學推動生命教育多年。她發現近年自從新高中課程實施之後，高中學生要應付香港中學文憑考試，許多考試科目安排額外課時，令騰出時間給生命教育，愈加困難。即使承受沉重的課時壓力，學校仍堅持所有同學必修生命教育，但同時不得不做出調節：

「不想學生分享有壓力，所以每年進度都不同。初中或會放棄某些題材，高中則視乎『課題』迫切性，可能濃縮或調動內容」（賴寶伶，2013，頁6），可以用「艱苦經營」來形容。

這些困難當然源於生命教育與整個應試教育之間，本質上存在必然的張力。如果我們當真確信教育的核心在於培育生命，那麼便應該從根本上處理現時教育的應試取向，否則生命教育頂多只能充當應試教育後遺症的止痛藥。有學者甚至憤激得「以『鴉片教育』和『秩序教育』去形容現在香港的生命教育，只為社會秩序而設計。」（覺醒生命教育，2012）應試教育本身是整個席捲全球的新自由主義意識形態的一部分，並非單憑生命教育可以輕易撼動。大陸學者閆守軒和曾佑來（2013）指出，「我們對青少年進行生命教育，如果不能改變生命教育所植根的結構化社會中的問題，如果這些教育不能轉化成青少年自身內在的生命意識、情感與行動，所有的教育效果都會大打折扣。」（頁8-9）這是個雞和雞蛋的難題。正如以單一科目處理生命教育，絕比不上在學校層面實施全方位生命教育，來得有效；那麼推而廣之，只憑學校單打獨鬥，而沒有整個制度其他環節的配合，一同改變大氣候，生命教育本身難逃被抵消甚至騎劫的威脅。有論者在肯定學校的生命教育之餘，指出家庭「不應將生命教育外判，讓學校承受壓力」（鄧，2012，段七）。筆者與研究生上課探討生命教育，更有同學質疑，在學校裡談生命教育這一套，當學生踏進社會發現不是這麼一回事，老師指引的路走不通的時候，豈非會有被騙的感覺，變得或者失落，或者犬儒？說得誇大一點，這是個移風易俗的工程，非多管齊下，難以奏效。但這裡絕不是說要讓教育工作者舉手投降。大陸學者宋兵波（2006）說得好，「認識到學校生命教育的有限性，並不是承認學校生命教育的無效性」（頁16）。正如萬世師表孔子，在誨人不倦的同時，重視禮樂的教化作用，並主張「里仁為美」（《論語·里仁》），齊頭並進。中國的老話說，事在人為。千里之行，始於足下。只要心中有愛，懷著信望往前走，焉知柳暗花明，什麼時候生命就給你驚喜。每個人有其崗位職

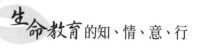
分，教育工作者的天職就是忠於以教育為切入點，爭取更好地透過教育貢獻社會的途徑，同時做好公民的本分，盡所能影響其他崗位上的人，為人類的福祉以各自的方式一起努力，即使整個制度和文化巨網相互牽連的其他環節尚未鬆動，亦擇善固執而不辭；與此同時看清形勢，明白困難所在，庶幾不致誤落上述「鴉片教育」的陷阱。

篇幅所限，不能在此詳細分析各種不利生命教育的因素，只略舉數例，以見一斑。著名音樂教育家陳永華教授多年來擔任香港學校音樂節評判，許多時候看見拿不到獎項的隊伍，學生在哭，校長和老師非常生氣，拂袖而去，競賽的態度很不健康。他常於賽後勸告參賽隊伍，「你要懂得欣賞表現比你好的人」，不應貶低別人，或是埋怨評判不公道（談天論樂，2014）。

家長方面，香港教育工作者聯會2015年進行「家長投訴學校的情況」問卷調查，「近四成受訪教師在過去半個學年曾因學校工作被家長投訴……受訪教師認為促成家長投訴增多原因的首三項，包括家長自覺為消費者（70%）、家長重視其權利（68%），以及社會沒有尊師的風氣（59%）。近三成教師認為家長的投訴大多數不合理。」（黃穎雅，2015）近七成受訪老師反映：

> 曾遇過家長投訴時態度差、要求不合理及將責任推給學校，亦有近半教師質疑家長的價值觀與學校存在明顯落差……有幼稚園名校的校長接獲家長投訴，以鄰近另一名校的英語練習比較，批評該校教材相對簡單；又曾聽過有教師買筆獎勵學生，後來收到家長抱怨其他同學收到的筆較其子女漂亮。另有兩名學生在校內爭玩具而互咬對方手臂，其中一方家長投訴教師偏幫另一學生。（教聯調查，2015）

一位成功把曾因收生不足、瀕臨被關閉的小學起死回生的校長，努力支援來自基層的學生和他們的家庭，感歎「有時家長也要教。曾有負責派發免

費早餐的家長義工因小意外，導致全校遲派發鮮奶，結果遭其他忘恩的家長指摘。梁[紀昌校長]當時感心痛，並撰文指正這種不懂感恩的家長。」（鮮魚行校長，2014）這種怨天尤人的心態，彌漫於家庭、學校和整個社會，令人難以心平氣和。學校推行生命教育，要把家長生命教育一起做。透過服務學習，也可進入社區。但範圍更廣遠之處如傳媒取向等，恐怕鞭長莫及。

學校本身的生態，難逃大氣候的影響。過往政府給學校撥款，細分用於不同支出項目的金額，不容在項目之間調撥。這有其僵化之弊，因此在「校本管理」的名義下——

> 教育統籌局於2000年推出整筆津貼，讓學校可更靈活調配資源。但一些學校為節流，竟向議價能力稍遜的學校職員如校工、文書人員等開刀，辭退年資較高的校工，再以低薪招聘，部分新招聘的校工時薪低至不足十七元，比政府建議的最低工資平均時薪還要低；有學校則裁減固定校工職位，改由兼職和外判清潔工人負責。有教育團體代表批評，校方把商業營運模式套用到學校，會影響學校的穩定性。（校工時薪$17，2006）

> 工友被剝削，就連教學助理也逃不過這關口。由於教師工作量大，所以許多中小學均會聘請教學助理，協助老師處理文件上的工作。在2007年，教師薪金起薪點約為一萬六千元，教學助理則平均為八千至九千元。至於常規教師，亦要兼任職責以外的行政工作，以致缺乏時間關心學生。學生方面，因學校要鞏固校譽，於是一味鼓勵學生要參加課外活動和校外比賽，致使學生除了應付日常功課外，還要應付父母和學校安排的活動，完全失去個人空間。學校彷彿不再是「教與學」的地方，而是一個商營機構。（湯慕華，2012，頁8）

教學助理一般只以短期合約聘任，不易培養出對學校的歸屬感。如果學校

本身以商業手法對待自己的工作人員，就難免家長和學生會以消費者自居了。此中自有因果。

與此相關，坊間不少機構推行生命教育，許多學校視它們為服務提供者，樂於委託它們支援學校的生命教育工作，特別由於體驗的元素為生命教育所必需，不少學校安排學生參與校外機構舉辦的相關活動。也有由社會服務機構和學校協作，把生命教育元素帶到校內（陶兆銘等，2013）。這樣安排自然有其優勝的地方，一來活動更具專業性，二來可避免令老師百上加斤。香港課外活動主任協會與香港中文大學教育研究所合作於2009年進行《香港中學課外活動概況》問卷調查，回應的103所中學當中便有86%曾經舉辦軍訓營或歷奇訓練營。香港課外活動主任協會（2010）在肯定「外判」活動的上述優點之餘，也不忘提醒這種安排「會減少師生間在活動的交流」，因此「類似活動由老師籌辦並帶領，還是外判給其他機構推行」，應細心衡量（頁8）。一位校長指出，「外間教育或服務機構開辦的課程五花八門……校方選擇購入這類服務輔助學生學習及成長、減輕教師工作負擔實無可厚非，然而眾多的課程及服務質素良莠不齊」，學校必須慎於選擇（麥耀光，2013）。更為重要的是，不管是「外判」活動還是老師自己處理的生命教育活動，要發揮長遠作用，有賴前後各環節的整體呼應配合。楊國強（2012）建議：

> 如果能在後續課堂，再分別探討我們未曾察覺的人生助力和資源，例如把家人關係視為自己的助力，或是一起找出我們社會的正面價值和支援系統等等，則可為零散課題提供一條主線（例如，增加學生克服困境的能力），把多個課題整合起來。然而，這一切一切還是必須以學生的個人體驗、感受和反思作為基礎。否則無法讓這些東西成功進入學生的生命中。（頁3）

總而言之，現今社會的主流意識型態，使推行生命教育有如逆水行舟。兩岸三地不約而同，都有學者表達過這層意思。臺灣的黃騰

（2012）分析了當今風險社會的特徵，繼而指出風險社會排除生命意義，但生命意義「卻又是解決風險社會的重要關鍵，因生命教育對生命意義帶來的種種省思，將可使原本缺乏的生命意義更加豐富」（頁15）。大陸學者閆守軒和曾佑來（2013）認為，「從社會的角度看，生命教育作用的發揮顯得猶如『蚍蜉撼樹』」；「從當下工具化教育理念和實踐來看，生命教育處於『尷尬境地』」（頁9）。大陸學者薄存旭（2011）說：「當前，我們的教化活動在很大程度上被轉換成管理技術主義，或者是規訓……在這一前提之下，即使所謂的生命教育，仍然無法擺脫管理主義的夢魘……最終所追求的目標，並不在於提升受教育者的生命高度，而是為了更好地提高學習成績，或者其他功利性極強的目的。」（頁108）香港的龔立人（2013）甚至擔心，「生命教育沒有如想像中為老師和學生帶來釋放，反而成為以資本主義形態出現的普世性下另一項指標。」（頁37）這裡再多一個弔詭——生命被主流意識型態壓迫得透不過氣，需要生命教育方能續命；但生命教育在孤立無援的情況下，不但事倍功半，而且有被主流意識型態騎劫之虞。

七、機遇

從龔立人擔心生命教育成為加諸師生身上的另一項指標的角度看，政府對生命教育的統一規劃與指令，是一把雙刃劍。「課外活動」指標化的遭遇，可作前車之鑑。黃毅英和周昭和（2000）指出，課外活動被「收編」[13]為考量學生（和學校）表現的一個元素，導致「涉及學校教育的課外活動不斷增加，閒暇活動空間持續縮小的現象。」（頁1）一位家長發現孩子的課外活動，全是外判的收費課程，性質類似上課多於課外

---

[13] 「收編」乃筆者的用語，非出自黃毅英、周昭和（2000）。

活動，學的都是「高雅」的東西如小提琴、劍擊等，團體的活動絕無僅有。他慨歎——

> 在我的記憶中，課外活動不是這樣的。大部分的課外活動，都是很業餘的，由老師帶領，做一點頗沉悶的活動，不過由於老師不專業，於是在活動中有很多空閒的時間，同學就可以彼此攀談，說說自己班的趣事或壞話，又認識一下其他班是什麼模樣。部分同學對這個活動特別有興趣，又會和老師多聊幾句，漸漸，這個帶點無聊的課外活動小組，會有點人氣，帶點人味了。（丘建峰，2009）

香港課外活動主任協會（2010）憂慮，課外活動的核心價值如「不計算學分」、「留白」、「學生為本」等，將被淡化。以此為鑑，現時教育局鼓勵學校及社會團體推動生命教育，包括委託大學提供支援，但政府本身並不扮演主導角色的做法，雖有點放任自流的意味，導致本地生命教育多年來發展緩慢，然而卻也沒有令生命教育受指標化、應試化的折騰，能夠讓它享受邊緣位置帶來的自由，多元發展。而事實上已有少數學校經過不懈的努力，把生命教育辦得非常出色，證明非不可為。以行政長官卓越教學獎為例。該教學獎每年選擇不同教學範疇，進行評選。2008/09年度的評選範疇包括「學前教育」，兩個獲獎團隊當中一個來自香港基督教服務處雋匯幼兒學校，以推展生命教育為特色。2010/2011年度的評選範疇之一為「德育及公民教育」，獲獎的三個教學團隊，來自兩所小學和一所中學，全部都以出色地推動生命教育獲獎。該三所學校不約而同都以生命教育為主線，整合各學科的教學及各項學校活動，構成全面的價值教育課程，體現出生命教育的整全精神（王秉豪，2013）。這對其他學校如何開展生命教育，甚有啟示作用。但也不能忽視並非所有學校都已具備全方位推行生命教育的條件。現在迫切需要的是一個學術和專業平臺，凝聚所有正在實施生命教育和有志發展生命教育的學校和團體，砥礪切磋，資源共享，實踐與理論互相促進。香港教師會發現，「很多朋友在自己的崗

位上鍥而不捨地努力。從高等院校到中小學到幼稚園，都找到有心人在做不同方面的嘗試，開展不同的教學計畫。他們各自在探討，如何使生命更充實，更豐富，更有力量。」（葉建源、陳茂釗，2010，前言全文段二）。以現有實施生命教育學校的數目，藉此平臺的推動，有望達到「臨界數量」（critical mass）的效果，使本地生命教育突破至另一臺階。在並不主導生命教育課程內容、方法和評估的情況下，教育局協調統籌此平臺的角色，責無旁貸。

回到本文開頭的觀察，官方和民間都在呼喚生命教育，這就有希望。教育局最近大力推動中學發展生涯規劃，幫助「培養學生認識自我、個人規劃、設立目標和反思的能力，以及認識銜接各升學就業途徑」（教育局，2015b）。若推行得宜，應該構成生命教育的重要一環。因此全人生命教育學會把「生涯規劃」詮釋為「生命及職涯規劃」。必須避免的是錯誤引導學生，把「生涯規劃」歪曲為如何為自己「增值」，包裝成吸引顧客的貨物，待善價而沽。陶兆銘等（2013）下面的這段話，對生命教育工作者，是很好的提醒：

> 香港作為一個長期以經濟掛帥，重視經濟利益多於市民素質孕育的現代化城市，「生命教育」往往成為社會危機的補救性工具，回應青少年自殺、抗逆力不足、過度消費導致心靈脆弱等問題，強調即時、短暫的生活技能訓練，務求達到逆境自強，減少社會問題的惡化，以及生命損失對社會造成的衝擊……卻忽略「生命教育」當中心靈及生命意義尋索的面向。（頁117、119）

要處理心靈及生命意義尋索的面向，並不容易；但唯有依靠心靈及生命意義的支撐，教育才有生命。正如吳庶深（2008）所強調的，「心靈教育就是生命教育的核心概念」（頁77）。

參考書目

〈生命教育課　力抗自殺群組　師生網上合作釋放正能量〉（2009.11.30）。《星島日報》，A18版。

〈校工時薪＄17　教局助剝削〉（2006.10.18）。《東方日報》，A09版。

〈教聯調查：教師感家長投訴三成無理〉（2015.4.17）。《明報》，A09版。

〈實踐生命教育　激發主動學習〉。《號角月報》（香港版），2011（5），檢自http://bak.cchc.org/%E9%A6%99%E6%B8%AF/%E8%99%9F%E8%A7%92%E6%9C%88%E5%A0%B1/%E5%B0%88%E9%A1%8C/1105/%E5%AF%A6%E8%B8%90%E7%94%9F%E5%91%BD%E6%95%99%E8%82%B2-%E6%BF-%80%E7%99%BC%E4%B8%BB%E5%8B%95%E5%AD%B8%E7%BF%92/

〈談天論樂〉（2014.6.16）。香港電臺，檢自http://programme.rthk.hk/channel/radio/player_popup.php?pid=5520&eid=270085&d=2014-06-16&player=mp3&type=archive&channel=radio4

〈鮮魚行校長　最後的開學禮　明年退休　遺憾遷校夢未圓〉（2014.9.1）。《蘋果日報》，A13版。

〈覺醒生命教育要邊陲化　自然學校推行另類教學〉（2012.2.19）。《基督教週報》，第2478期，第1版。

王秉豪（2013）。〈香港推行小學生命教育的經驗〉。輯於《以生命教育促進全人健康：2013生命教育國際學術研討會會議手冊》，頁35-44。臺北：國立臺北護理健康大學人類發展學院。

丘建峰（2009.1.25）。〈課外的課內活動〉。《文匯報》，C03版。

全人生命教育學會（2015）。全人生命教育學會網站，檢自http://home.pooitun.edu.hk/

何濼生（2015）。〈2014年香港兒童快樂指數〉，http://www.ln.edu.hk/resources/get/b5a7ec18584d88582a734187ec0d533c6c870545（2015年4月18日瀏覽）

吳庶深（2008）。《心靈教育：生命教育的核心概念》。香港：香港教育學院宗教教育與心靈教育中心。

吳梓明（2004）。《從宗教教育到生命教育》。香港：基督教文藝出版社。

宋兵波（2006）。〈生命教育的理論與實踐問題及發展前景〉。《思想理論教育》，第11期，頁15-18。

李洛霞、文鴻森（2004）。《生命教育教師手冊》。香港：明報報業有限公司。

周惠賢、楊國強（2002）。《香港的生命教育：文化背景、教育改革與實踐方

向》。香港：宗教教育中心。

香港課外活動主任協會（2010）。〈香港中學課外活動問卷調查初步結果〉。
　　《課外活動通訊》，第40期，頁7-9。

家庭與學校合作事宜委員會（2014）。《中學概覽2014／2015：黃大仙區》，檢
　　自http://applications.chsc.hk/ssp2014/pdf/district_10.pdf

袁月梅、梁長城（2014）。〈研究成果新聞發佈會：香港不同學生群體的心靈健
　　康與生活滿足感〉，檢自http://www.ied.edu.hk/upload_main/manage/Press%20
　　release%202014/140610%20Life%20Satisfaction%20%20Spritual%20Health.pptx

基督教香港信義會「生命天使」教育中心（2006a）。《「生命之旅」生命教育教
　　材套：小學篇》。香港：基督教香港信義會「生命天使」教育中心。

基督教香港信義會「生命天使」教育中心（2006b）。《「生命之旅」生命教育教
　　材套：中學篇》。香港：基督教香港信義會「生命天使」教育中心。

教育局（2015a）。德育、公民及國民教育網站，檢自http://www.edb.gov.hk/tc/
　　curriculum-development/4-key-tasks/moral-civic/resources-and-supports.html

教育局（2015b）。升學及就業輔導網站，檢自http://www.edb.gov.hk/tc/student-
　　parents/careers-guidance/about-careers-guidance/principals_and_teachers_corner.html

閭守軒、曾佑來（2013）。〈生命教育：可為、難為與何為〉。《教育學術月
　　刊》，第4期，頁7-10，頁36。

陶兆銘、譚巧蓮、陳智豪（2013）。〈香港青少年的生命教育：現況與前瞻〉。
　　《青年研究學報》，16（1），頁111-121。

麥耀光（2013.2.30）。〈精明選用外判服務〉。《明報》，F04版。

湯慕華（2012）。〈「改朝換代」的香港‧外判文化下社會之改變〉。《文化
　　研究@嶺南》，31，檢自http://www.ln.edu.hk/mcsln/31st_issue/pdf/feature_03.
　　pdfhttp://kkp.catholic.org.hk/Special_News/lo_2009_11_4d.htm

程沛玉（2012.6.11）。〈嶄新的高中課程：「智選人生計畫」〉。《教協報》，
　　第605期，檢自https://www.hkptu.org/7784

詠和希（2009.11.8）。〈中大崇基神學院成立生命教育中心〉。《公教報》，第
　　3249期，檢自http://kkp.catholic.org.hk/Special_News/lo_2009_11_4d.htm

黃郁文（2014）。〈生命教育〉。《教得樂》，第663期，頁4-6。

黃毅英、周昭和（2000）。《從課外活動「持分」失衡看教育產品指標化的權力
　　展現》。香港：香港中文大學香港教育研究所。

黃穎雅（2015.4.17）。〈怪獸家長不滿多　消費者心態作祟　四成教師半年內曾
　　被投訴〉。《大公報》，A13版。

黃騰（2012）。〈風險社會下的生命教育課程：從「生命意義」到「生活政治」〉。《生命教育研究》，4（1），頁1-25。

楊國強（2012）。〈再思生命教育的取向〉。《宗教教育中心通訊》，第94期，頁1-3。

葉建源、陳茂釗（2010）。〈香港教師會生命教育資料冊前言〉，檢自http://www.hkta1934.org.hk/others.htm

劉穎賢（2013）。〈新學年迎接新挑戰〉，檢自http://www.edb.gov.hk/tc/about-edb/press/insiderperspective/insiderperspective20130908.html

歐陽文倩（2015.4.18）。〈學業減壓　家更幸福　快樂指數反跌　「占」禍上心頭　少年驟添愁〉。《文匯報》，A3版。

鄧（2012.10.26）。〈中大生命教育研討會　論者強調關愛與服務〉。《公教報》，第3584期，檢自http://kkp.org.hk/node/3714

鄭冰兒（2001）。《青少年生死教育手冊》。香港：贐明會。

馬學駿（2011）。《生命行者：「生命教育」教材套》。香港：無國界社工。

賴寶伶（2013）。〈堅持全校必修　學懂愛終身受用〉。《教得樂》，第608期，頁6。

嶺南大學（2015）。〈嶺南大學調查發現2014年香港兒童快樂指數跌至三年低位〉，檢自http://www.ln.edu.hk/cht/news/20150417/childrens_happiness_index_2014

薄存旭（2011）。〈當前我國大學生面臨的生命困境及教育對策〉。《山東師範大學學報（人文社會科學版）》，56（3），頁106-109。

龔立人（2013）。《生命本源與朝聖之旅：開步探索生命教育》。香港：基督教文藝出版社。

Child Fatality Review Panel (2013). *Child Fatality Review Panel-First Report*. Retrieved from http://www.swd.gov.hk/doc/whatsnew/201305/CFRP_First_Report_Eng.pdf Lee, S. (2004.12.29). Life Lessons, *South China Morning Post*. Retrieved from http://www.scmp.com/article/483564/life-lessons.

Mak, M. J. (2012). Quality Insights of University Teachers on Dying, Death, and Death Education. *Omega, 66*(2), 173-194.

The Chinese University of Hong Kong & Baptist University (2007). *Research and Development Work on Quality Education Fund Life Education Projects: Evaluation Report*. Retrieved from http://www.qef.org.hk/publishing/RDW_QEF_LifeEducationProjects%20Report.pdf

第二篇

生命教育的
知、情、意、行

儒家生命教育理論

湯恩佳

　　儒家有博大精深的生命教育思想，核心就是心性之論。人的生命，包括身與心。儒家宣導「利以養身，義以養心」，認識到人的身與心有不同的需要，分別由物質利益和精神營養來滿足。這種理論體現了儒家的中庸之道，既反對拜金主義的純粹物質追求，也反對脫離現實生活進行單純的精神追求。所以，生命教育，既要有身的教育，也要有心的教育；人的成長，既有身體的成長，也有智慧的成長，更有心靈的成長。

　　當今社會存在信仰迷茫、理想信念模糊、價值取向扭曲、誠信意識淡薄、社會責任感缺乏、艱苦奮鬥精神淡化、團結協作觀念較差、心理素質欠佳等問題。所以推行生命教育是非常必要的。心靈教育作為生命教育的重要組成部分，在當代教育中長期以來受到忽視。現在有一種不好的傾向，就是教育者缺乏中華文化的教養，更不懂得儒家的心性之學，於是，在推行生命教育時，只能大量運用西方心理學的原理和方法，進行低層次的生命教育。而孔教儒家的目標是培養聖人、賢人、君子，故在進行生命教育之時運用高層次的人倫大道開展教育。孔教儒家的生命教育有極其豐富的內容，運用儒家的生命教育理論，可以大大提高人類生活的品質。正如伏爾泰說：「世界上曾有過的最幸福、最可敬的時代，就是奉行孔子的律法的時代。」（伏爾泰，1765著／1995譯，頁219）

一、孔子是儒家生命教育的奠基者

孔子是中華民族偉大的精神導師，位列世界十大思想家之首。人的智慧成長、心靈成長，需要充分吸收中華傳統文化的精神營養，需要接受孔子的教導。

生命教育不僅僅要知識教育，更要修身養性，踐行道德。儒家的「八條目」，即格物、致知、意誠、心正、修身、齊家、治國、平天下，就是生命教育的總綱領。《禮記‧大學篇》對此進行了全面的論述：

> 古之欲明明德於天下者，先治其國；欲治其國者，先齊其家；欲齊其家者，先修其身；欲修其身者，先正其心；欲正其心者，先誠其意；欲誠其意者，先致其知；致知在格物。物格而後知致，知致而後意誠，意誠而後心正，心正而後身修，身修而後家齊，家齊而後國治，國治而後天下平。自天子以至於庶人，壹是皆以修身為本。

在世界各大宗教中，孔教在生命教育方面有博大精深的理論與踐行。孔子培養弟子，就是讓弟子們具有高尚的道德品質和社會責任感，讓他們出仕後，能夠以大道拯救人民。先賢康有為先生、陳煥章先生力挽狂瀾，提出保國、保種、保教，掀起了孔教復興運動[1]。陳煥章先生將孔教定義為「神道之教」與「人道之教」[2]。筆者認為，所謂人道之教，即是道德宗教，是入世之教，是教化之教，是禮樂之教。牟宗三更表明儒教是「將宗教儀式轉化而為日常生活軌道中之禮樂」，是「有高度的宗教

---

[1] 康有為大力倡議以孔教為國教。康氏謂：「孔子實為中國之教主，而非謂學行高深之聖者也。」（康有為，1981，頁282）參考康有為：〈請尊孔聖為國教，立教部、教會，以孔子紀年而廢淫祀〉折，載《康有為政論集》上冊（北京：中華書局，1981），頁282。

[2] 陳煥章說：「孔教兼明人道與神道」（陳煥章，1990，頁14）。

性，而且是極圓成的宗教精神」的宗教。[3]

　　筆者認為，孔教作為人道之教，其宗教實踐在於日常生活軌道中之禮樂所體現的道德意識道德實踐，而作為神道之教，就是這些日常生活的實踐，都是融通天道，是在於體現天道。

　　按孔教的觀念，神所看重的，不是祭品的豐儉，而是人的德行高低。人道來源於天道，人必須按上天的道德命令去做。《論語・泰伯篇》：「唯天為大，唯堯則之。」《孝經・應感章》道：「事父孝，故事天明；事母孝，故事地察。」孟子提出這樣的命題：「存其心，養其性，所以事天也。」（《孟子・盡心》）明代大儒王守仁在《傳習錄》中講：「事天如子之事父，臣之事君，須是恭敬奉承，然後能無失。」宋代范仲淹在〈岳陽樓記〉中提出「先天下之憂而憂，後天下之樂而樂」，顧炎武提出「天下興亡，匹夫有責」（《日知錄・正始》），大儒張載更是提出：「為天地立心，為生民立命，為往聖繼絕學，為萬世開太平。」（〈張子語錄〉）

二、生命教育植根於五倫關係

　　孔子是人類歷史上最早的人本主義思想家。在周代敬天保民思想的基礎上，孔子尊重人的生命，重視人的價值，重視人倫道德，重視和研究人的現實生活，把人置於宇宙中心和社會主體的地位，重視人的物質生活和精神生活，系統地提出了人本主義思想。儒家的核心思想就是「以人

---

[3]　牟宗三論說：「宗教可自兩方面看：一曰事，二曰理。自事方面看，儒教不是普通所謂宗教，因它不具備普通宗教的儀式，它將宗教儀式轉化而為日常生活軌道中之禮樂；但自理方面看，它有高度的宗教性，而且是極圓成的宗教精神，它是全部以道德意識道德實踐貫注於其中的宗教意識宗教精神，因為它的重點是落在如何體現天道上。」（牟宗三，2003，頁107）

為本」。在宇宙萬物中，人是萬物之靈，人是宇宙生命精神的集中體現者。《禮記·禮運篇》說：「人者，天地之心也。」人的精神與天地之間的生命精神是相通的。

孔教十分重視五倫。「五倫」是基本的五種人倫關係，即父子、君臣、夫婦、兄弟、朋友五種關係。上古時候，人們「逸居而無教，則近於禽獸」。聖人「使契為司徒，教以人倫」。（《孟子·滕文公上》）孟子對此作了系統的闡述：「父子有親，君臣有義，夫婦有別，長幼有序，朋友有信。」（《孟子·滕文公上》）筆者認為，可以這樣理解孟子的意思：父子之間有骨肉之親，君臣之間有禮義之道，夫妻之間摯愛而又內外有別，老少之間有尊卑之序，朋友之間有誠信之德。具體的要求就是：為臣的，要忠於職守，為君的，要以禮給他們相應的待遇；為父的，要慈祥，為子的，要孝順；為夫的，要主外，為婦的，要主內；為兄的，要照顧弟妹，為弟的，要敬重兄長；為友的，要講信義。

三、生命教育源於信仰實踐

就筆者研究，孔子依據華夏民族期間的宗教意識和春秋時代的政治形態，創立了孔教。孔教之所謂「天」，就是華夏民族自夏商周三代以來，心目中至高至大、全知全能的主宰神明，即無形無質的「昊天上帝」。在《論語》中孔子提到「天」共十四次，充分表現了孔子對創造者的敬畏和服從。

孔教是以人本為核心的宗教，既是人道宗教，亦是神道宗教，貫通天地人三界，啟發人心善良的本質，融入天地間。「宗」就是人類的起源始祖，以祭祀宗祠廟堂以表示對先人及天地的尊敬；「教」就是上所施下所效的行為，所以中國人的宗教信仰，有傳承慎終追遠的傳統和弘揚先賢教化的本質，亦即是《中庸》說的「天命之謂性，率性之謂道，修道之謂

教」的「教」，以道啟性，以教闡道。孔子認為，皇天是至高無上的：「唯天為大，唯堯則之。」（《論語・泰伯篇》）

天是全知全能的、理性的、公正的、賞罰分明的，天道和天命，對人類的道德行為，明察秋毫。所謂：「獲罪於天，無所禱也。」（《論語・八佾篇》）作惡或行善，上天必有所報。孔子信天、順天、畏天、敬天，他說：「不怨天，不尤人；下學而上達。知我者，其天乎！」（《論語・憲問篇》），又說：「不知命，無以為君子也。」（《論語・堯曰篇》）就是將「知天命」演繹為「修身成仁」的必要條件，以「修身、齊家、治國、平天下」為人生目標。天命乃宇宙大道的根本。孔子說：「道之將行也歟，命也；道之將廢也歟，命也。」（《論語・憲問篇》）又說：「天何言哉？四時行焉，百物生焉，天何言哉！」（《論語・陽貨篇》）

孔子認為要敬天，必須透過祭祀。「祭如在，祭神如神在」（《倫語・八佾篇》）。而孔子對神靈是持敬畏的態度：「敬鬼神而遠之」（《論語・雍也篇》），所以要親自參加祭祀：「吾不與祭，如不祭。」（《論語・八佾篇》）孔子持十分謹慎的態度：「子之所慎：齋、戰、疾。」（《論語・述而篇》），並且嚴格遵守在齋戒期間衣著、飲食、居住方面的要求：「齊，必有明衣，布。齊，必變食，居必遷坐。」（《論語・鄉黨篇》）

總括來說，孔子就是教我們要敬天、畏天、順天。天命不可違，遵從天命行仁義，是「內聖外王」之道的君子行為。

禮是恭敬求神賜福的行為。禮是孔子以必恭必敬的內心和行為去表達倫理道德的具體辦法。孔子多次提及到「守禮」是君子最重要的生活態度和方式，而禮必須從仁愛的內心出發。所謂：「克己復禮為仁，一日克己復禮，天下歸仁焉。」（《論語・顏淵篇》）孔子將個人的守禮，推展到天下蒼生的「仁愛」層面，就是說明「守禮」是人類愛心的表現。孔子說：「人而不仁，如禮何？人而不仁，如樂何？」（《論語・八佾

篇》）沒有愛心的人，怎能有禮呢？又說：「居上不寬，為禮不敬，臨喪不哀，吾何以觀之哉？」（《論語·八佾篇》）從反面來說，沒有禮法，所有內心的倫理道德仁愛都不能從行為上表達出來了。

四、生命教育以道德教育為主

倫理道德行為是孔子儒家理念的核心價值。孔子以仁義為基礎，建構成人類歷史上最偉大的思想系統。孔子堅守「正道」，從來不放棄自己以仁義為正道的理念。他要求人類要以合情合理的方法去滿足欲望，所以他說：「富與貴，是人之所欲也；不以其道，得之不處也。貧與賤，是人之所惡也；不以其道，得之不去也。」（《論語·里仁篇》）現在我簡述一下孔子的道德教育本質：

(一)仁：仁者愛人

仁即是相親相愛的意義。孔子主張「仁者愛人」，大公無私，犧牲奉獻。孟子說：「親親而仁民，仁民而愛物。」（《孟子·盡心》）子曰：「仁遠乎哉？我欲仁，斯仁至矣。」《論語·述而篇》行仁並不困難，只要發自內心和良知，即可達到愛人愛物。孔子又告誡我們：「巧言令色，鮮矣仁！」（《論語·陽貨篇》）要我們善察別人，花言巧語的人，要特別小心。孔子創立以仁為核心的道德標準，就是要人對天地萬物都有愛心，即是包括愛自己、愛親人、愛人民及愛自然。「仁」是最儒家崇高的品格修養，孔子在二千多年前已提倡愛護、關懷、同情及環保等近代理念。

「仁者愛人」，是孔子關於「仁」的最本質的概括。儒家認為治國以民為本，因此，施仁政就必須「修己以安人，修己以安百姓」。孔子認

為「修己」是手段，「安人」才是目的，這說明仁政的實質是以社會大眾為目標的，應為天下百姓謀求利益。

仁愛的本質決定了仁愛必然要得到無限的擴大，達到孟子說的境界：「老吾老以及人之老，幼吾幼以及人之幼。」（《孟子‧梁惠王》）在自己的發展過程中，給人們提供發展的機會，關心他人，自己經營有所獲時，又拿出一部分來回報社會，幫助有困難的人，贊助文化教育事業，這就真正體現了「仁者愛人」的精神。再次，還應將仁愛之心推向宇宙萬象萬物，達到仁者與天地萬物為一體的境界。「仁者，以天地萬物為一體，莫非己也。認得為己，何所不至？若不有諸己，自不與己相干。」（《二程集》卷二上）儒家還應對所有的生命負責，不能為了經濟利益而毀滅地球上的眾多生物，破壞地球環境。

(二)義：以義制利

義字，從羊從我，適宜和合理的意思，義是「是非黑白」的標準，行義就是做合乎道德標準、合情合理的事情，即西方所謂「正義」及「理性」。子曰：「君子之於天下也，無適也，無莫也，義之與比。」（《論語‧里仁篇》）我們的一切行為，必須依照天理和正義的道德標準，不可只憑利益作出發點。孔子又說：「君子義以為質，禮以行之，遜以出之，信以成之。君子哉！」（《論語‧衛靈公篇》）「君子喻於義，小人喻於利。」（《論語‧里仁篇》）他認為「義」是構成做人處事的最高標準，他說：「見利思義，見危授命，久要不忘平生之言，亦可以為成人矣。」（《論語‧憲問篇》）如果人人都合情合理地辦事，全國人民都是君子了。「有君子之道四焉：其行己也恭，其事上也敬，其養民也惠，其使民也義。」（《論語‧公冶長篇》）

如果只把利益作為唯一追求的目標，而不講社會責任，不講道德義務，就出現孔子所講的「小人喻於利」的情況，甚至發展到不擇手段地拚

命賺錢，弄虛作假，欺蒙拐騙，觸犯國家法律，走向自我毀滅的道路。孔子主張：「君子義以為上」（《論語‧陽貨篇》），將正義作為君子的最高行為標準。孔子也重視求利，他曾說過「富而可求也，雖執鞭之士，吾亦為之。」（《論語‧述而篇》）但是，求利的手段必須正當，追求利必須合乎義，即合乎社會公認的道德準則。他說：「富與貴，是人之所欲也；不以其道得之，不處也。」（《論語‧里仁篇》）又說：「不義而富且貴，於我如浮雲。」（《論語‧述而篇》）「生之者眾，食之者寡，為止者疾，用之者舒，則財恒足矣。仁者以財發身，不仁者以身發財。（《禮記‧大學篇》）」

儒家有「以義為利」的觀點，在這種思想中，儒家所講的利，不是狹義的利而是廣義的利，不僅僅是指金錢財富的利，也指精神之利、仁義之利、道德之利、榮辱之利；不僅僅指眼前的利，而且指長遠的利和整體的利。儒家的「以義制利」將這兩者很好地統一起來。當「義」和「利」發生矛盾時，應該把「義」放在首位，按照「見利思義」（《論語‧憲問篇》）的原則去做，不能「見利忘義」，不能取不義之財，不能為了個人私利而不顧社會的整體利益。儒家不是無視利，不去考慮利益問題，而是在符合「義」的前提下去獲取利。做到「義」「利」兼得，甚至可以成為聖賢。

(三)信：誠實守信

信是真心誠意的言辭，人際關係的基礎。孔子說的「信」字，概括西方所講的誠信、可靠和真實。「人而無信，不知其可也。」（《論語‧為政篇》）孔子絕對否定自欺欺人的行為，特別注重小心說話。「敏於事而慎於言。」（《論語‧學而篇》）「為人謀，而不忠乎？與朋友交，而不信乎？」（《論語‧學而篇》）信口雌黃，信口開河，草率承諾的人是不值得成為朋友的，各位必須小心。「言必信，行必果。」（《論

語‧子路篇》）有信用的人，他的所作所為，應該有良好的表現。孔子要君子用具體行為表現去印證所講的言論，他說：「君子恥其言而過其行。」（《論語‧憲問篇》）又說：「聽其言而觀其行。」（《論語‧公冶長篇》）可見，孔子在二千多年前已經利用與西方相同的「實踐證明」的，以「言行相符」為標準。

　　誠，是做人的根本。大儒周敦頤說：「誠，五常之本，百行之源也。」（《通書‧誠下》）信，則是人的立身之本。孔子說：「人而無信，不知其可也。」（《論語‧為政篇》）誠是真誠、誠實、虔誠之意，而信則是信用、信譽、守信之意。誠與信具有一種相輔相成的關係。誠偏向內在，偏向生命主體，而信則是偏向外在，偏向行為表現。誠為體，信為用，以誠為本，方能有信用和信譽。如果，喪失真誠和誠實這一根本，則信用和信譽就會變成一種謀利的工具和偽裝自己的伎倆，這樣的信用和信譽是虛假的，也是不能長久的。某些人以欺騙的手法換取了別人對他的信任，然後又利用這種信任，設置陷阱，最終將別人坑害了。《中庸》說：「誠者，物之終始，不誠無物。」真實，乃是萬象萬物之存在的根本標誌，如果某一物沒有真實性，則該物即已不存在。

(四)孝：行孝報恩

　　五倫之中最重要的就是父子一倫。按傳統儒家觀念，父慈子孝，孝是最具中華民族文化特色的觀念。「孝」是尊敬、贍養父母，不但要養父母之身，還要養父母之心、父母之志、父母之德。《孝經》說：「夫孝，德之本也，教之所由生也。」孔子說：「君子務本，本立而道生。孝弟也者，其為仁之本歟！」（《論語‧學而篇》）孝是孔子思想「仁」最重要的體現，萬善之首，百行之本。父母養育之恩，眠乾睡濕，三年才可以放下懷抱，還要供書教學，望子成龍，我們又怎樣去報答父母的大恩大德呢？俗語說：「養兒一百歲，長憂九十九」、「養兒方知父母恩」。現

在的新一代，對父母的孝心和態度，是我們做家長和老師最要關注的。孔子最注重對父母的敬愛和親情，一個連親情都沒有的人，是不會有仁愛之心的。孔子說：「今之孝者，是謂能養。至於犬馬，皆能有養；不敬，何以別乎。」（《論語·為政篇》）孝敬父母，不僅要在物質上供養父母，更要有發自內心的莊敬和悅的態度。但是孔子又教導我們，對父母並不是絕對服從。子曰：「事父母幾諫，見志不從，又敬不違，勞而不怨。」（《論語·里仁篇》）我們對父母的錯誤應該力諫，以禮貌的態度，勞而無怨。《禮記·祭義》又說：「父母全而生之，子全而歸之，可謂孝矣，不辱其身，可謂全矣。」所以自重自愛也是孝敬的表現。孝心和仁愛擴大，全民的道德水準便會提升，這就是孔子說的，「慎終追遠，民德歸厚矣！」（《論語·學而篇》）孝是道德的生長點，是行仁之始。

(五)和：以和為貴

孔子的學生有若認為「禮之用，和為貴。先王之道，斯為美。」（《論語·學而篇》）孟子說：「天時不如地利，地利不如人和」（《孟子·公孫丑下》），荀子也說：「上不失天時，下不失地利，中得人和，而百事不廢。」（《荀子·王霸篇》）一個團體內部和諧融洽，同心協力，上下一致，在這種情況下，「和」就是一種凝聚力、向心力；一個企業對外與社會公眾、與顧客和諧相處，就能「和氣生財」，在這種情況下，「和」就成了一種競爭力。孔子指出「君子和而不同，小人同而不和。」（《論語·子路篇》），表明儒家不提倡盲目的無原則的「和」，而是宣導在各自保持其個性的前提下的和諧，宣導在堅持原則的條件下的和諧，在不同的工作崗位上建立相互協作的關係。

生命教育的目的，即在於提高生命的品質。道德水準決定了人的精神生活品質的高低。所以，必須透過道德教育建立精神生活的家園，提高精神生活的品質，賦予生命的價值。中國已經存在著由孔子歷代聖賢發明

的道德準則，所以，道德教育只需回到孔子儒家的思想理論中即可，而不必發明所謂的新道德。任何新道德如果不是建立在傳統道德的基礎上，都是虛妄的。中國人的傳統道德就在於《四書五經》之中，所以，《四書五經》就是進行生命教育最好的教材。

五、孔子的生命教育方法

　　孔子是中國以至全人類最偉大的教育家，二千多年前，已提供了完整的課程內容，其背後的教學理念，竟與現代教育家、心理學家所提出的理論基礎不謀而合。孔子設「杏壇」講學，弟子三千，賢人七十二，提倡「有教無類」的全民教育，開設德行、言語、政事、文學四門課程，以「文、行、忠、信」四種教法，傳授禮、樂、射、御、書、數六藝，發展學生的六育：德、智、體、羣、美、靈。美國哈佛大學心理學家加德納在1983年提出多元智慧理論，卻不知道早二千多年前孔子已說過：「小子何莫學夫詩？詩可以興，可以觀，可以群，可以怨。邇之事父，遠之事君；多識於鳥獸草木之名。」（《論語・陽貨篇》）孔子早已認識到人類的智慧和知識是「多元化」的，從學習詩經和禮樂可以啟發出來的。孔子的「志於道，據於德，依於仁，遊於藝」（《論語・述而篇》），即相當於現代教育的「知識、技能、價值和態度」。孔子分析每個學生的不同特點，掌握每一位學生的優劣長短，「因材施教」，用不同的教學方法，不同的內容，達至最佳的成果及教育效能。朱熹說：「聖人施教，各因其材，小而成小，大以成大，無棄人也」（《四書集注》），正是現今所謂的「一個學生也不放棄」。現今提倡老師對「教與學」要有「熱忱」，孔子二千多年前已說過了：「聖則吾不能，我學不厭，而教不倦也。」（《孟子・公孫丑上》）「學如不及，猶恐失之。」（《論語・泰伯篇》）至於求學的動機，孔子以修身明理為本，

他說：「古之學者為己，今之學者為人。」（《論語‧憲問篇》）近代教育心理學家維高斯基（Лев Семёнович Выготский）提出的「可能發展區」（Zone of Proximal Development）（關之英，2012），由淺入深，由近而遠去探究新知識。筆者認為此觀念亦與孔子所提出的觀念相近。孔子曰：「溫故而知新，可以為師矣。」（《論語‧為政篇》）「學而時習之，不亦說乎？」（《論語‧學而篇》）「吾何執？執御乎？執射乎？吾執御矣。」（《論語‧子罕篇》）「予一以貫之。」《論語‧衛靈公篇》現代的「先天後天」教育理念，亦出自孔子的「性相近也，習相遠也」（《論語‧陽貨篇》）。現今流行批判性思維的學習方法和態度，實源於孔子的「子絕四：毋意，毋必，毋固，毋我。」（《論語‧子罕篇》）「學而不思則罔，思而不學則殆。」（《論語‧子罕篇》）「吾有知乎哉？無知也。有鄙夫問於我，空空如也。我叩其兩端而竭焉。」（《論語‧子罕篇》）還有那些所謂「探索學習」方法，孔子亦說：「敏而好學，不恥下問。」（《論語‧公冶長篇》）「切問而近思。」（《論語‧子張篇》）「蓋有不知而作之者，我無是也。多聞，擇其善者而從之；多見而識之；知之次也。」（《論語‧述而篇》）現在的「儕輩支持」及「互相觀課」，亦源自孔子的「三人行，必有我師焉。擇其善者而從之，其不善者而改之。」（《論語‧述而篇》）至於學習態度和方法，孔子認為：「君子食無求飽，居無求安，敏於事而慎於言；就有道而正焉：可謂好學也已。」（《論語‧學而篇》）「心不在焉，視而不見。」（《禮記‧大學篇》）「飽食終日，無所用心，難矣哉。」（《論語‧陽貨篇》）「知之為知之，不知為知之，不知為不知，是知也。」（《論語‧為政篇》）孔子很早已提倡「終身學習」，他自述：「憤發忘食，樂以忘憂，不知老之將至云爾。」（《論語‧述而篇》）孔子亦主張「愉快學習」，他說：「知之者不如好之者，好之者不如樂之者。」（《論語‧雍也篇》）孔子很早已實行啟發學生自學的能力，他說「不憤不啟，不悱不發。」（《論語‧述而篇》）在這大前提後，孔子補

充:「舉一隅不以三隅反,則不復也。」(《論語・述而篇》)其中,舉一就是從老師處學習,反三就是自學了。如孔子教子貢,啟發他向上思考,而子貢則舉《詩經》中例子分析,孔子稱讚他「可與言詩」;還有弟子陳亢說:「問一得三,聞詩、聞禮,又聞君子之遠其子也。」(《論語・季氏篇》)這是兩個很典型的例子。從另一方面說,學生的資質沒有高下,但卻有適合與否之分,老師要懂得收放,掌握學生的「學習差異」來調節教學內容和方法,這才是有效的「學會學習」。孔子二千五百多年前所提倡的教育理論及實踐方法,堪稱是教學典範,他被古今中外尊稱為萬世師表,聖賢先知,絕對是實至名歸的。

六、結語

生命教育應以提高生命品質,提高生命境界,鑄造生命價值為主要目的。儒家的心性之論的本質,也是生命教育的理論。儒家宣導的四維八德,就是生命教育的內涵。孔子的教學方法,既可用於知識教育,亦可用於生命教育。生命教育不僅僅是知識的傳播,更重要的是精神與價值的傳遞。

本人堅信孔子儒家思想有六大主要功能:

1.能促進世界和平。
2.能提升全人類道德素質。
3.能與世界多元文化共存共榮。
4.是中國五十六個民族、十三億人民的精神軸心。
5.能促進中國和平統一。
6.能達致與世界各宗教文化平起平坐。

參考書目

上海古籍出版社（編者）（2007）。《十三經注疏》。上海：上海古籍出版社。

王陽明（1994）。《傳習錄》。臺北：臺灣商務印書館。

伏爾泰（Voltaire）著，梁守鏘譯（1995）。《風俗論：論各民族的精神與風俗以及自查理曼至路易十三的歷史（上冊）》。北京：商務印書館。

朱熹（1968）。《四書集注》。香港：香港太平書局。

牟宗三（2003）。《中國哲學的特質》（《牟宗三先生全集》第28冊下半部）。臺北：聯合報系文化基金會。

周敦頤（2008）。《周子通書》。上海：上海古籍出版社。

范仲淹（2007）。〈岳陽樓記〉。輯於《范仲淹全集》卷八，頁194-195。成都：四川大學出版社。

康有為（1981）。《康有為政論集（上冊）》。北京：中華書局。

張載（2006重印）。〈張子語錄〉。輯於《張載集》，頁307-346。香港：中華書局。

張覺（2012）。《荀子譯注》。上海：上海古籍出版社。

陳煥章（1990）。《孔教論》（第九版）。香港：孔教學院。

程顥、程頤（2004）。《二程集》。香港：中華書局。

關之英（2012）。〈中文作為第二語言：教學誤區與對應教學策略之探究〉。《中國語文通訊》，91（2），頁61-82。

顧炎武（2006）。〈正始〉。輯於《日知錄集釋》第七冊，卷十三，頁83-179。上海：上海古籍出版社。

Vygotsky, Lev S. (1978). *Mind in Society: The Development of Higher Psychological Processes*. Cambridge: Harvard University Press.

11

由宗教教育理念引申到公民教育——從香港課程改革到中國公民教育

陳謳明

一、前言

「宗教教育」，看來好像是宗教人士在宗教學校內推行的一種教育方式，而「公民教育」，就像是各地教育當局為個別地方培養具「公民意識」質素的人民而設計的課程。

然而，在香港，隨著學制及課程的改革，教會對「宗教教育」及「公民教育」的理解有了嶄新的體會[1]。似乎「宗教教育」及「公民教育」兩者的界線已漸漸淡化。「宗教教育」由原來的「聖經知識」

---

[1] 宗教教育中心主任彭培剛牧師在一次與聖公會牧師的講座中指出「宗教教育」與「公民教育」的重疊性已比以前顯著增加了。

（Biblical knowledge——眾多學科其中一科）、發展為「宗教學習」
（Religious studies——也研讀其他宗教教義），再漸漸發展至今天的「生命教育」（Life Education——一個跨科目、跨宗教、幫助人建立生命的成長整合教育活動）。這種跨越科目的取向，與現時香港教育當局提倡的「課程改革」有很多相連的地方。

二、香港的教育變革

香港特別行政區政府在2000年的一份香港基礎教育改革文件中，對教育總理念有如下的詮釋（教育統籌委員會，2000）：

> 而九年基礎教育的階段，重點應在於培養學生基本的態度、能力和知識，為學生的終身學習及全人發展奠定良好的基礎，幫助學生培養自學的興趣和能力，以及各種待人及處事必須具備的基本態度和能力——包括積極的態度和正面的價值觀；獨立思考、分析、判斷、解決問題、應變、創新、組織及與人溝通和合作的能力等。當然，作為終身學習的基礎，學生亦必須具備不同學習領域的基本知識。[2]（頁3）

(一)新的教與學的文化重點

前言所述，正好反映了現代教育理念在各學科課程及隱蔽課程的綜合性。其目的是給予「教與學」的新文化。在同一文件中，我們可摘要其新的教與學文化重點如下（教育統籌委員會，2000）：

---

[2] 保留原文部分文字所帶的格式。

1.強調知識的灌輸轉為著重學生如何「學會學習」。

2.從偏重學術轉變為多元化的全人發展。

3.從固有的科目框框轉而推行整合性的學習。

4.從以課本主導的學習模式轉而採用多元化的教材：

　(1)社會支援教育、教學跑出課室。

　(2)從學校傳統的上課時間表觀念，轉變為綜合而富彈性地編排學習
　　　時間。

　(3)取消過早分流，為學生提供探索性向和潛質的機會。

(二)學習宗旨

而根據該文件的意念，基礎教育具七個學習宗旨，其分別為（教育統籌委員會，2000）：

1.建立健康生活方式。

2.具廣濶的知識。

3.具學習技能。

4.語言技能。

5.培養閱讀習慣。

6.能對國民身分有所認同。

7.成為一個有責任感的人。

(三)學習經歷

那麼，如何能貫徹以上的宗旨，則透過下列五種基要的學習經歷而達致（教育統籌委員會，2000）：

1.德育及公民教育——培養個人品格及人際溝通技巧，培養對他人的

尊重，培養堅毅的意志，培養國民身分的認同。

2.智慧發展——奠定穩固的知識基礎，樂於學習。

3.社會服務——培養勇於承擔的精神，培養責任感。

4.體藝發展——建立健康的生活方式，懂得欣賞美好的事物。

5.與工作有關的經驗——把學習與職業抱負及就業機會連繫起來。

(四)學習領域

再者，要學生經歷以上各方面發展，該文件提出八個學習領域。其分別為（教育統籌委員會，2000）：

1.中國語文教育。

2.英國語文教育。

3.數學教育。

4.個人、社會及人文教育。

5.科學教育。

6.科技教育。

7.藝術教育。

8.體育。

(五)期待學生發展出的共通能力

而上列這些學習領域，綜合來說乃讓學生發展出以下九種共通能力（教育統籌委員會，2000）：

1.協作能力（例如聆聽、欣賞和磋商）。

2.溝通能力：有效地與人溝通和表達意見。

3.創造力：原創意念，隨機應變。

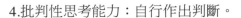
4.批判性思考能力：自行作出判斷。

5.運用資訊科技能力：明智地尋求、汲取、分析、管理彙報資料。

6.運算能力：合理的預算、理解和詮釋圖表資料。

7.解決問題能力：運用思維能力解決困難。

8.自我管理能力：協助學生建立自尊和達到目的。

9.研習能力：養成良好的學習習慣、能力和態度。

(六)培養價值觀及建立文化

而這九種能力的獲致，更是關乎培養學生最終的價值觀及態度。文件中提到下列四點（教育統籌委員會，2000）：

1.價值觀是學生應發展的素質，是行為和判斷的準則，例如：人權與責任、承擔精神、誠信及國民身分認同。

2.態度是把工作做好所需的個人特質，例如：開明的思想、能與人合作、堅毅及豁達。

3.價值觀和態度是互相影響的。

4.以價值取向的課題學習（如宗教教育、性教育、健康教育、環境教育、傳媒教育、情意教育、生活教育）作為德育及公民教育的組成部分。

(七)公民教育元素滲透在課程之中

不少教育團體及教育學者均指出，其實在課程改革中，整個教育過程本身就是一個「公民教育」[3]。這種統整的「公民教育」，乃由課程改

---

[3] 例如香港大學教育學院教授梁貫成博士在2008年的聖公會小學校長退修會上便以公民教育作為課題，指出在課程改革中，其重點是為香港培養良好公民，這總的來說，本身是一連串的「公民教育」。

革的意念而提倡的新教與學文化（其中涉及學習宗旨、學習經歷及釐訂學習領域）；再而建立共通能力、價值觀及態度——這一切似乎不約而同地與現代「宗教教育」（或有些人進而提及的「生命教育」）有不謀而合之處。因為「宗教教育」的本質和任務，在某程度上，也就是一種整合的經驗學習以扶助人的成長，以使他們能成為一個成長的人，以回饋社會。

三、「宗教教育」的本質

(一)人的成長

一直以來，基督宗教信仰（特別在西方教會）由於受到古代希臘哲學，中世紀文藝復興後的唯理主義，和近代科學精神的影響，十分強調信仰的理性層面；不少人把「信仰」（faith）和「相信」（belief）二詞的意義等同。神學家Wilfred Cantwell Smith（1991）稱這種偏向嚴重地混淆了基督宗教信仰的意義。過去宗教教育亦受此影響而過分著重教義和思想的傳遞。美國宗教教育運動的先驅者George Albert Coe便曾經極力指出宗教教育的任務並非要「灌輸」真理和「傳遞」教條思想（Coe, 1911）。

基督教信仰的重心乃是希望人對上帝的呼召作出回應，不但藉著理性的「相信」（belief），還透過感性的「信靠」（trust）和實際的行動，以至上帝的國度得以早日將臨（Groome, T. H., 1980）。宗教教育的任務便是幫助學習者在知、情、意三方面有均衡的成長，使能回應上帝的呼召。因此關注的焦點是「人」，是學習者本身。學習者能背誦《聖經》章節，能掌握一套神學系統，並不代表宗教教育的目的已經達到，因為最重要的還是在於學習者本身有否均衡及整全的成長。

(二)有意識的設計及進程

其實，宗教教育所牽涉的範圍可說是相當廣泛，正如另一位宗教教育學家Roger Shinn（1962）指出，舉凡人類的一切經驗或活動都可以帶來宗教教育的效果。教會的禮儀、講道、團契，甚至探訪或建築物本身，都可以成為宗教教育的一部分；神父、修女、牧師、教師、教友、父母，甚至朋輩，也直接或間接地扮演著宗教教育工作者的角色。不過若把宗教教育的意義作無限度的擴張，不但會令宗教教育工作者產生角色混淆，而嚴肅及深入的學術研究亦很難進行，在制定未來發展計畫時也不易掌握焦點和重心。

嚴格來說，宗教教育可被形容為一切有意識（intentional）的學習設計及進程。「有意識」的意思，是指該設計有清楚的培育目標，並以宗教教育的理論及經驗為指引。宗教教育可以透過形式化或非形式化的途徑進行，而最重要的乃是這些途徑是要經過有意識的設計，正如聖公會宗教教育學者John Westerhoff（1972）指出，「學習」（learning）和「教育」（education）二者的分別乃在於「學習」可以隨時隨地，有意識或無意識地（unconsciously）進行，但若要使「學習」成為「教育」，便要有計畫地、有系統地和持續地推行。就聖公會而言，整個教會均很著重透過禮儀和群體生活進行「感染式」或「薰陶式」的學習，但近年不少聖公宗學者均感到若要達到更高的宗教教育效果，便需要加以認真地及有意識地策劃和推動，以配合禮儀和群體生活。**4**

---

4 在2007年聖公會東亞議會的會議上，與會代表在討論「聖公宗禮儀與宗教教育」時，均有感推動信徒有系統地對信仰有更深一步的瞭解，比單參與禮儀對信徒成長有著更重要的影響。

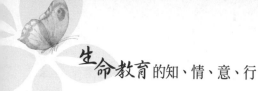

(三)過去、現在和未來

英文的教育一詞education的字根e-ducere有一個「引出」的意思。美國波士頓大學宗教教育學家Thomas Groome（1980）指出這對於宗教教育來說也是很有意義，說明學習的進程包括了過去、現在和未來三部分。宗教教育便是幫助學習者自省「過去」——即他們被引帶到現在的本源；「過去」是「今日」所發生事情的因，當我們追本溯源時，便會對當前的境況和今日的自己有更清晰的瞭解。宗教教育亦要關注「未來」，因為「未來」是學習者將被引入的境界，是「現在」的目標；換言之，我們對於未來的估計，會影響到今日所作出的抉擇。

宗教教育的一個主要任務，便是做一種「貫串」（make-accessible）的工作，除了帶引學習者瞭解信仰的傳統，更要協助他們根據當前的境況和對未來的盼望，把信仰和經驗作一個新的整合（O'Hare, 1979）。換言之，宗教教育有一個獨特和不能被取代的任務，便是協助學習者把信仰和經驗進行一種「再創造」（recreate）和「再建立」（reconstruct）的工作。

故此，宗教教育並非一個「派送系統」（delivery system），只負責把教會的教導或神學家的見解不折不扣地傳送，宗教教育要以人的成長為焦點，透過有意識和有系統的設計，幫助學習者把過去、現在和未來作一個全新的整合，使每一人都能夠成為一個在主裡的「新造的人」。

四、香港課程改革與現代宗教教育

好了，當我們再一次省閱香港課程改革的意念時，便發覺其中不少也正是以這種「過去—現在—未來」的模式去重新設計課程，也著重生活體驗與學習經歷而達致學習目標。特別是公民教育的設計上，更是與宗教

教育的方法（approach）有著異曲同工之妙。這個我們可以用「外展、客體化、內植」的宗教教育過程來窺視之。

(一)外展、客體化、內植

社會學家Peter Berger及Thomas Luckmann（1966）曾經指出，人類的文化傳統，宗教信仰和價值觀念的傳遞，需要經過三階段：(1)外展（externalization）；(2)客體化（objectification）；(3)內植（internalization）。「外展」是指人類作為一個群體一起生活時，各人便會把自己內在的需要和期望向外表達，並且匯集而逐漸發展成為一個得到整個群體普遍接納的模式和系統。經過這個「外展」的過程，社會便得以建立，文化亦得以形成。因此，新課程明顯地是希望能建立一種健康文化以致社會未來能有此文化土壤去發展具質素的人以迎向世界轉變。

「客體化」是指當社會及文化體系建立後，該體系便會超然存在，不以原創人的主觀意志而轉移，正如一幅名畫或一首歌曲正式完成後，原作者便無法再加以改動一般。「內植」是指經過外展及客體化的傳統及價值，成為每一個人的生活準繩和價值規範。他們若要在該群體或社會中存活，受到其他人接納，便一定要認同群體的價值體系，把這個體系「內植」到自己心中，成為個人思想行為的基礎。香港課程改革中的公民教育元素，其中一個重要一環，也就是去培養學生正確價值觀及態度。

每一個人來到世上，便自然地活於一個價值體系和信仰傳統之中，他們無可避免地要進行這個「內植」過程，要認識並且回應其他人對他們的期望，扮演該群體或社會所期待及接納的角色。只有這樣，一個人才不會在生活的環境中產生一種「格格不入」的現象。而「公民教育」式課程也正好嘗試「內植」這種「公民意識」進到學生的生活及意識中。

人們對於社會期望和自我角色的瞭解，往往並非單透過直接的課堂式教導，而更是從與人相處的經驗之中獲得；這種瞭解，很多是在學

習者不自覺的情況下進行。換言之，學習者藉著與人交往和接觸的經歷，掌握了群體或傳統對他們的期望，領悟並建立了自我的行為標準和價值系統，但學習者本身卻可能並不意識到自己已經歷了一個重要的學習過程。所以，這也是為何在課程改革中，香港教育界要提倡「跑出課室」、「社區參與」等。

以上一切便是在這課程改革中，希望能塑造學生們有如此協作能力、創造能力、批判思考能力、溝通能力及研習能力以內植此等「新文化」。

故此，從某方面來說，宗教教育和公民教育在方法（methodology）上有著不少相類似的地方。

但另一方面，宗教教育更超乎於公民教育。這是關乎全世界的宗教教育學者已把「宗教教育」再行提升為「生命教育」——是強調生命的建立。這「生命」不單是肉身生命或社群生命，更是「身、心、靈」全面成長。

(二)有意識社化

根據之前的分析，宗教教育很多時候都是在一個人的生活中無聲無息地進行，而產生一種潛移默化的效果。不少宗教教育學者亦因此而提出要對家庭生活、群體生活，甚至整個社會文化所產生的教育作用加以注意。

之前提及的聖公會學者John Westerhoff（2012）便極力鼓吹一種「有意識社化」（intentional socialization）的宗教教育取向。他認為信仰只能藉著信徒在生活中的互相交往和互相感染而傳遞。教會若要培育下一代成為真正的信徒，便需要醒覺整個教會群體的生活見證，並且有意識地藉著群體的生活去進行培育，因為一個人最深刻和有效的學習，往往是在生活經歷之中獲得。他亦特別強調禮儀生活所產生的培育作用。

從這點引申，宗教教育工作的關注對象除了是學習者之外，亦需對教導者本身的屬靈氣質、思想取向和行為規範有更強的著重。一位循循善誘、細緻關懷的老師或父母，往往比一位滿腹經綸或是通曉《聖經》的人，更能幫助幼小一代深刻地體會信仰。一個經常教導教友要活出信仰的堂區，其效果也往往繫於具體牧養工作的表現。正如前紐約協和神學院宗教教育教授Ellis Nelson（1967）指出，在一個信仰群體之中，任何一個決定、一個行動，甚至是對一些事情不採取任何立場及行動本身，都會產生教育的效果。這正是「宗教教育」獨特之處，是強調「身教」，以「生命」影響「生命」。而這方面，任何教育局都難以憑「課程改革」或「教育改革」而達致。因談到人的生命質素，已不能再單藉「系統」或「指引」去獲致，而是以活生生的經歷去培養出來。

(三)對話辯證

「經驗—互動」模式提醒我們要從過分偏向「課堂講授」模式的框框中跳出來，不過它亦有一定的限制。因為「內植」的活動很容易會過分肯定和接納現有的傳統和建制，培育的效果變成「延續」多於「變化」及「更新」。基督宗教的真理當然是亙古不變，但信徒如何在知識、思潮、生活、制度不斷轉變的社會中，按著基督宗教中亙古不變的真理為軸心繼續更新變化，便有賴一個把信仰和生活不斷對話辯證的過程。這個辯證過程不應該讓它隨機而發，而是需要有意識地引導。這也是「宗教教育」獨特之處。而現時在「教改」文件中，雖有提到培育學生有獨立思想及批判能力，但其調子似仍以「意識灌輸」為主軸。但宗教教育或生命教育，本身是一種以不斷「反省」——獨立思維反省——的過程，從而獲致生命的「內發性」，而不是「外灌性」的成長。

在這個層面，「課堂講授」與「經驗—互動」兩個模式便需要互相配合，把個人意向與群體文化，把教會教導與世俗社會進行一個對話辯證

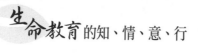
然後重新整合。只有這樣，信仰才會滲透到人的知、情、意層面，信仰才能面對現實的挑戰，萬古常新。這是超越了現時課程改革中有關公民教育所著重的外展、客體化及內植的過程。也只有懷著更崇高的信念，人才可以釋放出生命力來承擔公民責任。

五、中國現代公民教育

踏入21世紀，中國正加速向現代化國家轉型，「公民教育」的話題再次受到全國關注。2001年，中共中央頒布了《公民道德建設實施綱要》，第一次把公民道德作為一個完整的概念提出來，把公民道德建設提到了重要議事日程上（中國共產黨中央委員會，2001）。公民教育再次引起熱烈討論。在中國，似乎公民教育不但是時代的需要，而且是歷史的必然。這是有幾個因素使之而成。

(一)公民教育在中國發展的因素

其一，中國正在推進政治文明建設。中國共產黨「十六大」正式提出了建設社會主義政治文明的目標：

> 社會主義民主更加完善，社會主義法制更加完備，依法治國基本方略得到全面落實，人民的政治、經濟和文化權益得到切實尊重和保障。基層民主更加健全，社會秩序良好，人民安居樂業。（江澤民，2002）

「十六大」報告提出要「健全民主制度，豐富民主形式，擴大公民有序的政治參與，保證人民依法實行民主選舉、民主決策、民主管理和民主監督，享有廣泛的權利和自由，尊重和保障人權」（江澤民，

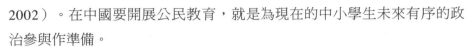

2002）。在中國要開展公民教育，就是為現在的中小學生未來有序的政治參與作準備。

其二，市場經濟孕育了公民意識，這種意識就是以民主、自由為核心的價值追求和理性精神。中國市場經濟的發展如要完善，便需要造就大批能夠與市場經濟和民主政治相適應的優質公民。

其三，中國正面臨全球化的機遇和挑戰。中國需要更融入國際社會，甚至領導國際社會，需要在國際事務中享有權利，承擔義務，發揮積極的作用。因此，全球化不但要求中國教育界為21世紀中國培養良好公民，而且也要求為21世紀的世界培養良好公民。

其四，中國社會正在從傳統社會向現代社會加速轉型。然而，中國幾千年臣民教育積澱下來的「臣民意識」已經不能適應現代社會的要求。中國社會的成功轉型有賴於造就一大批具有現代公民意識的「新人」——具有健全的法治意識和良好的公共道德，能夠有效地行使自己的權利，履行自己的義務，並具有參與管理社會公共事務的意識、相關知識和必要技能的「政治人」。

其五，目前在學校中廣泛開設的德育課程面臨著困境，在理想與現實之間存在巨大反差，其結果是造成了學生的雙重人格——兩面三刀、言行不一、缺乏誠信、不講公德等等。目前的學校德育課程亟需變革——向公民教育轉型。良好的公民道德、公民素質是民主社會建立的前提和基礎。公民教育是現代文明發展的必然要求。當前，中國的政治、經濟、文化變遷和社會文明形態轉型，既為公民教育提供了現實要求，又為公民教育提供了必要條件。

(二)中國現時的公民教育

近年中國的公民教育有著長足的發展。例如於2005年北京大學出版社組織編寫的《新公民讀本》（楊東平、李萍，2006）是近年中國公民

教育積極進展的一個好例子。[5]

　　在中華人民共和國五十多年的教育史上，這些出版有著不同尋常的意義。

　　北京大學出版社教育出版中心周雁翎、劉軍、周志剛和周英，對中國公民教育評論，認為中國公民教育的主要意義乃在於「以世界眼光和歷史視野審視中國的現實教育，試圖突破和超越傳統的德育教材和政治教材，並突出人類普適的價值觀念及中國優秀的傳統道德資源，充分突出公民的權利、責任和參與意識，並以強烈的時代感、高度的前瞻性和全新的教育理念，為中國公民教育探索一條新路。」（周雁翎、劉軍、周志剛、周英，2006）

　　以《新公民讀本》為例，其內容包括公民道德、公民價值觀、公民知識和公民參與技能四個方面的內容。公民道德方面，包括仁愛、寬容、感恩、友誼、尚禮、誠信、責任、尊嚴、合作等主題；公民價值觀方面，包括自由、平等、人權、民主、法治、正義、和平、愛國、追求真理、與自然和諧共處等主題；公民知識方面，包括國家與政府、民主政治、政黨制度、司法公正、社會公共生活、公民的權利與責任等主題；公民參與技能主要是指公民參與公共生活的基本能力，如與人溝通、演講、討論、組織活動、參與選舉、處理糾紛、維護權益、向責任部門或媒體反映問題和提出建議等主題（楊東平、李萍，2006）。

(三)公民教育與宗教教育微妙之處理

　　其實以上四方面的內容都在詮釋公民教育的目標：傳播公民知識，

---

[5] 楊東平和李萍的《新公民讀本》乃一套面向中小學的公民教育教材，該書由北京理工大學教育科學研究所所長楊東平教授擔任總主編，由中國社會科學院、北京大學、北京師範大學等學術機構的一批中青年學者、北京大學出版社資深編輯以及近百名中小學教師歷時三載共同打造而成。

培育公民意識，張揚公民權利，呼喚公民責任。當中有些甚至含有很濃厚的「宗教教育」味道。例如談及仁愛、正義、和平、寬恕及感恩等課題，與基督宗教所倡議的有相當程度上的近似。這比起香港課程改革的「公民教育」或來得更「宗教性」。好了！既然如此，有關方面（包括香港及中國大陸）也不妨考慮將「宗教教育」，甚或「生命教育」的精神，也一併放進整合課程中。因為我們所談的「宗教教育」，最終仍是生命教育——生命的建立，從而使人民有一份內在動力去活出一個良好公民的內涵，而非只有「良好公民」理念而缺乏活現「良好公民」的生命力。

(四)宗教教育或生命教育乃公民教育之靈魂

英國教育學者Lawrence Stenhouse提出每一個課程設計背後都應具有「靈魂」。這「靈魂」就是超越了課程本身，卻推動著課程改進、設計及撰寫的「無形力量」（Stenhouse, 1975）。這股無形力量，在基督宗教會看，也便是「基督」的信仰。近代不少課程學者也同意現時整個課程需要有「宗教」的元素。他們提出的，也正是不少宗教教育學者的理念——宗教教育就是一種「生命——包括身心靈」的傳遞，非「教義的傳播」或更低層次的「擴大各自宗教組織的人數」。

倘若個人乃其「靈魂」的話，套用社會學家的用詞，「集體人」（Collective Individual），甚或「人類群體」也必會有靈魂。故此，身、心、靈的建立，不單是個人性的，也是有群體性的。其中「生命教育」就是賦予個人及群體其身、心、靈的健康及成長。將信仰（包括宗教信念）與經驗結合起來，這種「內化」的過程，強調人的經驗——從經驗反省，又從學習增加經驗。其貫穿了人生身、心、靈（無論個別及整體）的每一個層次。因此，宗教教育及生命教育對社會整體來談，也是一種由內而外，又由外進到內的學習，是整個人類群體身、心、靈，特

別是社群靈性的建立。

說到這裡，我們都不能否定宗教在靈性上的建立作用。靈性，其實就是人安身立命的基礎。是人與造物主（或自然界）、人與自己、人與他人關係的基礎，也是人心「良知」之源，更是潛在人心深處有關對生去死歸答案的渴求因由。任何社會學家及教育學家都不能否定人心靈培育的價值。因而，要完善「公民教育」、「宗教教育」及「生命教育」是必需的，其也是「公民教育」的靈魂。故此，談到「公民教育」時，各方（包括宗教組織及教局部門）不必、也不應視談論「宗教」為忌諱，相反地，更應讓各宗教組織一同去探索及設計課程，將各個宗教的精髓，如對人生、對世界、對靈性的體會化成為「公民教育」背後的「無形力量」。

六、總結

中國的「公民教育」或在可能情況下的「宗教教育」究竟如何進行，是一個需要在實踐中不斷探索的過程。從一些現代化國家或地區推行公民教育的經驗來看，應採取家庭、學校和社會相結合的方式，其中以中小學校公民教育最為重要。青少年學生是國家的未來和民族希望，因而「公民教育」在整個公民塑造的過程中，具有極其重要的「戰略意義」。但如加有「宗教教育」，則更能在人民生命中建立心靈基礎，為公民教育提供承托力及生命力，以致公民教育能內化在社會文化之中。

周雁翎等認為（周雁翎等，2006）：

公民教育實際上是培養「人」的教育。我們認為，這個「人」不是一般意義上的複雜社會系統中的「一份子」或「一顆螺絲釘」，更不是生物學意義上的「肉體人」，而是具有強烈的主體意

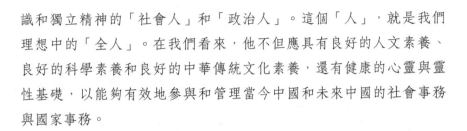
識和獨立精神的「社會人」和「政治人」。這個「人」，就是我們理想中的「全人」。在我們看來，他不但應具有良好的人文素養、良好的科學素養和良好的中華傳統文化素養，還有健康的心靈與靈性基礎，以能夠有效地參與和管理當今中國和未來中國的社會事務與國家事務。

以上的一番話更印證了前述各宗教教育學者的看法，一方面以「宗教教育」的方法去塑造未來一代，同時也將「宗教」精神（非單「教義」）融入課程中，如此，基督宗教必然對中國社會發展產生更積極作用。

參考書目

中國共產黨中央委員會（2001）。《公民道德建設實施綱要》，檢自http://www.
　　people.com.cn/GB/shizheng/16/20011024/589496.html

江澤民（2002）。《全面建設小康社會開創中國特色社會主義事業新局面：在中
　　國共產黨第十六次全國代表大會上的報告》，檢自http://cpc.people.com.cn/GB/
　　64162/64168/64569/65444/4429125.html

周雁翔、劉軍、周志剛、周英（2006）。〈《新公民讀本》：中國公民教育的新
　　探索〉。輯於《21世紀中國公民教育的機遇與挑戰──兩岸四地公民教育研
　　討會論文集》。香港，兩岸四地公民教育研究會。

教育統籌委員會（2000）。《教育制度檢討：改革方案（諮詢文件）》，檢自
　　http://www.e-c.edu.hk/tc/online/annex/FULL-Chin.pdf

楊東平、李萍（2006）。《新公民讀本：小學卷》。北京：北京大學出版社。

Berger, P. L., & Luckmann, T. (1966). *The Social Construction of Reality: A Treatise in
　　the Sociology of Knowledge*. New York: Doubleday.

Coe, George (1911). *Education in Religion and Morals*. Chicago: Revell.

Groome, T. H. (1980). *Christian Religious Education: Sharing Our Story and Vision*.
　　New York, NY: Harper & Row.

Nelson, C. E. (1967). *Where Faith Begins*. Atlanta: John Knox Press.

O'Hare, P. (1979). *Tradition and Transformation in Religious Education*. Birmingham,
　　Ala: Religious Education Press.

Shinn, R. L. (1962). *The Educational Mission of Our Church*. Ohio: United Church
　　Press.

Smith, W. C. (1991). *The Meaning and End of Religion*. Minneapolis, Minn: Fortress
　　Press.

Stenhouse, L. (1975). *An Introduction to Curriculum Research and Development*.
　　Sandton: Heinemann Educational Publishers.

Westerhoff, J. H. (1972). *A Colloquy on Christian Education*. Ohio: United Church
　　Press.

Westerhoff, J. H. (2012). *Will Our Children Have Faith?* New York; Harrisburg, Pa:
　　Morehouse Pub.

12

「絕望的困境與希望的存在」——以愛回應自殺的挑戰[1]

陳立言

　　20世紀臺灣教育的普及，成就了臺灣在政治、經濟與科技各方面的長足進步，然而，過分重視理工實用、輕忽人文理想的教育體制，也讓臺灣在後現代社會的變遷中付出沉痛代價。這代價包含許多面相，例如青少年及中年自殺率不斷升高、倫理觀念的模糊、暴力及智慧型犯罪猖獗、家庭功能式微、社會不正義，乃致政經亂象等（林繼偉、潘正德、王裕仁，

---

[1] 編者註：文章主題向為作者所關切，潛心多年。本文承〈自殺者的困境與存在的希望〉（刊登於2010年8月出版的《學生輔導》第108期，頁121-124）發展而來，中間多有作者近年所思所得。該文主要透過馬賽爾思想，由孤獨現象入手，分析討論自殺的原因。由知生而知死，或是由知死而知生，從而向死而生，這乃是人類從生死角度叩問生命終極意義不同的進路。本文嘗試從人面對生與死的角度，讓讀者可以從自身的教育專業，思考本文的理論是如何豐富生命教育的「知」，又可以如何與生命教育的「情」、「意」、「行」產生對話。

2002）²。其中青少年自殺問題更促成了臺灣生命教育發展的契機，如前臺灣省教育廳於1997年底於全臺灣推動的中等學校生命教育計畫，主要回應當年多起的青少年自殺事件，也奠定了生命教育的發展基礎。

在美國，自殺已經是四十歲以下年輕人的第三大死因，也是大學生的第二大死因（Jamison著，易之新譯，1999著／2000譯）。不只是對生命感到絕望的人會這麼做，也有許多古今中外的名人或學者，曾經徘徊在生死邊緣，甚至做了絕望的選擇，例如：作家三毛、演員張國榮、作家兼導演三島由紀夫等都是相當著名的例子。究竟，自殺是一件怎麼樣的行為？是在絕望下不得不做的選擇，還是一時衝動的念頭？人為什麼會自殺？這些問題是相當不容易回答的。本文將試圖以「存在哲學」的角度探索自殺現象，並試圖找出存在的希望！

希臘及古典哲學家是以抽離的角度在看待世界，到了近代哲學，人開始思考自我與其他人事物的關係。20世紀，哲學問題回到人本身，重視人是什麼？人際關係是什麼？其中有部分思潮著重思考存在與生命意義的問題，如叔本華（Arthur Schopenhauer）、卡繆（Albert Camus）、沙特（Jean-Paul Sartre）等都是著名的代表，他們的思想被歸類為「存在主義」。當代四大存在哲學家為：海德格（Martin Heidegger）、雅斯培（Karl Theodor Jaspers）、沙特、馬賽爾（Gabriel Marcel）（陸達誠，1992）。本文選擇馬賽爾思想，作為回應自殺挑戰的思想主軸。馬賽爾思想指出了人孤獨的具體現象，並且以主體際性的愛來克勝孤獨，並找出存在希望的結論。因此我們可藉由馬賽爾的思想，來探討生命的意義與產生存在希望的可能性與方法，並回應現代社會中自殺現象的挑戰。

---

² 林繼偉、潘正德和王裕仁指出：社會問題與生命教育的回應間有密切的關係，林文使用「社會指標分析法」及「詮釋分析」，定義出臺灣後現代的七項社會問題：青少年暴力犯罪、青少年性行為、成癮問題（藥物濫用）、自我傷害、憂鬱症與癌症、環境污染及老齡化社會，並由生命教育的內涵一一回應這些社會問題的出路。

一、自殺的定義與自殺的分類

(一)自殺定義的探討──字面上的意義與專家學者的解釋

　　什麼是自殺？字面上的意思：「自殺：一個人死於自己之手；一個人犯下自我謀殺；是取走一個人自身生命的行動，自我謀殺。」[3]（The Oxford English Dictionary Online, n. d.）；「自殺：一種自願地且有意圖地取走自身性命的行動或事件。」[4]（Webster's Third New International Dictionary Online, n. d.）。由上述辭典的定義可知，自殺是一個人自願讓自己生命死亡的一個行為。

　　法國社會學家涂爾幹（Emile Durkheim）著名的《自殺論》（*Suicide: A Study in Sociology*）一書中對自殺的觀點為：「任何由死者自己完成並知道會產生這種結果的某種積極或消極的行動，直接或間接地引起的死亡」（Durkheim著，馮韻文譯，1897著／2008譯，頁11）。在此定義下，除了一般自殺外，似乎也涵蓋了某些自我犧牲的行為。世界衛生組織把自殺行為定義為「不同程度的求死意圖所造成的自我傷害」（Jamison著，易之新譯，1999著／2000譯，頁23）。在此定義下，似乎也涵蓋了某些讓自己雖生猶死的行為，或者更明確的說，有些人活得像行屍走肉，既不知自己為何而活，一旦死之將至，也不知道為何而死，這種人的生活可謂活死人！

　　本文綜合各家觀點，歸納出三種類型的自殺種類與定義，並說明其可能成因。

---

[3] 英文原文為："One who dies by his own hand; one who commits self-murder. Also, one who attempts or has a tendency to commit suicide"。

[4] 英文原文為："the act or an instance of taking one's own life voluntarily and intentionally especially by a person of years of discretion and of sound mind"。

(二)自殺行為的分類

本文將自殺分成三個種類,除了一般傳統所定義的自殺以外,第二類則是自我犧牲,還有一種是雖生猶死的慢性自殺。

◆傳統自殺

傳統自殺我們分為壓力型與病理型兩種。第一種類型為壓力型自殺,是一般人所認知的自殺行為,其自殺原因來自各種不同的壓力,例如近年因經濟壓力而自殺者日益增多,如卡奴或背負龐大債務等情形。也有因社會壓力而自殺者,如升學失利受親友責難、失戀及失業問題等。亦有因健康壓力自殺者,如久病纏身或得了絕症等無法承受之心理壓力而自殺。這些都是典型的壓力型自殺,而自殺者的境況雖令人同情,但是否在相同境況下人都會自殺呢?似乎也不盡然,因此導致自殺的因素也與個人如何面對壓力的處境有關。

另一類型的傳統自殺則為病理型,如憂鬱症、躁鬱症等精神疾病,無法控制自己的心智而自殺。這類型自殺需要用藥物控制等治療,不在本文討論的範圍。

◆自我犧牲

通常傳統自殺行為會被認為是一種偏差的社會行為,但是某些犧牲自己而拯救他人的自殺行為,似乎不能視為一種偏差的行為,本文的自我犧牲以不傷害他人並以增進他人福祉而犧牲為前提。

例如:有一顆手榴彈掉進散兵坑中,一位士兵為了拯救大家的性命,而撲上去掩蓋住手榴彈,犧牲了自己。士兵的行為雖然符合自殺定義,但顯然是一個英勇而受讚揚的行為,他以自我犧牲的方式,來維護弟兄的安危與別人性命的延續。這一種犧牲生命的行為,來自他相信:他的犧牲可以讓弟兄有機會躲過這場危難,而平安回家。這行為即為本文所定義的自我犧牲類型的自殺,這類型自殺以利他的希望為基礎,更彰顯出愛

的真義。

馬賽爾也曾舉了一個父親為兒子犧牲的例子,在父親為兒子犧牲的當下,一定包含著愛與希望,那是一種奮不顧身的純愛,也包含了對兒子會更好的希望。這是種犧牲自己,成全他人幸福的行為。這種犧牲既不保留什麼,也不求回報。如同孔子曰:「志士仁人,無求生以害仁,有殺生以成仁。」《論語·衛靈公》及《孟子·告子》上:「生亦我所欲也;義亦我所欲也;二者不可得兼,捨生而取義者也。」

由上述兩個例子看來,自我犧牲是一種完全的給予,將自己完全的奉獻出去,自我犧牲不是絕望而死,反而是對理想或生命有著無比的信心及希望,將我自己贈予出去,因為我確信這將保證你過得更好。馬賽爾曾說到:「不可能有,也不會有一種沒有希望的犧牲。排除希望之犧牲會是一種自殺。」(Marcel著,陸達誠譯,1949著/1983譯,頁79)可見自我犧牲並非因絕望而選擇死亡,反而是對自己死亡可以帶來的影響,擁有一種信心及希望。也可以說自我犧牲者對自己生命意義的肯定,並非滿足自己的需要,而是以服務他人來肯定生命的價值,這與無法承受壓力而自殺者,顯然有著截然不同的生命看法。馬賽爾也曾說過(1949著/1983譯):

> 我要重新討論一月二十六日寫的反省。為什麼一個為別人完全開放奉獻的人應當承認他不再有權自由地處置自己,就因為他這樣處置自己(自殺)時,他使自己不可能再自由地為別人獻身,或者他的做法,與那些從來不思慮如何使自己常能為別人開放服務的人,所做如出一轍。在這兩種情形中有絕對聯盟。然而,在自殺與殉道者之間卻水火不容。這一切反省都圍繞著一個公式在進行:最徹底地把自己奉獻給天主者,必然地(ipso facto)是最自由最開放最喜歡為別人服務的人。這樣一位聖賢願意好像一個好工具那樣的幫助別人,但自殺是否認自己可以成為幫助別人進步之工具的事實。(頁79)

因此「區別自我犧牲與自殺的要素就是希望」，顯然，自我犧牲與傳統的自殺是兩種完全不同的行為，不能夠相提並論。

◆慢性自殺

接下來談到人數最多、也最容易被忽視的「慢性自殺」。這部分的人的生活呈現一種雖生猶死的現象，這樣的人生可能從根本上否定或無知於生命存在的意義。這樣的人生會有什麼現象呢？通常會有「悲觀」、「絕望」、「感到孤獨」、「封閉自我」等現象，這樣的人很難與人作深度的溝通，談話也僅止於生活表象的內容，讓人難以進入他的心裡，而他也不能夠傾聽別人的聲音。我們周遭其實不難遇到這樣的人，有時他們不停的抱怨與責難這個世界。他們表現出失望、悲觀的態度，他們周遭的人常常也被感染到這樣的情緒。比如，一個課業上（工作上）與情感上受挫折的人，他們愁眉苦臉的表情簡直告訴對方，我是如此絕望孤獨的在活著。這樣的人訴苦的第一句話就是：「沒有人瞭解我！」有時他們就麻木的生活或工作，沒有失望也沒有希望的活著。

產生這類型慢性自殺現象的原因是什麼？為什麼現代社會物質充裕、生活品質提升，但是人際關係卻愈來愈疏離？疏離到自殺的情況愈來愈嚴重，甚至在「十大死因排行榜」徘徊不去（中華民國衛生署統計資料，2005）。即使不去自殺的人，也漸漸讓自己活在慢性自殺當中。人際關係的疏離讓人遇到挫折時，沒有寄託，最嚴重的現象就是「孤獨」。人若處在孤獨中便無法找到傾訴或詢問的對象，這樣的人很容易在遇到困境時，自暴自棄，更甚者，就是自殺了。所以「孤獨」可以說是壓力型傳統自殺與慢性自殺的重要根源。

孤獨的困境猶如被關在一個沒有出口的監牢裡，看不見光也不全然黑暗。在黑暗中，人多少還會全神貫注的想尋找光明的可能，不願意輕易放棄。但監牢的處境恰好是一種見不到光的相反光。孤獨也是一種相反光，是一種實存的痛苦而非虛無。這樣實在的痛苦隔絕了自殺者見到光的可能性。

自殺者站在絕望的點上，也站在人有限的極致眺望對無限可能的渴求，但這一個臨界點是危險的、致命的，卻也是絕對的。我們可以說，在站上這一個制高點之前，我們都不能說自己已經經歷過人間苦難，而站到這個點上的人，能夠一躍，跳過有限的理性與經驗的範疇，成了一種希望的主體，而跳不過的，就是我們現在苦苦思索想探討的自殺者問題了。「自殺者往往並不想結束生命，而是想結束目前痛苦的心情。」（Blauner著，楊淑智譯，2002著／2002譯，頁19）大多數的自殺者其實並不真正想死，反而比別人更想活著，但他們並不知道如何突破當前的困難與痛苦，而做出因為想告訴別人他們有多痛苦、有多想解決這樣的痛苦，然後好好活著的求救聲，但這求救聲卻通常以無法挽回的方式發出，就是我們要討論的自殺的舉動。

我們強調一個重點，在蘇珊‧羅絲‧菩勞諾（Susan Rose Blauner）的《向自殺Say No！》一書中提到：「『自殺』不是一種感覺。一個成天想要自殺的人，通常會用：『我感覺想自殺』，來形容自己的心境。無論如何，這句話並不完全正確，因為『自殺』並不是一種感覺，而是一種存在狀態（a state of being）。」（Blauner著，楊淑智譯，2002著／2002譯，頁61）

憤怒才是一種感覺，哀傷與孤獨也是一種感覺。這是理性思考無法處理的感覺，並且，憤怒、哀傷、活不下去的感覺起源更常來自於「孤獨」。感覺孤獨對一個人生命的脆弱與堅強影響究竟有多大？一個不覺得孤獨的人對生命的態度往往積極、自由、樂於分享、樂於助人與樂於去愛。而一個孤獨的人往往走向自我封閉、拒絕溝通、被拒絕、不被愛與無法愛人。兩種截然不同的生命方向，竟然就取決於我們常常使用的情緒字眼：「孤獨」。「我們自問，孤獨與絕望並不是我們人的核心本質，這兩者並不是我們生命的根基。」（Plourde引，1985，頁194）[5]

---

[5] 法文原文為：" ... on peut se demander si le désespoir et la solitude ne sont pas au fond rigoureuse-ment identiques"。

　　孤獨是一種後天封閉自我的結果，而非先天的罪咎。我們從一些字眼上來探究這是否為一個真理，比如：「拒絕溝通」，拒絕是一個動詞，是我們主動去拒絕，拒絕可能出現的援助，可能出現的關心。一個對生命積極而充滿勇氣的人，是會相信在黑暗的困境中，周圍必然有光亮存在的。

　　那麼現代人「孤獨」的成因是什麼？以下從環境與個人兩大向度來分析「孤獨」現象。

(三)孤獨現象的形成背景分析

◆環境部分：工業革命後，資本主義社會的影響

　　我們可以追溯到十九世紀工業革命以降。工業革命後機器取代人力，也取代了人的價值，在科技愈發進步的現代，人的尊嚴與不可替代性，卻淪喪到成為機器的其中一部分。

　　資本主義隨著工業革命後興起，資本家醉心於營利，壓榨著工人的勞力，工廠最注重的是生產量，漸漸的，生產能力成了一個人價值的唯一指標。這樣的現象不斷擴大到整個社會，「功能」就是人存在的唯一價值。人際關係不再需要被重視，只要工作能力好，生產力佳，就是一個「好人」，其實換句話說，只是一個好的工具罷了。

　　在這種社會中人被物化成一顆螺絲釘或一把螺絲起子，人只是工具，變成機器的一部分。人不再被當作人對待，也不把自己以及別人當作人對待。功能化的社會讓人只重視自己與別人的功能而已。這樣的發展結果會導致人與他人只有彼此利用的「功能性」關係，而形成一個「非人」的社會。例如一個工廠中，工人是操縱機器的工具，主管是管這些工具的工具，就算是老闆本身，也是將這些員工當作是生產工具的賺錢機器。一整個工廠都沒有真正的人，只有功能性的工具人。這樣的現象，不只是個人的慢性自殺，也會成為一個社會或國家或人類毀滅的根源。

◆個人部分：思維模式過度偏向理性主義的結果

　　理性主義有四個特色：「拆散」（dissolution）、「客化」（objectification）、「媒介」（mediation）、「思辨」（discursion）（關永中，1997）。這四個步驟的意義為：對任何人、事、物都應該先從浸潤的處境抽離，保持一段距離之後，以旁觀者的姿態審視，把要審視的對象視為客體，透過抽象的觀念思考對方，視之為用來反省被思考的對象，最後，思辨對方的內容，將對方化整為零的檢討、研究、推斷。17世紀啟蒙運動以來，人發現理性可以解決很多問題。理性主義的特色就是凡事必須懷疑，透過思考與求證，才能相信。馬賽爾稱這種思考模式為「第一反省」。

　　這種思考模式用在自然科學的研究上，有相當好的成效。因此，帶動了醫療及科技等進步，緊接著而來就是物質生活的提升，生產工具的快速進步；到了19世紀後，工業革命就開始了，經濟成長，帶動了充裕方便的生活，但人與人之間的關係卻變得冷漠及疏離。

　　因為要善用理性主義的思考模式，人必須要保持「冷眼旁觀、事不關己」的「主客對立」的態度面對世界，才能時時保持理性。人過度肯定理性主義的思維模式，並且將之擴大到其他層面，卻忽略了有許多領域是不能只透過理性思考的，比如：文學、藝術、音樂、倫理及宗教等。

　　當我們把他人當成是客體理解、思考及判斷時，就無法與他產生心靈的交流，因為對一事物的批判，必然保持了某種程度的距離與抽象的概念。而當人習慣以主客對立的態度看待他人時，他人亦然。因此，人們日漸疏遠，「孤獨」也由此而生。

　　綜合前述兩種「孤獨」的成因，想像得到活在現代社會是不容易的一件事，選擇傳統自殺的人必然遭遇很大的痛苦或壓力，但痛苦無法得到社會上的諒解或支持，因為功能化的社會並不關心人的痛苦處境，這樣的人只在乎人的功能。在人際關係上也無法獲得支持，因為人們是冷漠、疏離且不重視溝通的。當痛苦或壓力超越他們能承受的，他們就只能選擇自

我了斷生命。

　　再由「孤獨」的角度看慢性自殺，慢性自殺的人遭遇的困難也許沒有傳統自殺的人那麼巨大，但是，他們也一樣缺乏愛與被愛，否則就不會過一天算一天，消極的活著。一個被愛與懂得愛人的人在面對生命的困境時，比較容易有勇氣面對，即使自己無法獨立面對，也會因親人朋友的支持而挺過難關，或者重新尋回生命的意義，絕不會因孤立無援而走上絕路，或者消極的否定生命的意義，行屍走肉的活著。由此看來，「孤獨」是現代人很迫切需要解決的問題。

二、馬賽爾以主體際性之愛回應孤獨的困境

(一)克勝孤獨的主體際性：跨越孤寂的愛

　　馬賽爾曾說：「我寫過『人間只有一種痛苦，即孤獨。』對這句話我越來越認真。我確信，如果一個人體會過真正的愛情或真實友情，他沒有喪失什麼。反之，若他是孤獨的，則丟失了一切。」（陸達誠，1992，頁8）西方哲學所一直強調的自我，就是馬賽爾所謂的孤獨狀態。人將自我與他人分隔得清清楚楚，與人之間的關係是「我與他」，以觀察者的角度冷漠的對待周遭的人事物。主客體清楚的對立，只是讓雙方都成為客體，被批判的對象。

　　馬賽爾針對這種主客對立的關係提出了「第二反省」，第二反省也有四種特色，這四種特色剛好就是對立於第一反省的：「恢復」（recuperation）、「參與／分享」（participation）、「直截」（immediacy）、「直覺」（intuition）（關永中，1997）。馬賽爾認為，我們應該恢復對人事物的投入，重新找回原初的經驗與感動，物我一體，彼此參與、分享及共融。物我及人我的相遇經驗是直截的，不能客體

化後以抽象媒介作為思考的內容，應該以「直覺性」作為融貫，而非思辨。

有些事物是無法被客體化思辨的，例如：我怎麼能懷疑我愛上一個人的感動？我怎麼能懷疑我看見嬰兒要被投入河裡的不忍，與出手相救的衝動？難道愛一個人與捨身救人的舉動，都是經過盤算後才出手的嗎？人最可貴的本質就是「愛」，這也是互相交往，最不功利，最直截了當，最不用懷疑的一件事。「我思」固然可以思考許多工具性的問題，卻思考不了人之間蘊藏的愛與美德。第二反省提出許多不必思考也不能被思考的事物，馬賽爾稱之為「奧祕」（mystery），例如愛、忠信、主體際性、創造性、犧牲、希望、真、善、美等等，都是超越理性的層面，也是不容置疑的。

他進一步提出了「我與你」（I and Thou）主體際性的概念。主體際性就是將「他人─自我」的關係提升到同樣是主體的位置，講究的是尊重、互信、禮讓、互愛的人際關係，很類似儒家的「仁」，以及道家的「物我合一」，都是彼此重視、互相關懷的情操。「主客對立」是一種互相審視的情況，而「主體際性」，則是互相融通與深度對話的交往模式。

在主體際性裡，人可以經驗到不能用理性思辨的「愛」、「信仰」、「美感」及「希望」，這也是人被稱為人的本質。真正的人不會單獨存在，必定是「我們」共同存在，人如果不能夠進入主體際性中，則「我」僅只是「他」；而「我」之能為「我」，則是因為「你」。這個「你」，是愛所環繞著旋轉的中心。「我」是別人的「你」，「我─你」取代了「我」。人間不會單獨存在一個「我」，而會是「我」與「你」。

「愛，由於不同於欲求，且與欲求對立，卻把自我隸屬於一更高的實體──這個實體是在我心靈的深處，比我自己更為我自己。」（Marcel 著，陸達誠譯，1949著／1983譯，頁79）主體際性的愛是與欲求的欲愛對立的。一個擁有主體際性之愛的人，不但會關懷他人，也不會讓自己陷入孤立無援的處境。例如一個真正愛自己母親的孩子或者真正愛著自己孩

子的母親，會忍心棄對方於不顧而自殺嗎？只有感到孩子無法體諒我或母親並非真心愛我的孤獨者，才會放棄自我或者走上絕路。一個能夠愛人的人，必定也能夠愛著自己，並且不但對自己懷抱著絕對的希望也將帶給人無窮的希望。主體際性的愛與希望是分不開的，沒有希望的愛不能稱之為真愛。

(二)主體際性之愛所帶給人的無窮希望

一個孤立無援的人容易感到絕望，也無法對未來產生信心，積極者採取自殺手段，消極者則否定生命意義，成為慢性自殺。上述提到透過主體際性的愛可以讓自己與別人產生安全感與希望，究竟什麼樣的希望才能稱為真正的希望？

馬賽爾對「希望」（espérance）做過以下的詮釋：對於德國在二次大戰期間，對集中營的戰犯做過慘無人道的事情，我們應該怎麼面對？若我們置身於集中營的環境中，我們又該如何有希望？在1942年的里昂國際會議上，提出了人有迫切需要一種真正希望的需求。馬賽爾則提出自己在更早之前，就拜訪了Lubac神父。該神父告訴馬賽爾，他在比里昂國際會議更早的Fourviere神學院會議上，就提出人對真實希望的渴求。

馬賽爾說，什麼是我們渴求的真實希望？「希望是一種願意全然恢復自由的意願！在我思想中的希望，完全是依照著德國集中營裡面無數的俘虜們的困境塑形，也就是說，當我在這樣的處境之中，我該如何有希望？然而，我不能夠用抽象的方式來表達這樣的思想，相反地，這個問題是一種對形上學做出迴響的問題，這正是我們找到的緊密聯繫對於恢復自由與不滅的希望。」（Plourde引，1985，p.188）[6]

---

[6] 法文原文為："qu'il fallait trouver l'articulation entre l'espoir de la libération et l'espérance en l'Immortalité"。

如何產生恢復自由與不滅的希望？馬賽爾發展出自己的「希望的精神現象學」理論。想產生真正的希望，也就是不滅的且自由的希望，就必須先對「希望」有清楚的認識。馬賽爾提出了以下幾種我們常與真正的希望混淆的期望。

「這些不是希望」[7]（Plourde引，1985，p.189）：

◆ 來自欲望（du désir）

這非常重要，欲望與希望通常處於同一個場域，而彼此的界線是「恐懼」的標記，這兩者在同一平面並且是不可分割的。也可以說，要如何判斷這兩者的不同，只能憑藉內心的恐懼作為標準。當內心害怕著這個希望可能會破滅時，則這個希望就會被框進欲望的區域。而這個區域的劃分方式是斯賓諾莎（Baruch de Spinoza）哲學的智慧無法到達，也是其所不能知的（E.A.107; F.V.I., 92; voir aussi art. ANGOISSE）。

欲望被定義為以自我為中心，並只集中在想占有的欲念上，並單純地以自我的利益為考量，除此之外，沒有其他因素被列入考慮。也可能是為了個人貪欲的享樂主義。「希望與欲望對立，它不以自我為中心，希望被寄託在『我能』（ai-je）之中。因此在*Homo Viator*中，我寫到：『這總是給我們希望。』」（Plourde引，1985，p.189）[8]

希望與欲望的區別方式來自兩種標誌，其一為對希望破滅之可能的「恐懼感」，其二為「以自我為中心」的利益考量。希望的強大力量來自「我能」（ai-je）為人們做些什麼？奉獻自己一些什麼？當考量的點不以

---

[7] 法文原文為："Ce que n'est pas l'espérance"。

[8] 法文原文為："Le désir est par d éfinition égocentrique et tend vers la possession. L'autre n'est alors considéré que par rapport à moi, aux jouissances qu'il est susceptible de me procurer si je suis concupiscent, ou simplement par rapport aux services qu'il pourra me render. L'spérance au contraire n'est pas égocentrique: espérer, ai-je écrit dans *Homo Viator*, c'est toujours espérer pour nous"。

「我」為中心，而是走出「我」進入「你」的核心，此時，恐懼感會消失，利益得失不再被考慮，真正的希望由此而生。

◆來自求知慾

「求知慾，其結果總無法與欲望分開。」（Plourde引，1985，p.189）[9]第一反省是對科學真理的探索，如果我們將對科學真理的探索運用到對真正希望的探索，其結果則與上述對欲望之探索一樣，都會落入以自我為中心的困境。第一反省是以人所擁有的知識作為底基，假設一個可能會發生的結果，在假設到產生結果的過程做努力，但是真正的希望無法以知識作為基礎，而是以超越知識範疇的精神力作為基礎。對於以科學真理作為最終反省的第一反省來說，這是不可被驗證的。因此，真正的希望無法透過求知慾作為出發點，若以求知慾作為出發點的希望，其結果與欲望無異，並且有破滅的可能性。

◆來自崇高的志向，或者奢望

「我們常被希望與奢望混淆，因為，希望與奢望在某種程度上，都屬於是心靈中相同重要的部分。」（Plourde引，1985，p.189）[10]這裡我們將「欲望」、「奢望」、「希望」三者進行層次上的比較，「欲望」與「奢望」的分水嶺以「逸樂」、「物欲」為辨識點，「奢望」、「希望」以「自我中心」為辨識點，「奢望」是處於比「欲望」更高的層次，但比起「希望」仍有一段距離，然而，它也是屬於心靈層次中的重要部分，所以我們才會常被混淆。兩者同樣超越我們的理性範疇，也同樣超越我們能夠實現的能力，感覺上都同樣是「相信」，但相信的對象則成為

---

[9]　法文原文為："La curiosité, en effet, n'est pas séparable du désir"。

[10]　法文原文為："... il est illégitime de confondre espérance et ambition, car elles n'appartiennent pas à la même dimension spirituelle"。

了辨識的焦點。

我相信「我」能夠做出超越我能力範圍之內的奇蹟，這個奇蹟會降臨在「我」身上，使「我」因而得救，或者我相信「我能」信仰有奇蹟的發生，但得救的不一定是「我」，而是「你」，而且雖然被救的是「你」，並且不一定是此時此刻，也許在我死後，但我依然相信，我的希望是可能的。前面敘述的是「我」為第一考量，若「我」未能獲救，則希望宣告破滅；而後面敘述的主角是「你」，希望者走出自我中心抱持希望，這個希望是堅強的希望，不會破滅，並且可以貫徹的相信。

馬賽爾依上述的差異性將希望分為三種：

第一種：普通的希望。這種希望還停留在對「個別的、具體的、在現世能找到的事物」（關永中，1997）的希望，比如名譽、財富、利益、健康等的希望。馬賽爾將這種「個別的、具體的、在現世能找到的事物」稱之為「有」（having）。「普通希望」英文為：「I hope that......」，是以個別、具體的對象為目的的希望，一旦期待落空則感到失望，是容易產生希望卻又容易失望的希望。因為這種期望會看到結果，為獲得自己想要的結果就會感到失望，不是真實的希望，而是一種「我希望有一輛跑車」、「我希望拿一個博士學位」更或者「我希望身體健康」的希望，而一般人的希望幾乎都是停留在這一層次之中。

第二種：形上的希望。即馬賽爾所說的「真實的希望」，這種希望是以「絕望」作為跳板。「絕望」、「失望」不是程度上的差別，是根本意義的不同。上述提過「失望」是有希望但落空的感受，而「絕望」則是一種處境，一種對事物不再抱持任何希望，哀莫大於心死的處境。失望只是無法實現願望，絕望則是根本不去希望。

馬賽爾指出：「除非有『絕望』的誘惑，否則便無所謂有『希望』，希望就是克勝絕望誘惑之行為。」（關永中，1997，頁477）因此，若要瞭解什麼是希望，則應同時瞭解什麼是絕望。馬賽爾更進一步

指出，活在希望中就是尚處在黑暗之中，正因為四周仍是一片黑暗，故希望見到光明；因處在人生的逆境之中，因此希望可以突破困境，扭轉局勢。「每一份希望的背後，都蘊藏著某種悲劇的背景。」（關永中，1997，頁433）可以說，真實的希望必然在絕望的處境中產生，比如：絕症病人希望自己的病可以痊癒、蒙受不白之冤的死刑犯希望自己能夠沉冤得雪、戰亂被俘希望獲釋……都是深刻的盼望。殷切的希望有一股超越於人之上的外力，救贖我們於水深火熱的處境之中。因為在絕望處境中，人體會到自身的渺小、力量的微薄，單憑一己之力是無法突破困境，因此，人突然開放自己，向超越的、也在己內的一股力量求援。這股力量不會只憑靠自己就能產生，必然還有一個更偉大的絕對者參與其中，馬賽爾稱之為「絕對你」（absolute Thou）。主體際性在極度的絕望中迸然而生，出現了「我—絕對你」的主體際性。這是主體際性的根本結構，少了「絕對你」的參與，則主體際性無成立之可能。

形上希望必須預設主體際性，因為「一個自我中心且封閉在自我以內的個體不可能有形而上的希望。因為他既不參與存有，又缺乏內在資源，在困境時完全局限在自己有限的能力中，根本無法超越。」（陸達誠，1992，頁306）

形上希望不再依靠一般實在界的可能性，而是更進一步認清楚人的渺小與不足，轉而懇切地、渴望恩賜的臨現，相信不論是否為基督徒，在困境中我們總有「希望此刻奇蹟能夠發生」這種聲音從心底冒出，「絕對你」在這一刻已經匿名出現，這是不能夠否認的事實，是真實的希望。二次大戰納粹屠殺猶太人，猶太少女安妮·弗蘭克寫下《安妮日記》，記錄她在密室生活兩年半的點點滴滴，而最令人感動的是她進毒氣室那年，她仍然寫下充滿無限希望的心聲：世界越來越荒蕪，隆隆的砲聲越來越接近，可能在宣布我們的死亡，我同情成千上萬人的痛苦。但當我仰首望天，我想：這一切要改變，這一切要重新變成好的，野蠻的日子要結

束，世界要重新知道秩序、寧靜與和平（陸達誠，1992，頁309）[11]。

　　一個年僅十四歲的少女，力量是如此單薄，但我們見到她在絕望處境之中，蘊藏的絕對希望是如此深刻而有力。真實的希望常蘊藏著超越個人能力的巨大力量，會有非常人所能展現的堅忍毅力，有相信逆境不是最後境況的堅定信仰，有跳出自我、開放自我與「絕對你」結合的意願，有對他人與對自己都能接納的忍耐力與愛心。

　　第三種：基督徒的希望。與形上希望的本質幾乎一致，差別在於基督徒的希望將「絕對你」突顯出來，並將「絕對你」意寓神的臨在。如果形上希望中「絕對你」隱然降臨，那麼基督徒的希望則是讓「絕對你」具體的登場（陸達誠，1992）。

　　　　馬賽爾將這無限本體稱呼為「絕對的你」，這是一個充滿深意的名詞，它意味著這超越的天並非是一個全無意識的本體，相反地，圓滿的本體需蘊含著一有位格的心靈，祂能夠呼籲、能夠關愛、能夠被愛。換言之，祂能夠跟祂的受造物產生「我—你關係」，在愛的融通中臨現於我之前；這樣「絕對的你」的臨在喚醒了人的希望，人若能體驗與回應神的親臨，他已再沒有絕望的餘地。（頁311）[12]

　　基督徒相信「絕對你」對人的愛以及人對「絕對你」的信靠，這種深刻的臨在交流讓基督徒產生出超越現世生活的永恆希望。處在逆境

---

[11] 法文原文為："Situations dans lesquelles peuvent naître ou l'espétance, ou le désespoir, ou l'inespoir, « À la base de l'espérance il y a la conscience d'une situation qui nous invite à désespérer (la maladie, la perdition, etc.) »"。

[12] 法文原文為：" -- à la passivité et à la resignation -- « Tout d'abord l'idée d'une espérance inerte est à mon sens contradictoire. L'espérance n'est pas une sorte d'attente engourdie, c'est quelque chose qui sous-tend ou qui survole l'action, mais qui à coup sûr se dégrade ou disparaît quand l'action elle-même s'exténue. L'espérance m'apparaît comme le prolongement dans l'inconnu d'une activité centrale, c'est-à-dire enracinée dans l'être. »"。

中、遭受迫害、性命被威脅、身患絕症、與至親至愛生離死別等,這些足以令一般人絕望的困境中,基督徒仍舊會相信這種逆境不是末路,因為有「絕對你」的臨在,則現世的苦難不會是最後的末路。這是一種絕對的希望,馬賽爾給基督徒的希望作了以下公式:「為了我們我寄望於你。」(I hope in Thee for us.)(陸達誠,1992,頁311)

　　第二、三種希望為「絕對希望」,英文為「I hope」,是沒有欲求個別對象的純全希望,必須在先預設主體際性的關係下,才有可能產生。因為「主客對立」的存在關係是不能夠脫離「有」的層級,而在「有」的狀態,是不會有所謂形上的希望與基督徒的希望出現。

三、三種希望對自殺挑戰的回應

(一)普通希望無法回應對自殺的挑戰

　　普通希望是對「個別的、具體的、現世的事物」產生欲求的希望,這樣的希望因世事無常而經常會失望,因此無法產生真正的生命意義,反而會產生「存在的壓力」。日前,一位資優生自殺的案件引起注目。該生是臺北市立建國高級中學前十名畢業,考上臺灣大學電機系,爾後因被退學而跳樓(余思維、李定宇、楊忠翰,2009)。這就是一個典型因普通希望失落而產生存在壓力而尋短的一個例子。如果這位同學能夠體認清楚「學歷」並非判斷自我價值的唯一指標,並瞭解當前的逆境不會是末路,那麼就會產生出真正的希望。「希望的真正意義是人對圓滿境界的盼望,而普通希望只是絕對希望有限、具體、落實於現世的表現而已」(關永中,1997,頁459)。普通希望若沒有形上希望作為基礎,則人感到失望的可能性很高。

(二)絕對希望為生命意義的基礎

一般人平時很難察覺到真正希望的存在，唯有在面臨極端困境中，才會出現絕望與絕對希望的唯二選擇。封閉自我則走向絕望；開放自我與絕對你結合，則超越對現世的一切盼望，轉而嚮往超越界。極端困境反而成了絕對希望湧現的泉源。會選擇自殺的人往往看不到絕處逢生的可能，也不相信任何感官不可及之物。一個有絕對希望的人絕不會在普通希望寂滅之後，便走向絕望，相反地，他會因為普通希望破滅而清晰的見到絕對希望的存在。比如懷抱絕對希望的癌末病人，他並不會因為生命走到盡頭感到人生無望，現世的「有」已無法提供他生命的意義，但他也知道絕症並不等於一切失落。他感受到的是「絕對你」的關愛與融通，他期待來生與彼岸永恆的生命。至親至愛之人的死亡並不會讓有絕對希望的人感到絕望，在對親愛之人的愛中，我們期待彼岸的相聚。當生命的盡頭都能夠擁有無限希望之時，那麼僅只失去一些身外之物又有什麼好讓我們想自殺的呢？又有什麼好讓我們感到絕望而認為人生無意義呢？

形上希望並不一定被是否有基督教信仰所限定。誠然，有基督教信仰者較容易將「絕對你」的臨在等同於「上主」的臨在。但我們也不諱言，絕對希望必然也是絕對信仰。馬賽爾對希望作了以下總結：希望本質上是人靈的開放感通心態，它使人充分密切地進入融通的經驗，好能在（那些違反希望的）意志與認知之爪牙下完成一超越的行動──這行動奠定了煥發的更生，使人在這經驗中可以有能力去立下盟誓與接受初果（關永中，1997）。

開放自我與「絕對你」相遇，將自我中心向「你」的位置產生主體際性的關係，湧現出真實的希望，超越了對實在界個別事物的索求，轉而投入形上的、不會破滅的圓滿境界，相信並肯定存在的價值，則自殺的可能性在主體際性的愛與絕對希望的保證下逃逸無蹤。

一個能夠瞭解希望之真諦的人，不會想要去自殺，也不感到生命無

意義，並且在最艱難的困境中，還能教自己與別人相信，還有尚未到來的美善值得期待。

四、如何產生真正的希望？

如果真正的希望可以帶領人們過應該過的生活，並知道如何在面對困境時做出反應，而非消極的逃避，更甚者，產生自殺的念頭。那麼真正的希望要從哪裡發芽？以什麼樣的精神養料灌溉，才有可能成長？

真正希望不是一種樂觀主義，不是自欺欺人。樂觀主義者的希望比較偏向於不經思考的希望，是一種片面式的，只擷取對自己有利的部分看待事情的希望，這樣的希望並不是馬賽爾所謂真正的希望，而是一種奢望，或妄想。馬賽爾提出，真正的希望誕生於絕望與無法指望的困境之中：「什麼情境之下我們會產生出真正的希望？希望之基礎，是在我們有意識思考的情形下，感到處境已經讓我們無法勸說我們自己抱持希望，並引發出人覺得應該『放棄』的墮落本性。」（Plourde引，1985，p.192）這時候，我們會由消極的屈從於情勢，轉化為積極將希望扎根於真正的存在之中，此刻，形上希望正式產生，因為那普通希望已經被困境絕望逼迫到最臨界點，無法再停留在形下界，這縱身一躍，就翻入了我們前文不斷論及的真正希望之中，也就是絕對希望。改變和轉機往往出現於我們正準備放棄的時候，那我們也可以稱之為「靈光乍現」，或者「突然想開」，若用宗教術語，就是「頓悟」及「恩寵的光照」。

希望的相反是一種消極與屈從。所有觀念性質的希望都屬於一種惰性的希望，是我所謂真正希望的含義裡所反對的。希望不是遲鈍的等待著出路，而是一種存在基礎或飛越行動。當然，當良好的客觀環境或條件降低或消失時，那股超越的力量依然可以獨立存在。「希望」令我能夠擴展到一項未知的核心活動裡，也就是說，希望根深柢固於「是」（being）

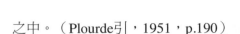

之中。（Plourde引，1951，p.190）

生命並不是一個等待被解釋的問題，也不是一個等著被解決的困境。生命是一個等著我們活出精彩的奧祕。所謂困境，只是引發我們體驗奧祕與愛的媒介。應該學習愛我們所遭遇的困難，並且由此認識，希望並不在有限的生命與物質裡，它存在我們人被賦予的生命勇氣之中，而絕望的困境，正好讓我們可以真正見到這道光，這道光，會照耀出我們真正該活的生命並走出自我中心，開放封閉的心靈，也藉此照耀別人，成為另一個小光源。

五、結語：存在本身就是意義

我們不會無緣無故的來到這個世界上，最顯然就是母親經歷痛苦的生產過程將我們生下來，這是第一個願意用犧牲生命的風險來愛我們的人。上帝不會平白無故造了我們而不給我們任何啟示。生命不會沒有意義，一個相信活著有一定意義的人，不會輕易對未來失去信心，也不會輕易感到絕望。

自殺的問題很難通盤回答，本文只能就孤獨現象，透過馬賽爾的思想，期待與大家分享可能的解決方式。也希望透過這樣的思想，可以應用於生命教育探索生命意義的途徑。

參考書目

Emile Durkheim著，馮韻文譯（2008）。《自殺論》。臺北：五南。

Gabriel Marcel著，陸達誠譯（1983）。《是與有》。臺北：臺灣商務印書館。

Kay Redfield Jamison著，易之新譯（1999）。《夜，驟然而降：了解自殺》。臺北：天下文化。

Susan Rose Blauner著，楊淑智譯（2002）。《向自殺say no！》。臺北：張老師文化事業股份公司。

余思維、李定宇、楊忠翰（2009.12.26）。〈疑「只求第一」資優大學男上吊亡〉。《蘋果日報》，檢自http://www.appledaily.com.tw/appledaily/article/headline/20091226/32188712/

林繼偉、潘正德、王裕仁（2002）。〈生命教育對後現代臺灣社會問題的回應〉。輯於《全國生命教育理論與實務研討會論文集》，頁79-100。苗栗：育達商業技術學院。

香港中文大學中國古籍研究中心。《孟子·告子》。漢達文庫，檢自http://www.chant.org/PreHan/Detail.aspx?b=0881&Ch=0881-0011&s=5484#s5484

香港中文大學中國古籍研究中心。《論語·衛靈公》。漢達文庫，檢自http://www.chant.org/PreHan/Detail.aspx?b=0880&Ch=0880-0015&s=3307#s3307

陸達誠（1992）。《馬賽爾》。臺北：東大出版社。

臺灣衛生署統計資料（2005）。衛生統計叢書，檢自http://www.doh.gov.tw/statistic/data/衛生統計叢書2/94/下冊/表9.XLS

關永中（1997）。《愛、恨與死亡：一個現代哲學的探索》。臺北：臺灣商務印書館。

Plourde, S. (1985). Vocabulaire philosophique de Gabriel Marcel, En collaboration avec J. Parain-vial, M. Belay, R. Davignon, *Collection Recherches Nouvelle série 6*. Montréal, Bellarmin-Paris : Cerf.

The Oxford English Dictionary Online (n. d.). Suicide. Retrieved from http://www.oed.com/view/Entry/193691?result=1&rskey=IWLjYt&

Webster's Third New International Dictionary Online (n. d.). Suicide. Retrieved from http://www.merriam-webster.com/dictionary/suicide

生命教育在自然

吳渭濱

　　學者一直關注生命教育的整全發展，認為生命教育應包括天人物我的四重關係，讓每個生命都對天、地、自己、他人有充分的認識，並建立當中重要的關係，生命才會豐富。人與天是牽涉到信仰及宗教的關係，人與地是環境的關係，人與自己是內在的關係，人與他人是社群的關係。

　　「生命教育在自然」是提倡一種在大自然體驗學習的生命教育課程，它能幫助我們探索自我生命的成長，亦能思想人與地的關係。現代社會在處理人與地的關係上主要思考環境保育的問題，但這並不全面。我們需要從文化傳統及現代科學的角度再思考人與地的整全關係，有學者稱之為「生態自我」。當我們能好好認識這些有關「生態自我」的含意，我們方能懂得愛護大地，並與自然和諧共存。基於這些概念，本文嘗試結合體驗學習模式及個人生命成長的特徵，建議一種可行的生命教育課程。

一、工業社會與大自然

　　自工業革命以來，我們都聚居城市，遠離大地，慢慢忘記我們與大

地的關係（The Guardian, 2008）。青少年接觸的大部分東西，都是來自於商場。那些來自大地的食物，如蔬菜、水果、鮮魚，都已清洗乾淨，被包裝得整整齊齊，放在商店裡。青少年根本無法認識這些食物的原本模樣，更談不上跟它們有任何接觸，對它們的生存狀況認識甚少。

我們人類被視為高高在上的站在生物鏈的頂端，所有的其他生物皆服役在人類之下，是人可以隨便拿用的資源。大地就好像家裡的電冰箱，裡面的東西都是為了供應我們的需要。這樣視大地為人類資源倉庫的「自然觀」，是導致人類與自然疏離的重要原因之一。人類貪婪地開發大地資源，妄想滿足我們近乎瘋狂的消費欲望，繼而造成大量的污染，使大地快要到達無法承擔的境況，並威脅人類的生存。

二、另類自然生態觀

其實，我們並不是自然生態的中心，而是它的一部分，是其中的一股支線。因此人類需要重新看待自身在整體自然生態的定位，把我們和其他生命體看成一個互相依存的有機體。挪威著名哲學家阿爾內‧內斯（Arne Naess）認為單是認識自然生態也是不足夠，我們還須擴大我們的身分認同，建立一個更大的我，一個「生態自我」（ecological self）。（Seed, 2004）當人建立這個生態自我，他才懂得追求生態環境的益處如同追求自身的益處（Reitan, 1996），懂得如何與自然共存。

三、人類文化傳統與大自然

中外的文化傳統在工業革命前皆視人與自然為一整體。老子說：「人法地，地法天，天法道，道法自然。」（老聃，1989）他告訴我們

人類要效法天地，從中理解及認識自然的規律，讓我們活得更有智慧。正如大地生生不息的長養萬物，人應該效法大地這種大公無私，無所不養的偉大精神。中國文化傳統認為人生的目的就是「參贊天地之化育」，人就是要助成天地化生養育的工夫。

西方傳統看人與地的關係也並非純粹是物我的關係，《聖經》記載人與大地皆是被創造，人有管治大地的使命，教生命和諧共存。美國教育家杜威認為人類與自然的關係不是像零錢在口袋裡，也不是像雞在籠中（Santayana, 1931）。有機體不單是生活在環境中，它是依靠環境來生活；就像魚生活在水中，鳥生活在空中。環境不僅僅是指人周圍那些外在的東西，它是指周圍之物與人自己的活動趨勢之間特定的連續，自然與人之間的協調使人的生活成為可能。

四、自然觀察智能

《多元智能》一書的作者加德納（Howard Gardner）把人類智能的研究延伸至九種，包括語言（verbal/linguistic）、邏輯數學（logical/mathematical）、空間（visual/spatial）、肢體動覺（bodily/kinesthetic）、音樂（musical/rhythmic）、人際（inter-personal/social）、內省（intra-personal/introspective）、自然觀察（naturalist）和生存（existential）。他認為自然觀察智能（naturalist intelligence）是有關人類認知、欣賞、明白自然世界的智能（Gardner, 2006）。當接觸大自然時，我們可經驗到蘊藏在自然世界中的智慧，心情得到提升，而且會感到一種幸福感。人若面對自然奇觀，例如山、瀑布等，我們有一種敬畏的感覺。一個有自然智能的人能夠認識到植物、動物的特性，並有效的使用這種能力作生產之用，如狩獵、農耕、生物科學等。

當我們讓所有感官體驗沉浸在自然世界裡，接觸植物、動物、天

氣、水、森林，人類自然觀察智能是可以被喚醒過來的。我們也可以用視覺、味覺、觸覺、嗅覺、聽覺和心靈去感覺自然世界，它可以引導我們重新認識自己，尤其是當我們看到自己看似微不足道的生命和宇宙之間連接的時候。其實，我們的生活、動作、存有都和這個宇宙有所聯繫。

我國詩人杜甫可能也是一位富有相當自然觀察智能的人，他的一首名詩〈春夜喜雨〉，讓我們看見詩人的確把自己的感官體驗沉浸在自然世界裡（浦起龍，1961）。

> 好雨知時節，當春乃發生。隨風潛入夜，潤物細無聲。
> 野徑雲俱黑，江船火獨明。曉看紅濕處，花重錦官城。

細讀這詩，內裡有詩人的視覺（如火、船、黑、紅顏色等）、聽覺（如雨、風的聲音）、觸覺（如潮濕、重量）去感覺自然世界。詩歌意在盛讚春雨默默無聲、無私奉獻的崇高品質，寄寓了作者對春雨的盛讚之情。這首〈春夜喜雨〉詩，不僅描寫「好雨」適時、合宜、順應環境但不擺出高調姿態的生命奉獻，還以「好雨」的高尚品格寓意一切「好人」的高尚生命也應是如此（浦起龍，1961）。

五、個人生命成長

人本主義心理學認為人的本性良善，而且擁有不同的潛能，有待他自己去發展。學習是人類發現自我的過程，透過學習和體驗，人能追求自我的實現（self-actualization）（Shaffer, 1978）。基於人本主義的傳統，導師只是扮演促進者的角色，協助學習者成長。學習者於小組互動中彼此參與、實驗和發現新的知識及經驗，他置身在每一個經驗裡，而且對自身的學習負上責任。學習者是自由及自主的，他自發的學習會促成自身的解放、豐富及完善。人本主義的教育認為經驗是知識的來源，也是學習的內

容。每當學習者反思自身的經驗，並以新的角度觀察、詮釋這些經驗，它們便可轉化成新的、真實的知識。若這些經驗是有關學習者的自身特質，他的經驗被重新詮釋後便被再擁有而成為新的自我發現。經過不斷地反思、詮釋，學習者的生命就可以變得更完整。

羅傑斯認為，一個完整的生命有以下的特徵（Rogers, 1951）：

1.對經驗是開放的，而不是像受到威脅的人；不以僵硬的、防禦的姿態面對新的經驗。
2.能活在流動的經驗裡，不僵化的，每一刻感到自己自由的、真實的存在，以最大的適應度去發現自己，才是健康、成熟的生命。
3.信任自己、自己的直覺、感受和價值。有方向感、目的、領導素質。人格統整，自覺一個真實的自我，良好的人際關係和溝通能力，擁有平衡和實際的生活態度。
4.有創意的生命，能適應不同環境，能作出有效的判斷。
5.有建設性的、健康的社群生活，可被信任，能自我約束，尊重自己和他人。

認識這些生命成長的特徵很重要，尤其是生命教育的工作者，要不然，生命教育的目標和方向會變得含糊。幫助學生懂得信任自己，認知自己的人生價值，找到人生方向和目的，擁有良好的人際關係和溝通能力，平衡實際的生活態度，能自我約束，尊重自己和他人等等，都可成為生命教育的目標。

人本主義教育所提倡有關學習是人類發現自我的過程的觀念，對生命教育的推行方法亦十分有啟發。生命教育的方法確實需要以學生為本，老師透過不同的學習和體驗方法，引導學生反思、詮釋這些學習經驗，使之成為學生對自我的新發現。

所以，當要構思把大自然體驗活動變成為生命教育的學習，老師必須考慮怎樣促使學生在經歷這些體驗活動後，獲得生命成長的特徵，否則

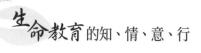
這些大自然體驗活動與一般的生態教育活動無異。

六、體驗學習模式

縱然人擁有自然觀察智能，若不加以發揮，也沒有多大的益處。因為現代人住在城市，接觸大自然的機會不多。若要發掘這種自然觀察智能，以體驗學習模式進入自然環境，將會是很好的方法。況且，個人生命的成長亦不能脫離群體而自我修成。所以，在大自然裡進行的體驗學習模式，可以同時達到發揮自然觀察智能，建立人與地的整全關係，並透過群體學習，促使個人生命成長。

經驗對人的學習和成長都是十分重要的，我們是透過反思及詮釋自身的經驗來學習。有效的體驗學習模式是使學員運用其本身的條件及經驗來解決問題，促使他們豐富、修正已有的經驗及技術來面對新的處境和問題。Joplin（1981）建議的體驗學習模式有五階段：

1. 專注（focus）：首先領隊幫助學習者瞭解將要完成的任務，並把注意力集中在該任務上；亦提供有關學習資訊、物資及工具。
2. 挑戰行動（action）：讓學習者進行富挑戰的活動，他們務必全人參與完成活動，包括身體、思考、感情方面。學習者全權負責，甚至經驗失敗。
3. 支持（support）：在整個活動中，領隊向學員提供所需的支援，包括言語、情感的支援，以確保活動安全。
4. 反饋（feedback）：在整個活動中，領隊向學員提供行動資訊，鼓勵學員完成任務。
5. 解說（debrief）：完成任務後，領隊向學員重述、反思整體過程，帶出各學員的學習所得及經歷，並總結學習目標。

當設計大自然體驗學習活動，這五個階段是很好的指導方針。學員需要老師清晰的目標指引、資訊，包括在自然環境中，學員要觀察和記錄生態環境的關係、不同生命物種的關係、人類與自然環境的關係等等，否則學員可能完全掌握不到活動的目標。結合挑戰行動的好處包括提升活動的趣味性，提供團隊合作、支持、溝通的機會，製造面對逆境、新處境的機會。這些都是很好的生命教育學習，而大自然是一個適合的場景去設計具挑戰的活動。最後的反饋和解說正好是給予學員反思經驗，互相學習的機會，讓新的經驗、詮釋、發現成為學員自己生命的一部分。

這裡介紹的體驗學習，其背後理念與人本主義教育同出一轍，都是以學員為中心，強調經歷過程，發現自我的學習模式，帶領者務必留意以下重點（Joplin, 1981）：

1.以學員為中心：學習是由學員的經驗開始，並不是老師、帶領者或其他人的經驗開始。

2.個人性質較重要：個人的經驗及成長是重點。

3.學習過程與成效：強調學習過程多於某種「正確」的答案。

4.參與式評估：讓學員有機會參與學習評估，對他們來說也是一種學習經驗。

5.全面的理解：鼓勵學員充分認識學習材料及親身經驗其內容，避免只閱讀及體驗經過別人處理好的資料。

6.環繞經驗來建構：考慮學員以往的經驗來組織學習課程，再增加新的學習體驗。

7.領悟為基礎：體驗式學習強調學員自身對主題的理解和領悟，而不是背誦專家的以理論為基礎的答案。

8.個人學習為主：雖然團隊合作技巧也是學習要點，但強調的是個人在團隊中的學習，不是團隊的整體學習，亦不是要建立團隊的標準參照。

七、「生命教育在自然」──體驗學習

　　基於以上討論的自然生態觀、個人成長觀，透過啟發人本身的自然觀察智能、內省能力，有效的體驗學習可幫助青少年建立一更整全的生命觀，學習與自然環境和諧共存。對城市人來說，大地看似是陌生的、充滿危險的地方。其實它是一個滿載寶物，能給人安寧及重新認識自我，認識人與天地關係的地方。在自然世界裡，我們可以體驗大地溫柔的、美麗的一面。讓我們擁抱她，好像孩子在母親懷裡，感到安寧。同時，我們也體驗大地嚴厲的、堅毅的另一面，讓我們學習在逆境中堅持，鍛鍊我們的生命力。

　　在自然環境裡，我們可以找到許多的生命教育素材、讓青少年的生命得到豐富，重新發現大地並不只是人類生存的物質資源所在，大地還可以是人類的老師和朋友。大自然的環境與城市截然不同，很容易使學員脫離平日的生活習慣，以新的角度看身邊的事物。生態環境的生命物種關係、生存的方式可以啟發學員思考人與人的關係模式，不一定是彼此競爭，反而是互相依存。因為大自然環境對一般城市人來說是會比較陌生，而陌生的地方也較容易製造富挑戰性的行動，所以大自然也是很好的場景來進行團隊協作的活動。

　　「生命教育在自然」的體驗學習內容可包括以下方面：

1. 生態學習：善用活動地點的生態環境，讓學習者體驗生命的關係，生命物種的互相依存，尊重生命。生態教育不同於環境教育，因為前者假定人類作為自然生態系統的一個組成部分，而後者則側重於人與自然的互動。鑑於現時環境問題所帶來的挑戰，當務之急是提升學生對生態與人類健康之間關係的認知，建立他們良好的生態素養。

2.歷史文化：觀察當地的人為發展，體驗人與大地互動的結果，反思人類的行為對大自然的影響。人類回應大自然的方式，可有兩種本質上不同的向度，其一是透過科技來操控自然，另一方式是順應自然的規則，發展可持續的模式。透過體驗活動，學員可以發現人類如何學習與大自然共存。

3.生命團隊：透過挑戰活動，體驗團隊協作，學習以開放態度與人相處，協作解決難題。認識自己，欣賞別人的特點，生命交流，反思人與人的交往及關係。

4.個人成長：活動後，提供安靜的個人空間，讓學習者獨處，反思自身經驗，運用創意重整自己與他人、與環境的關係，促進生命成長。

八、「生命教育在自然」——理念架構

綜合以上理念，「生命教育在自然」的理念架構[1]可整合如下，如**圖13-1**所示。

1.它的核心目的是促進學習者建構一完整的包含人與大地關係的生命觀，認知及體會人不是自然的中心，而是其中一環，使他相信人與自然必須要和諧共存。

2.透過體驗學習模式，學習者親身經驗自然是一有機的生命組織，並能把經驗轉化成知識，成為他生命的一部分。

3.學員本身擁有自然觀察智能的潛質，體驗學習可啟發並喚醒它，導

---

[1] 此理念架構是作者在突破機構的體驗和多年的觀察，結合有關的理論所得，包括體驗學習（experiential learning）、個人成長（personal growth）及多元智能（multiple intelligence）。

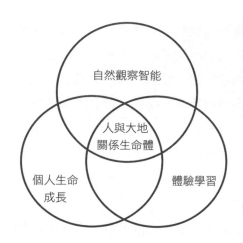

圖13-1 「生命教育在自然」的理念架構

師可鼓勵學員以全身五官去體驗和感受大自然。

4.當學員全人的投入經歷後,導師協助他們反思及整理所學,總結對大自然、對自己的新發現,促進個人生命成長,學習尊重、珍惜生命。

九、「生命教育在自然」──體驗學習案例

基於以上「生命教育在自然」的理念架構,以下列出一項體驗學習活動「自然遠足之旅」作為案例,詳細如下:

(一)目標

建立學員觀察能力,認識大自然,認識自我。

(二)地點

可選擇適合一般初級人士的行山徑。

(三)活動程序

1-2小時遠足，30-40分鐘安靜觀察。

◆遠足

1.學員穿著輕便合適的運動衣服、運動或行山鞋、1-2公升水、防曬油、帽、少量食物、行山杖、紙和筆等。

2.路線資料及安全指引。

3.小組組長協助學員在指定地點進行觀察及記錄，內容可包括：

(1)生態觀察：生命物種的種類，它們之間的關係，彼此的影響等。

(2)地理環境觀察：不同的生命物種如何適應生存的環境，它們面對什麼的挑戰。

(3)人與環境觀察：人類的生活怎樣改變自然環境，人與環境之間的關係。

4.要求組員發揮團隊精神，在整個旅程互相協助。如有需要可由不同學員學習帶領分段路程，組長從旁協助。

◆安靜觀察

1.選擇一舒適地方坐下來。

2.閉上眼睛，深呼吸1-2分鐘，讓身體放鬆。

3.繼續深呼吸，每次呼氣，放下心中的煩惱、掛慮、困擾，暫時不要思想處理這些問題。將注意力都放在此時此地（5-10分鐘）。

4.當身體都鬆弛下來，張開眼睛去體驗觀察身邊的環境，用五官去感

覺它，留意有什麼東西吸引你的注意（10分鐘）。

5.寫下你的體驗，記錄在一本自然日誌裡，好讓日後重溫、整理成為一本個人的成長日誌。可按以下的方向寫下感受，寫的時候，不用太介意寫作的方式技巧，用自己常用的方式就好了（20-30分鐘）。

6.在安靜觀察的活動中，學員要全人的投入在所處的自然環境，包括身體各方面的投入是必須的，如視覺、聽覺、觸覺和嗅覺等。

(1)視覺：你看到的是什麼顏色？最突出的是什麼東西（如花、草、樹木、昆蟲、天空、河流）？什麼視覺圖案最吸引你（如樹葉、蝴蝶）？

(2)聽覺：什麼聲音最吸引你（如蟲鳴、鳥鳴、流水）？除了最明顯的聲音以外，你能聽到更細微的聲音嗎（如風聲、雨聲）？

(3)觸覺：你觸摸到了什麼有趣的紋理（如樹皮樹葉、水、岩石等）？

(4)嗅覺：什麼氣味是最強或最明顯的嗎？做一個嗅覺漫步，嗅探出四周東西的獨特的氣味。什麼東西最突出？

(5)情感：注意活動地方對自己內心的影響，它誘發什麼樣的感受？最喜歡什麼的東西？最不喜歡什麼的東西？你對這個地方有沒有新的認識？它有沒有觸發出什麼有關你自己或生活的問題或新發現？

(6)知性：這地方有沒有引起過去的回憶？有沒有什麼聯想？什麼象徵記號？如果要用一句說話去描述你的體驗，你會怎樣寫？

(7)想像：如果你將今次的學習經驗帶到生活裡，你會帶到哪裡？為何你的生活需要這個經驗？這個經驗可以怎樣改變或影響你的生活？若要給這個經驗一個名稱（如電影或書名），你會怎樣稱呼它？

(8)總結：重溫以上各種體驗，有沒有重複出現的經驗？反思今次的

體驗有沒有增加你對大自然的認識？透過觀察和體驗自然環境及
生態，有否增加你對自己的認識？

體驗學習所強調的不單是經驗的過程，更重要的是它的反思過程，
才能把經驗變成為體驗式學習。學習過程是以學員為中心，領隊只是協助
角色，也毋須將個人意見或經驗強加入活動中，更重要的是學員自身如何
經驗世界。體驗學習也是一種全人投入的學習，包括學員的感受、經歷和
意義。

十、「生命教育在自然」——體驗活動預備

若要達到有效的「生命教育在自然」體驗學習，以下的預備不可或缺：

1. 閱讀野外資訊：瞭解活動地方的地理、生態環境。
2. 實地考察：掌握活動的路線、環境安全、通訊及設備。
3. 領導：活動的設計及帶領必須由有專業訓練、經驗的隊伍負責。
4. 資料：活動所需的資訊齊全，包括簡介（briefing）、帶領
   （leading）、解說（debriefing）的資料。
5. 內容素材：尋找當地自然的生命教育素材，引發生命思考，結合有
   動有靜的體驗。

十一、「生命教育在自然」——學員的學習反思

表13-1是一些體驗活動學員的反思記錄，把它們整理後，這些學習反
思可歸入幾個生命學習主題。透過分析這些反思記錄及分類，我們可以作
質性的評估，確實學習的目標能有效達到。

表13-1　學員的活動體驗反思記錄

生命學習	學員反思*
生命困頓	• 在現今世代，人們都被社會、被生活、被經濟、被疾病各方面所困擾。 • 生活重擔。
生命更新／空間	• 很少時間去探索周遭的大自然，沒有給予時間讓自己的心靈、身體找一個可以放下重擔的曠野。
人與大地關係	• 我們對曠野增加了認識，瞭解她的歷史，人類對她的傷害，城市化對曠野帶來很大的衝擊。
珍惜生命／大地	• 其實生活可以更簡單，只要愛在人間、愛在曠野，人們自然會珍惜更多、反省更多。 • 南丫島上的石頭比家裡的沙發還舒服。 • 回歸大自然，欣賞她的美。
逆境／堅持	• 山路不容易走，以為自己不行，真想不到自己竟然完成。 • 每次的旅程都是一個堅持的歷程。 • 學習堅持、忍耐。
群體生活	• 與組員互相照顧、問候、支持。

註：＊突破機構野外體驗活動例子。

十二、結論

　　自工業革命以來，人類與大地的關係割裂，我們視它為資源的倉庫，供人類滿足其無止境的消費欲望。這種自然生態觀不單嚴重傷害大地母親，更帶來環境的污染，威脅人類的生存。因人的生命單向地追求物質，使生命逐漸失去意義，青少年常感生命困頓。生命教育其中一個目的，就是建立人與大地的關係，藉以明白生命的互相依存，瞭解人生意義與他者有密切的關係。人類本來就有認識大地的能力，可惜城市化的生活，漸漸使我們與大地疏離。現代人必須喚醒內在的自然觀察智能，與大自然親近，學習與大地和諧共存。「生命教育在自然」課程，透過有效的體驗學習設計，融合生命教育素材，可促使青少年生命成長，並建立一更整全的生命觀。

參考書目

老聃（1989）。《老子》。上海：上海古籍出版社。

浦起龍（1961）。《讀杜心解》。北京：中華書局出版社。

Gardner, H. (2006). *Multiple Intelligences: New Horizons*. New York: Basic Books.

Joplin, L. (1981). On Defining Experiential Education. *Journal of Experiential Education, 4*(1), 17-20.

Reitan, E. H. (1996). Deep Ecology and the Irrelevance of Morality. *Environmental Ethics, 18*, 411-424.

Rogers, C. (1951). *Client-Centered Therapy*. Boston: Houghton Mifflin Company.

Santayana, G. (1931). Dewey's Naturalistic Metaphysics. *Journal of Philosophy, XXII*(3 December 1925), 673-688.

Seed, J. (2004). The Ecological Self. *EarthLight Magazine, 53*. Retrieved from http://www.earthlight.org/2005/essay53_johnseed.html

Shaffer, J. B. P. (1978). *Humanistic Psychology*. Englewood Cliffs, NJ: Prentice-Hall.

The Guardian (2008). Have Children Lost Touch with Nature? Retrieved from http://www.theguardian.com/environment/blog/2008/aug/01/havechildrenlosttouchwith

「大學生心理適應指導」的一堂課：生命教育

袁莉敏

一、導言

《國家中長期教育改革與發展規劃綱要（2010-2020年）》（中國教育部，2010，戰略主題部分）提出「堅持以人為本，全面實施素質教育是教育改革發展的戰略主題，要重視安全教育、生命教育、國防教育、可持續發展教育」，第一次把「生命教育」納入國民教育的重大主題。對於大學生而言，近年來大學生傷害自己或他人的事件頻發，有些事件的激發點在常人看來其實是細微小事，或者是完全可以避免使用如此慘烈應對的方法。另一方面，迷茫、對未來沒有規劃、對生活沒有熱情的狀況在大學生中也較為常見，大學生亟需心理調節的引導、對生命的尊重和對生命價值的重新審視。課程是實現教育目標的基本路徑，是開展普及性心理健康教育的重要手段，因此，北京工業大學自2009年起對本科一年級新生專

門開設了第二課堂必修課「大學生心理適應指導」，其中特設一個單元為「生命教育」，占時90分鐘，2課時。

我們認為生命教育是普及大學生心理健康教育的必備內容之一，希望藉由單元生命教育中，透過生命孕育的過程再現，美好生命的展示，生命危機的預防應對，生命的價值探索等教學和活動，傳達給學生感恩生活、珍惜生命的心態，習得基本的心理危機預防及援助方法，引發學生的思考，轉化成實際積極行動的動力。

本單元的教學目標包括帶領學生認識生命的歷程，從生到死，從胚胎到老年，認識到生命的生生不息的演變；在生死教育中教授學生認識自殺、識別自殺的徵兆、心理危機干預的基本措施；在生命的價值中從生命本身、愛、社會責任中重新認識和思考生命的價值，透過實踐活動反思自身生命的價值和生活重要內容的選擇。教學方法包括講授、討論、圖片／影片啟發、冥想等。所需參考資料、器材或物資包括「大學生心理適應指南」教材、紙筆、投影設備、PPT、相關影片、圖像等教學材料。

首先展示優美的圖片（如風景、親人的歡聚、可愛的動物、懷孕到成長的圖片等），配以指導語「天空湛藍，花兒嬌豔，樹葉嫩綠，嬰兒酣睡，與自然和諧相處……生生不息的，是什麼呢？是我們的生命！動物的生命、植物的生命、一切的生命……」，然後引出本單元的主要內容：生命的孕育與成長、沉甸甸的生命和生命的價值。

二、生命的孕育與成長

生命的孕育和成長包括兩部分內容，個體出生前和出生後。個體出生前部分，採用圖片的方式展示胚胎發育的第4週、第9週、第13週、第26週和出生，引導學生觀看教材84頁的小故事「你生來就是一個成功者」[1]：

---

[1] 故事改編自魏雷的〈你生來就是做冠軍的〉一文（刊登於期刊《青年探索》2003年第6期，頁50）。

你曾考慮過在你誕生之前就已戰勝的許多戰役嗎？「停下來考慮你自己的事吧」。有一位遺傳學家說，「在整個世界史中，沒有任何別的人會跟你一模一樣。在將會到來的全部無限的時間中，也絕不會有像你一樣的另一個人。」你是一個很特殊的人。為了生下你，許多競爭發生了。想想吧：數以億計的精子細胞參加了激烈的競爭，然而其中一個贏得了勝利，成功的和卵子結合，產生受精卵——就是構成你的那一個！你身上的全部遺傳物質都是由你的父母和他們的祖先所提供。你的母親和父親本身代表二十多億年前為生存而戰鬥的勝利的極點。你集合了你的父親與母親的精華。在誕生以前，哪怕是一個微小的細胞，你已經具有了不同凡響的潛質。最重要的活人的生命已經開始，你已經成了一名「成功者」，這種情況你以後必定還要面臨的。為了所有實際的目的，你已從過去巨大的積蓄中繼承了你所需要的一切潛在的力量和能力，以便達到你的目的。你生來便是一名「成功者」！現在無論有什麼障礙和困難擺在你的道路上，他們都還不及你在成胎時所克服的障礙和困難的十分之一呢！你生來就是一名成功者！（頁50）

然後帶領學生進行課堂冥想：「思考生命的誕生，從一個細胞到胎兒，每個人都是跑得最快的那一個，體會自己的生命感受，有沒有一些新的發現？」請同學互相分享。

個體出生後部分，採用溫馨、有趣、惹人深思的圖片展示個體出生後經歷的各個時期：幼兒期——「那是個可以隨意裸奔的年代！」，「模仿和學習的階段」；少年期——「開始感知世界」，「有了夢想」；青年期——「活力與青春的年代」，「朋友與分享的時代」，「偶們[2]找到了生活的伴侶」；成年期——「我們開始為彼此的生活打拚」，「會有

---

[2] 編者註：「偶們」為中國大陸地區的網絡用語，取普通話拼音的諧音，意思是「我們」。

煩惱，但同樣也會有欣慰」，「會有收穫，也會有喜悅」；老年期——
「當時間已經褪色！」，「當歲月已在臉龐上留下痕跡！」，「我們逐漸
走向生命的盡頭！」，「生命的輪迴再次開啟，生生不息！」

三、沉甸甸的生命

沉甸甸的生命包括兩部分內容：「生命的困頓——自殺」和「自殺預
防與干預」。在「生命的困頓——自殺」中，首先介紹自殺情況的現狀和
大學生自殺的狀況，如北京市心理危機研究與干預中心（9月10日世界自
殺日，2013）公布的資料顯示：在中國，每年至少有25萬人死於自殺，
有200萬人自殺未遂，即平均每兩分鐘就有一人死於自殺，8人自殺未
遂。有關資料表明，自殺已經取代突發疾病和交通意外，成為15歲至34
歲年齡段的青壯年中的首位死因。中國社會調查所的一項調查顯示，26%
的受訪大學生有過自殺的想法。

接下來介紹自殺的概念和對他人的影響。自殺是一種極端、激烈的
自我毀滅行為。在現象上是一個人選擇不要再活下去，而做出結束自己生
命的舉動；在本質上則是對現狀的不滿和絕望，認定生不如死，等於做了
一個價值判斷。自殺者一般都會低估自己的逝去對他人的影響，一般都會
覺得生命沒有意義，自己走了或許對他人是解脫，別人不會這麼難過。但
其實一例自殺至少對6人產生嚴重的不良心理影響，給他人造成的心理傷
害持續時間從六個月到十年！請學生閱讀教材280頁，黃春明的〈國峻不
回來吃飯〉[3]的小詩：

國峻，
我知道你不回來吃晚飯，

---

[3] 黃春明的〈國峻不回來吃飯〉一詩刊登於2004年6月20日《聯合報》E7版。

我就先吃了，

媽媽總是說等一下，

等久了，她就不吃了，

那包米吃了好久了，還是那麼多，

還多了一些象鼻蟲。

媽媽知道你不回來吃飯，她就不想燒飯了，

她和大同電鍋也都忘了，到底多少米要加多少水。

我到今天才知道，媽媽生下來就是為你燒飯的，

現在你不回來吃飯，媽媽什麼事都沒了，

媽媽什麼事都不想做，連吃飯也不想。

國峻，一年了，你都沒有回來吃飯。

我在家炒過幾次米粉請你的好友。

來了一些你的好友，但是袁哲生跟你一樣，他也不回家吃飯了。

我們知道你不回來吃飯，

就沒有等你，

也故意不談你，

可是你的位子永遠在那裡。

中央大學教授洪蘭（2004）說：「所有動過自殺念頭的朋友，請把這首小詩剪下來，放在你的皮夾裡，當你想做傻事時，拿出來看一下，你以為你瀟灑地走了，你沒有。相信我，你沒有。」

接下來引導學生感受、體味：死亡不等於解脫，死亡只是給親人帶來了永遠的痛。世界雖然沒有我們想像的那麼美好，沒有我們想像的那麼一帆風順，但是請記住：這就是生活！正如佛家所說的七苦：生、老、病、死、怨憎會、愛別離、求不得。生活總是有苦又有甜，也正是嘗過了苦的痛楚，我們才能倍加體味到甜的美好。一個成年人會承認自己背負行囊，但不會為旅途的艱辛感到遺憾。死亡不能解脫任何事情，只會刺傷天底下最疼愛你的人（王秀彥，2012）。

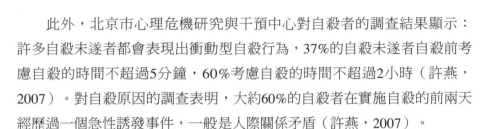

　　此外，北京市心理危機研究與干預中心對自殺者的調查結果顯示：許多自殺未遂者都會表現出衝動型自殺行為，37%的自殺未遂者自殺前考慮自殺的時間不超過5分鐘，60%考慮自殺的時間不超過2小時（許燕，2007）。對自殺原因的調查表明，大約60%的自殺者在實施自殺的前兩天經歷過一個急性誘發事件，一般是人際關係矛盾（許燕，2007）。

　　因此我們需要瞭解一些預防危機的干預手段和方法，珍愛自己的生命，行有餘力，關心和幫助他人。

　　自殺預防與干預部分，首先結合近年來北京高校發生的一些案例具體講授自殺的誤區，如一般人認為的以下觀點是不對的：自殺無規律可尋；宣稱自殺的人不會自殺；一般人不會有自殺念頭；所有自殺的人都是精神異常者；自殺危機改善後就不會再有問題；對有自殺危險的人不能提及自殺（許燕，2007）。提示同學們當學院需要同學配合彙報和看護可能有自殺危機的同學時，請積極配合。自殺的徵兆包括：研究表明80%的自殺者在自殺前都曾流露過自殺想法；自殺者在外表上表現出表情冷漠、注意力不集中；在言語上可能透過言談話語、日記等表露，比如直接向人說出「我希望我已死去」、「我再也不想活了」這樣的話語，間接說出「我所有的問題馬上就要結束了」、「現在沒人能幫得了我」、「沒有我，別人會生活得更好」這樣的話語，他們可能談論與自殺有關的事情或拿自殺開玩笑，談論與自殺有關的計畫，包括方法、時間、地點等；在行為上會發生突然性、明顯性變化，比如飲食、睡眠上的變化、放棄心愛之物、安排後事等行動；在情緒上表現出不穩定、突變性、消極性和反常性，比如經常流露出無助、無望的情感，比如抑鬱的人會突然變得開朗；在人際上自殺者會開始結束重要的人際關係，與親朋好友告別等（許燕，2007）。當一個人在同一時間內有以下幾種表現時，自殺的危險性就高：心情憂鬱或焦慮；近期，特別是最近兩天，有嚴重的負性生活事件；近一個月生活品質很差；長期的生活、工作或心理壓力；過往有過自殺行為；親友或熟人有過自殺行為，因為自殺對於我們每個人都是一個

禁忌，但是如果家族內有自殺行為甚至自己有過自殺行為，那麼個體就很容易突破這個禁忌。學校心理危機預防與危機干預的程序為「發現和識別」、「監控」、「干預」、「轉介」和「善後」。每個班級設有兩名心理委員，每個月有心理危機狀況報表，可以開展同輩輔導以及發現和識別的工作。一旦發現危機個體，學院的心理危機干預小組可以提供監控的工作，同時上報學校的心理素質教育中心，由心理諮詢專業教師會同學院相關教師一同開展干預工作。如果危機個體的狀況比較嚴重，超過學校處理的界限，那麼開展相應的轉介工作，最後由學校、學院相關單位和部門提供善後服務工作。

最後，引導同學們反思：真的需要死才能解決問題？死亡可以解決問題嗎？讓同學們觀看改編自臺灣漫畫家朱德庸的影片《跳》，探討生活中問題出現的恆常性，解決問題的方式還可以有哪些，生命的價值和意義究竟是什麼。

四、生命的價值

生命的價值包括三部分內容：生命的價值是對生命本身的呵護、是對愛的承諾、是對社會的責任。生命價值是對生命本身的呵護部分，引導學生觀看澳大利亞無四肢勵志演講人物尼克的演講和生活記錄影片，激發學生對自身生命的珍惜，愛自己有道理，要為自己的生活負責。

生命價值是對愛的承諾部分，引導學生觀看一組圖片，包括乞討兒童的生存、邊疆戰士的孤單、邊遠地區上學兒童的交通不便、打工人群的辛苦、戰區兒童的饑餓貧乏，提醒同學珍惜現有生命的平靜、安康和美好，帶領同學做冥想，「體驗你周圍的一切並感謝所有你在這短暫生命裡所能擁有的……我們是幸運的，去感覺滿足，我們擁有的比我們實際需要的更多，讓我們懷著一顆感恩的心：感謝父母給予生命，感謝自然讓生命

擁有更多，請不要浪費我們的天資和資源，請我們每個人代表那些不能來
上大學的人學習和生活，請我們每個人對自己、家人、朋友、他人做出愛
的承諾。」

　　生命價值是對社會的責任部分，講授四川汶川地震時，映秀鎮小學
老師張米亞犧牲自己守護三名學生的例子，傳達生命價值是對社會的奉獻
與責任，引導學生思考「比爾・蓋茲的轉型」，慈善可以作為一種習慣來
養成，回饋社會，你我可以更美好。

五、課堂討論與課後作業

(一)課堂討論

　　生命價值部分之後讓學生做「人生五樣」的課堂討論活動，學生依
照指導語寫下自己的心聲，然後進行小組討論。「人生五樣」指導語：寫
下你生命中對你最為重要的五樣東西。然後，在迫不得已的情況下，你不
得不捨棄其中的一樣，劃掉這一項。接著，如果你必須得捨棄第二樣，把
它劃掉。……如此一直劃下去，到最後只能保留一樣。看一看，現在剩下
的是什麼？再結合你依次劃下來的順序，想一想為什麼如此捨棄並寫出原
因。

◆學生作業示例1

　　生命中對我最重要的五樣東西：親情、友情、愛情、健康、事業。依
次劃去（心態怎樣）：1愛情（長久的愛情較少見，沒有的話還有朋友、
親人）、2事業（沒有事業還有感情、朋友、親人在身邊）、3友情（沒有
朋友還有永遠不變的親人）、4親情（沒有了親人還要珍惜生命）。

◆學生作業示例2

　　生命中對我最重要的五樣東西：親情、友情、愛情、成功、金錢。依次劃去（心態怎樣）：1金錢（金錢重要，但還是人之間的感情最重要）、2成功（是很重要）、3愛情（我覺得友情比愛情更重要，以後對我妻子，首先我要和她成為朋友，友誼萬歲）、4友情（友情總是讓我動容，但我總是無法忘記我的媽媽、外公、外婆）。

(二)課後作業

　　課後作業是「面對死亡的24小時」和「遺囑」。指導語：「如果只剩下24小時的生命，你最希望做的和完成的十件事是什麼？如果只能做三件，又是什麼？」、「寫一封不超過100字的遺囑。」

◆學生作業示例1

　　面對死亡，如果只有24小時，最希望做的十件事？如果只有三件是什麼？

1.陪外婆一起看火車（小時候總是外婆牽著我的手）。

2.和朋友一起吃一次烙鍋、火鍋。

3.和小時玩伴再去爬一次山，看一次星星。

4.摟著媽媽的胳膊，就像小時候一樣。

5.對那些人懷著深深的感情說聲：「我愛你」。

6.和朋友依依相擁。

7.在春天的細雨中，在小溪旁與朋友在一起。

8.死的時候有家人陪在我身邊。

9.當我回憶我這一生時，我會享福的閉上眼睛。

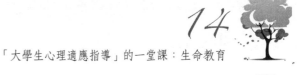

10⋯⋯（未完待續）⁴。

如果只有三件，我會選擇1、5、6。

遺囑：「親愛的媽媽、外公、外婆以及我所愛的人們，當你們看到這封信時，我希望你們不再流淚，因為我不想看見你們的傷心，你們是我生活的動力，你們總是在我背後默默的支持我卻從來不要求有所回報。謝謝你們，你們給了我一個溫暖的家。

親愛的朋友們，我是帶著深深的感情對你說這句話的，是你們讓我的生活中充滿了快樂，是你們給了我人生中一段珍貴的財富，每當我想到你們，我總會幸福的笑了，我想說，謝謝你們給我的快樂。」

◆學生作業示例2

面對死亡，如果只有24小時，最希望做的十件事？如果只有三件是什麼？

1.看下父母，和他們聊天。

2.看下兄弟姐妹，和他們聊天。

3.與朋友們聚一聚。

4.再看看日出和日落。

5.到喧囂的城市和寧靜的鄉村走一走。

6.希望盡可能幫助能幫助的人。

7.回一下自己的一生⁵。

8.感謝人生所有遇到的人。

9.再看一些書。

10.靜靜的看下世界。

4　編者註：為學生作業原文。

5　編者註：原文為學生提供的文字，應為「回顧一下自己的一生」的筆誤。

如果只有三件，我會選擇1、2、3。

遺囑：「如果我真的變成回憶時，我的父母和愛我的人都會為我流淚，傷心難過，我沒有什麼能給你們的，卻總是給你們惹那麼多麻煩。在離開之時還給你們造成那麼多的悲痛。我真的很感謝我的父母，他們把我帶到這個世上，讓我懂得了這麼多美好的東西，感謝愛我的兄弟姐妹和朋友們，是你們在我人生路上給過我感動和幫助。感謝我所遇到的人，是你們讓我享受到了這世間的好與壞、對與錯，都給我的人生留下了美麗的一筆。感謝我的人生。」

在課堂評估上，使用質性材料，如學生小組討論之後的總結，課堂及課後作業，對教學成果進行評估。相應的後期跟進包括對學生心聲中反映出來的需要幫助的學生會予以聯繫，邀請其進行個體諮詢或相應的團體輔導。

六、總結與反思

在學生感悟方面，由課堂討論「人生五樣」中可以看出，一般學生最後選擇的都是親情、友情，透過這個討論他們會更多地體會到親密關係在自己生活中的重要性。在課後作業和遺囑中，能深深地感受到學生對生活與生命的留戀，對家人親人的珍愛和感恩之情。也許在很多時候，我們需要透過體驗喪失來感受擁有的可貴。可見，生命教育所涉及的個人對他人、對大自然和世界的情感關乎個人建構世界的方式，透過對此進行深入的體驗和反思，可以加深同學們人際關係的品質。

在教學方法上，教師及學生的課堂回饋都表明新時代90後的大學生更容易受到圖片、影片等類型的材料觸發。他們看似滿不在乎的表情背後有沉甸甸的情感；小組體驗和討論可以深入地觸發學生的體驗。

在課程設計方面，限於課時有限，且課堂人數在100人到300人之間，此單元一般以講授、集體冥想、體驗為主，課程內容重點關注生命的歷程和生命的價值，給學生一些啟發和反思。課程設計的難點之一是平衡心理危機干預知識的傳授和對生命的體驗活動，學生的反應是對體驗活動有更深的印象和感觸。今後在課程設計上，可以加入更多的體驗活動，比如在生命的孕育部分，可以讓學生角色扮演懷孕的媽媽；在生命的成長部分，讓學生討論和體驗在嬰兒期、幼兒期、少年期、青年期、中年期、老年期，個體需要和希望從家庭和社會得到什麼樣的看護和照顧，可以給予家庭和社會什麼回饋，以加強學生對自身生命來之不易的珍惜，助其思考自己和他人、社會的互動和責任，自己如何在這樣的互動中建立和完善自己的自我同一性。

在未來展望方面，生命教育可以作為一門獨立課程在大學開展，將感恩教育以更系統化、更具體驗性的方式加入到生命教育之中。比如可以著力於理論在實踐上的轉化，將感恩生活轉化為可操作的內容和步驟，例如：如何將珍惜生命的態度轉化到日常的行動中，如何在與人交往、對待自己的生活細節中，體現珍惜自己、關愛他人、和諧相處的態度。

參考書目

〈9月10日世界自殺日，你想過自殺嗎？〉（2013）。檢自北京市心理危機研究與干預中心官網，http://www.crisis.org.cn/Public/HealthPropContent.aspx?NewsId=1991

中國教育部（2010）。《國家中長期教育改革與發展規劃綱要（2010-2020年）》，檢自http://old.moe.gov.cn/publicfiles/business/htmlfiles/moe/moe_177/201407/171904.html

王秀彥（2012）。《大學生心理適應指南》（第二版）。北京：北京工業大學出版社。

洪蘭（2004.7.19）。〈相信我，你沒有〉。《聯合報》，E7版。

曹錦明（1996.2.24）。〈專業路難行〉。《信報》，頁8。

許燕（2007）。《救援生命重建希望：大學生自殺的鑒別與預防》。北京：北京航空航天大學出版社。

黃春明（2004.6.20）。〈國峻不回來吃飯〉。《聯合報》，E7版。

魏雷（2003）。〈你生來就是做冠軍的〉。《青年探索》，第6期，頁50。

影片賞析在生命教育
教學中之運用——
以《春去春又來》為例

紀潔芳

一、前言

　　「影片」是生命教育非常重要的教學資源，「影片賞析」更是生命教育中重要的教學活動，惟「影片賞析」教學的推動要有多方考量，例如：觀賞時間長短的把握、主題的探索、疑問的答辯及心得分享。

　　有關影片可以分為專為生命教育製作之教學資源或坊間之電影等，均有很好之教學效果。

　　以生命教育為目的製作之教學影片的例子，有關憂鬱症之認知與防範的有《下一次微笑》（董氏基金會）、《當旋律響起》（董氏基金會）；有關臨終關懷方面的有《最後的禮物》（蓮花基金會）、《媽媽的臉》（安寧照顧基金會）、《人生四季之歌》（安寧照顧基金會）；有

關生命鬥士的有《心靈好手》——謝坤山（大愛劇場）、《黑暗中的追夢》（惠明學校）等。

坊間的電影亦不乏經典影片，如臨終關懷方面，有《生死一瞬間》、《東京鐵塔》、《鐵達尼號》、《情深到來生》等；在悲傷輔導方面有《艾美的世界》、《伊莉莎白小鎮》、《天明破曉時分》。在好老師典範方面有《心中的小星星》、《壞孩子》等。本文以《春去春又來》為例，探討創造力與溝通藝術之教學。或許影片本身不一定是述說此主旨，但運用之妙，存乎一心。

韓國影片《春去春又來》榮獲多項國際影展獎，在歐美、大陸、臺灣及港澳地區放映後深受觀眾讚賞。當筆者第一次觀賞《春去春又來》時，心中突然浮現想法，此片「春天」單元，不就是創造力教學最好的教材嗎？筆者曾多次運用於教師培訓及教學中，深覺對學習者啟發頗大。茲將影片內容及教學運用分享。

二、影片內容與教學運用

(一)春天單元內容（第一段）

一位頑皮的小沙彌，在池中捉住一隻小魚並用繩子綁住小魚身體，另端綁上一粒小石頭後放入水中。看見小魚困力游泳，小沙彌不禁呵呵大笑。小沙彌亦用同一方法對待青蛙及蛇，殊不知這一切都看在師父眼裡。

(二)教學活動

影片播放至此，筆者按暫停鍵，請學員（包括種子教師[1]）思考：

---

[1] 種子教師是指參加某特定培訓內容後，將會在其學校嘗試推動該教學課程或教學方法的教師。

「如果你是這位小頑童的父母親或是老師，你會怎麼辦？學員們的回答有：

> 「我會問他，為什麼要這麼做？」
>
> 「我會要他放掉。」
>
> 「我會告訴他這樣做，動物會很不舒服的。」
>
> 「我也想要他體驗一下被綁的感受。」

筆者又問：「請問小船已被小沙彌划過來，那師父怎麼過來呢？」筆者讓學員寫下師父渡水的方法，最多的寫下了九個方法。第二階段讓學員五人組一隊討論，方法竟然有二十多個，可見集思廣益的團隊力量。師父渡水的方法有：

> 「師父游泳過來，但帶了一套乾的衣服。」
>
> 「師父會輕功，蜻蜓點水過來。」（頗有創造力）
>
> 「在寺廟後面還有一隻小船。」
>
> 「有地下水道。」
>
> 「水不深，師父涉水而過。」
>
> 「師父學西部牛仔將繩子甩過去，學泰山盪過去。」
>
> 「師父坐在大缸中划過來。」
>
> 「師父會撐竿跳。」
>
> 「師父會踩高蹺。」
>
> 「學小叮噹的任意門。」
>
> 「老師！我看過神鵰俠侶，有大鳥載師父過去。」
>
> 「師父請大龜載他過去。」
>
> 「小沙彌在船上帶有繩子，師父只要一拉，船就會回去。」
> （切合實際）
>
> 「師父用念力將小船召回。」（頗有想像力）
>
> 「我是佛教徒，師父像達摩祖師一樣，一葦過江。」

「水下有暗樁。」

「師父拆下門板，划過來。」

「這座寺廟是水上人家，只要一按鈕，整個寺廟會移動過去。」

「我是基督徒，師父像摩西一樣將水分開，走過來。」

學員們討論後，非常驚訝！原來有這麼多解決的方法！

通常我們常談到現在的學生抗壓性太低，因平日灌輸式教育局限著學生用單一方法解決問題。以上教學活動之設計可刺激學生之想像力。如果在教學中常啟發學生往多方向思考問題，學生在碰到困難時，會較有彈性，會多元思考，亦可培養其解決問題的能力。

(三)春天單元內容（第二段）

經上述討論後，筆者繼續播放影片。果然師父找了一塊石頭綁在小沙彌身上讓他體會小動物被捆綁及負重的感覺。雖然小沙彌認錯，但師父說：「去把小魚、青蛙及蛇找到並放了牠們，我就放了你。如果有任何一個小動物死掉，這塊石頭將一輩子壓在你心中。」

(四)教學活動

影片播放到此，筆者按停鍵，請五位學員組成一小組，發給每組一張紙，請學員自行編劇寫下他們希望之劇情發展。此屬於創造力教學，小說及戲劇原本就是作者想像力的發揮。學員編寫的劇情有：

「三隻小動物都找到了，安全無恙，因為身上綁著繩子，走不遠。」

「三隻小動物都找不到，生死未卜。」

「三隻小動物都找到了，但蛇及青蛙死了。」

「小沙彌找不到小動物，又綁了三隻交給師父。」

「師父早已將動物放掉，但沒讓小沙彌知道，讓小沙彌背著石頭去體驗小動物的感覺。」

「小沙彌去到水邊，看見有人坐在水邊拿著綁著青蛙的繩子揮來揮去，原來青蛙已被他放走了。」

(五)春天單元內容（第三段）

有關本單元影片結局[2]，經學員討論後，筆者繼續播放，讓學生觀賞自己所設定的結局和影片結局之落差。

(六)教學討論

春天單元計20分鐘，分三階段觀賞，筆者與觀賞者互相分享心得：

Q1：「為什麼師父沒有當場叫小沙彌放掉小動物？」

「師父叫小沙彌釋放小動物，小沙彌不得不遵從師父命令，但只要師父一轉身，小沙彌還是會再去綁小動物。教小孩子必須令其心動，才能收教育功效。」

Q2：「三種動物中，為什麼蛇死得最慘？」

「魚及青蛙生活在水中，水是繩子及皮膚間之滋潤力；蛇在陸地，繩子及皮膚間之摩擦力相當大。」

「我記得不久前有位小朋友將橡皮筋套在一隻小狗脖子上，幾天後，勒出一條深深肉溝，狗死掉了。」

---

[2] 本單元影片結局：小沙彌在河裡找到小魚，但發現小魚已死，於是他把小魚安葬了；小沙彌接著找到青蛙，青蛙因為綁著石頭而游不動，正掙扎著，小沙彌於是把牠身上的石頭解開，放走了牠；最後，小沙彌找到蛇，卻發現蛇已慘死在血泊中，他痛哭起來，而師父在旁邊默默地看著這一切。

Q3：「小動物死了，小沙彌為什麼哭得那麼傷心？」

「能對小動物死亡感到傷痛的人是一個好孩子。現在的孩子對周邊人或動物的死亡，有些麻木及冷酷。也許是常玩電子雞，電子雞養死了，只要一按設定，電子雞又可以活回來。又現代孩子常玩電子遊戲，人好像是殺不死的，只要按鍵，已死的人又可以跳起來。真希望孩子能建立成熟的死亡觀。」（即死亡是具普遍性、必然性、不可逆性及無功能性）。

死亡，可分為他死、我死及你死，「他」是指和我不相干的人，所以他死沒關係，這時黑心商品可能出現於市。我死是我死掉了。「你死」的「你」是指我心愛的人，和我關係密切的人，「你可不能死」！常看見父親哀求醫生：

「醫生，你一定要救救我的孩子！我願意捐腎給我的孩子，請你用最好的藥，花多少錢我都在所不惜，我的孩子不能死。」

每個人對「你死」是那麼在意，甚至「我死」都在所不惜，只要能挽回親愛的人不死。如能將在乎「你死」的心，分一些在乎「他死」，則是尊重生命的開始。從大環境觀之，萬物都息息相關，在乎「他死」必定能相關到「我死」、「你死」。我們要有信心，大環境好，我們一定會好。

三、回應檢討與建議

(一)學員回應

雖然以前觀賞過《春去春又來》影片，但從來沒想到可以運用在教學中，而且可以激發學生之思考力及創造力。

(二)檢討與建議

1. 此影片中可運用於「教學策略」、「生命教育」及「環境保護教育」等課程中。

2. 春天單元共20分鐘，如上課時間不足，可取後半段小沙彌綁小魚部分，約10分鐘。如上課時間允許，則前10分鐘寺廟美景及小沙彌平日生活之介紹，拍攝得相當寫實、精緻及賞心悅目，可放映給學生觀賞。

3. 在教學中，春天單元可適用於大中小學，惟夏、秋、冬等單元，較適用於高中以上之學生觀賞，尤其秋天師父為磨弟子心性，令其刻「心經」及冬天中年僧人背負石頭上山情節皆有深刻意涵，令人動心，啟發頗多。

4. 此影片在夏天單元中有2分鐘成人電影，故筆者通常只播放春天單元。通常教師運用影片教學，自己宜先觀看，才能拿捏分寸及設計學習單。

5. 在影片中，小沙彌抓蛇的鏡頭，老師宜告知學生這是危險動作，請勿模仿。

6. 或許有人會提及「如果在學校幫學生綁上石頭，那家長一定會來抗議的」。事實上，觀看此影片主要的教學要旨是讓學生有「體驗」的經驗。教師可透過許多教學活動設計讓學生有體驗的經驗。

四、結語

拜網路的發達所賜，我們每天都可以在網路上瀏覽到開心、感人、有趣、具啟發性、發人深省的影片。當教師們充分瞭解生命教育的教學模式與應用方式，網路上有許多很棒的影片，讓你可以自由運用；信手拈來

都可以是很棒的生命教育教材。

　　當學生注意到老師將今年最新、最精采有趣的影片融入到生命教育教學之中，學生對於上課的投入與專注會提升許多。電影是第八藝術，美麗的畫面、優美的旋律、鮮活的角色與臺詞，特別能夠觸動人心。用說的，不如用演的。與其長篇大論，不如用一個好看影片搭配精心設計的教學法，讓學習過程更加深刻且記憶鮮明。我們生活周遭充滿了生命教育的素材，只要我們以巧思善加運用，便能帶給學生一桌豐盛的生命教育饗宴。

16

教學示範：撥動愛的音符
——關於情感問題的
生命教育課

朱清華

一、課程介紹

(一)設計理念

　　「撥動愛的音符」生命教育課設計的理念主要在於：「80、90後」出生的大學生們，雖貴為「天之驕子」，但他們不僅要面對學業帶來的巨大壓力，同時還面臨著情感問題所帶來的無盡煩惱。如大學生們對於愛情的概念十分模糊，他們在享受著愛與被愛的同時卻遭遇著相愛容易相處難，甚至相守更難的痛苦；而許多大學生們對於「性愛」的開放與輕率也給他們自身留下了人生中難以揮去的傷痛；並且對於失戀與求愛被拒也難

以有承受痛苦的能力。透過本課程2個課時的講解，主要讓大學生們在思考、互動、影片欣賞的過程中對愛情有著更深刻的理解，懂得從生命的角度出發，以平等、尊重、互諒互讓和責任心為原則，以生命的共同成長為目的去對待愛情，並且能夠進一步理解「情愛」與「性愛」的區別，善待神聖的性行為，從而能夠使大學生明白真正的愛情是：在能愛的時候，懂得珍惜，緊緊握住彼此的雙手；在無法愛的時候，懂得放下，輕鬆放開對方的雙手，即用心去撥動自己人生中美妙的愛的音符。

(二)教學目標

本次課程主要讓學生在理解生命與生活的緊張和生命二維四重性[1]的原理基礎上，使學生對愛情有著正確的把握，不僅懂得愛情為何物，更能掌握將愛情進行到底的技巧，並且能夠用積極樂觀的心態去面對失戀或戀愛中受挫所帶來的痛苦，使他們的生命得到真正的成長。

(三)主要內容

1.如何認識愛情。

2.大學生的情感困頓及分析。

　　(1)戀愛的動機不明確。

　　(2)交往方式不恰當。

　　(3)對性行為的輕率。

　　(4)對做「二奶」的寬容。

---

[1] 生命教育專家鄭曉江教授認為：人類生命有二維：其一是「實體性生命」（生理生命）；其二是「關係性生命」（人文生命）。人之關係性生命的內涵又由相互聯繫著的三個方面組成：一是「血緣性親緣生命」；二是「人際性社會生命」；三是「超越性精神生命」。故稱之為二維四重性（鄭曉江，2010b）。

(5)無法承受失戀或被拒之痛。

3.總結。

(四)重點和難點

1.如何讓大學生們正確的理解愛情。

2.如何讓大學生正確把握「情愛」與「性愛」的區別，從而善待神聖的性行為。

3.如何樹立正確的愛情觀，積極面對失戀或被拒之痛，從而敢於並善於撥動那屬於自己的愛的音符。

(五)課時安排

2個課時，降低難度，也可以給高中的學生上。

(六)課程準備

多媒體課件。

二、教學過程

(一)導入新課

老師：同學們，在我們正式上課之前，老師讓大家聽一段音樂串燒的影片，看完之後希望同學們告訴老師影片中最令你感動的歌詞是什麼？整段影片說明了什麼道理呢？

【影片欣賞】

〈梅花三弄〉、〈自從有了你〉、〈死了都要愛〉等歌曲的音樂串燒的影片。

【討論分享】

同學甲：歌詞「問世間情為何物，只教人生死相許」特別感人。

同學乙：「死了都要愛，不淋漓盡致不痛快，感情多深只有這樣，才足夠表白」，給我留下了最深刻的印象。

同學丙：從整個影片中我覺得它說明了愛情美好的一面，但又看到了許多的無奈。

……

老師：同學們說得真好，確實這段短短的影片表現了幾種不同的對待愛情的態度，有以身相許的、有死了都要愛的、有只求曾經擁有，不求天長地久的等等。這也正是老師這節課要與大家共同討論的話題：愛情。作為新時代的大學生，我們該如何正確地理解愛情，又該如何去把握那屬於自己的愛情，擺脫為情所困的煩惱呢？

(二)講授新課

◆如何認識愛情

【問題思考】

首先請同學們思考一個問題：

對於另一半，以下你最看重的是哪四項呢？

A、外貌儀表　B、感覺、感情共鳴　C、經濟實力

D、學識才幹、修養　E、性格上互補　F、對待家庭的態度

G、對待事業的態度　H、對你自己的態度

I、和自己有共同興趣，志同道合

【討論分享】

同學甲：BCDH（女生）。

同學乙：ABFI（男生）。

……

老師：從同學們的回答中可以看出男女生在找戀愛對象時的要求大多還是不同的，但可以看出大家對彼此要有感覺、能夠產生共鳴這點上還是相同的。

【問題思考】

現在請同學們再繼續思考一個問題：你是如何理解愛情的呢？

【討論分享】

你心中的愛情是什麼樣的？

同學甲：愛情是建立在物質基礎上的一種「奢華」的精神享受（男生）。

同學乙：愛情就是共同成長，兩個人在戀愛的過程中會慢慢地變得越來越成熟（女生）。

同學丙：大學時期的愛情就像是青蘋果，酸澀中有著甘甜。酸澀是因為我們現在沒有物質基礎，主要的經濟來源於父母，所以這個時期的愛情會受到很多因素的制約。但是又因為我們生活在大學校園裡，所以我們這時的愛情是最純潔的，沒有任何的雜質，因此是甘甜的（男生）。

……

老師：同學們講得真棒，從你們的回答中可以看出大家在用心地品味著愛情的滋味，同學甲認識到了愛情它離不開一定的物質條件，但愛情又不僅僅只局限於世俗的物質中，他將愛情上升到了精神享受的境界，並且還加上了「奢華」一詞。在這裡，「奢華」不應當成一個貶義詞，應該表現的是我們同學對愛情的一種極高的期待和愛情給予我們同學的一種作

用力。同學乙也正確地看到了愛情對於戀愛雙方的激勵作用。而同學丙更是將我們大學生的愛情特色描繪得十分的恰當而又生動。

　　愛情的本質是男女之間基於一定的社會基礎和共同的生活理想，在各自內心對形成對對方的傾慕，並渴望成為終身伴侶的強烈、純真、專一的感情（《思想道德修養與法律基礎（2013年修訂版）》，2013）。可見，愛情是一種專一的、持久的、最真摯的情感。

【影片欣賞】

　　現在請大家欣賞影片《兩隻小豬的淒美愛情故事》（星河，無日期），並用心去發現其中愛的深意。

　　紋和哲是兩隻豬，從小青梅竹馬。他們互相偎依，非常相愛，哲無微不至地照顧著紋。吃飯的時候，哲總會把最好的留給紋。紋在哲的悉心照顧下快樂的成長著。可是，一個風高的夜晚，主人殘忍地決定過兩個月後把胖的那隻送到屠宰場。看著紋熟睡的臉，哲一夜未眠。他明白，照此下去，紋肯定難逃一劫。哲決定選擇犧牲，平生第一次，哲罵了紋。這讓哲的心裡痛苦極了。不管紋怎麼努力，哲都不再理她。此後，哲開始暴飲暴食，再不等著紋，傷心的紋日漸消瘦，哲卻日漸臃腫。死亡臨近的那一夜，哲在他倆的真愛牆上寫下了他愛的誓言。哲被永遠地帶走了。「如果語言無法表達，我願意用生命來證明。」紋終於明白哲為她所做的一切，她甚至來不及對哲說一聲「我愛你」。紋決定離開這個傷心的地方，為了哲堅強的活下去。

　　老師：透過影片我們其實不難發現，如果從生命的角度來看愛情，愛情應該是生命對生命的欣賞與呵護，是生命之間的互相激勵與成長，需要彼此對生命承擔責任，更需要為對方捨得付出，甚至是做出「犧牲」（老師可根據自身的體驗適度分享自身的愛情經歷和對愛情的理解）。

　　但是，作為我們現代的大學生，雖在心中都時時渴望著那份美好的

愛情能夠悄然而至，但卻也不乏很多的大學生時常處於為情所困、為愛所擾的煩惱之中，我們到底該如何對待在戀愛中所遇到的情感困頓呢？

◆大學生的情感困頓及分析

老師：展示兩副對聯，找工作找好工作，找老公找好老公，橫批：哦耶；我愛的人名花有主，愛我的人慘不忍睹，橫批：命苦。從中可以反映出現代大學生在情感方面存在著許多的問題，那麼具體表現在哪些方面呢？

①戀愛的動機不明確

【新聞報導】

現在請同學們看一則報導（金茜、徐婧瑤、周銳，2009）：

為找到一名合適的女生當女朋友來陪伴自己度過大學生活，一名90後大一新生竟然「出租愛情」。該帖的內容除了包括對應徵者的身高、體重、年齡的要求以外，還特別注明：出租試用期為一個月，如雙方滿意便可以續簽，否則立即終止「合同」。發帖人小程是華中科技大學文華學院機電學部一名大一新生，打算在即將到來的2010年中結束自己的單身生活。「大一的課程比較少，平時的大學生活也挺無聊的，可以空出點時間來談談戀愛，希望透過這種特別的方式找到適合自己的女生。」小程說。（武漢晚報訊）

【討論分享】

你是如何看待報導中的現象的？你認為現在大學生談戀愛的最初動機主要是什麼呢？

同學甲：我認為大學生中因為無聊而談戀愛的現象是比較多的，只不過報導中小程的行為要做得更過分些。

　　同學乙：我認為在大學生中，不同階段時戀愛的動機是不相同的，大一時談戀愛主要是因為很多同學都戀愛了，自己也想戀愛；大二時，因為課程比較緊張，戀愛是為了彌補內心的空虛，尋找精神寄託；大三時戀愛有些同學是覺得對學習、交往有幫助；而到大四談戀愛可能會想得更多，會很認真，也許找的就是準備將來結婚的對象。

　　……

　　老師分析：從大家的踴躍發言中可以看出，我們同學對自己以及周邊的戀愛問題還是觀察得十分仔細的。同學甲談到了一些戀愛大學生的普遍存在問題，而這則報導確實也將大學生不知如何支配時間，企圖用他所謂的「愛情」來打發，也不僅表現了小程對愛情的無知，也表現了他對人生的一種極不負責任的態度。而同學乙的發言讓我十分震驚，雖然他所說的僅代表了他個人的觀點，但我認為這其實也反映了當代大學生在不同時期戀愛心態的一種趨成熟的變化，是值得我們思考的。

　　當然，我們其實不管戀愛於何時，戀愛都是幸福的、美麗的、更是神聖的。我們一定要從生命的角度出發，用心去尋覓真正屬於自己的愛情，而不僅僅是從生活的感覺去玩弄愛情。換句話說，談戀愛要考慮彼此的現狀、將來，是一種長遠的負責任的心態，千萬不能因為無聊、空虛，或者是礙於面子要找人作伴而糊塗的去戀愛，更不能用一種玩世不恭的心態去對待戀愛。這種不負責任的態度只會導致玩火自焚甚至是兩敗俱傷的結局。

②交往方式不恰當

【新聞報導】

　　大學生戀愛一月花八千，拍拖後開銷翻倍（徐靜，2010）。現在很多大學生經濟來源主要是父母，所謂「兒女戀愛，父母買單」的現象已經是屢見不鮮了。

【討論分享】

你認為戀愛過程中該由誰買單合適呢？

一個男同學自告奮勇的說：「由男生買單比較好，畢竟我是男孩子嘛！」

一個女同學說：「三七分比較合適，女生應該適當得到照顧。」

另一個女生說：「AA制，這樣最公平了。」

但AA制的看法也遭到了一些同學的反對，他們認為AA制算得太清楚了，不利於感情的發展。

老師：大家都站在不同的角度發表見解，這都是很不錯的。其實在買單方面，要堅持互相諒解、相互尊重的原則。戀愛過程中，千萬不能以對方為你花錢的多少作為衡量愛你深淺的標準。戀愛中雙方一定要相互理解，要注意到對方的經濟實力，不要因自己的虛榮心而給對方造成太大的經濟壓力。或許，他會為了滿足你的要求而去不擇手段。或許，在戀愛中，假如你讓他花得過於心痛的話，那他以後一定會讓你加倍償還的，有時自己要還的也許不是金錢，而是賠上一輩子的幸福。所以，戀愛中在經濟問題上一定體諒對方，尤其是女生，如果你以金錢來衡量兩個人的情感那就不是一種真愛，兩個人也不可能牽手走到最後。

同時，在大學生戀愛的過程中，除了「戀愛經費」問題是影響兩個人很難相守的原因之外，兩個人該如何相處也是一大問題。要防止出現戀愛中的「大男子主義」或「大女子主義」現象，尤其是「大女子主義」。其實，愛情需要我們用尊重去呵護，用平等去構築，這是我們獲得愛情的前提。當然，女生生理上不及男生，理應得到男友更多的呵護和照顧，但不可把他的這種疼愛當作為永遠付出的藉口，需要掌握好分寸；而男生也需要拋棄傳統「大男子主義」的思想，要懂得「憐香惜玉」。只有彼此尊重，互相愛護，大家所認為的「相愛容易，相守難」的困頓才能得到解決。

③對性行為的輕率

現在請同學們仔細看兩則報導，並欣賞一段影片。

【新聞報導】

一、身為90後，看90後的性與愛[2]（節選）

90後少女人流[3]輕鬆過感冒。現在的我真的不再對這種新聞產生質疑了，因為身邊的人在一遍又一遍地演繹著這樣的現實版，我又怎能不去相信呢？

這便是90後生活的真實寫照，我當然不是說這代表所有的90後，畢竟我也是一個90後，但這卻十分真實地反映了90後的世界。男生可以聚在一起談性說愛，帶著自己「喜歡」的女生去hotel開房，更有膽子大的，「冒著危險」把人帶到家裡。女生呢，可以不顧一切地跟隨自己「死了都要愛」的人，可以把疼痛和一切後果都拋在腦後，付出再多也無所謂。而做父母的卻始終蒙在鼓裡，根本不知道自己的孩子整日在想什麼、做什麼，因為孩子在家中都表現出很聽話的樣子，尤其是女孩子，很多家長在發現以後還在疑惑，自己的寶貝女兒平時在家那麼乖，怎麼會……最後之所以會造成這樣的結果，應該說是由90後的草率無知、父母的被蒙蔽、社會的冷漠縱容共同決定的，有了這樣的條件作溫床，也必然會產生這樣的後果。那些執迷不悟的女孩兒，為什麼不能理智地去想想，如果他真的愛你，為什麼會去傷害你，而不是保護你免受傷害呢？這樣的「愛」，有幾分是真的掛在他的心上的？

二、青春之殤：青少年性與生殖健康堪憂（李海秀，2010，節選）

2010年我國第一次發布全國青少年生殖健康調查報告。調查顯示，有性行為的女孩中21.3%有過懷孕經歷，4.9%的人有過多次懷孕經歷。15-19歲青少年的多次懷孕率高於20-24歲。

---

2 檢自http://blog.qq.com/qzone/622005071/1196819617.htm

3 編者註：「人流」為「人工流產」一詞在中國大陸的簡稱。

【影片欣賞】

　　《「貞操女神」橫空出世，曬處女鑑定引熱議》[4]（福建電視臺，2012）。

【討論分享】

　　談談你對大學生戀愛中性行為的看法？

　　同學甲：我不贊成在大學談戀愛時發生性關係，雖然我們是大學生，其實我們懂得並不是很多，並不是很成熟，如果這個問題沒有處理好是會後患無窮的。

　　同學乙：我認為在大學期間發生性關係沒有什麼不可取的，因為我們都是成年人了，不再是小孩子，像我身邊有很多同學戀愛雙方家長都是同意的，他們都在外面租房子一起住。（學生各抒己見）

　　老師：同學們談的都有一定的道理，你們現在是成年人了，無論在生理上還是心理上對於「性」都有一定的認識和需求，所以，國家教育部在2005年就取消了涉及學生婚戀的強制性規定。但是，大家一定要處理好戀愛中的「情愛」與「性愛」問題。其實，在正確處理這個問題之前，我們必須對「生命」與「生活」這對概念有個清晰的瞭解。我們可以將生命比喻成一條河流，它包括我們的昨天、今天和明天，這條生命之流是源源而不可中斷的，沒有昨天，就不可能有今天的我們，而沒有明天，我們今天必然成為一個死人，可見這「三天」的缺一不可才真正構成我們的生命，生命彰顯的是一種持續性和長久性。而生活卻是好像一個點，它代表的是我們當下此在的感覺，它很難顧及和考慮此時生活之前和

---

[4] 影片內容簡要：2012年2月網上再現紅人，她是一位38歲的新聞學女碩士涂世友，她建立了一個貞操網站，她稱自己為「貞操女神」。三十幾度春秋，悠悠守貞路，氣節震天撼地，風骨超拔絕俗，這便是「貞操女神」對自己的描述。這位女神級別的人物竟然還在微博上大曬自己的處女鑑定書，引得網友們是一片譁然。

之後的感受，生活體現的卻是一種短暫性和此在性。生命與生活二者是不可分離的，生活是生命的一種外在彰顯，而生命是生活的載體。如果我們做事情從生命的角度出發，一定能運用理性思維，考慮到我們身上的責任感和使命感，而不會被一時的生活感受所左右；反之，如果我們從生活的角度出發，則更多的只能是外在感官，尋求的則是暫時的興奮感和快感，這就很容易導致我們忽視那神聖的生命（鄭曉江，2008）。而男女的「情愛」是人之內在生命之事，男女之「性愛」是外在感性生活之事，「性」的發生是要以「情」的產生為前提的，只有在情愛基礎上的性愛才是人之身與心、靈與肉的完美結合，才是人生的當下此在的感性享受與永恆長久幸福的結合，如此，我們才會擁有真正的人生幸福。假如我們只追求以性慾為全部基礎的情愛，那雙方就猶如動物與食物的關係。於是，我們不應該先從生活感覺之「性愛」再到生命安頓之「情愛」，而應該先從生命安頓之「情愛」再到生活感覺之「性愛」，這是解決大學生情愛生活問題的根本途徑。

同時，我們同學在情愛生活中，要分清所需之「性」與所欲之「性」的區別。一般而言，人之生理派生出我們的所需；而文化的影響則產生了我們的所欲。具體到情愛問題上，我們對「性」的需要出於生理之需，但還受到歷史傳統、社會家庭教育和具體生活條件的制約；而我們對「性」之所欲總是受到某種文化思潮的影響，這兩者之間會產生反差甚至是衝突。例如當代享樂主義文化與性解放的觀念卻讓一些男生認為自己越多的「性」行為越能代表自己有男子漢氣概，而一些女生也誤認為越早告別處女越光榮，這就對「性」陷入了盲目的、無理性的、無度的、甚至是瘋狂的追求之中（鄭曉江，2008）。這便是將受到錯誤價值觀影響的所欲之性當成了生理上所需之性，必定會忘卻了責任，忽視了存在的風險，從而導致影響了學業，傷害了身體。其實在大學生的情愛生活中，女生特別要堅持自尊、自重、自愛的原則，要有強烈的自我保護意識，要認清彼此的情感。沒有「愛」則要大膽地拒絕「性」，不要以性作為維持愛

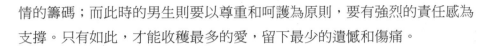
情的籌碼；而此時的男生則要以尊重和呵護為原則，要有強烈的責任感為支撐。只有如此，才能收穫最多的愛，留下最少的遺憾和傷痛。

④對做「二奶」的寬容

　　吉林省婦聯對五所大學的上千名女大學生進行了一次調查，結果發現半數以上的女生不反對「傍大款」、做「週末二奶」，雖然其中只有1%的人表示「有機會自己也會這麼去做」，但有21.2%的人認為這樣做「很正常，每個人追求不同」，33.7%的人認為「無所謂」，只是自己不會去做（吉林省婦聯，2007）。

【討論分享】

　　如何看待大學生被包養現象？

　　同學甲：作為一個女生，我是極不贊成女大學生被包養的現象，這是對自己的一種極端不負責任的行為，不僅傷害了自己的身心健康，而且嚴重影響了自己的學業和與同學之間的關係。

　　同學乙：其實現在的大學校園中也會有男生被包的現象，我很鄙視這種人，可以說是我們男同胞的恥辱，他是不可能找到自己真正的幸福的。

　　同學丙：我自己是不可能走上這條路的，在我身邊這種現象好像也挺少的，我想這些被包養的女同學也許是有她的苦衷吧！（同學們暢談）

　　老師：同學們說得真好，看得出來我們的同學都是相當有思想和主見的，在現實的物質利益與愛情之間能夠處理好二者的關係。確實，現在有些大學生把金錢與愛情等同，「寧肯在寶馬車裡哭，不願在自行車上笑」的觀點已經被很多學生所接受。我們雖然不能將金錢與愛情絕對對立起來，但如果我們只追求以物質金錢為全部基礎的情愛，那彼此之間就猶如商人與顧客的關係，這只能收穫短暫的物質享受所帶來的生活快感，而

不可能獲得生命中長久的幸福。一個被包養的女孩自述道：「當情慾的激流在清醒中退卻，現實很快呈現著它殘酷的本來面目：我知道我不過還是個學生，我得到了不該得到的東西，也失去了我本該擁有的東西。」（富芳芳，2011）可見，在華麗光鮮的背後隱藏著的是用再多的金錢和物質都無法填補的空虛。所以，不管你是因為家庭的貧窮，還是因為其他外在的原因走上被包養的道路，這都不能成為被同情的理由，千萬不能企圖透過被包養去改變自己的命運。一個大學生要能夠有高度的責任感，要能面對現實。首先對自己的現狀負責，對自己的未來負責。

當然，現在大學生情感困惑中還有一大主要原因，就是難以承受失戀所帶來的痛苦或是無法承受被對方拒絕的痛苦。

⑤無法承受失戀或被拒之痛

【新聞報導】

要不做我女友，要不就做噩夢

據《江南都市報》2012年3月3日報導，江西某高校女生小麗每天頻繁收到帶著「威脅」字眼、內容不堪入目的騷擾簡訊：「你想怎麼樣就怎麼樣？你自私說我自私？我期末考試靜不下來，你全家陪葬！」三個月來，小麗收到昔日男友的上千個曖昧、恐嚇簡訊和電話，且殃及周圍好友。這讓即將畢業的小麗誠惶誠恐不可終日，精神幾乎崩潰。

【討論分享】

求愛被拒或失戀你怎麼辦？

同學甲：我會覺得自尊心受到傷害，沒有面子，應該有一段時間都會很傷心的，但不會像小麗的男朋友那樣失去理智。

同學乙：我的女朋友馬上就要出國了，我現在也正面臨著要分手的問題。我想她在國外能夠有更好的發展，我會衷心祝福她的，而我自己也會調整心態不斷努力的。（贏得了同學們的熱烈掌聲）

同學丙（女生）：傷不起呀！（這位同學的一句話讓很多女同學有同感）

老師：從大家的回答中可以看出男女生對於失戀或被拒的反映是極不相同的，男生能夠在受傷後重新站起來，理性地對待今後的生活，會祝福著對方，而女生則也許會更加的脆弱，感到無法面對被拒或失戀這一現實。其實，我們同學無論是男生還是女生都需要能夠正確對待失戀或被拒，這是每個人人生路途中的一種比較普遍和正常的現象，但我們要能夠有好的心態和足夠的智慧去應對它。求愛被拒並不是一件可恥的事情，在你的生命中你有愛的權利，但一旦對方確實無法接受你的愛時，要懂得放手。同時，拒絕對方要有一定的技巧，要懂得尊重他人的情感，千萬不能以此恥笑或鄙視對方，甚至是公開此事傷害對方。

【影片欣賞】

俞敏洪：《大學生就業（上）》（節選）[5]。

而如果失戀了，千萬不能認為生活沒有了任何意義，更不可因此而走上一條不歸路，因為愛情只是我們生命的一部分而已。正如鄭曉江（2010a）所指出：

> 面對感情受挫而自殺的人就是把愛情視為了人生的全部，當愛情失去後，人生也就沒有了意義，生命也就被剝奪了存在權。其實，這是一種狹隘的想法，愛情只是人生的一朵美麗的花而已，愛情之花謝了，還會再開，而且人生之樹上還會開事業之花、親情之花、友情之花。不要因為一朵花謝了，就剝奪整株花的生存權。（頁8）

---

[5] 該節選部分主要內容為俞敏洪對求愛被拒的看法。

所以，我們同學切不可因為愛情而剝奪了整個生命的存在權。

(三)簡短的結論

大學生要在大學期間正確的處理情感問題，必須做到：

1. 要從生命的角度用一顆真誠的心去撥動那愛的音符，善待愛情。是從生活的角度來戀愛還是從生命的角度來戀愛，這是大學生情愛生活的一塊「試金石」，也就是說，戀愛中的男女大學生們，若要考察對方是否真心，關鍵在辨別對方是抱著生命存在的態度來戀愛還是抱著追求感性生活的態度來戀愛。

2. 要珍惜人生中難得的情緣，尊重彼此的情感，呵護彼此的生命，在理解與平等的基礎上去構築長久的愛。

3. 要善待神聖的性行為，要從生命安頓之「情愛」走向生活感覺之「性愛」，正確處理好人生中所需之「性」與所欲之「性」的關係。

4. 要懂得拒絕，學會放下。拒絕需要藝術，它是一種善意的行為；放下需要勇氣，它不僅體現了你的心胸，更體現了你的愛。真正的愛情，是在能愛的時候，懂得珍惜，緊緊握住彼此的雙手；真正的愛情，是在無法愛的時候，懂得放下，輕鬆放開對方的雙手。要愛請深情，要放請徹底！〔播放影片：《大學畢業那天我們一起失戀了》（萊萊音樂娛樂傳媒製作，無日期）〕

三、總結與反思

「撥動愛的音符——關於情感問題的生命教育課」主要是針對當前大學生複雜的情感問題而設計的。學生們存在著想愛卻不敢愛、不會愛等

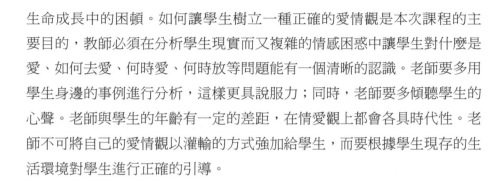
生命成長中的困頓。如何讓學生樹立一種正確的愛情觀是本次課程的主要目的，教師必須在分析學生現實而又複雜的情感困惑中讓學生對什麼是愛、如何去愛、何時愛、何時放等問題能有一個清晰的認識。老師要多用學生身邊的事例進行分析，這樣更具說服力；同時，老師要多傾聽學生的心聲。老師與學生的年齡有一定的差距，在情愛觀上都會各具時代性。老師不可將自己的愛情觀以灌輸的方式強加給學生，而要根據學生現存的生活環境對學生進行正確的引導。

四、思考題

1. 你在大學期間，遇到了哪些情感困惑？你是如何解決的？
2. 「情愛」與「性愛」有何不同？在戀愛期間該如何正確處理好「情愛」與「性愛」之間的關係？
3. 營造溫馨的環境，分享彼此的愛情故事和戀愛經驗。

參考書目

〈身為90後，看90後的性與愛〉（無日期）。檢自http://blog.qq.com/qzone/622005071/1196819617.htm

《思想道德修養與法律基礎（2013年修訂版）》（2013）。北京：高等教育出版社。

吉林省婦聯（2007）。〈千名女大學生思想狀況調查〉。《中國婦運》，第9期，頁32-35。

李海秀（2010.6.30）。〈首部中國青少年生殖健康調查報告顯示——青少年性與生殖健康堪憂〉。《光明日報》，05版（深度報導）。

金茜、徐婧瑤、周銳（2009.9.16）。〈90後大一新生發帖要「出租愛情」〉。《武漢晚報》，16版（科教新聞版）。

俞敏洪（2008）。《大學生就業（上）》（節選），檢自http://v.youku.com/v_show/id_XMTI0NTc2MTA0.html

星河（無日期）。《兩隻小豬的淒美愛情故事》，檢自http://v.youku.com/v_show/id_XMjM4ODI1Njcy.html

徐靜（2010.7.2）。〈大學生拍拖一月花8000〉。《廣州日報》，AII5版（都市關注版）。

富芳芳（2011）。〈為何半數女大學生理解被包養現象〉，檢自http://learning.sohu.com/20110810/n360123113.shtml

萊萊音樂娛樂傳媒製作（無日期）。《大學畢業那天我們一起失戀了》，檢自http://v.youku.com/v_show/id_XMjc0NzkwMjg=.html

福建電視臺（2012）。《「貞操女神」橫空出世，曬處女鑑定引熱議》，檢自http://v.youku.com/v_show/id_XMzUyMTY5NzA4.html

鄭曉江（2008）。《生命教育演講錄》。南昌：江西人民出版社。

鄭曉江（2010a）。〈知識能否改變命運——從生命教育的視野來思考〉。《思想理論教育》，第4期，頁4-9。

鄭曉江（2010b）。〈論人類生命的二維性四重性——以自殺問題與人生意義問題為中心〉。《廣東社會科學》，第5期，頁51-56。

生命教育課程與教學的實踐——華江鴨鄉寶

陳熔釧、吳瓊慧、許興華、劉國安、陳惠遙、
陳雅芳、林欣茹、朱玉真、陳姝蓉、孫孟儀

一、前言

　　華江國小位於臺北市西南的萬華區，鄰近華江雁鴨溼地自然公園，自然生態資源豐富，龍山寺歷史悠久是香火最鼎盛，信眾最多的廟宇，環南市場是居民生活重心，凌晨大量的蔬菜水果進行批發，大量的洋蔥皮在市場邊等待回收。華江教師思索學生的學習需求，決定結合社區資源，以雁鴨為校本主題課程，輔以龍山寺自導學習、洋蔥染體驗學習，融入生命教育、生態教育、環境教育、環保藝術等活動，體現華江特色課程之價值定位。

　　近來在全球環境變遷影響下，環境教育議題更受重視，華江國小雁行教學團隊，確立以雁鴨校本課程為主軸、社會鄉土環境探索為輔助、環

保文創活動為延伸之教學團隊默契，形塑「華江鴨鄉寶，歡樂趣學習」教育圖像，讓學生在體驗活動中使課程知識落實為具體的行動，並涵養在地認同的自信與生活實踐的能力。本案曾獲臺北市政府教育局「臺北趣學習」優秀校外教學方案，也獲得臺北市政府教育局推薦，參加臺灣教育部教學卓越團隊選拔。

二、團隊發展歷程

(一)方案發展背景分析

◆華江雁鴨特色課程之緣起

以雁鴨為主題的校本課程發想，係善用臨近本校的華江雁鴨生態自然公園，結合自然領域教學，探索雁鴨知識、生態環境，進而延伸至生命教育，並與校本閱讀及其他領域課程結合，統整規劃成可體驗的學年主題教學活動課程。成就此特色課程的背景分析如下：

1. 地利之便，發展特色：每年11月起至隔年2月，大批雁鴨在此棲息，為使學童與雁鴨貼近，即有零散之結合雁鴨觀察的教學進行著。九年一貫課程實施後，學年開始進行主題課程設計，94學年度起，更以「華江心雁鴨情」為校本主題設計課程，在逐年發展之中，形成華江雁鴨特色課程。

2. 專業對話，凝聚共識：雁鴨公園是學校及社區特有資源，學生的學習能與熟悉的在地特色結合，經課發會不斷討論取得共識後，結合各領域課程實施，並檢視教學成效省思精進。

3. 融入議題，統整學習：特色課程整合各領域，讓學童對雁鴨認知不止於自然領域，學習廣度從教室擴充到大自然。藉由閱讀、同儕討

論實踐個己與他人、與生命、與環境、與自然的學習。

4.創新教學，落實評鑑：在共識達成、議題融入教學漸趨熟練後，教師所設計的多元創新活動，如「雁鴨闖關」、「雁鴨小書」、「雁鴨公園導覽手冊」，以及結合生命教育的「雁鴨傳情風鈴」等，均可見學生學習的具體成效。同時在課發會於期中、期末的主題課程分享與評鑑過程中，討論精進。

5.生態探索，關懷生命：藉著近距離觀察雁鴨生態的體驗，衍生對大自然與生命本質的觀察力，進一步學會尊重萬事萬物的態度；並且從對雁鴨生活環境與生存困境的觀察，連結全球環境議題，在生活中力行環保。

◆學校課程運作機制

九年一貫課程實施後，課發會、領域小組等組織因應而生，教師共同參與學校課程發展，透過對話、討論、修正，建立一套運作課程發展機制（**圖17-1**）。

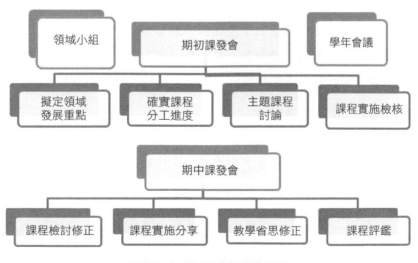

圖17-1　華江課程運作機制

①適切的課程領導策略

　　本校課程領導採分布式領導（distributed leadership），營造多元參與的空間，校長充分尊重與信任教師的專業自主，幫助教師提升專業知能，帶領校內教師，組織各種學習型組織共同成長，並適時給予支持與鼓勵；透過學年、各領域課程小組、課程發展委員會，充分運用各項領導策略，使課程之推行更加順暢，分述如下：

1. 分布式領導：由不同處室、不同領域、不同學年的老師擔任各項課程的領頭羊，適時將領導權分予適合的教師。透過各領域學有專精之老師的帶領，發揮學科專長，使各領域課程能有良好的規劃與實施。

2. 整合領導：本校統整行政、教學與課程等相關訊息，並以課程觀點，發展各項行政領導主題之課程意涵，以及課程活動之教材、教法與學習成果評核，充分運用資源，使行政運作健全以提升整體課程實施與教學成效。

3. 服務領導：各處室行政單位基於服務教學的理念，對所有老師提出關於課程實施與教學之相關需求，均能全力協助配合。

4. 教學領導：課程教學為學校運作中最重要的一環，學校以教學輔導教師、教師專業發展評鑑、教師專業學習社群之方式，致力於提升教師教學成效與學生學習成果之相關活動，以顯現教學之重要性。

②建立課程品質管理機制

1. 落實教學視導：每日由校長或各處室主任進行教師教學巡查，瞭解教師之教學情形及學生之學習狀況，以確保學生之學習品質；並於事後依教師之教學表現給予鼓勵或提醒。

2. 定期會議檢討：確定各項會議之時間，定期檢討各項教學與課程實施之情形，定期召開會議如下：學年會議、學年會報、領召人會議、領域小組會議、課發會等。討論課程實施情形、提出行政支援

需求、擬定新學期主題等。

3.重視專業成長：實施教學輔導教師制度、教師專業發展評鑑及教師專業學習社群，使校內對話及互相協助之風氣更加盛行，並能定期聚會進行教學之分享與演示，對學校教師之教學能力的提升，助益良多。

4.分享教學經驗：領域小組每年固定於學年結束前進行教學成果發表會，讓學校同仁瞭解各領域發展之重點及所研發之教材，目前已完成龍山寺導覽影片、扯鈴教學影片、雁鴨公園行前導覽光碟、校園木土植物圖鑑（《青青校樹》）、草本植物圖鑑（《萋萋園草》）、龍山寺自導式學習手冊等教材，對學生之學習助益極大。

5.建立獎勵機制：教師積極參與校外之各項競賽活動，獲獎比例亦高。而當教師參賽獲獎時，家長會便會提供獎勵金，以鼓勵老師，成為一種良性的循環。

③提供整全的評鑑效果

1.學生多元評量：期初教師進行課程計時，便已清楚的於各週次註記使用之教學資源，並明列學生之評量方式，除了紙筆測驗，更使用多元評量方式來瞭解學生的學習狀況。例如：一年級的鳥類拼圖，二年級的鳥事一籮筐，三年級的鳥識大會考、雁鴨小書製作，四年級的雁鴨公園闖關，五年級的雁鴨導覽手冊製作，六年級的淨園活動等；多元展現學生學習成果。

2.教學成果分享：利用學年會議討論學群教學成果及省思，領域小組則於每年6月份進行教學研究成果分享，以利教學精進。

3.課程實施回饋：課程實施後，隨時針對教學情形對家長及學生進行滿意度之調查，各處室辦理活動後會即時辦理活動滿意度之調查，以作為下次辦理之參考依據，期能讓各項教學活動能不斷地精進。

學生學習單

家長回饋單

處室活動回饋單

(二)方案發展歷程

華江鴨鄉寶生命教育方案課程發展，分別就三個學習向度進行課程設計：(1)自然資源——華江雁鴨公園；(2)產業特色——環南市場；(3)歷史古蹟——龍山寺。以體驗學習取代講述與紙筆測驗、自導式學習替代專家導覽、多元化的學習活動是課程的主要特色。本方案之課程發展演進可分五個階段，如圖17-2所示。

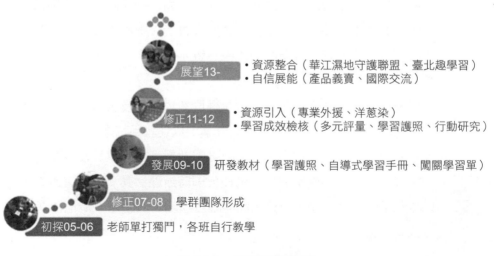

展望13-　　• 資源整合（華江濕地守護聯盟、臺北趣學習）
　　　　　　• 自信展能（產品義賣、國際交流）

修正11-12　• 資源引入（專業外援、洋蔥染）
　　　　　　• 學習成效檢核（多元評量、學習護照、行動研究）

發展09-10　研發教材（學習護照、自導式學習手冊、闖關學習單）

修正07-08　學群團隊形成

初探05-06　老師單打獨鬥，各班自行教學

圖17-2　課程發展演進

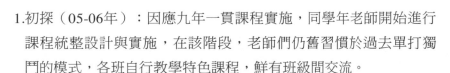

1.初探（05-06年）：因應九年一貫課程實施，同學年老師開始進行
　課程統整設計與實施，在該階段，老師們仍舊習慣於過去單打獨
　鬥的模式，各班自行教學特色課程，鮮有班級間交流。

2.修正（07-08年）：隨著教師職務編配穩定，形成學群團隊，團隊
　成員間默契佳，共同進行課程對話、設計教學活動。

3.發展（09-10年）：結合各領域小組研發教材，發展出學習護照、
　《龍山寺自導式學習手冊》以及一系列闖關學習單。

4.修正（11-12年）：外部資源引入，結合社區志工幸樂屋進行洋蔥
　染課程[1]，另結合野鳥協會進行雁鴨濕地生態解說，提升教學活動
　之專業性。配合多元課程設計，學習成效檢核方式也更多元，例
　如：多元評量、學習護照、行動研究。

5.發展（13年迄今）：整合各方資源──華江濕地守護聯盟、臺北市
　趣學習專案等，挹注人力、經費資源，拓展學生學習視野。此外，
　學生與香港生命教育參訪學生進行國際交流，並進行洋蔥染文創產
　品義賣，充分展現學生自信多元之學習成果。

(三)團隊發展的困境與解決

　　為了提升教學的專業性，「華江鴨鄉寶」的方案先由同學年老師組
成學群共同設計，一同討論與分享；並結合本校社會領域成員，研發適合
學生學習的鄉土教育教材；進而向社區尋求支援，包括社區愛媽的幸樂屋
工作坊，野鳥協會的鳥類認識DIY，以及華江溼地守護聯盟的雁鴨公園濕
地生態體驗解說，以提升手作染布及溼地解說的專業性。

　　課程教學的發展是一條漫漫長路，「華江鴨鄉寶」的方案發展歷程
階段，已如實的呈現了華江課程所遇到的種種困境，以及教學團隊在努力

---

[1] 洋蔥的外皮透過處理成為染料，用其對布料進行染色。可使用隔離布料和染液
　接觸的工具及方式，來做造型變化。

不懈的合作中，不但尋求問題的解決，更能憑藉教學熱情發揮創意，使教學層次不斷向上提升、邁向卓越。

　　在此期間，緊握雁鴨特色課程的信念是全體教師的共識，這讓我們在這漫漫的教學發展長路中，即使路徑或有差異，卻始終走在同一個方向；穩健的學校課程運作是驅動團隊不斷突破前進的重要機制。在充分賦予教學自主、重視回饋省思、強調學習效能的過程中，我們的確一步步看見教學價值的可能，也更願意付出；而在教育環境的流變中，將重要教育政策措施適時納入教學研究與觀察，舉凡課程概念的統整規劃、教學媒材的分析與研發、教師教學效能的提升、學生學習效能的檢核，不但使教學的面向愈趨完整、精進，也帶動了華江課程的品牌營造。

三、方案發展目標、架構與內涵

(一)方案發展目標

　　「多元、創新、快樂、自信」是本校願景，「愛、感恩、關懷、健康、快樂、希望」是華江國小總體課程目標。透過雁鴨主題教學，連結「生命教育」課程奠基於「以愛心為核心，感恩惜福與關懷生命為主軸」，希冀能培養出「健康、快樂、充滿自信」的華江子弟，涵養學生生活實踐的能力並達到生命教育知、情、意、行。其具體目標為：

1.整合領域學習課程，拓展多元學習視角，以強化校園在地知能（知）。

2.研討鳥類自然生態，培養棲地保育觀念，以落實環境生態教育（情）。

3.強調主題探究體驗，涵蘊關懷萬物情操，以具體實踐生命教育（意）。

4.體認家鄉特色發展，提升學生在地認同，以永續倡導生活教育
（行）。

　　「華江鴨鄉寶」主題教學課程，服膺臺北市「生活教育」、「生命
教育」與「生態教育」的「三生教育」，建立在人如何對待自己、人與他
人之間的相處，以及人與大地萬物之間的關係。「三生」概念的達成，以
生命教育知、情、意、行，深化於課程之中（**圖17-3**）。

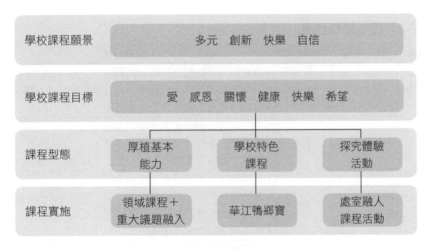

圖17-3　**學校總體課程架構**

(二)方案架構與內涵

◆方案架構

　　「華江鴨鄉寶」主題教學課程之方案架構如**表17-1**所示。

◆年級主題課程及學習護照

　　從**表17-2**至**表17-6**中，詳細說明了各年級主題課程之教學目標、教學
重點、相關活動及學習內容，以及各年級學習護照之認證指標。

表17-1　主題教學課程方案架構

主題	與他者相遇～華江鴨鄉寶					
主題概念	身心安住（人與自己）		家鄉永在（人與自然）		愛樂常現（人與社會）	
執行策略	華江愛閱～閱讀久久 探索體驗～知行合一					
核心能力	開心自在 樂學進取	健康展能 涵養自信	探究思考 問題解決	永續環境 創意經營	友愛互助 尊重關懷	守法負責 服務體驗
特色項目	認識自我 （校本閱讀）	專長認證 （學習護照）	雁鴨課程	生態校園 文創作品	親情感恩	環保行動 校外參訪

表17-2　校本雁鴨課程

對象	單元名稱	教學時間	教學目標
一年級	特殊的鳥	1節	1.能運用五官觀察生活周遭的鳥類。 2.能將老師準備的鳥類圖片，依各種不同特徵分類。 3.能細心體會常見鳥類外型的異同。
二年級	鳥事一籮筐	2節	1.能運用五官觀察生活周遭的鳥類。 2.能主動察覺生活周遭的常見鳥類。 3.能細心體會常見鳥類外型、聲音、特徵等的異同。
	雁鴨情 關懷心	2節	1.運用視覺、聽覺觀察鳥類的異同。 2.藉由賞鳥和瞭解飼養鳥類的知識，進而能珍愛生命。 3.藉由鳥類的特徵描述，能察覺常見鳥類的種類。 4.能運用望遠鏡觀察雁鴨。
三年級	鳥識說明會	2節	1.認識鳥類的外部構造。 2.進行鳥的分類。 3.賞鳥行前說明
	濕地遊蹤 ——闖關活動	2節	1.瞭解華江雁鴨公園的地理位置及前往路線。 2.認識臺灣常見的留鳥與候鳥。 3.能透過望遠鏡來賞鳥。
	雁鴨小書	2節	1.培養手腦協調、團體合作的情操。 2.認識臺灣特有種、瀕臨絕種及外來種鳥類種類和特徵。 3.臺灣特有種鳥類、瀕臨絕種及外來種鳥類的分類 4.能夠畫出常見的候鳥外型特徵，並完成個人的圖畫小書。

（續）表17-2　校本雁鴨課程

對象	單元名稱	教學時間	教學目標
四年級	我愛華江的嬌客──雁鴨	1節	1.培養手腦協調、團體合作的情操 2.認識雁鴨的種類和特徵。 3.瞭解雁鴨的習性。 4.介紹候鳥、留鳥、過境鳥、迷鳥的意義。 5.交互應用圖片及發問問題的方式，以認識雁鴨。 6.將自然科學與生活科技的知識和技能運用於日常生活中，藉由對生活周遭環境之關懷與體驗，瞭解大自然。
	綠意盎然的雁鴨公園	2節	1.培養手腦協調、團體合作的情操。 2.認識雁鴨公園的常見植物。 3.瞭解華江雁鴨公園地理位置。 4.交互應用圖片、遊戲及發問問題的方式，以認識華江雁鴨公園植物。 5.將自然科學與生活科技的知識和技能運用於日常生活中，藉由對生活周遭環境之關懷與體驗，瞭解生態保育的重要。
五年級	不可思議的鳥類構造	1節	1.能蒐集鳥類構造相關資料。 2.能說出鳥類構造與人類有何異同。 3.能分析所蒐集之資料並加以整理。
	棲地與繁殖	1節	1.能蒐集鳥類棲地相關資料。 2.能說出鳥類棲地與其習性之關係。 3.能知道鳥類繁殖的特性。 4.能分析所蒐集之資料並加以整理。
	關渡自然公園	2節	1.運用電腦蒐集資料，製作雁鴨公園導覽手冊。 2.學會雙筒望遠鏡操作、使用及維護的方法。
六年級	邂逅雁鴨公園	3節	1.培養社群活動、資源互享的團隊精神。 2.熟悉網路資源、圖書館資源的擷取及網路功能的運用。 3.瞭解華江雁鴨公園鳥類的生存權及該水域生態有不被破壞而永續存在之環境權。 4.進行華江雁鴨公園淨園活動。

表17-3　學習護照～雁鴨課程認證

認證階段	認證指標
一年級 （麻雀級）	能認識鳥的基本構造。
二年級 （白頭翁級）	1.能認識3種生活中常見的鳥。
	2.能認識5種華江雁鴨公園常見的候鳥。
	3.能說出賞鳥的注意事項。
三年級 （小水鴨級）	1.能認識7種華江雁鴨公園常見的候鳥。
	2.能引導家人前往華江雁鴨公園。
四年級 （綠頭鴨級）	1.能認識9種華江雁鴨公園常見的候鳥。
	2.能說出外來種、臺灣特有種或瀕臨絕種中的鳥類（至少2種）。
五年級 （花嘴鴨級）	1.會操作望遠鏡。
	2.會利用網路蒐集1～2種雁鴨的相關資料。
六年級 （琵嘴鴨級）	能介紹1～2種雁鴨的外形特徵與生活習性。

表17-4　永續環境～生態校園

年級	主題	教學重點	備註
一年級	青青校樹	鳳凰木、樟樹、小葉欖仁	融入生活領域
二年級	亮麗圍籬	無圍牆／無菸校園、華江綠ㄕ、界*	結合社區巡禮
三年級	萋萋園草	草本植物、種菜、環保酵素	融入領域課程
四年級	聲聲蟲鳴	總合治水、水生植物、校園昆蟲	融入領域課程
五年級	翩逐香徑	澤蘭＋紫斑蝶、（馬利筋＋樺斑蝶）、〔破樹＋大紫蛺蝶〕	融入領域課程
六年級	生態校園	木棉、珍古德生態腳步、小小解說員	融入領域課程

*編者註：原文「華江綠ㄕㄟ界」為國語拼音，意為「華江綠世界」及「華江綠視界」。

(三)方案發展策略

　　本校雁鴨主題教學，連結「生命教育」課程奠基於「以愛為核心，感恩惜福與關懷生命為主軸」，以厚植社區學習資源、發展學校自編特色課程、豐富學生多元學習體驗，以及精進教師專業能力為內涵。在選擇

表17-5　創意經營～文創作品

年級	雁鴨主題相關活動	延伸環保藝術創作活動	備註
一年級	雁鴨書插	洋蔥染布	結合綜合活動
二年級	環保船	洋蔥染方巾	結合生活課程
三年級	葉脈謝師卡	葉脈書籤	結合自然領域
四年級	我愛雁鴨公園（繪畫）	環保袋	結合綜合／藝文
五年級	雁鴨繪本（設計）	布袋戲偶服	結合綜合／藝文
六年級	結合洋蔥染： • 雁鴨群像（圍裙） • 親親雁鴨（手巾、手工皂）→配合「大手牽小手」		結合綜合／藝文

表17-6　體驗學習～校外參訪

年級	主題	學習內容
一年級	校園巡禮	認識校園——翩逐香徑、生態步道、水生植物池等。
二年級	1.社區巡禮 2.生態農場體驗 3.育藝深遠（臺北偶戲館）	1.參訪華江郵局、華江里辦公室、華江派出所、西區憲兵隊、八號公園等，認識社區環境，感謝為我們服務的人。 2.自然生態體驗，認識動植物及自然素材DIY。
三年級	1.華江雁鴨公園 2.育藝深遠（美術館）	實地參訪華江雁鴨公園，進行闖關活動，認識雁鴨公園環境、觀測雁鴨、昆蟲調查、螃蟹調查、草地生態遊戲。
四年級	1.臺北市立動物園 2.華江雁鴨公園 3.龍山寺 4.鄉土教育中心 5.育藝深遠（劇場欣賞）	1.透過觀察，認識各類動物。 2.應用賞鳥知識，實地觀察認識鳥類特徵及習性。
五年級	1.臺北關渡自然公園 2.校際交流 3.天文館 4.育藝深遠（交響樂）	1.關渡自然公園生態體驗。 2.透過跨縣市校際交流活動，體驗不同文化環境及學校特色。
六年級	1.華江雁鴨公園淨灘 2.畢業校外教學 3.育藝深遠（國樂）	1.透過淨灘活動，貢獻一己之力，關懷社區環境。 2.校外生態體驗活動。

主要課程內容時，以地方特色為中心，設計三個重要的學習向度：自然資源、歷史人文、產業特色，最後再進行一項綜合性的統整活動，讓學生在學習活動之後更認識自己的家鄉。創新做法如下：

◆自編校本課程、深耕在地文化

本校自94學年度起以認識華江與人文關懷為主軸，將雁鴨環境生態教育課程列為校本課程，並由自然領域老師研發各年級發展能力指標，透過有系統的方式推動自然生態課程。藉由課程引導學生認識雁鴨，鼓勵學生共同參與華江雁鴨季活動。近年來更以鄰近市場廢棄洋蔥皮，發展出洋蔥染課程及學年學習重點（**表17-7**）。

表17-7 各年級環保藝術創作主題作品

年級	一年級	二年級	三年級	四年級	五年級	六年級
主題作品	大方巾（共作）	小頭巾（個人）	環保袋圍巾	環保袋抱枕	布袋戲偶面紙套	雁鴨圍裙手巾組

| 四年級環保袋 | 五年級布袋戲偶 | 各種洋蔥染文創作品 |

◆營造學習共同體、精進教師專業

以學生學習為核心，結合領域小組發展多樣教師專業社群，包含：領域備課社群、生態調查社群、鄉土教育研究社群、教學輔導教師社群等，全體教師共同參與，從事教學研究、教學觀察，精進教師專業效能。

◆自導式學習、激發學習興趣

有別於以往的專家式與主題式導覽活動，我們將教學支配權由教師

轉移至學習者,在參觀龍山寺時不申請專家導覽,而是使用本校所自編的《龍山寺自導式學習手冊》,讓學生分組進行討論,依興趣設定學習目標及參觀路線,以形成對他而言有意義的學習。讓學生走出教室,激發學習動機,提供多元寬廣的學習視野。有別於學科方面的學習活動,為了提升學習興趣讓孩子更樂於學習,並與家鄉有更深入的接觸,安排實地探訪,包括社區巡禮、雁鴨公園、龍山寺及剝皮寮。

講解自導手冊使用方法及分組進行方式 　　學生分組進行自主學習 　　組員共同體驗發現知識的樂趣

◆整合環境資源、活化特色課程

　　面對生態環境的改變,飛到雁鴨公園的候鳥年年減少,如何細心的維護僅剩的生態資源?迎接國內外的遊客,龍山寺儼然是萬華區觀光的重要特色之一,除了拜拜之外,孩子能在龍山寺學到什麼?是否能驕傲地向外人介紹這個文化資產?面對世界糧食不足,鼓吹愛物與惜物的環保概念中,環南市場及家中的蔬果廚餘回收再利用,減少使用化學清潔劑及染料,不僅對地球好,對我們自己更有益處。打破老舊的萬華刻板印象,我們可以變得更有特色,讓孩子更認同自己的家鄉。

　　因應少子化趨勢,華江國小利用閒置空間規劃雁鴨教室,除了提供學年雁鴨課程教學使用之外,並且有系統蒐集每年雁鴨季活動剪影、各學年雁鴨教學活動作品,典藏教師教學與學生學習作品。爭取教育部活化校園經費,充實雁鴨教室、添購雁鴨觀察工具;改建生態池,廣植蜜源與原

雁鴨公園賞鳥趣

校園處處皆課堂

雁鴨教室情境圖

生植物，建置蝴蝶步道「翩逐香徑」、編撰校園生態系列手冊——《青青校樹》、《萋萋園草》、《聲聲蟲鳴》。另外，總合治水工程結合綠美化及水資源循環再利用，獲校園生態工法優選。

◆多元教學策略、增強學生能力

　　有別於傳統的講述式教學法，多元化的活動設計是課程的特色。在雁鴨公園的參訪活動中，分別設計了賞鳥、寫生、相聲及分類等活動性課程；在植物種植的體驗課程中，規劃出種菜、環保酵素及洋蔥染等操作性課程；在龍山寺實地參訪中，利用同儕合作的分組方式進行，學生在龍山寺中進行一場知識的尋寶活動，透過詢問他人、找尋線索及共同討論等策略，與同儕共同完成學習手冊。學習不再局限於教室，學習的對象也不再僅限於向老師學習。課程中強調以實際表現作為評量學生的重點，形式是非常多元化的，包括雁鴨闖關卡及學習單、自導式學習手冊完成情形、活動中參與情形、實作後的作品（如盆栽、環保袋、頭巾、小書等）、日記與心得分享、文章以及發表的情形等。

雁鴨公園闖關——雁鴨調查分類活動

洋蔥染實作課程

《龍山寺自導式學習手冊》——同儕討論

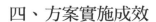

四、方案實施成效

以雁鴨為主題的校本課程發想，主要為強化本校課程發展SWOT分析結果中，所擁有的外部因素環境資源之「機會」，連結「生命教育」議題，奠基紮實的「生活教育」，進而延伸出「生態教育」的觸角。彌補弱勢地區學生生活經驗不足之劣勢，引用社區學習資源，發展學校自編特色課程，以豐富學生多元學習體驗。同時依恃本校教師資源之優勢，發揮教師的資訊能力，透過協調性極佳的行政團隊，有效的整合教師團隊的力量，將創新作為展現成為創新成果。

(一)方案成果

◆整合領域學習課程，拓展多元學習視角，以強化校園在地知能（知）

①統整學習教材，設計創新教學活動

華江國小的雁鴨校本課程，從初始的校外教學活動出發，衍生自然領域的雁鴨課程知識架構，納入生命教育議題之後，擴大了教學概念層次，整合了領域學習與學年主題課程。在學生本位的思考下，以觀察記錄、實際操作、探索體驗等多元的學習方式，依照各年級學生不同的身心發展狀態，安排不同程度的學習內容，讓學生在課程進行中，自然而然的培養出基本知識與能力，以及尊重生命愛護萬物的情操。

②自編校本課程，展現學校特色

本校的主題統整課程由綜合領域自編課程出發，結合校本閱讀書目之深度閱讀討論，與校本主題概念進行連結，而後配合領域課程相關單元，形成教學主軸，透過多元學習體驗活動，強化了教學效能，展現學

校特色。並且為了使學習無縫銜接，發行「華江學習護照」，統整學生學習記錄。實施內涵分為三部分：(1)奠定學生基本能力（包含閱讀久久──99本班級套書閱讀、游泳、體適能）；(2)激發學生個人專長（包含藝術類──直笛演奏、美術創作；體育類──扯鈴、排球、籃球）；(3)發展學校特色課程（雁鴨課程）。

雁鴨拳

雁鴨按按按

雁鴨分類

雁鴨千里眼

雁鴨拼拼樂

雁鴨書插

◆研討鳥類自然生態，培養棲地保育觀念，以落實環境生態教育（情）

①整合社區資源，活化雁鴨課程

　　本校鄰近華江雁鴨自然生態公園，故結合在地環境資源與社區人力資源，逐年將雁鴨課程融入教學活動之中，發展華江雁鴨自然生態校本課程。為了有效進行課程發展，自然領域之老師亦積極參與社區雁鴨生態工作坊，發展校本學習能力指標。除了每年邀請退休志工教師返校指導雁鴨賞鳥教學，亦積極參與華江社區雁鴨季活動，更於2011年成立雁鴨教室典藏相關文物，作為雁鴨主題教學之專科教室。

②優化教學情境，營造生態校園

近幾年地球暖化的議題在各國皆引起廣大迴響，本校雁鴨課程亦與時俱進，以「華江鴨鄉寶」為主題，探索鳥類生態環境，連結棲地保育觀念，在檢視生活周遭環境變化的學習中，呼應了生態教育之落實。同時為使校內情境與雁鴨課程產生連結，2007年以「原生植物、蝴蝶步道」為主題，爭取教育部營造校園特色經費補助，建置水生植物池與「翩逐香徑」蝴蝶步道，並以相關經費協助領域小組編印《校園植物手冊》。2009年結合教育局「總合治水」經費，建置校園探索步道。2010年結合教育局「亮麗圍籬」經費，進行校園圍籬更新，朝綠化開放的方向改變，營造豐富的校園生態情境，輔助教學。

雁鴨行前導覽站

自製雁鴨電子書

典藏雁鴨彙編

雁鴨濕地生態介紹

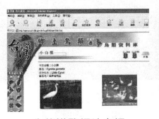
生態導覽網站介紹

生態影片觀賞與討論

製作紙鳥

製作環境生態海報

雁鴨生態調查報告

◆強調主題探究體驗，涵蘊關懷萬物情操，以具體實踐生命教育（意）

　　課程內容與社區之發展及孩子的生活經驗貼近，依照學生不同的身心發展狀態，安排不同程度的體驗學習內容，並讓學生在探索體驗課程進行中，自然而然的培養出基本知識與能力。此外，本校訂有「生命教育」閱讀架構表，以「生死教育、尊重萬物生命」為核心概念，透過班級共讀，培養尊重生命愛護萬物的情操。

四年級：
閱讀《外星人的日記》

五年級：
閱讀《雁鴨圖鑑》

六年級：
閱讀《永遠的信天翁》

一年級：
《野雁的故事》繪本教學

二年級：
《挖土機年年作響》教學

三年級：
雁鴨簡報

◆體認家鄉特色發展，提升學生在地認同，以永續倡導生活教育（行）

　　本校臨近華江雁鴨公園、龍山寺及鄉土教育中心等地，擁有豐富之自然與鄉土教育資源。自然領域並發展出各年級完整的課程內容，且自行

製作相關教學媒體，提供教師及學生在出發前之行前導覽說明。透過課程之安排與教學活動之體驗，在關切家鄉環境變化的同時，也讓學生體認到在地特色所展現的價值，進而幫助學生將眼光回歸所生長的土地，發掘家鄉特色，並在具體的環保文創藝術行動中展現具有愛護家園、關懷他人、感謝萬物情操的健康快樂且對未來充滿希望之現代兒童。

綜合活動——愛校服務　　　愛我家園——社區服務　　　六年級雁鴨公園淨園活動

(二)方案績效

◆家長、學生和教師績效

　　主要透過問卷的方式蒐集家長、學生和教師對方案的意見，摘錄如表17-8。

(三)學校績效

- ·2011學年度臺北市校務評鑑，9個向度全數通過
- ·2011臺北市優質學校，以「從心開始讓愛閃亮」，榮獲資源統整優質獎
- ·2012臺北市優質學校，以「雁行華江鴨先知」，榮獲課程發展優質獎
- ·2012臺北市優質學校，以「華枝春滿映碧江」，榮獲專業發展優

表17-8　華江國小雁鴨校本課程推展之問卷統計

華江國小雁鴨校本課程推展——家長問卷統計結果					
檢核題目	5分	4分	3分	2分	1分
1.我知道雁鴨課程是華江國小的特色課程之一。	79%	0.4%	20.2%	0.4%	-
2.對於學校推動雁鴨主題教學感到滿意。	62.5%	21%	16.5%	-	-
3.我的孩子對於雁鴨知識及環境議題的認識，有持續的進步，收穫很多。	54%	37.5%	8.5%	-	-
4.我覺得學校在雁鴨課程方面的活動，內容分量適切，時間分配得宜。	54%	37.5%	8.5%	-	-
5.我覺得學校在規劃雁鴨主題教學活動時，能顧及到孩子的基本能力。	54%	33%	13%	-	-
6.我的孩子對於雁鴨課程保持著高度的學習興趣。	54%	29%	17%	-	-
華江國小雁鴨校本課程推展——學生問卷統計結果					
檢核題目	5分	4分	3分	2分	1分
1.我知道雁鴨課程是學校的特色課程之一。	73%	26%	1%	-	-
2.我對學校所辦理有關雁鴨主題的教學活動感到滿意。	56%	40%	4%	-	-
3.我喜歡華江國小的雁鴨課程學習活動。	38%	47%	13%	2%	-
4.這些雁鴨課程學習活動讓我收穫很多，對我的幫助很大。	33%	49%	17%	-	1%
華江國小雁鴨校本課程推展——教師問卷統計結果					
檢核題目	5分	4分	3分	2分	1分
1.本校雁鴨課程目標清楚明確並可達成。	26%	67%	7%	-	-
2.本校雁鴨課程能夠依據學生能力進行規劃設計。	28%	60%	12%	-	-
3.各學年雁鴨課程教學目標分別界定了重要概念、技能及態度；各年級目標是可達成的，符合學習者的特質、能力。	28%	56%	16%	-	-
4.本校雁鴨課程有注意縱向、橫向的連貫與連接。	23%	54%	21%	2%	-
5.本校雁鴨課程內容分量適切、教學時間分配適切。	23%	54%	23%	-	-
6.學生對所學雁鴨課程的學習內容能維持一定的參與意願，並嘗試將所學運用於日常生活。	26%	48%	26%	-	-
7.本校雁鴨課程能設計及實施評量檢核學生學習效果。	23%	54%	23%	-	-

（續）表17-8　華江國小雁鴨校本課程推展之問卷統計

8.您覺得本校雁鴨課程最具教育價值的部分為何？
(1)知識系統化
・課程發展能依低中高不同能力而運作。
・設計適合的課程內容，並有區隔，讓學生獲得完整而有系統的知識。
・運用在地資源，發展校本課程，厚植學生能力。
(2)課程在地化
・將在地特色學校本位化，使本土社區化。
・培養學生對於社區環境、生態的認識與關懷，激發在地認同。
・對於發展與推廣宣傳本校學生具有與他人不同的生態知識，是相當大的助力。
(3)體驗生活化
・由生活中的鳥類認識出發，學會關懷生活周遭的人、事、物，尊重生命。
・喚醒學生珍愛社區雁鴨公園的自然環境。
・能從自然生態觀察中發掘生命的可貴和價值。
9.您覺得本校雁鴨課程應該再精進發展、再求細緻化的部分為何？
(1)教學資源可再多添購，如圖庫資源、影片資源。
(2)學生作品的蒐集及學習後的評量方式的蒐集。
(3)校內外人力資源聯繫整合。

質獎

・2012臺北教育111，以「華羽飛揚舞春江」，榮獲2012標竿學校認證

・2013臺北市優質學校，以「華羽飛揚舞春江」，榮獲學生學習優質獎

・2014臺北市優質學校，以「華育桃李詠春江」，榮獲教師教學優質獎

五、省思與展望

　　本校位於臺北市邊界的萬華區，地處自然資源豐富的雁鴨自然生態公園，基此著眼於「精進教師教學能力、豐富學生學習內涵、發展多元體

驗課程」，深化學童雁鴨知識、落實生態教育、生命教育與生活教育等層面，希望「能照顧到每一個孩子」，並將「每一個學生的能力帶上來」形塑課程品牌，打造學校特色，營造學校教學卓越面貌。

　　未來我們期待將雁鴨主題拓展為生態概念，以建立課程發展的永續性；結合在地生命教育特色資源的應用，發展環保藝術文創作品，行銷課程品牌，回饋社區鄉里；積極尋求跨縣市及跨國聯盟學校，累積校際與國際交流經驗，使華江國小的優質課程持續發光，更形卓越。

香港教育學院何博士和學員
體驗洋蔥染製作

香港臺灣生命教育四大教授
齊聚華江國小

香港寶血會培靈學校
華江國小生命教育參訪

繪本中的生命教育

黃祐榮、梁燕珍

一、引言

　　為防止濫用藥物和吸毒，澳洲於1979年設立「生命教育中心」，透過正面、積極的輔助課程，讓年輕人建立正面的生活態度、重整生命方向。有別於中英數等學科，生命教育強調全人的、整全的教育，重視學識與品格、智慧與慈悲的平衡（張淑美等譯，2009）。

　　臺灣於1998年開始由官方主導生命教育工作，2006年發展為臺灣高中的正規課程（鈕則誠，2010）。綜觀世界各地情況，普遍存在物競天擇、汰弱留強的社會趨勢。在香港，為了提升子女的競爭力，有父母早於子女的幼兒階段，便為子女編排緊密的學習課程，在側重競爭力的同時，或許忽略了生命中的整全及和諧的重要性。而生命教育，正好為這迷失不安的世代，注入清流。

　　生命教育可以從「天」（人與宇宙）、「人」（人與他人）、「物」（人與環境）、「我」（人與自己）來作為探討，雖然先用於成癮

輔導，但並不單單停留在防止濫藥、防止自殘或自殺的層面。盼能透過本文，與大家分享如何運用繪本來作為生命教育的傳遞。

二、關係

生命教育的涵蓋面很廣，且差不多無處不在，因為當中包含的人、事、物，在周遭的群組與環境裡，不斷地相互影響和互動。梁錦波博士是全人生命教育學會會長，把全人生命教育以四個生命元素——身、心、社、靈[1]，來作為發展人生境界的分析和定位，各人生境界裡包含不同的關注重點。總的來說，他認為推展生命教育的主要目的是要建立學生與自己、他人、環境以及宇宙之相互尊重與和諧共處的關係。

生命教育關乎關係——人本身與天、人、物、我之間的相互關係。在不同的機構，不同的團體裡，各人對「關係」的演繹，各有不同的理念和不同的處理方法，儘管有很多不同或差異，當中所包含的都是人跟自己、人跟別人、人跟環境或人跟天的關係。「天」，跟隨人的信仰或理念，可以是上帝，可以是佛，也可以是人心中的其他。無論你把「天」定位為什麼，這當中的天、人、物、我，都十指緊扣、連成一體，且不斷互動，並相互影響，需要互相關懷。

生命教育被重視，和被定位為教育重點範疇之一，一定有其原因。在香港特別行政區教育局的網站裡，教育局解說，學校推行生命教育，首要幫助學生建立正面的價值觀及積極的人生態度，當面對不同的處境，懂得如何處理相關的情緒；亦要提高學生的解難能力，幫助他們學習如何走出逆境；並引導學生探索和思考生命的意義，從而過一個快樂、充實和有意義的人生（香港教育局，2006）。

---

[1] 有關梁錦波對身、心、社、靈，天、人、物、我的論述，請參閱梁錦波在本文集的篇章，見本文集第八章〈生命教育——全人生命的關注〉，頁137-158。

在內地，人力資源與社會保障部中國就業培訓技術指導中心，於2012年5月推出的職業培訓課程「生命教育導師」中指出：生命教育，即是直面生命和人的生死問題的教育，其目標在於使人們學會尊重生命、理解生命的意義以及生命與天人物我之間的關係，學會積極的生存、健康的生活與獨立的發展，並透過彼此間對生命的呵護、記錄、感恩和分享，由此獲得身心靈的和諧，事業成功，生活幸福，從而實現自我生命的最大價值。

兩地的生命教育大方向，都涵蓋如何面對生命中的困難和挑戰，期望學生學懂如何積極面對，學懂如何活出一個開心快樂的人生。然而人生在世，在人生的旅途上，路途總有高低起伏，且困難與窘境層出不窮。有時候，這些困難會大到好像橫在我們面前的一座大山，擋著我們，讓我們覺得前無去路，不幸的是，有些人甚至會選擇用自殺來逃避面對，以為這樣就可以解決所面對的困難，殊不知很多時候，困難反而會被擴大，讓自殺者的家人和好友受罪和傷心難過。

三、態度

聖嚴法師曾說：「山不轉路轉，路不轉人轉，人不轉心轉」（聖嚴法師，2009，頁8）。所以，其實當我們面對困難時，很多時候首先要改變的並不是眼前的那座山，因為在現實裡，這並非時常可以做到，真正要改變的，其實是我們看這件事的態度。

凱斯‧哈瑞爾（Keith Harrell）在《態度萬歲》一書（2005著／2009譯）中指出：我們的態度攸關著我們的人生，它可以鼓勵我們積極行動，也可以變成毒藥。我們的態度決定了──究竟是你在駕馭生命還是生命在駕馭著你。周啟東在《商業周刊》中亦提出：當具有樂觀的態度時，無論遭遇何種難題，你總會努力去解決問題。具有勇敢的態度時，你不會永遠躲在自己的舒適圈裡尋求安全感，你會樂於接受改變、接受挑

戰。具有接納的態度時，你不會浪費時間怨天尤人，你會接納不完美，並使它成為你生命中的祝福。態度無法分出絕對的好與壞，它是一種選擇，但它將決定你的高度。我們無法改變過去；我們無法改變別人的反應方式；我們也無法改變終究會發生的事。我們唯一能做的，就是握緊手中僅有的繩子，這就是我們的態度。其實，人生10%來自你遭遇到的事，90%是你應對的態度（周啟東，2002）。

四、選擇

所以我們握有選擇權，我們可以選擇以何種態度去面對橫在我們面前的困難，而我們選擇的態度，影響著我們處事的方法，處事的方法影響著我們得到的後果。因此，其實一切都操之在手，我們握著令我們的生命活得更精彩更開心的鑰匙。

當我們面對困難的時候，有些人會選擇消極，亦有些人會選擇積極。我們甚至可以選擇以不同的心情，去面對圍繞在我們周遭的人、事、物。儘管在困難當中，我們還是可以去選擇如何看待我們的每一天，甚或每一件事，每一個人。將一事一物界定是好是壞，在乎的，是我們心裡的「念」，並不是其他的任何東西。國父孫中山先生曾說：「國者，人之積；人者，心之器。」（孫文，1918）意思說：「國家是多數人的集合，而一個人最重要的就是心念。」電影《鐵娘子》（*The Iron Lady*）（2011）有這句名言：「小心你的想法，它會變成你的語言；小心你的語言，它會變成你的行為；小心你的行為，它會變成你的習慣；小心你的習慣，它會變成你的個性；小心你的個性，它會變成你的命運。」[2]

---

[2] 此引言出自關於已故英國首相戴卓爾夫人的電影《鐵娘子》（*The Iron Lady*）（2011）女主角演員的對白，原文如下："Watch your thoughts, for they become

要改變我們的命運，唯有轉變自己的心念與人生觀。

　　其實，一天是好是壞，我們如何去界定呢？在最糟糕的一天，我們還是可以找到一些好的事情。比如，如果我們今天有健康的身體，我們已經比很多人好；如果我們今天可以飽餐一頓，我們已經比世上很多人幸福；我們還可能有家庭、有兒女、有朋友，這些在我們日常生活裡一直都存在著的，都是一些好的事情，只不過是我們不察覺，不為意，不懂得去感恩。感恩是一種處世哲學，也是生活中的大智慧。一個有智慧的人，不應該為自己沒有的斤斤計較，也不應該一味索取，使自己的私欲膨脹。學會感恩，為自己已有的而感恩，感謝生活給予自己的一切，這樣我們才會有一個積極的人生觀，才會有一種健康的心態，無論路有多難走，我們還是可以樂在其中。

　　你可能會問：究竟應該如何去看待困難呢？出自宋代詩人陸游的詩作裡有一句：「柳暗花明又一村」，本意形容前村美好的春光，後借喻突然出現新的好形勢。在經過一段黑暗的日子之後，我們是有可能會抵達另一段光明境地的。另外有更加積極的一句成語：「塞翁失馬，焉知非福」，當中的寓意是，在人生中有很多事情，冥冥中自有注定，一件事情是福是禍，往往不是表象可以判定的，凡事順其自然，遇到順心的事不要太得意，遇到沮喪挫折的時候也不要太灰心喪志，要淡然處之。其實，我們在困難或挫敗裡，是可以在當中找到正面的元素的；每一個困難，都可以被看作是一項挑戰，好讓我們得以學習和進步；每一次上司的責罵，都可以被看作是一種推動力，好讓我們作出改善；每一樣物質上的欠缺，都可以被看作是一種教導，好讓我們學會珍惜。在生命教育裡，有一個非常重要的重點——我們可不可以在生命當中看到一切都是美好的，任何發生在我們身上的事情，都有其好處。

---

words. Watch your words, for they become actions. Watch your actions, for they become habits. Watch your habits, for they become your character. And watch your character, for it becomes your destiny."

(一)一念之間──慈悲心

生命教育，並不是單純知識層面上的認知，因為在知識層面上的認知只給了我們智慧，但是，生命教育要教育的是我們的心，我們如何去擁有同理心，我們如何去關心自己、關心別人和關心周遭的環境，這是我們的慈悲心。

舉一個簡單的例子，中國有一句成語：「老吾老以及人之老」（《孟子・梁惠王上》），意思是在贍養孝敬自己的長輩時，不應忘記其他與自己沒有親緣關係的老人。當我在地鐵見到一位老人家的時候，在理性上、在知識上的層面，我知道我應該讓位，但實際上，我的心在想什麼？我想不想讓位給他？我會不會真的讓位給他？這是我們的慈悲心，我們的心靈，在這一念之間作出的決定。其實，在一念之間作出一個有慈悲心的決定，並不容易。

生命教育是一種持續連續性的教育，它是一種以生命影響生命的教育，不論在智慧上或慈悲上，我們可以透過不同的體驗、活動、分享等等，從小不斷地培養我們去擁有那一念之間的慈悲心。不同的信仰，不同的文化，有不同的方法和理念，幫我們去培養這個心。在基督教，我們會讀經、祈禱；在佛教，我們會冥想、念經、持咒；但無論如何，要培養這慈悲的一念，真的應該從小做起。小朋友天真爛漫，擁有無窮的想像力和好奇心，且在聽故事時，會以一種成人差不多無法理解的投入度，去經歷與感受故事裡的每一個細節，所以繪本故事分享，是一個很好的方法，讓小朋友去聽去感受什麼是慈悲心，將這個念頭從小放到小朋友的心裡，這顆慈悲的種子，將可以伴隨著小孩一同成長茁壯。

(二)繪本中的生命教育

要撒種這整全的、「一念之間」的種子，並不容易，而天人物我的

關係，或是智慧與慈悲的核心價值，更是抽象的概念。因此，當推行生命教育時，便需要選用合適的教材工具作輔助，而繪本正提供了體驗的情景和想像的空間，所以較普遍運用繪本來分享生命教育。

(三)認識繪本

繪本具豐富的圖像和明確的主題，透過生動的圖畫和簡潔的文字，表達出一些抽象的概念。

按心理學家佛洛伊德的描述，人以追求快樂、逃避痛苦為生存的原則，為了保護人心境平衡，人有自我保護的「防衛機制」（defense mechanism），這機制會在潛意識內自動運作，以迴避衝突或不安的情緒（林孟平，1995）。所以人未必能用自己的親身經歷來與人分享、作出反思。而透過繪本、透過故事中的人物、情景和遭遇，可以引起讀者的共鳴，啟發讀者思考，從而體會抽象的概念（吳淑玲，2007）。當中更有些繪本沒有任何文字，而是以豐富的圖畫，讓讀者想像故事的內容和進程。因繪本的種類豐富，謹簡介下列數本，以供參考，例如：

1. 《我是獨特的》──讓孩童明白每個人都不同（森繪都，2005）。
2. 《你很特別》──要明白自己的能力，不要在意別人的批評（Max Lucado，1997著／2009譯）。
3. 《我永遠愛你》──把握機會，表達心中的愛（漢思·威爾罕，1997著／1999譯）。
4. 《生氣的男人》──探討家庭暴力，明白孩子在當中的無助（格羅·達勒，2003著／2005譯）。
5. 《想念》──全書沒有文字，但輕柔的顏色帶出了對母親的思念（陳致元，2010）。

(四)繪本應用技巧：瞭解服務對象的需要及選材

在選擇繪本的過程中，工作人員需要瞭解服務對象的能力和需要，從而作出配合，要能與服務對象同步、從他們的角度出發，並且對所選取的繪本有共鳴和感動，以致使用時能更投入分享和演繹。

(五)應用技巧

繪本是輔助工具之一，工作人員的真摯和投入，才是生命教育繪本應用的重要元素。

在整個繪本的分享過程中，工作人員與服務對象是互動的，服務對象的投入及態度，會影響著進程；同樣地，工作人員的目標與心態，以及真摯的分享，亦會影響訊息的傳遞。人要能認識自己、與自己有和諧的關係，才能流露真摯的分享。

真摯（congruence）是工作人員「對自己有深刻的瞭解，在自己與當事人的關係中沒有絲毫防衛，能真實呈現自己這個人，而非扮演某種角色與當事人保持安全距離。」（Tony Merry，1995著／1997譯，頁130）

工作人員要能清楚自己的感受和想法，以致能夠在適當的時候作出回應及自我表露，協助服務對象作出反思。以自身生命的經歷，與服務對象作出積極和正面的交流，這便是我們常說的生命影響生命。

此外，聲線運用、身體動作、道具運用等，亦是使用繪本時須注意的技巧。

當透過繪本分享品格哲理時，可以考慮加入體驗遊戲，例如：「二人解扣」、「以口寫名」（紀潔芳、鄭璿宜，2009），或加入延伸活動，例如：故事重寫、廣播劇等，以助參加者深化所得。

以一項申請為例，申請機構為一特殊學校[3]，因服務對象是中度至嚴重智力障礙的小學學童，教職員於日常課堂流程中，會面對不同的挑戰。為提升同工對生命教育的認識，並重拾投身教師行列的信念，申請安排一節生命教育培訓給教職員。如果由你安排，你會如何開始呢？不妨先寫下你的計畫，再與下列建議作出對照。請明白生命教育的推行形式，可以千變萬化，本文的建議，是為同工提供多一項參考，在實務應用時，須靈活處理。

1.主題：生命教育。

2.對象：特殊學校的教職員。

3.事前預備：先與校方聯絡，瞭解活動詳情、學校背景、培訓的目標和方向，並參閱校方過去曾舉辦的培訓活動、曾使用的繪本類別等。

4.選材：因應對象的情況，可以考慮選取以教育或以關愛為主題的繪本。揀選時，請留心工作人員自己對該繪本的共鳴和掌握。當選取繪本後，可以以其中2-3本作一重點簡述，以便與校方作協調。

5.協調：聯絡校方，提出所選繪本的主題及所表達訊息，聆聽回應後，再作決定。然後因應所定內容，安排細節流程。一般會預備計畫書及流程安排，於舉行日期前一週內預備好所需要的教材及物資。

6.活動推行情況：

(1)分享繪本：《斷嘴鳥》（納桑尼·拉胥梅耶，2005著／2008譯）

(2)主題：關懷、憐憫。

(3熱身活動：「與你同行」。請每位參加者選取7張祝福卡，卡片上印有「與你同行、送上祝福」字句，請參加者環顧身邊同工，按內心感動，在卡片上填寫所關懷的同工姓名，並簽名，然後親

3　筆者於2009年，曾為一所特殊學校向一個基金申請資助提供顧問意見。該項申請是一個以繪本教學作為主題的項目。

手送給對方。

(4)活動解說：大家雖然是一同工作的同事，但同時亦兼具家長、子女、夫婦等種種不同的角色。每天8小時或以上的共事，可能因工作忙碌而未能多作溝通、表達關懷，更甚者，職場中易生言語誤會，若同事間能互相關顧、互相鼓勵，彼此同行的效果，會比單打獨鬥更好。透過這個活動，請同工反思：

· 自己對哪幾位同工表達關懷？如何選擇7位同工？

· 當在卡片上簽名時，對「與你同行」4字有何感想？

· 自己送出或收到祝福咭時，有什麼感覺？

7.繪本分享：工作人員先展示繪本，並作分享。《斷嘴鳥》的重點是描述一隻斷了嘴的小麻雀，因未能啄食，以至飢餓哀鳴，由害怕人類，到主動向孩童發出悲鳴，哀求施與食物，但因其斷嘴的怪模樣，不單未能得到食物，更被孩童嘲笑。

哀傷難過又飢餓的小麻雀，突然看到地上有一麵包屑，當逐漸步近時，竟然看著麵包屑被一隻手取走了！

原來，拾取這麵包屑的人，是一位流浪漢。他衣衫襤褸，而且頭髮打著結。讓人感動的是，這名流浪漢咬了一口麵包後，便拿了一小片來餵小麻雀，一小片、一小片，小麻雀得到食物了！

小麻雀站在流浪漢的手指上，歡呼低叫。倚在流浪漢的頭髮上，一人一雀在公園一角，沉沉睡去，夢想著一個沒有斷嘴的、溫暖的世界。

思考一下：

(1)「斷嘴」代表一個什麼情況？

(2)為何內容是流浪漢拾起麵包，而不是一位老師、社工？

(3)沒有斷嘴的世界，會是一個怎樣的世界？

8.繪本應用解說：

小麻雀的斷嘴，是一種缺陷，這缺陷讓牠不能啄食食物，如果見到

牠,我們會有什麼反應?沒有討好、可愛的外形,會否影響了我們的憐憫心腸?

我們的服務對象,是中度至嚴重智力障礙的學童,同樣面對著一些限制,或許行為和言語上會讓我們不舒服,我們能體諒這「斷嘴」的傷痛嗎?

由流浪漢拾取地上的麵包屑,或許是因為他能留意到路邊的麵包屑。如果是一位專業人士,或是你,或是我,會留意到嗎?假若看到,又會彎腰拾取嗎?這個「看到」和「彎腰」,反映了我們對自己身分、角色的看法。

9.進深解說:

當生活安穩時,我們能保持對人、對生命有敏銳的感覺嗎?能放下身段,關顧有需要的生命嗎?

小麻雀的斷嘴,是在外觀上,更可悲的「斷嘴」,是在我們的內心——如果我們失卻了對生命的尊重和感動、失卻了對身邊人的關懷和體諒,這種「斷嘴」,將會影響了我們履行當初投身教師行列的使命。

10.延伸活動:請參加者分組進行討論,先分享對這繪本的回應,然後為這故事創作結局:「新的一天開始了,流浪漢和小麻雀……」。20分鐘後,各組輪流分享創作的成果,工作人員歸納各組分享,作出總結。

五、使用繪本推行生命教育的重要元素

以上述活動為例,無論哪一個服務專業,都有機會接觸不同界別、背景的服務對象,例如:老師會接觸到主流學校的學生、特殊學習需要的學生、不同行業的家長;社工會接觸到各行各業的服務使用者;即使是一

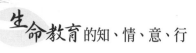

位小市民，在每天的生活中，也會在不同場景中接觸到不同人士。是以善意相待，還是冷漠疏離，都會帶來不同的影響。

若以湖水來比喻人世間的生活，每一個人的言行，都會在湖水上帶出深淺強弱的漣漪，影響著彼此的軌跡，亦引申出相互間的互動影響。不同的服務對象與工作人員，都是這湖水內的一份子，在大家人生的一個片段中相遇，是榮幸，亦是機遇。如果能透過生命交流的一刻，協助服務對象「認識自己、接納自己，進而欣賞自己，以致可以克服成長的障礙，充分發揮個人的潛能」（林孟平，1995，頁9），這正是投身生命教育的工作人員所期盼的畫面。因此，工人作員或生命教育推行者的性情和素質，非常重要。

六、推行者的素質

生命教育是生命的互相影響，以及品格情操的培育。由認識自己，到發揮自己、關懷別人，是一項生活中體驗的循環過程，並不是知識的學習，更不是謀取個人利益的途徑。因此，推行生命教育的重要元素是工作人員的素質，這包括：言行一致、真摯投入、謙卑內省。

生命教育中的「人與自己」，由自我認識開始，不單是明白自己性格中的光明和黑暗面，更需要明白自己掌握了選擇權，一念之間的善與惡，我們是有選擇的。而這個選擇，正植根於自我認識和成長經驗的影響。一位經歷挫折、刻苦地成長的當事人，如果能積極地面對生活和認識自己，或許會因生活中的磨練而塑造了堅強、忍耐的性情，更因自己曾經經歷艱難，所以更能體會別人的痛苦。相反地，如果在同一處境下，當事人只是被動的面對生活，怨天尤人，埋怨為何別人的際遇總比自己好，內心便會積壓著埋怨、不忿。若不能坦然面對自己的黑暗面，重整自己的自我概念，便難以投入成長和更新的循環。

要能明白自身的真性情，我們才能言行一致，自由地活出真我，真摯投入。相反地，表裡不一的人，縱然有優秀的演說能力，但對周遭一同工作的夥伴，卻欠缺了說服力，即使能讓聽眾感到流暢吸引，但是，生命教育已淪為表演，徒具外形，失了內涵。

每一個人都有自己的工作崗位和家庭角色，這塑造了我們的性格和處事態度，要能靜下來，放下身段，坦誠地反思回顧，明白自己的優點和限制，才能作出突破。這需要很大的勇氣和付出，更需要謙卑內省的能力。

七、整全的推行計畫

香港各界日漸著重生命教育的推行，坊間亦多了開辦生命教育課程的機構，在推行生命教育的過程中，需要有清晰的目標和整全的推行計畫。生命教育的實踐，是在於身體力行、言行合一，如倉卒推行或斷章取義，將會事倍功半。

因著生命教育的啟動，這亦成為了人性的試煉，能否在名聲、金錢等種種誘惑前，仍保持著單純、單一的心，為著生命的工作而努力，實需要我們有虛心自省的空間。

繪本是眾多教材中的其中一項，工作人員能借助圖像演繹人生哲理，並擴闊服務對象的想像空間。然而，如果工作人員只從生命教育中抽取某單一範疇，例如處理情緒，斷章取義地推行，單單分享如何表達或回應當下情緒，而忽略了個人及生命的整體性，並借用繪本來作為教導，恐怕難以見到成效。

生命教育需要有整全的推行計畫，尊重生命為獨特的整體——天、人、物、我之間是互相緊扣的。人若未能認識自己的性情，明白自身限制所在，較難掌握和應用情緒處理的技巧，這樣，繪本的內容情節，便只能帶起短暫的提醒，未能引發服務對象的共鳴和反思。

八、結語

當看到身旁的陌生人遺下了錢包時，我們腦中閃出的第一個念頭是什麼？

生活中充滿了挑戰和誘惑，在生命教育中同行的夥伴同樣會面對人性中的光明和黑暗。「一念」的種子需要時間萌芽、成長，在耕耘的過程中，須謹慎自守。

我們是誰，竟有幸在生命的路上與別人的生命相遇，做出接觸和交流。工作人員實在需要適中地看自己，避免自滿自傲。如果我們自己也走過低谷，試過掙扎，嚐過痛苦時，就讓我們更能體會人世間的困苦。

願各位前線工作人員能為自己留有自省的空間，保持平安和「定」的心境，落實言教、身教，以生命轉動生命。

互勉！

參考書目

John P. Miller著，張淑美等譯（2009）。《生命教育——全人課程理論與實踐》。臺北：心理出版社。

Max Lucado著，Sergio Martinez繪圖，丘慧文、郭恩惠譯（2009）。《你很特別》。臺北：道聲出版社。

Tony Merry著，鄭玄藏譯（1997）。《人本心理學入門——真誠關懷》。臺北：心理出版社。

何福田策劃主編（2006）。《生命教育》。臺北：心理出版社。

吳淑玲策劃主編（2005）。《繪本主題教學資源手冊（第二版）》。臺北：心理出版社。

吳淑玲策劃主編（2007）。《繪本怎麼教？繪本創意與萌發》。臺北：心理出版社。

周啟東（2002）。〈態度決勝負〉。《商業周刊》，頁782，檢自http://www.businessweekly.com.tw/KArticle.aspx?ID=15455&path=e

林孟平（1995）。《輔導與心理治療》。香港：商務印書館。

星雲大師（2010）。《星雲大師談智慧》。臺北：天下文化。

紀潔芳、鄭璿宜（2009）。《生死教育教學：方法・資源運用・教學活動》。臺北：華騰文化。

香港教育局（2006）。《「名人與學生真情對話系列」網上教材》，檢自http://www.edb.gov.hk/tc/curriculum-development/4-key-tasks/moral-civic/newwebsite/html/dialogue.html#5

孫文（1918）。《建國方略》手書改正本，上海孫中山故居紀念館藏。孫中山著作資料庫，檢自 http://www.sunyat-sen.org:1980/b5/125.92.250.161/sundb/sundbzz/show.php?id=323

格羅・達勒（Gro Dahle）著，思衛恩・尼乎斯（Svein Nyhus）繪圖，劉清彥譯（2005）。《生氣的男人》。臺北：維京國際出版社。

納桑尼・拉胥梅耶（Nathaniel Lachenmeyer），羅伯・英潘（Robert Ingpen）繪圖，劉清彥譯（2008）。《斷嘴鳥》。臺北：道聲出版社。

陳致元（2010）。《想念》。臺北：信誼基金出版社。

凱斯・哈瑞爾（Keith Harrell）著，劉士華、李淑華譯（2009）。《態度萬歲》。臺北：商周出版。

森繪都著，杉山佳奈代繪圖，周姚萍譯（2005）。《我是獨特的》。臺北：小魯文化。

鈕則誠（2010）。《生命的學問：反思兩岸生命教育與教育哲學》。臺北：揚智文化。

聖嚴法師（2009）。《聖嚴法師108自在語》。臺北：財團法人聖嚴教育基金會。

漢思・威爾罕（Hans Wilhelm）著，趙映雪譯（1999）。《我永遠愛你》。臺北：上誼文化公司。

釋心定法師（2005）。《禪定與智慧》。臺北：香海文化。

Corey, G. (2005). *Theory and Practice of Counseling and Psychotherapy* (7th Ed.). Belmont, CA: Brooks/Cole.

The Iron Lady（2011）. The Iron Lady Quotes. 檢索自Internet Movie Database（互聯網電影資料庫）http://www.imdb.com/title/tt1007029/quotes

19

以正向心理學為基礎的
生命教育課程設計：
「欣賞生命·做我真好」

黃麗花

一、前言

　　正向心理學家Martin Seligman博士（2002著／2003譯）希望一改過去心理學偏重「病態心理與變態行為的矯治」，轉而投入大量精神去重視人們快樂、健康的情緒和行為。他研究的訴求與內容在洪蘭教授翻譯《真實的快樂》一書一覽無疑：「是否可以有一門心理學是在討論生命中好的東西呢？是否有一類能使年輕人覺得生命是值得活下去的長處和美德存在呢？父母和老師能否應用這門科學教養出堅強有活力的孩子，讓他準備好進入社會爭取更多的機會發揮他的長處……」（頁67）當正向心理學理論成形之後，他同時發現真實的快樂——也就是「正向情緒」的產生，

是人們不斷發揮自己「長處與美德」等正向特質的結果。「建構長處和美德（strength and virtue），以及能力（ability）：例如智慧和運動競技的嗜好，會幫助人抵擋不幸的心理疾病，像防震保護層一樣的使人不受傷害，甚至成為重建再起的關鍵」（頁30）。「人不只是要改正個人的錯誤或缺點，更重要的是找出自己的長處與意義」（頁27）。「真實的快樂來自找出並培養個人最基本的長處，並且在每天的工作、休閒、親子遊戲中用到它」（頁29）。「假如把人放對位子，使他可以發揮自己的長處，就能夠對社會有利」（頁51）。總之，我們能夠不斷地在家庭、學校、職場等生活場域中發揮長處與美德，才能獲得真正的快樂，也就是Martin Seligman博士所說的滿足感（gratification）。

　　學校教育的使命之一就是協助學生開展各項潛能，而潛能當然包括上述的長處與美德。臺灣教育部（2000）將「瞭解自我與發展潛能」列為國民中小學生十大基本能力之首，證明了生命教育「人與自己」內涵是教育的核心，因為「人對於自己的瞭解與肯定，是面對生命的基礎。瞭解自我更是學習的起點；一個清晰明朗的主體，才能與豐富有情的外在世界有效互動。失去自我的瞭解與肯定，個體將迷失在知識的迷障中，學習也將變成只是愁苦地填塞對自我不具意義的知識而已。」（臺灣教育部，2000，頁38）

　　為符應正向心理學論點，並回歸教育本質，發表人以「欣賞生命‧做我真好」為主題，設計出適合國小高年級學生的生命教育課程，讓學生藉由故事、歌曲、影片欣賞、省思活動，瞭解自己的獨特性，並透過「多元智慧論」分析自己與他人的優勢智慧（長處），進而願意開展自己欣賞他人，以正向態度活出生命的色彩。

二、課程設計規劃

　　本教學單元旨在幫助學生透過多元智慧論認識自己與他人：先引導學生體認生命具有獨特性──有獨特的優勢，也有某些限制；其次再藉由多元智慧論認識自己與他人的多元智慧發展型態，並發覺與欣賞自己的優勢智慧，進而從典範人物的故事（影片欣賞）激發持續以正向態度活出生命的意願。延伸的課程則是規劃一場展演活動，讓學生學以致用，提供其發揮優勢智慧的舞臺。具體規劃內容如**表19-1**。

表19-1　「欣賞生命·做我真好」課程設計規劃內容

單元名稱：欣賞生命·做我真好	生命教育與價值教育的範疇：個人成長、生命歷程
相關學習領域：綜合活動學習領域	級別：國小五年級或六年級
生命教育教學目標： 1.瞭解每個生命都是獨特的；有獨特的優勢，也有某些限制。 2.欣賞並展現自己的長處，省思並接納自己的有限與不足。 3.體會生命的價值，珍惜自己與他人生命，願意發揮正向生命用處。	
單元規劃（共計6節課）： 1.認識生命具有獨特性：《神奇變身水》（傑克·肯特，2003譯）的故事（1節課）。 2.認識及應用多元智慧理論，共5節課；前3節之設計可參考《生命的筆記：生命教育教師手冊》（黃麗花，2012）內容進行教學。 　(1)介紹多元智慧論（1節課） 　(2)分析自己與他人的多元智慧型態（1節課） 　(3)典範人物影片欣賞與省思（1節課） 　(4)多元智慧展演活動（2節課）	
本次教學演示屬於第一節課內容，45分鐘的教學重點如下： 1.期望解決的課程與教學問題──透過故事，引導學生瞭解每個人都有他的專長和限制。 2.教師或學生的前期準備：學生每人一張B5空白紙。 3.所需參考資料、器材物資：一瓶飲料（引起動機用）、〈幸福的臉〉音樂CD（黃大軍等，2009）、CD播放器。 4.教學或活動內容和步驟： 　(1)引起動機（5分鐘）：猜猜這是什麼飲料（教師提示飲料的顏色、味道等，學生答對即將飲料當作獎品送出）。 　(2)動動腦（7分鐘）：如果有一瓶神奇的飲料，喝了可以變成任何你想變的東西，你會想變成什麼？請學生在B5空白紙的左半邊，完成後，作者（當時為花蓮北埔國小教	

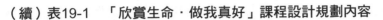

（續）表19-1　「欣賞生命‧做我真好」課程設計規劃內容

師）揭示在臺灣所教學生的想法與成果給本場（指2012年1月於香港示範教學）[1]學生參考比較臺港學生答案的異同。 (3)主要活動（18分鐘）：《神奇變身水》*故事講述。 (4)省思活動（10分鐘）：請學生在B5空白紙的右半邊，並寫下變回自己的期望。 (5)音樂欣賞（5分鐘）教師播放〈幸福的臉〉**音樂CD作為總結。 5.行動與實踐：每個人都是自己的「變身水」，而且效果要用「一輩子」才看得出來。請學生和家人一起討論，自己想要成為怎樣的人，而且現在自己這瓶變身水應該要先發揮什麼「藥效」，才能成功「變身」？ 6.總結與反思：不管什麼角色，都有好與壞、快樂與煩惱的一面；盡力扮演好自己的角色，才能看到美好的一面。 7.評估：學生能專心參與教學活動，並作適當的口語發表與完成書面成果（畫出一開始想變成的東西、寫下聽完故事變回自己後對自己的期望）。 8.學生心聲：書寫於B5空白紙。 9.教師或學生的後期跟進：課程允許則建議實施「單元規劃」所述的後面5節課。 10.評估方式：學生課堂口語表達次數，評閱學生在B5空白紙所寫內容。 11.學生習作、學習單、工作紙等：B5空白紙一張，配合課程進行陸續填入若干答案。
註：＊故事大意：小老鼠不喜歡自己，因此到巫師那兒買一瓶變身水，在還沒喝下去之前，小老鼠想出各種可能變成的動物，都覺得不滿意，最後領悟到：「還是做自己最好」……。 ＊＊歌詞如下：幸福有沒有在我身邊，怎麼一直看不見？幸福有沒有在你那邊？讓我看看它的臉。家裡已經找了好多遍，只有溫暖的房間，爸爸說幸福就在鏡子裡，那就是我快樂的臉！老師說如果慾望能夠少一點，快樂就會多一些。愛惜地球給我們的資源，隨時記在心裡面；我用善良禮貌的雙眼，發現大家幸福的臉。

三、教學實踐分析（以第一節課為例）

(一)課前準備

　　為使教師們體認單純教具亦能達到有效教學效果，本節課僅設計鋁

---

[1] 作者於2012年1月應邀參與由香港教育學院宗教教育與心靈教育中心主辦的「生命教育學術與專業實踐會議：生命教育的知、情、意、行」，並於2012年1月13日假香港中華佛教康山學校作示範教學。

箔包飲料一瓶、B5空白紙每人一張、音樂CD與播放工具作為教具。通常教學者會將繪本故事以簡報（PPT）方式播放給學生看，但為了節省故事講述時間與單槍投影設備之器材預備，本節由教師口頭進行《神奇變身水》故事講述。

(二)有效教學策略

效能（effectiveness）——教學目標之達成，與效率（efficiency）——教學條件與資源的規劃和運用以快速達成目標，兩者是教學者進行課程時隨時要檢視的重點。換言之，有效教學即是教師運用適切教學策略，引導學生達成預期教學目標的歷程。本節課採用的有效教學策略包括：

◆提供學生體驗機會

故事講述過程邀請學生一起進入故事情境：「小老鼠想變成美麗的蝴蝶，但是蝴蝶活不久；想變長壽的烏龜，但是烏龜的缺點是……；想變動作快的蜜蜂，但是蜜蜂的缺點是……。」藉此讓學生體驗小老鼠的思考過程與為難之處。

◆適切多元教學方法

本節課採用了「提問引導」、「問題解決」、「創意思考」、「體驗學習」等方法進行教學，以取代單純的講述法。

◆表現具體學習成果

請學生在B5空白紙上畫出（或寫下）自己印象最深刻的故事角色、自己像小老鼠一樣選擇變回原來的樣子時，有哪些好處。未來自己的神奇變身水會讓自己變成什麼？現在可以努力的事是什麼？……藉此讓學生展

現聽完故事之後的體悟。

◆營造鼓舞動機環境

本項為此次教學演示的重點。個人認為，一個教學（學習）活動要能保持流暢有效，本項策略最為重要。其原理如**圖19-1**（臺灣教育部國民及學前教育署，2013）及說明：

1. 引起注意：課程一開始教學者即應「提供變化性」，例如手拿一瓶往常不會出現在課堂上的飲料、「擅用詢問技巧、激發求知需求」，例如：「老師手上這瓶飲料不是茶飲或氣泡類的，而是水果類的飲料，這樣大家可以縮小範圍猜猜看這是什麼飲料？也可以問老師一些問題幫助猜題喔！」
2. 切身相關：選用《神奇變身水》故事是為了達到「聯結熟悉事物」的功能。因為故事中的老鼠、巫師、各種生物都是學生所熟悉的，

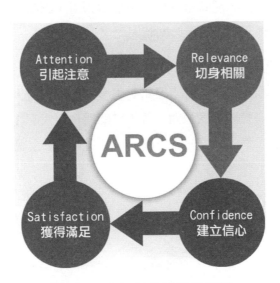

圖19-1　布置鼓舞動機的環境

資料來源：臺灣教育部國民及學前教育署（2013）。

有助於學生想像與體會。選用此故事也符合「學習目標為主」的要件，因為小老鼠的轉變（看不見自己的優勢→羨慕他人→發現他人的限制→理解與接納自己）其實就是本節課學生們的學習目標。能「配合學生特性」也是選用此故事的考量因素，因為多數學生如同故事主角一樣，很想認識自己、瞭解自己可能有的發展。

3.建立信心一堂有效能的課須透過「明定成功的標準及期待」、「提供自我掌控的機會、「提供成功的機會」，才能建立學生的信心，因此本堂課的評量標準明確（請學生設想變回自己時有利的情況）、結束時請學生選出自己可以掌握的努力方向，並發表自己未來可能的變身結果，使學生容易完成B5空白紙的內容，提供成功順利完成評量任務的機會。

4.獲得滿足：教學中要能「提供一顯身手的機會」、「提供回饋與報償」、「維持公平性與學習轉移」，藉以提升自我效能，獲得學習成就感與滿足感，因此本堂課由教師提問不同問題使學生可以一顯身手表達己見，同時適時給予學生口頭肯定讚美；剛開始的飲料猜謎也是一種獎勵，都屬於回饋與報償措施。

本節課最後以歌曲〈幸福的臉〉作為結束，用意在於引導學習遷移，讓學生體會小老鼠所說：「當老鼠是有很多問題，但是，至少我知道當老鼠是怎麼一回事。變成別的東西，說不定問題會更大呢！」把自己當一回事、認真做自己，幸福其實就在身邊了！整節課應用全貌如圖19-2所示。

四、專業實踐省思

「人與自己」是實施生命教育可最先著手的面向；從「欣賞生命、認識自己」出發，還可避免落入生命教育等於倫理道德教育的刻板印象，並增加學生喜愛生命教育課程的心，因為這樣的學習經驗可與學生實

圖19-2　布置鼓舞動機的環境（詳細說明）

資料來源：臺灣教育部國民及學前教育署（2013）。

際生活與未來的生涯連接，而不是知識上的學習而已。

　　此外，如何欣賞、認識生命，必須要有欣賞與認識的「地基」，然後「萬丈高樓平地起」，持續向上、向善發展。個人認為，「多元智慧論」是生命教育的地基，誠如Thomas Armstrong（1994著／2003譯）的主張：每個生命都是不同的，因為我們都擁有以不同形式結合起來的智慧。在臺灣上市兩年即突破十萬本銷售量的《讓天賦自由》（肯‧羅賓森，2009著／2011譯），被指定為「國家文官學院」專書閱讀書目之一，顯見民間與官方力求突破「萬般皆下品，唯有讀書高」的觀念，期待「天生我材必有用」、「有教無類，因材施教」能真正實踐在現今多元社會中。Gift是禮物，也是「天賦」，我們有必要引導學生去探究發展自己的天賦，而具體的途徑就是從多元智慧論去分析與解讀。經過個人在臺灣與香港的專業實踐結果發現，這樣的設計可以被學生接受與吸收。現將香港學生學習成效整理如下：

(一)有關「欣賞生命‧做我真好」方面

　　以香港學生的心得為例，彙整如**表19-2**。1～6號學生手寫工作紙如**附錄19-1**。

表19-2　香港學生之「欣賞生命‧做我真好」課程學習心得

反應題目	香港學生	解析
我變回我自己以後，我可以……	1.不用為衣食住行而煩惱。 2.從不同的方面累積經驗。 3.努力讀書。 4.在寬敞的教室學習。 5.和好朋友在一起。 6.和同學一起學習、一起玩耍。 7.其他：和好朋友一起玩。做我自己想做的東西。和朋友們一起玩耍。和朋友一起。玩電腦遊戲。和身邊的人一起聊天和玩。把事情做到最好。	學生多能從身邊可行的事情進行聯想，具有現實感。值得注意的是「同儕」確實是本階段學生的生活重心，應多營造同儕合作、愉快的相處與學習機會。
如果有神奇變身水，未來的我會變成……	1.醫生。 2.網路小說家。 3.商人。 4.老師。 5.出色的時裝設計師。 6.幽默的主持人。 7.其他：勤勞的人。富翁。一位老師。富商。設計師。大學畢業的人。能幹的人。	本次示範教學的班級學生思考多元，對生命有自己的想法與期待，值得肯定。建議再利用一節課讓學生分享發表所寫的內容。
變身水的效果是一輩子的，那麼現在我可以……	1.努力學習，考上港大醫學系。 2.多寫作，累積經驗，多看書。 3.學習知識。 4.勤勞的學生。 5.畫很多不同的圖畫。 6.努力學習。 7.其他：好好讀書。養成好習慣，做個勤勞的人。努力讀書。用功讀書。	學生多能體認不論未來的夢想為何，「努力讀書」都是現階段最需要做的事情；由學生自己體認比師長耳提面命將更具效果。1～6號的學生更能連結現在與未來的關係，值得肯定。

(二)有關多元智慧論的學習成效

　　本次教學示範未能教到後面幾節，因此以臺灣學生的心得為例（**表19-3**）。**附錄19-2**則為臺灣學生學習第一節課～示範教學課作品。

表19-3　臺灣學生之「多元智慧論」學習心得

反應題目	臺灣學生的回應
學習多元智慧理論，並看完黃美廉（臺灣腦性麻痺畫家）的影片之後，最大的收穫是？	1.能瞭解、欣賞每個人的優缺點，懂得如何包容別人。 2.能瞭解、欣賞每個人的差異。 3.讓我對自己的信心加重，學到如何充分運用自己的智慧。 4.我會知道怎麼樣和人相處，也能感覺到每一個人天生都有智慧，而且也知道大家都有一份才華，等著我們去探討。 5.每個人都有自己的專長和限制，他如果不會，請不要譏笑他。 6.使我瞭解每個人都有自己的長處，而且不要勉強自己。 7.人生不是十全十美的。 8.你盡力做就好，我不希望為了功課弄得自己不開心或對某科目失去興趣。 9.不要嘲笑別人，多去瞭解別人的優點。 10.每個人都有自己的優缺點，要以自己的專長前進。

五、結語

　　個人在從事教職初期，讀到黃政傑（1990）〈從動物學校看適性教育〉一文，立即將之影印下來存放，至今已過了二十年，但是每每讀來仍有暮鼓晨鐘之感：

　　　　一個署名為N.J.W的人，在一篇〈他們我都教了〉的短文中，談到他十年高中教學生涯。他教的一群學生有殺手、傳道士、拳擊手、小偷和低智能者。那時，殺手只是位小男生，坐在教室前座，

張著灰藍的眼睛看著老師；傳教士是個很有人緣的學生，領導各科遊戲；拳擊手靠著窗，偶爾發出連牡牛也會受驚嚇的乾笑聲；小偷是個帶著輕浮之心的浪子，唇上常吹著歌曲；而低智能者則似帶著矇矓眼神的小動物，尋找可以遮蔭的地方。他說：殺手正在州的監獄等待處決；傳教士長眠於林內教堂已有一年；拳擊手在香港的一次爭吵中失去一隻眼睛；小偷從他被關的縣監獄墊起腳尖，可以看到我的臥窗；而帶著溫馴眼神的小低能兒，正用頭撞著他所處州避難所內包有護套的牆壁。所有這些學生一度都曾坐在我的教室裡，從破舊的棕色椅子上望著我。我一定對他們都很有用處吧……我教了他們伊麗莎白時代敘事詩的韻腳架構，也教他們如何圖示複雜的句子。（頁6）

上述的故事提醒著所有的老師，我們在有限時間教給學生的是什麼？各領域、科目都有其主要的知識架構、理論與邏輯，非常重要，然而這些認知導向的課程也要佐以情意、技能的學習，才能培養出「知、情、意、行」均衡發展的下一代。誠如肯·羅賓森（Ken Robinson，2009著／2011譯）所倡導的，讓自己與他人的天賦自由地展現在各行各業，全人類才能真正分工和合作，成就共存共榮的世界！中小學階段的學生正值認識、開展天賦的時期，甚願我們藉由生命教育的推動，幫助學生認識自己、欣賞生命、發揮長處，以至於他能以同樣的眼光態度看待別人，營造多元發展、彼此欣賞與接納的友善社會！

參考書目

Martin Seligman著，洪蘭譯（2003）。《真實的快樂》。臺北：遠流出版社。

Thomas Armstrong著，李平譯（2003）。《經營多元智慧》。臺北：遠流出版社。

肯·羅賓森（Ken Robinson）著，謝凱蒂譯（2011）。《讓天賦自由》。臺北：天下文化。

傑克·肯特（Jack Kent）圖文，何奕達譯（2003）。《神奇變身水》。臺北：上誼文化。

黃大軍和魏肇新詞曲，魚仔主唱（2009）。〈幸福的臉〉。輯於《幸福的臉》（兒童音樂專輯），靜思文化志業有限公司出版。

黃政傑（1990）。〈從動物學校看適性教育〉。《師友月刊》，第273期，頁4-6。

黃麗花（2012）。《生命的筆記：生命教育教師手冊》。臺北：學富出版社。

臺灣教育部（2000）。《基本能力實踐策略》。臺北：臺灣教育部。

臺灣教育部國民及學前教育署／國教社群網／輔導團（2013.10.8）。〈推動有效教學策略政策宣導簡報〉，檢自https://teach.eje.edu.tw/login_index/index.php

附錄19-1　香港學生作品

我變回我自己，
可以不用与衣食住行
而煩惱。
我希望以後變
的醫生。
那麼現在可以
努力學習，考上
港大醫學系。

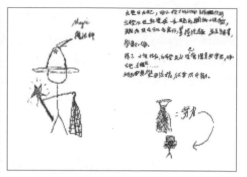

我變回我自己，
可以努力讀書。
我希望以後變成商人，
那麼我現在可以做一個勤勞的學生。

蝴蝶 蜜蜂 瓢蟲 大象

我變回我自己，
我可以在寬敞的教室學習。
我希望以後變成老師，把我一生所學的知識
教給每一位學生。
那麼我現在書努力學習。

我最記得蝴蝶

我變回我自己，可以和好朋友在一起。

我希望以後變成出色的時裝設計師，
那麼我現在要畫很多不同的圖畫。

可以和同學一起學習，一起玩耍。
我希望以後變成幽默的主持人，
那我現在可以做好好讀書。

巫師、老鼠、蝴蝶、烏龜、

附錄19-2 臺灣學生學習第一節課～示範教學課作品

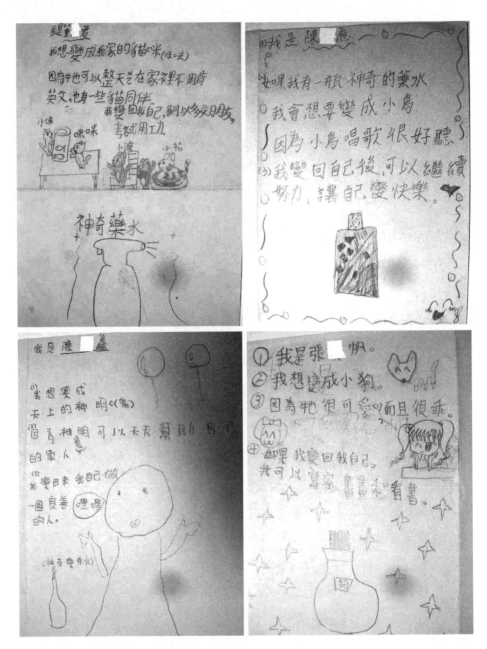

教學示範：生命體驗之旅

朱慧珍

一、導言

　　寶血會培靈學校之生命教育課程從2003年開始推展，是一套包括十二個系列的小學德育、公民及國民教育成長課程。我們相信德行培育絕非一蹴而就的事，一套有持續性有系統的德育及公民教育課程，方能將生命整合，讓學生在知識、情感、意志、行動等各方面實踐、反思、深化而內化良好的行為和態度，建立正面的價值觀。

　　課程分「愛情生命」、「關懷生命」、「分享生命」三個範疇，透過多感官及體驗活動，促進個人自省，提升個人素質；加強群育發展，與身邊人建立和諧共融關係；發揮內在潛能，實踐公民責任，服務社群。我們期望學生能成為心靈健康、懂得愛惜、關懷和分享生命的孩子。

　　「生命體驗之旅」系列是生命教育十二個系列課程中最後的一個，屬「分享生命」範疇的一個服務學習課程。示範課「燃點心火」是此系列的第一教節，旨在引領學生們體會服務的意義，從而點起服務他人的心火。

二、教學單元設計

1. 項目名稱：生命教育示範課。

2. 學校名稱：寶血會培靈學校。

3. 負責老師：朱慧珍、黃美娟。

4. 單元名稱：生命體驗之旅。

5. 單元設計背景或原因：「奮志力學、服務人群」是本校校訓，我們期望每一位培靈學生能發揮潛能，服務社群，將來能立足社會作棟樑。我們更相信孩子的內心皆擁有一團愛的心火，隨時隨地可以燃亮自己，服務他人，成為地上的鹽，世界的光。因此，本校生命教育組特別設計「生命體驗之旅」系列，期望透過籌劃、執行、反思不同服務學習的活動，讓學生從做中學，從學中思，付出自己愛的心火，燃亮自己，照耀別人的生命，讓這份愛傳出去。

6. 相關學習領域、科目或時節、學校活動等項目：德育、公民及國民教育—生命教育課程。

7. 擬定教學或活動時段：此系列課程在小六下學期進行，包含六個課節、三個跟進課，並配合一個探訪長者服務學習活動，歷時約五個月。

8. 級別：小學六年級

9. 時間：示範課是此系列之第一教節，需時60分鐘。

10. 生命教育與價值教育的範疇：「生命體驗之旅」系列屬公民教育——服務學習範疇。學生在一系列生命教育課堂活動中，瞭解義工服務所需的技巧和態度，並透過長者服務的策劃、執行、反思與自我評估，從中學習和成長。

11. 生命教育教學目標（**附錄20-1**）：

(1)安排學生參與多個體驗活動，體會人只要有一顆愛人之心，助

人乃是舉手之勞的易事。

(2)以日常生活事件引領學生反思、討論和分享，觸動學生的心靈深處，思索服務他人的真正意義。

(3)利用社工的專業指導，明白受助人的不同需要；進行情境演練活動，學習真誠的溝通技巧。

(4)藉著簽署「義工服務承諾書」，堅定學生服務他人之心，並以義工探訪服務等實際行動，發揮他們的潛能，服務社群。

12.單元規劃：我們期望此系列活動能感動學生的心靈，燃亮服務他人的心火，使他們能真心參與、樂於服務。故此，前期準備工作及整個系列課程的規劃，便尤為重要。現將單元規劃內容，臚列如**表20-1**。

三、評估方式

我們在生命教育中施行的評估，目的並非以此作為評定人格的工具。事實上，品德的評量，並非全然可作客觀分析或將結果量化。天主創造的每個人皆是獨特的，我們抱持的理念，是希望能藉著評估，完善課程之餘，更能促進學生學習、讓學生加深自我認識、協助其反思所學，從而瞭解自我價值觀的轉變，適時加以修正，自我完善。

然而，在課程推行的初始階段，持分者的意見及量性評估，確能有助生命教育組掌握課程設計的可行性及認受程度，實在不可缺少。現將我校施行的評估方法，逐一闡述如下：

表20-1 「生命體驗之旅」單元規劃內容

教師的前期準備	1.課程設計：將六個教節分為三部分，循序漸進地內化正向價值觀。 (1)第一部分——「觸動情感，建立態度」 　第一節：透過「水桶陣」體驗活動，讓學生感受每人皆有愛人的心火，從而建立一種態度——在群體的生活中，我們有服務他人的需要。 (2)第二部分——「教授技巧，實踐所學」 　第二節：讓學生明白要服務他人，必須加強對服務對象的瞭解和掌握所需技巧。同學們會學習一些和長者溝通的技巧。 　第三節：學生會認識擔任義工的條件，學習應有的態度和守則。 　第四節：學生透過所學知識，設計一次長者探訪服務計畫。 (3)第三部分——「深化所學，反思感恩」 　安排一次探訪老人院的服務讓學生將所學技巧實踐。 　第五節：回顧服務片段，肯定學生服務的價值。 　第六節：回顧整個系列的學習活動，進行反思，深化所學，堅定他們服務社群的信心。 2.行政安排： (1)邀請志願團體和我們協作推行，借著社工們豐富的服務經驗，就教案及活動安排提供專業意見。 (2)善用社工的網絡，聯繫區內社福機構，安排探訪服務。 (3)引入外界資源，如社工及具備相關經驗的家長，協助帶領第一節「水桶陣」及「生活事件」的討論環節。 3.跨科協作： (1)生命教育組致力推行「生命教育通各科」，為六年級各科任老師提供課程資料（包括各課節之教學目標、課堂進度），以作參考。 (2)教師於學期初的學科備課會議中，因應生命教育課的課節主題，選出合適課題，設計相關學習活動及調適進度作統整，在生命教育課節以外，持續深化學生所學。
示範課所需器材或物資	膠桶（9個）、沖廁水箱（18個）、書桌（9張）、計時器、學生表現觀察表（9張）、簡報（情境卡內容+學生服務相片）、祈禱文（1段）、金句標籤（90張）、承諾書（3張）、家長信（90張）、工作紙（90張）

（續）表20-1　「生命體驗之旅」單元規劃內容

教學或活動內容 和步驟	系列分六節進行，第一、第四及第五節後加入「跟進課節」，活動內容，簡述如下： 第一節：《燃點心火》 • 教師利用「水桶陣」這體驗活動，讓學生體驗每個人也可付出一分力，幫助別人（**附錄20-2**）。 第二節：《點只說話咁簡單》 • 運用「超級無敵大電視」，令學生領略溝通方法，不只限於言語。 • 學生參與「你講我摺」體驗活動，體會與長者溝通時必須專心聆聽、說話清晰、句子精簡，更要主動溝通。 第三節：《義工條件大拍賣》 • 學生能透過「收買佬」活動，明白當義工的應有條件、態度和守則。 • 透過影片及社會工作者的分享，學會與長者溝通的技巧。 第四節：《有招出招》 • 讓學生透過小組討論，共同策劃一次長者探訪服務的活動流程。 • 透過演練活動，增強學生擔任義工的自信心。 • 配合「生命教育通各科」，於完成第四節生命教育課之後，在視藝課堂上，學生將水墨畫繪畫於扇面上，作為給予長者的禮物。英文科老師亦會讓學生在完成探訪活動後，教導學生運用「腦圖」草擬作文大綱，讓學生撰寫文章，憶述探訪長者服務的整個活動流程和抒發感受。 第五節：《服務金像獎》 • 以合班方式，於禮堂進行。 • 學生先重溫探訪老人中心的片段，並以一人一票選出最佳的服務義工，從中肯定學生付出的努力，進一步深化服務蘊含的價值——「助人為快樂之本」。 • 利用「知足常樂」體驗環節，領會「施比受更有福」的道理。 第六節：《回顧與感恩》 • 以合班形式進行，利用簡報回顧第一至五節的學習經歷，反思及檢視自我價值觀的轉變。 • 透過派遣禮，點燃燭光，讓學生經歷黑暗中見光明，體會只需付出自己的一分力，便能燃亮別人的生命。

註：上述活動資料，詳見**附錄20-3**。

(一)評估課程成效

◆教師方面

老師可透過每節教學計畫附設的意見欄，表達他們對課節的意見。生命教育組蒐集意見後，作出跟進討論，修訂課程內容，改善活動設施和安排。

◆學生方面

於每個系列終結時，進行問卷調查，蒐集學生對課程內容及活動的意見，藉此檢視課程成效，瞭解他們的喜好和需要，從而為學生設計更合適的學習活動。

◆家長方面

系列完結後，學生須向家長報告六個課節的學習活動內容，讓家長瞭解課程的設計和孩子的學習歷程，家長繼而填寫問卷，發表對課程設計的意見、分享孩子在行為及態度上的轉變和表達自己對課程的認同程度（**附錄20-4**）。

(二)促進反思・自我完善

◆精彩生命祕笈

生命教育組為每一課節的重點編寫金句，並將金句製作成貼紙，讓學生貼在「學生成長歷程檔案」此（為學生用作每年訂定目標、標示成就和記錄成長歷程之小冊子）德育篇之「精彩生命祕笈」內，讓學生容易抓緊每課的主題和學習重點，助其自我反思。

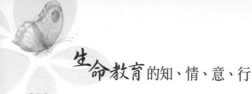

◆回顧與感恩環節

在系列的最後一節，我們會利用簡報，讓學生回顧一至五節之學習活動，繼而帶領學生進行重點的反思，讓學生自我覺察內在的轉變。

緊接具特色的感恩祈禱環節，讓學生有機會思索個人不足之處，引領他們思考自我完善的方向和目標，並用行動將感受表達出來。

◆生命教育學習歷程檔案

這個讓學生收錄自己在生命教育課堂作品、工作紙及反思記錄的文件夾，將他們每年在生命教育課中的體驗、感受、心路歷程的轉變，一一記錄下來。六年的積累，將會結集成整個小學階段的一個學習憑證，一個成長印記，足以讓學生們再三回味、反思。

四、學生習作及工作紙

每一個課節均有工作紙，供學生記錄課堂所學、活動後的感受或從中領受到的道理（**附錄20-5**）。部分課節，學生需製作物品，強化所學，如心意卡、扇子等（**附錄20-6**）。

五、行動與實踐

除了「生命體驗之旅」的課程活動以外，老師們還會陪同學生走出校園，到訪長者護老中心，為長者們表演，與他們玩遊戲，更重要的，是和他們真情對話，將課程中所學到的溝通技巧和態度，實踐出來，和長者們進行一次有質素的交流，讓學生從真實情境中體驗服務的真諦，從而培

養出同理心，對長者們獻上一份發自內心的尊重與關懷。

於整個系列完結時，我們送贈「愛心支票簿」予學生，鼓勵他們轉贈「支票」予身邊人，讓身邊人在有需要時，憑著「支票」要求該生兌現承諾，提供協助。目的是借助象徵物（愛心支票）提醒學生在日常生活中延續愛的行動。

六、總結與反思

作為生命教育組的成員，每次完成一個系列課程的設計和實踐後，均有不少的體會和感悟。

「生命體驗之旅」系列於2005年推出，施行至今逾八年。在學習活動設計方面，我們認為學者杜威提出「做中學」的觀念是一個理想的學習模式，讓學生從體驗開始，以至內省、討論、分析、再體驗及評估。再次體驗的過程中，或會產生新的觀點、新的發現和新的知識（袁桂林，1994）。因此，「生命體驗之旅」系列中包含不少體驗活動，讓學生對關懷和分享生命，有更深切的體會。

在首五年，我們因應老師和學生們的意見，不斷將課程內容和活動設計修訂、完善。就以示範課～燃點心火為例，當中的改變及調節部分也不少，如水桶陣，在首兩年執行時，因主持老師為保持神祕，沒有向學生告之流出來的是什麼液體，以致部分學生因過於害怕而不敢伸出援手，未能達到學習目標——助人乃舉手之勞的事。為此，我們將活動的導言重新編寫，表明內藏的液體是無毒無害的，並請同學幫助主持老師解決難題。結果，雖然活動進行的模式沒有改變，但學生的助人意願因未被情緒困擾而清晰呈現。這次經驗讓我們領略到除了學習活動設計之外，活動的引入語句也同樣重要，必須緊扣學習目標來編訂。

第一節課堂，原本只有「水桶陣」、「祈禱」及「簽訂承諾書」這

三項學習活動，但實行後，組員有感學生從上述活動的體驗，未能與現實生活聯繫，真實感不足會窒礙或延誤正向價值的內化進程。故此，我們將「簽訂承諾書」改在課堂後，於班內完成。在完成「水桶陣」的解說、討論和分享後，加入了一個簡單的生活事件——讓座，讓學生分享親身經歷，表達不同的處理方法和態度。我們又將這群學生日常在校的服務點滴，以播放照片的形式，一一呈現大家眼前，肯定他們的服務價值，也從而道出天主賜予每個人心中一團愛人的心火，我們可以將「愛」透過服務傳揚開去，輕而易舉，人人能為之。以上兩個環節，我們運用生活事件作為學習情景，將學生所體會的服務精神與生活聯繫，有助他們對學習內容產生認同感，並能激發他們反思當中蘊含的價值和態度，令該是節課程變得更具說服力。

學習活動是否能順利執行，除了設計和流程安排之外，硬體的配合，也甚為關鍵。水桶陣的設計，其實也經歷了不少次的改良——由初期引爆充水氣球，轉為水箱運作，再改良至「雙水箱」設計，倍增儲水量。這種種改變，都是六年級幾位負責老師集思廣益，結合學校工友叔叔的手藝，將構思轉化成今天的設計，不但改善了操作的流暢度，也令場面更為壯觀，大大加強了活動的震撼性，讓學生留下更深刻的視覺回憶。而這些印象深刻的畫面，就是一個強而有力的「記憶鉤子」（歐陽豪，2012），勾出我們腦海中潛藏的某些深刻學習片段，讓學生能迅速搜尋到相應的正向價值，助其重新思索一個正確的出路。

生命教育課程推行多年後，一切看似既成定案，但我們卻不想原地踏步，是以生命教育組決定參與「行政長官卓越教學獎」的遴選，開拓組員的視野，藉此從新將整套課程檢視和修訂，期望借助外界的肯定，堅定組員及全校教職員繼續推展生命教育的決心。為改善「生命體驗之旅」系列，我們特別邀請為我校安排長者探訪機構的社工，憑藉他們豐富的服務長者經驗，就系列活動給予專業意見，從中我們得到不少啟發。

社工認為不少學生對長者有既定印象——嘮叨、缺乏活力、充滿負

能量等，這會減低學生投入義務工作的動力。所以我們在此系列中段加插長者義工到校探訪及表演的環節，讓學生感受長者們風趣及活力的一面，藉著這次不一樣的短聚、交流，同學們策劃探訪活動時，變得更積極投入。

社工們亦教導我們處理學生回饋的竅門，例如：安排即時回饋、引領全體參與等。因此，我們在安排水桶陣活動解說環節時，策略有所變更。學生在操場完成水桶陣活動，興致勃勃之際，老師們沒有如以往般帶領學生往禮堂，安頓全體學生後才作回顧、反思、分享。取而代之，我們讓九組同學圍在所屬之水桶旁，各組由一位老師／社工於活動後即時帶領學生進行反思和分享。雖然為此，我們要額外邀請老師、社工，甚或家長加入，擔任小組帶領導師的工作，但卻發現學生在感受澎湃的一刻進行討論和分享，參與意欲大大提升。同時，也因為規模縮細為小組分享，是項安排，讓全組學生，包括較文靜內斂的一群，也在小組導師的引領鼓勵下，得以抒發感受，達至全體參與。有了這成功的經歷，我們也將這種安排回饋的策略帶到其他級別施行，成為我校生命教育課程的一個特色安排。

「生命體驗之旅」是十二個系列課程中的最後一個，隨著此系列課程的結束，學生們也需準備為自己的小學成長歷程畫上句號。我們安排在畢業前，讓學生回顧及反思六年的生命教育學習經歷，讓他們表達課程的體驗為他們帶來什麼的轉變和得著（**附錄20-7**）。

完成十二個系列課程的建構工程，代表一個發展週期的完結，也是總結經驗，重新檢視、反思、修訂階段的開始。德育課程的特質和其他學科課程大不相同，需要因應時代、社會氛圍和人們意識形態的改變，適時將課程內容、推行模式，甚或整體課程架構，予以調適和整合。因此，生命教育組各成員需要擔當定期檢視、持續修訂、完善架構、協調各方及監督實施的重要角色。

而保持整套課程的施行質素，則有賴完整的行政架構及合適的人力

資源作配合。為加強運作效能，生命教育組於2007年開始，將六位核心成員分別派往小一至小六各級擔任課程助理，調配原則是依照組員對系列課程的熟悉程度為最大考慮點，期望借助他們對該級系列課程的熟悉理解和推行經驗，專責統籌各級的備課會議，協助及監察課程的推行，以保證質素。

由於我校以「全校參與」模式推行生命教育，所以除了生命教育組核心組員擔任課程助理一職外，其他老師也履行一人一職，各施所長。以級別為單位，每一級別的班主任加上一至兩位科任老師，組成為數五至七人的課程執行小組，合力推動生命教育課程的發展（**圖20-2**）。

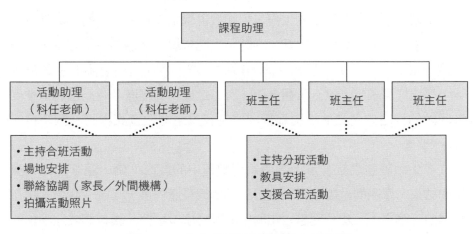

圖20-2　生命教育課程執行小組架構

然而，單憑一套校本生命教育課程是不是就能將正向價值觀植根孩子的心中？

單一課程是零散和缺乏組織的，我們相信全方位式滲透，利用不同科目單元學習、學科活動、延伸學習、學校活動與德育結合起來，學生便可憑著這豐富的學習經歷，對道德價值有更深切的瞭解（吳鐸，2003）。但落實推行，還得看準時機。

　　我校生命教育組從一開始就相信一套有系統的德育課程需要與其他學習領域結合，透過跨科組協作，才能達至全方位的心靈建設，才能深化所學，才能將正向的價值觀植根於孩子的心內。是以在推行生命教育課程的第三年，我組已迫不及待地試行「生命教育通各科」計畫，以生命教育為主線，貫串各個學習領域，全方位滲透生命教育的訊息。

　　老師們雖然努力就各級系列主題，尋找合適的課題作配合，加強生命教育的滲透幅度，但在發展初期，老師們始終對系列課程仍未全然熟悉、內化，故此計畫只見其形，不見其效。這個狀態膠著達四至五年，直至所有系列課程都已被運作數年，發展漸趨成熟，而老師們對課程內容已透徹瞭解，對課程推行理念亦日益認同後，「生命教育通各科」及「跨組別協作」計畫才得以加快推展步伐。這次經歷，讓我們深切體會到「欲速則不達」，政策要配合妥善部署和適當時機推行，成效方大。

七、生命教育小提示

　　從零開始，「創業」階段的路，走來不易，但沿途有著同路人攜手同行，頓時增添了不少溫暖和動力。欣賞自己的堅持，也欣賞身邊同事們的每一分付出及對生命教育組的信任，讓這項創作工程充滿了愛與包容。看到孩子們愉快投入地參與生命教育活動，學會了反思和感恩，這些正在茁壯成長的生命幼苗，為我們帶來了不能言喻的滿足。

　　回顧推展生命教育的十年歷程，深深體會到要成就一件大事，真的要天時、地利、人和的配合。如果不是孩子們踏進生命意識薄弱的年代；如果不是學校位於弱勢家庭眾多的地區；如果不是辦學團體及學校領導層的鼎力支持，投放大量資源在德行培育上，又或如果未能獲得同事們及一眾生命教育夥伴義無反顧地協助推行，這套校本生命教育課程根本不會在短短數年間便建構出來。尤其是生命教育組其他四位同工——馮

敏兒、黃美娟、林慧思、謝文惠四位老師，感謝她們與筆者同行，對校本生命教育課程十年如一日地付出與投入。而有幸獲得外界的肯定，特別是獲得「行政長官卓越教學獎」（2010/2011年）[1]，亦令我們備受鼓勵。感恩，感恩！

　　德行培育乃細水長流的工程，承傳的工作絕不能單靠一人的力量為之，只希望憑著自己微薄的力量，多撒播一些生命的種子，引領更多人加入推動生命教育的行列，與孩子們一同分享生之喜悅，傳揚愛的信息。

參考書目

吳鐸（2003）。《德育課程與教學論》。杭州：浙江教育出版社。

香港教育局（2011）。《行政長官卓越教學獎薈萃2010/2011》。香港：教育局。

袁桂林（1994）。《當代西方道德教育理論》。福州：福建教育出版社。

歐陽豪（2012.2.26）。〈記憶鉤子〉。臺北：PChome個人新聞臺，檢自http://mypaper.pchome.com.tw/anteagle/post/1322796809

---

[1] 寶血會培靈學校馮敏兒、朱慧珍、黃美娟、林慧思與謝文惠老師於2010-2011年度獲行政長官卓越教學獎（德育及公民教育範疇），見香港教育局（2011）。

附錄20-1　生命體驗之旅之教學目標

生命體驗之旅之教學目標

課節	課題	教學目標
1	燃點心火	• 讓學生體驗每個人付出一分力，就可幫助別人。 • 肯定每個人皆有愛的特質。
2	點只說話咁簡單	• 讓學生認識聆聽和溝通的重要性。 • 讓學生掌握聆聽和溝通的技巧。 • 培養學生溝通的正確態度。
3	義工條件大拍賣	• 學生能說出義工應有的條件、態度和守則。 • 學生能說出長者的特徵。 • 發揮學生的主動性。
4	有招出招	• 讓學生透過小組討論，設計一次服務計畫。 • 培養學生處事細心態度。
5	服務金像獎	• 讓學生肯定自己為人服務的價值。 • 讓學生感謝別人的服務精神。 • 讓學生感受知足常樂，與別人分享自己擁有的一切。
6	回顧與感恩	• 讓學生回顧「生命體驗之旅」，分享自己對服務的感受。 • 讓學生經歷只需付出自己的一分力，便能燃亮別人的生命。

附錄20-2　示範課之教學計畫

寶血會培靈學校

《生命體驗之旅》

生命教育課程教學計畫（小六）

題目：燃點心火（第1節，2014年2月21日）

範疇：關懷生命、分享生命

意見：
＿＿＿＿＿＿＿＿
＿＿＿＿＿＿＿＿
＿＿＿＿＿＿＿＿
＿＿＿＿＿＿＿＿
＿＿＿＿＿＿＿＿

目的：1.讓學生體驗每個人也可付出一分力，幫助別人。

　　　2.肯定每個人皆有愛的特質。

教具：膠桶（9個）、沖廁水箱（18個）、書桌（9張）、計時器、學生
　　　表現觀察表（9張）、簡報（情境卡內容+學生服務相片）、祈
　　　禱文（1段）、金句標籤（90張）、承諾書（3張）、家長信（90
　　　張）、工作紙（90張）

流程	活動內容	分享／討論／結論	教學理論及策略
1.引言 （3分鐘）	簡介系列主題	1.這是本學期生命教育課的第一節，我們將會開展一個新的系列——生命體驗之旅。 2.這是你們在培靈的最後一個階段，老師希望藉生命教育，帶給大家一個新的體驗。	⇐學習目標：引出本系列主題。
2.水桶陣 （20分鐘）	1.9至10人一組，每組由導師帶領。 2.膠桶一個，放置在檯上，外置大膠袋及沖廁水箱兩個。 3.學生圍著膠桶站立，不可走避。 4.主持老師發號令，小組導師同時拉動兩個水箱。 5.學生需盡力拯救，避免水漏出。	1.老師有一個難題，希望同學能幫助我解決。 2.桶內載滿液體，但液體並無危險性。 3.在3分鐘內，請同學盡量保持桶內的液體不流走。 4.現在請小組導師帶領同學圍在桶邊。 5.大家有30秒時間作準備（檢查同學對任務的理解，提示同學	⇐體驗式活動：體驗助人乃「舉手之勞」，只要願意付出，便能做到。

流程	活動內容	分享／討論／結論	教學理論及策略
2.水桶陣（20分鐘）	6.活動進行時，各組老師須觀察學生表現，記錄在【學生表現觀察表】。 7.活動完成後，導師即場與學生討論。 8.小組導師訪問學生感受。（掌握互動情緒） 9.歸納學生的感受：遇突發情況，你們能有這顆心去幫助他人已不錯。	想一想會怎樣處理）。 6.訪問內容： (1)剛才你做過什麼？ (2)為何有此反應（問特別者）？你有何感受？ (3)為何你弄濕了，而他沒有呢？ (4)你最欣賞的是哪一位組員，為什麼？ (5)假若再試一次，你會怎樣做呢？	⇐反思：回顧及檢視個人的心路歷程。
3.分享會（10分鐘）	主持老師帶領學生往禮堂，參與全級分享會。 1.主持老師讓學生與全體分享感受。 2.主持老師需歸納重點，作小結。	同學面對一個難題，會有不同的反應和處理方法，請同學分享一下你們對剛才活動的想法。 1.你們看到水噴出來時，你們有何反應？（選5位作答） 2.你覺得組內的同學是否都齊心完成任務？當中有同學遲疑嗎？有沒有想過不想幫忙呢？（自我反思） 3.哪一組認為自己有協助老師順利完成任務的，請舉手。（請同學以掌聲獎勵自己和同學） 4.能夠完成，最重要的成功因素是什麼呢？ 5.再做一次，你會怎樣改善呢？ 小結： 1.其實只要同學伸出一隻手指，就可以完成這次任務。這就是「舉手指之勞」。 2.只要每人付出一點點，不但可以幫到別人，亦可以幫到自己和身邊的人！	

流程	活動內容	分享／討論／結論	教學理論及策略
4.生活聯繫之情境分析（10分鐘）	1.主持老師讀出生活情境，同學在組內分享自己的處理方法。 2.帶領反思（如有學生未能想到幫助方法，可帶領進行逆向思維）。 3.主持老師需歸納重點，作小結。	請同學就以下情境，說說你的處理方法： 「在火車上，看到有一位老婆婆站不穩。」 （反思：如果你在車上，因身體不適而站不穩，你希望別人怎樣幫忙呢？） 小結： 1.見到別人需要幫助時，無論那人是認識的或是不認識的，你們都願意伸出援手。這代表你們內裡潛藏著一顆愛人的心的。 2.幫助人的方法各有不同，無分對或錯，無分功勞多或少。只要有心付出便可。 3.你們認為自己有沒有能力擔任義工呢？有的話，請舉手。	⇦反思：利用生活事件將經歷與現實生活聯繫。
5.生活聯繫之情境分析（續）	1.主持教師展示學生在校服務照片。	1.播放簡報～服務照片。 2.你們不要小看自己，雖然你們年紀小，但你們憑著自己的一分力，已經服務了學校不少的同學和老師，你們絕對有能力勝任當義工。	
6.總結（5分鐘）	1.總結重點	人人心中皆有愛人的心火，只要你願意付出，便能發光和發熱，溫暖照亮別人。正如大家剛才在水桶陣中，只要各人願意付出，那怕只是一隻手指，已幫助很大。 或許有同學有幫助別人的念頭，但又無從入手。不用擔心，生命體驗之旅這一個系列是一個服務學習的系列，在未來數節生命教育課，老師聯同社工哥哥會和我們進行不同的活動，讓同學增強做義工的技巧和信心的。	⇦總結：學習目標

流程	活動內容	分享／討論／結論	教學理論及策略
6.總結（5分鐘）	2.學生代表領禱。 （安排學生代表坐於隊伍前） 3.派發金句標籤：【愛的心火人人有】	現在，就讓我們用禱聲祈求天主賜予我們多一份的力量。請同學肅立，各班領禱同學到臺前。 本節生命精彩祕笈的金句是：愛的心火人人有，請同學貼於學生成長歷程檔案內。	↩感恩：將上天恩賜的愛，與別人分享。 ↩反思：利用金句幫助反思學習重點。
7.簽署承諾書	1.全班學生在禮堂內完成一份承諾書 2.班主任張貼於課室壁報板上 3.學生完成工作紙	讓我們每一位同學踏出義務工作第一步，在眾人面前許下承諾。如果你願意伸出援手，就不容遲疑，立即行動，站起來簽署服務承諾書。	↩深化所學：以承諾書堅定學生服務的熱誠。

附錄20-3　生命體驗之旅活動簡介

寶血會培靈學校

校本生命教育課程

小六「生命體驗之旅」系列之活動簡介

體驗活動名稱	活動流程	目的
超級無敵大電視	1.全班分為三組。 2.學生背對黑板，老師在銀幕展示題目（詞語）。 3.每組各派一名代表，以動作演繹各組詞語供組員競猜。 4.每組限時3分鐘，猜對最多的一組為勝方。 5.活動後訪問各組代表及部分學生感受。	←體驗：用言語之外的方法去溝通。 ←反思：溝通應是雙向的交流。
你講我摺	1.每位學生獲發兩張A5大小的環保紙。 2.第一次摺紙——老師讀出指示（刻意用微弱及快速的聲音讀出），學生合上眼睛，按著指示將紙張摺疊，期間不可以提問。 3.完成後，學生一起看看製成品。 4.第二次摺紙——學生利用第二張紙再按清晰的指示摺疊，期間，學生可以發問，老師會依進度加以等候。 5.完成後，學生比較兩次活動的結果，老師訪問學生感受。	←體驗：單向傳遞訊息和雙向溝通的分別。 ←反思：良好溝通的所需元素：説話清晰、細心聆聽、措詞精簡、主動溝通、互動交流……
收買佬	1.操場進行，學生分為9組，每組前方各放置一張軟墊。 2.老師需收買一些物品／動作（學生在軟墊上展示所需物品／動作），例如：三個頭、右手八隻、鞋十隻…… 3.學生分享活動過程中所遇困難和成功原因。	←反思：當義工的必備條件：「主動付出」。

體驗活動名稱	活動流程	目的
知足常樂	1.每名學生獲發一小杯果汁慶祝「服務金像獎」得主的誕生。 2.每班老師故意安排數名學生不獲分配任何果汁，看學生怎樣解決困局。 3.期間老師細心觀察，但不作任何提示及回應。 4.老師說出觀察結果，然後訪問學生感受。	⇦行動實踐：主動發揮互助精神。 ⇦感恩：明白被助人感受，領會「施比受更有福」的道理。
燭光派遣禮	1.學生圍圈而坐，依指示合上眼，老師隨即將禮堂燈關上，形成漆黑一片。 2.主持老師請學生張開眼睛，感受漆黑，之後主持老師點起手上的蠟燭。 3.訪問部分學生從黑暗中看到燭光的感受。 4.主持老師先燃點其他老師的蠟燭。 5.以一傳一方式，燃點全場每支蠟燭。 6.主持老師提示學生靜心感受。 7.主持老師解說活動的象徵意義和作總結。	⇦延續：以燭光派遣的畫面為「記憶鉤子」，提醒學生延續服務精神。 ⇦形象化：以蠟燭標記著「讓愛傳出去」。

附錄20-4　生命教育課程家長意見調查

家長意見調查(一)

寶血會培靈學校
生命教育課程──家長意見調查
《小六》

各位家長：

上學期的生命教育課程已完滿結束。今天　貴子弟和您分享了他/她在校進行生命教育課的情況。誠邀　貴家長在聆聽完他們的分享後，填寫以下問卷，以助本校持續發展此課程。

填表須知：
* 請用鉛筆或原子筆塗黑答題紙上所選擇的圓圈。
  例： 非常同意　　中立*　　非常不同意
  ○　　　　●　　　　○
  *「中立」是一個不傾向「同意」或「不同意」的意見。
* 每題只能填上一個選擇。
* 如一個家庭有多於一名子女在本校就讀，請家長最少選填一份。

	非常同意	同意	中立	不同意	非常不同意
1. 我認同學校將生命教育列為重要的課程。	○	●	○	○	○
2. 我認為培育孩子品德發展是重要的。	●	○	○	○	○
3. 我的孩子喜歡上生命教育課。	●	○	○	○	○
4. 我願意協助孩子完成生命教育的親子習作。	○	●	○	○	○
5. 我願意與子女討論有關生命教育的課題。	●	○	○	○	○
6. 我認為本系列課程有助孩子認識不同的學習方法。	●	○	○	○	○

請就本課程提供意見：

7. 你認為學生在「生命教育」課中，學到甚麼？
   學懂關懷別人、尊重別人、認識何謂「生命」

8. 你的孩子參與生命教育課後，整體表現方面有何改變？（態度／行為／反思／感悟……）
   成長方面，孩子懂得較積極面對困難，待人處事成熟，明白自己應在之事實情，並懂得與父母討論自己所見及所遇之問題，藉着父母的意見，從作出反思及檢討。

9. 你對學校推行「生命教育」有何看法？
   世界中存在著很多「寶藏」，學校多手來積極推行「生命教育」之課程，無疑是引領著一群天真爛漫的小天使去開啟每個「寶藏」背後中所存在之意義，認識世界之真締，讓到每位成長中的小天使藉着認識「寶藏」，踏實而有自信地迎接人生中每個不可預見的將來。

— 問卷完 —
謝謝您的意見

家長意見調查(二)

寶血會培靈學校
生命教育課程--家長意見調查
《小六》

各位家長：

上學期的生命教育課程已完滿結束。今天　貴子弟和您分享了他/她在校進行生命教育課的情況。誠邀　貴家長在聆聽完他們的分享後，填寫以下問卷，以助本校持續發展此課程。

__填表須知：__
- 請用鉛筆或原子筆塗黑答題紙上所選擇的圓圈。
  - 例：　非常同意　　　　中立*　　　　非常不同意
  - *「中立」是一個不傾向「同意」或「不同意」的意見。
- 每題只能填上一個選擇。
- 如一個家庭有多於一名子女在本校就讀，請家長__最少選填一份__。

	非常同意	同意	中立	不同意	非常不同意
1. 我認同學校將生命教育列為重要的課程。	○	✓	○	○	○
2. 我認為培育孩子品德發展是重要的。	✓	○	○	○	○
3. 我的孩子喜歡上生命教育課。	✓	○	○	○	○
4. 我願意協助孩子完成生命教育的親子習作。	○	✓	○	○	○
5. 我願意與子女討論有關生命教育的課題。	○	✓	○	○	○
6. 我認為本系列課程有助孩子認識不同的學習方法。	○	✓	○	○	○

__請就本課程提供意見：__

7. 你認為學生在「生命教育」課中，學到甚麼？

聽孩子講他在生命教育課中學到了丰富多彩的知識。

8. 你的孩子參與生命教育課後，在成長方面有何改變？（思想、行為、待人、反思、感恩……）

他學會在做事前沖把在生命課中學的事情，在做的講给我听，有很多很好的思考。

9. 你對學校推行「生命教育」有何看法？

开始从表面上看是如此，我认为"生命教育"资料让儿童从小树立正确的人生观，热爱生命珍惜人生，似乎道德教育，蒙养不甚，你未熟瞭里面的丰富的内容，他以说这个课程很好。很值得儿童去学习，我很喜欢。

－ 問卷完 －

謝謝您的意見

附錄20-5　《燃點心火》工作紙

工作紙(一)

工作紙(二)

寶血會培靈學校
生命教育 ~ 生命體驗之旅 （一）
《燃點心火》

班別： 6B　　　　姓名：＿＿＿＿＿＿＿＿ （　　）

【活動的反思】

今天於生命教育課中，透過「水桶陣」體驗活動及一些生活事件的討論，
你是否有一些新的體會呢？(請用文字/圖畫表達你的想法。)

最難忘的是……
大家一起阻止
水流出去。

我最欣賞自己/＿＿＿＿＿（人名）
因為我/他/她 很偉大
不顧一切地 阻止水流出去。

THINKING CAP

Whoa.

我體會到 每個人都有
能力幫助社會上有需
要的人。

附錄20-6　學生作品

紙扇（為跨科組協作作品，並作為探訪長者的禮物）。

附錄20-7　六年級生命教育學生問卷（摘錄）

	問題10　我在生命教育課中最大的得著是：
01	改變了我的價值觀和認識了很多有關生命的事。
02	學會了服務他人的精神，「反思」是一個很重要的東西。
03	可以幫助別人，加深了我和同學之間的友誼。
04	可以到社區服務他人，令我學會回饋社會。
05	可以幫助別人。
06	讓我有機會發揮所長，服務他人。
07	認識及發揮多元能力。
08	令我有機會認識、欣賞自己。
09	學懂了，欣賞別人還學會了和身邊的人建立團隊精神。
10	可以學懂珍惜生命。
11	學懂欣賞別人。
12	感受生命得來不易。
13	學得去幫助別人。
14	學懂了怎樣與人溝通。
15	學懂幫助別人。
16	我們應該要互助互愛。
17	可以享有很多知識。
18	學懂了珍惜生命！
19	反思自己的過錯。
20	有機會上課。
21	珍惜食物。
22	讓我懂得反思。
23	建立團隊精神。
24	學習到做人的道理。
25	令我認識更多好朋友。
26	發揮所長，服務他人。

27	尊敬長輩。
28	和同學拉近距離。
29	懂得控制自己的情緒。
30	探訪老人院，自從去了老人院後，讓我瞭解到幫助和服務別人也是一種樂趣。
31	學到生命的意義，懂得關心別人，幫助有需要的人，這最大的得著。
32	學會幫助別人。
33	讓我有機會發揮所長，服務他人。
34	可以服務他人。
35	體驗愛是付出和忍耐。
36	和同學的距離拉近了。
37	可以幫助有需要的人和發揮所長。
38	增進同窗友誼，令我和同學的關係越好。
39	消閒時間。
40	學到好多東西，其實生活中好多東西都重要。
問題11	**生命教育課程為我帶來改變，其中最深刻的是：**
01	燃點心火。
02	在生命體驗之旅中，我學會服務他人。
03	我學會以積極的態度去面對周圍的事物。
04	可以服務他人，看見他們的笑臉，我就很開心。
05	赤腳孩童，因為感受過貧苦孩童的辛苦，就要學會珍惜。
06	我學會處理情緒。
07	探訪老人院，因為可使我學會與老人相處。
08	護蛋行動，因為要在一天內保護一隻蛋，有很多同學都弄碎了。
09	脾氣改變了和懂得欣賞別人。
10	體驗愛是付出和忍耐。
11	許願架，因為我寫了我的願望。
12	對老師加深瞭解。
13	貧富宴會，令我能珍惜食物。
14	能從痛苦中明白道理。

15	令我知道自己的優點。
16	探訪老人院，因為是我第一次到老人院和學懂和老人家溝通的方法。
17	在水桶陣裡學會了要有團隊精神，而且很好玩。
18	勇敢去識認更多的同學要互相幫助才可以成功一切，一起面對困難。
19	老師大明星，因為此活動可以對老師的瞭解加深，關係好像拉近了。
20	按摩大本營，因為可以為爸爸媽媽按摩，使他們不用太辛苦。
21	令我變得更活潑。
22	蜘蛛網，因為可以和同學一起合作，將一卷繩變成了一個大蜘蛛網，很有成功感。
23	令我能認識自己、認識別人，知道對方以前不知道的事。
24	探望老人院，雖然沒有金錢利益，但我可以幫助別人，自己也很開心。
25	讓我學懂「反思」自己做過的事也讓我和同學拉近距離。
26	一開始，我脾氣很壞，上完生命教育課程後，我令自己反思怎樣才能脾氣好一些。
27	參與生命體驗之旅，令我從現在我會更愛我的公公、婆婆。
28	令我學會訂立目標和策略。
29	二年級的知足感恩，讓我明白到生活不一定要榮華富貴，有住宿、食物、水已經足夠了。
30	赤腳孩童，因為可以感受到幸福非必然。
31	我能透過探訪老人院，學會跟長者溝通。
32	3年級的生命教育。
33	巴黎鐵塔，因為和朋友關係拉近了。
34	水桶陣，因為當時每個人都發揮團結精神，很有意義。
35	令我喜歡自己，不再感到孤單，而且要信任老師。
36	可以認識及發揮多元能力。
37	讓我懂得「反思」。

教學示範：四年級「活出生命的色彩」、六年級「做一件事讓世界變得更美麗」暨成長禮

許佩麗、黎愛連[1]

一、導言

我們深信每個人的生命都是獨特而有價值的，每個生命都是互相關聯，彼此緊扣的群體。生命並非偶然，乃是由上帝創造，並賦予獨特的體驗和意義。人與人的交往，需要彼此的關懷、互相尊重、互相配搭，才能發展出良好的人際關係。如何教導學生從小懂得珍惜生命、與他人建立和

---

[1] 馬鞍山循道衛理小學許佩麗、黎愛連與柯麗麗老師於2010-2011年度獲行政長官卓越教學獎（德育及公民教育範疇），見香港教育局（2011）。

諧的人際關係，在成長階段中，認識基督，建立積極、正面的人生觀，面對生命的不同挑戰，正是教育工作者責無旁貸的使命，更是我校推行生命教育的原動力。

二、背景

1.學校名稱：馬鞍山循道衛理小學。

2.負責老師：許佩麗、黎愛連。

3.單元名稱：生命教育科主題活動。

4.單元設計背景或原因：

在孩童的成長過程中，小學生活擔當了一個很重要的時期，學童在當中不但接受基礎教育，更重要的是奠定生命的素質，建立積極、正面的價值觀，待人接物的態度。「耶穌的智慧和身量，並神和人喜愛他的心，都一齊增長。」（路加福音2章52節），但願我們的學生長大後，也同樣得到神的器重和他人的喜愛。

如何讓小學生具體地掌握生命的實質和意義，並不能單靠文字的敘述和老師的講解。正如杜威博士指出：「從經驗中學習乃是在我們所做的事情和所享受或受苦的事情結果之間的一種前後的連結。在此條件之下，『做』（doing）變成是一種『試』（trying），世界經由試驗而找出其真相，經歷變成了發現事情連帶關係的一種教學。」（吳木崑，2009，頁42）。學生「從經驗中學習」才能有更深的體會和領受，深化所學，融會貫通。因此，我們從學生生活的經驗及體驗出發，透過討論、引導和反思，讓學生建構新的知識和體會。生命是可以陶造的，我們專意為一至六年級的同學設計了不同的主題活動，於活動中融入基督的精神，目的讓他們透過體驗活動，對生命有所啟發及反思，從而建立正面及積極的人生觀，締造和諧的人際關係。

5. 生命教育教學目標：教導學生從小認識基督、懂得珍惜生命、與他人建立和諧的人際關係；在成長的階段中，建立積極、正面的人生觀，面對生命的不同挑戰，日後成為照亮別人的燈臺。

6. 項目名稱：四年級「活出生命的色彩」、六年級「做一件事讓世界變得更美麗」暨成長禮。

三、教學單元：四年級「活出生命的色彩」

1. 相關學習領域、科目或時節、學校活動等項目：聖經課、生命教育課、生命教育日。

2. 擬定教學或活動時段：生命教育日。

3. 級別：四年級。

4. 時間：1小時的聖經課，30分鐘的影片欣賞，45分鐘體驗活動，50分鐘的分享會，40分鐘的總結及反思課，合共約3小時15分鐘。

5. 單元規劃：主題——「活出生命的色彩」

(1)目的：讓學生透過認識殘障人士如何克服殘疾及生活上的障礙而創造豐盛人生的故事，作為個人的反思，從而建立積極人生的信念。

(2)內容：當日早上學生會有一些關於生命教育的學習和體驗，內容包含口足畫藝的元素，然後安排口足畫藝嘉賓分享他們的生命故事和口足畫藝，目的是鼓勵學生以積極的態度面對人生的種種挑戰，並嘗試發揮自己所有的潛能，為自己和別人的生命帶來祝福。

(3)活動內容及程序：

課節	時間	內容	地點	負責老師
一	8:35-9:20	班務	課室	班主任／科任
二	9:20-10:05			
	10:05-10:20	小息		
三	10:20-11:20	聖經課——「程文輝的愛心祝福」	課室	聖經科任
四	11:20-11:50	影片欣賞		班主任／科任
	11:50-11:55	小息		
五	11:55-12:40	體驗活動——口繪畫	課室	班主任
	12:40-1:30	午膳、小息		
六	1:30-2:20	「活出生命的色彩」分享會	禮堂	班主任
七	2:20-3:00	寫卡片（給嘉賓）、總結及反思	課室	班主任

(4)聖經課（第三節）——課室

◎課題：程文輝的愛心祝福

藉著聖經課，讓學生認識程文輝克服身體殘障，祝福別人的事蹟，學習以愛心祝福別人，培養以感恩的心去看待事情的態度。

◎教學流程

活動一：祈禱 上課前作全班禱告。
活動二：影片欣賞 觀看《伴我同行》節錄段（約10分鐘），講述程文輝決意要幫助失明人士及開始認識上帝。
活動三：唱詩〈若你能看見〉 帶領學生唱詩，從中細味歌詞內容。
活動四：觀看課文簡報 認識程文輝克服身體殘障，祝福別人事蹟。

活動五：生活連線
1.提問：在生活中遇上失明人士，你有何感受？
2.若程文輝沒有了和姐，她就不能成功，和姐是她的幫助。程文輝因為得到祝福，她希望所有失明人士都得到祝福。我們可以怎樣祝福或幫助別人呢？
活動六：討論金句
藉互動課本中的金句活動，與學生討論金句。
總結祈禱：
感謝天父賜我們眼睛可以看見世間萬物，看到祢創造的美好，求祢幫助我們學效程文輝，把祝福帶給別人。奉主名求，阿們。

◎影片主角資料（甄敏宜，2011，段二及段三）

有「東方海倫凱勒」之稱的失明基督徒程文輝，已於5月19日在美國羅省一老人院內安息主懷，享年七十五歲。其家奠儀式及安息禮拜亦已分別於5月27日及28日在當地玫瑰山墓園舉行。

程文輝早年與家傭「和姐」移居美國後，兩人相依為命，至數年前「和姐」離世後，她遂入住當地老人院。自小雙目失明的程文輝，雖因其身體缺憾而受盡歧視，但她卻能克服種種困難，不但完成學業，更獲得獎學金赴美國完成大學課程，學成後更回港從事社會工作，是香港社會福利署第一位失明社會工作者，並終生為香港失明人士服務，曾獲英女王頒授MBE勳銜及香港十大傑青，其著作《伴我同行》的勵志故事更曾被拍成福音電影及舞臺劇上演。

(5)影片播放（第四節）——課室

◎影片：《陳冬梅》

讓學生於分享會前先觀看分享會嘉賓陳冬梅的影片，讓學生對她有初步認識，於分享會時會更投入。

(6)體驗活動——口繪畫（第五節）——課室

藉著體驗活動——口繪畫，讓學生在沒有雙手的情況下畫畫，體驗殘障人士生活上遇到的障礙。

• 老師於課堂前提醒學生帶顏色筆，最好是水筆。

• 老師發給每位學生一張圖畫紙、三塊酒精紗布。

- 老師開始教學簡報講解。請學生先選三支顏色筆，用紗布抹乾淨筆頭部分，然後把筆放於桌邊（已消毒的部分伸出桌外）。
- 學生可以把物件放於畫紙上，如水樽，以固定畫紙位置。
- 學生用口銜著顏色筆，於畫紙上作畫，主題為「神的創造」。作畫期間不能使用雙手。
- 完成後，學生互相欣賞作品。
- 老師請學生分享活動感受。
- 老師在課室內張貼學生的作品。
- 提醒學生於活動進行期間，要顧及別人及自己的安全。
- 於班內選一位同學於第六節分享會時分享有關體驗活動的感受。

(7)「活出生命的色彩」分享會（第六節）——四樓禮堂

◎程序

時間	內容
1:30-1:35	入場
1:35-1:40	唱詩〈若你能看見〉、祈禱
1:40-1:50	分享體驗活動（每班一位學生）
1:50-1:55	介紹陳冬梅
1:55-2:05	陳冬梅口足畫示範
2:05-2:15	訪問嘉賓、Q&A
2:15-2:17	總結、結束祈禱
2:17-2:20	致送紀念品（陳校長）

◎詩歌內容簡介

〈若你能看見〉，透過這首詩歌，教導學生我們有眼、耳、口、鼻都不是必然的，世界上有很多人身體都是有限制的，都努力地過生活。我們要學會感恩，感謝主耶穌賜給我們的一切。

◎嘉賓資料（《我腳寫我心：陳冬梅》，無日期；陳冬梅（註冊藝術家一覽），無日期）

陳冬梅——自少患有痙攣，四肢行動不便，亦不能透過說話清晰表

達自己的想法，不過上帝卻賜她一隻靈巧的左腳，讓她透過繪畫來表達心中的所思所想，用腳畫出美麗的圖畫，她是香港口足畫家協會的成員。冬梅於2004年榮獲香港傑出殘疾人士獎，經常獲邀到不同的學校、教會、社福機構作分享和繪畫示範，以個人的經歷鼓勵年輕人和小朋友，曾參與多個本地及海外的聯合畫展及舉辦個人展覽。

◎訪問問題

- 你是住在哪裡，你怎樣來本校的呢？
- 當你開始懂事，知道自己患有腦痙攣，不能自主控制自己肢體，心情如何？
- 其實日常生活中你遇到過什麼困難？你又如何克服？
- 你是怎樣發現自己有繪畫的潛能呢？當中你有得到什麼人的幫助嗎？
- 在節目中，我們都感受到你是一個活潑開朗的女孩子，你如何靠著神的恩典，去面對生命中一個又一個的難關？
- 現在，你有什麼目標／理想？
- 你可否和四年級的同學說些鼓勵的說話？

(8)總結與反思（第七節）——課室

程序	內容	負責老師
1	唱詩〈若你能看見〉	班主任
2	寫感謝卡（送給嘉賓）	
4	完成反思工作紙	
5	分組討論反思問題	
6	全班分享	
7	結束祈禱、完成問卷	

(9)評估方式

◎課堂觀察

整天的活動流暢，效果理想。透過聖經課，學生認識程文輝，雖然身體有限制，但仍願意付出，祝福別人；分享會上認識到香港口足畫家——陳冬梅小姐，學生學習到積極面對人生；透過體驗活動——口繪畫，讓學生體驗到如身體有限制，對我們會造成不便，讓學生學習到要時常感恩。學生十分投入於各項活動中，學生於進行口繪畫活動後，分享自己的感受，明白到原來沒有了雙手會帶來很多不便，體會到殘障人士的限制。分享會時，學生亦表現十分投入，過程中很專注地聆聽嘉賓分享生命故事，從學生反思工作紙（**附錄21-1**）中得知，很多學生對分享會印象最深刻，並表示會好好向陳冬梅學習，明白到只要憑著堅毅不屈的態度，碰上困難不輕易放棄，生命也可以活得精彩。

◎問卷調查——四年級主題活動問卷結果

學生統計：

1.我明白到即使面對人生的種種挑戰，都要以積極的態度面對。

　非常同意（72%）　　同意（28%）　　不同意（0%）

2.我願意發揮自己所有的潛能，活出豐盛精彩的人生。

　非常同意（78%）　　同意（22%）　　不同意（0%）

教師統計：

請圈出合適的評分（1為最佳，5分為最差）

1	活動內容適合學生	1（80%）	2（20%）	3	4	5
2	活動時間適合學生	1（80%）	2（20%）	3	4	5
3	活動形式適合學生	1（100%）	2（0%）	3	4	5
4	活動能帶出主題	1（80%）	2（20%）	3	4	5

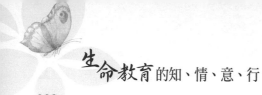

四、教學單元：六年級「做一件事讓世界變得更美麗」暨成長禮

1. 相關學習領域、科目或時節、學校活動等項目：生命教育課、試後活動時間表。

2. 擬定教學或活動時段：六年級下學期最後一堂生命教育課在課室進行約45分鐘的《花婆婆》繪本閱讀課，約兩、三個星期後在課室進行約30分鐘的簡介會及約45分鐘的分享課，然後在禮堂舉行約一個半小時的成長禮。

3. 級別：六年級。

4. 時間：約45分鐘的閱讀課，約30分鐘的簡介會及約45分鐘的分享課，約一個半小時的成長禮，合共約210分鐘。

5. 單元規劃（主題：成長禮繪本閱讀課——《花婆婆》）：

(1) 目的：安排學生閱讀《花婆婆》繪本，主題為「做一件事讓世界變得更美麗」，鼓勵學生訂立對社會有貢獻的夢想。

(2) 活動內容及程序：

學習活動	時間 （分鐘）	提問／講述／指示	教具安排
一、引起學生的學習興趣	2	1. 提問學生有沒有見過魯冰花？ 2. 引入課文：有一個地方長滿了魯冰花，十分漂亮，為什麼那地方會變得如此美麗？請留意這個故事「花婆婆」。	配合教學簡報，方便學生瞭解內容
二、發展 播放繪本故事 （繪本加上由學生錄製的配音，令故事更吸引）	15	播放繪本故事《花婆婆》（故事簡介見後文）及開喇叭。	

| 三、提問及討論
（在不同情節中停下來作提問，讓學生有足夠時間消化及思考故事內容） | 10 | 教師在不同情節停一停，並與學生討論，教師可自由發揮，但需要包括以下問題：
1.花婆婆答應爺爺會做哪三件事情？
　（到四處旅行、住在海邊，和做一件讓世界變得更美麗的事情）
2.她答應第三件事的時候，她知道自己將來會做什麼嗎？
　（不知道）
3.花婆婆在怎樣的情況下實現第二個心願？
（因為旅行跌傷，要定居下來，就找一個海邊的地方住。雖然遇上重大挫折，但內心一轉，反而成為實現第二個心願的時機）
4.當花婆婆開始做一件讓世界變得更美麗的事情時，周圍的人有何反應？
　（覺得她很奇怪，並稱她做怪婆婆）
5.花婆婆讓世界變得更美麗的辦法是什麼？
（在四處散播種子，長出美麗的花）
6.為什麼她想到撒種子？
　（因為花婆婆弄傷了背部，不能再拿重物，只能做輕巧的工夫，雖然受到傷患困擾，體能受到很大的限制，她仍然想想辦法，做一些自己做得來的事情） | |
| 四、總結
帶出重點，並引發學生的決心 | 5 | 小結：
1.有沒有想到：小小的種子，不單是她可以拿得起，到處散播，小小種子更可以變成一棵棵美麗的植物，實現她的心願：做一件事讓世界變得更美麗。
2.花婆婆有自己的目標、理想，而且有樂觀的態度，結果令世界變得更美麗。
3.你覺得要讓世界更美麗，有什麼方法？從小範圍及小事情做起，也可以使世界更美，你願意嗎？
4.美國甘迺迪總統名句：「不要問國家為我們做了什麼，要問我為國家做了什麼！」
5.你最想什麼變得更美麗？你就要有相應的行動。
6.有些時候，只要我們開始做點實事，也可以讓世界更美，世界可以是自己（例如改變一些壞習慣），是課室，是你的家（例如令家庭氣氛更和諧），是社區，也可以是香港（例如未來的職業是警察或醫生），是國家，是更大的世界……就由今天開始你也可以讓世界變得更美。 | |

五、寫信給家人（父母）鼓勵學生踏實地思考及朝目標實踐。也讓家長成為他們朝向目標的監督與鼓勵	1	告訴家人（父母）自己讓世界更美麗的夢想 1.書信內容：(1)夢想；(2)原因；(3)行動。 2.信封由學生自備，班主任早一星期收齊，信封底的左上角寫班別及學號。 3.請學生認真及用心書寫。 4.老師收回所有同學的書信後，選一位寫得好的同學的信，影印一份副本給負責老師。 5.請學生把信入在信封內，封妥信封後交給老師。	信紙

*請學生帶本地回郵信封（已貼上足夠郵費的郵票、寫清楚地址及收件人姓名，大小是可以把一張A4紙摺好放入），回校交班主任收集。

(3)繪本故事《花婆婆》內容簡介（簡短版）

有一個小女孩，跟爺爺住在海邊。爺爺常常講一些遠方發生的故事給她聽。小女孩對爺爺說：我長大以後，要像你一樣去很遠的地方旅行；我老的時候，也要像你一樣，住在海邊。爺爺說：很好，但是妳要記得做一件讓世界變得更美麗的事。小女孩長大後，真的去很遠的地方旅行。有一年，她騎駱駝時，不小心摔傷了，她就到海邊住下來，每天看著日升日落，她覺得這個世界已經夠美了，還能做什麼讓世界變得更美麗的事呢？有一天，她撒在花園裡的魯冰花開了，這種紫色、藍色、粉紅色的穗狀花朵，非常漂亮，她想，等身體比較好的時候，她要再多種一些。一天早上，她走到山坡上，發現那裡也開滿一大片的魯冰花，她心裡想：一定是蜜蜂、蝴蝶從我的花園裡散播來這邊的。這時候，她突然想到了一個好點子，她買了很多魯冰花的種子，每天出門就到處去撒種子，鄰居的小孩子常常跟在她後面，叫她「怪婆婆」。第二年春天，整個小鎮的教堂邊、教室邊、小路、海邊，都開滿了美麗的魯冰花，大家才知道，原來她是在撒花種子，從此以後，大家就改口叫她「花婆婆」。後來，有很多小朋友常去聽她講故事，她講的是很遠的地方所發生的故事。有一次，一個小女孩對她說：我長大以後要像妳一樣，去很遠很遠的地方旅行，我老的時候也要像妳一樣住在海邊。她說：

嗯！很好，但是妳要記得做一件讓世界變得更美麗的事……（繪本推薦：《花婆婆》，2007）。

6.單元規劃（主題：成長禮）：

(1)目的：安排約30分鐘簡介會及45分鐘分享課，然後到禮堂一起進行一個半小時的成長禮，鼓勵學生成長了，可以訂立對社會有貢獻的夢想或有更遠大的夢想，並在這成長禮中讓他們帶著上帝的祝福邁向自己的理想。

(2)活動內容及程序：

內容	時間	負責人	過程／備註
1.簡介會	8:00-8:30	班主任	發早前學生寫的願景信（封妥信封）、「我的成長路」文件匣及請學生貼上姓名label。
2.分享課	8:30-9:15	班主任	觀看杏林子影片，認識杏林子如何令世界變得更美麗，分享相關題目。
3.入座	9:45-9:50	班主任	班主任聽中央麥克風宣布帶領學生排隊到四樓禮堂參加典禮。
4.綵排	9:50-9:55	主持 示範：班主任代表該班學生	1.解說各項目的及意義，並講解各班路線。 2.兩班同時進行，次序：6A6B、6C6D、6E。 3.學生拿著願景信及我的成長路文件匣走到班主任面前。 4.學生遞上信及文件匣給班主任。 5.班主任送上電子蠟燭。 6.學生行到牧師或校長前握手，接受祝福（表示彼此承認、扶持、信任、祝福）。 7.學生到禮堂中間位置，開著背後電子蠟燭的開關後，把電子蠟燭放在長椅上的紅畫紙上，老師幫忙拼出一個十字架。 8.學生返回座位，為自己的未來安靜祈禱。

5.進場禮（進場音樂）	9:55-10:00	校長、牧師、班主任、祈禱、讀經、上臺分享學生	1.司琴學生1奏進場音樂。 2.進場禮後，主禮人坐在臺下側座位。 3.牧師點燃聖壇上長白燭及打開《聖經》。 4.分享的兩位同學坐6A側。
6.唱詩〈動力信望愛〉	10:00-10:10	司琴學生2	唱主題詩歌，讓學生回想立志與夢想。 教具：歌詞投映片。
7.祈禱	10:10-10:13	學生	（已備禱文）
8.讀經	10:13-10:15	學生	（備《聖經》）經文：「敬畏耶和華是智慧的開端，認識至聖者便是聰明！」（箴言9章10節） 「耶穌的智慧和身量，並上帝和人喜愛他的心，都一齊增長。」（路加福音2章52節）
9.兩位學生分享夢想	10:15-10:25	學生×2	1.學生輪流上臺分享夢想（200字）。 2.分享完後返回自己班的座位（播放伴奏音樂作背景）。 在本學年最後一節生命教育課，各同學已進行《花婆婆》繪本閱讀課，在學習後，寫下一封信，對家人表達自己訂立「讓世界變得更美麗」夢想的承諾，在眾多同學當中，我們邀請其中兩位，為我們分享他們的夢想。
10.訓勉	10:25-10:35	校長	校長提供演講投映片檔案
11.奉獻禮及握手禮（播放伴奏音樂作背景）	10:35-11:00	牧師、校長、班主任	1.班主任完成學生立願禮後，返回自己班維持秩序。 2.協助老師於各班維持秩序。 3.最後請老師們也上前奉獻電子蠟燭。 燭光奉獻禮是代表著我們對上帝、對社會能獻上的一份力量，代表著一份承諾，典禮開始時牧師上臺點燃聖壇上的蠟燭，代表著上帝及學校為各同學燃點這份力量。各位同學即將離開母校，握手禮代表學校及教會對各位同學的扶持及祝福。

11.奉獻禮及握手禮（播放伴奏音樂作背景）	10:35-11:00	牧師、校長、班主任	同學會手拿願景信和「我的成長路」文件匣。願景信和「我的成長路」記錄了同學成長中的期望，透過成長禮，獻上同學成長的期望，讓耶穌看顧及保守著同學的成長。 班主任會給同學電子蠟燭，跟著請同學走到牧師或校長面前進行握手禮，代表對各位同學一直以來的扶持及祝福。 同學將電子蠟燭放到禮堂中央位置，然後，回到自己的座位，為自己的未來安靜默禱。 （當學生完成握手禮後）請牧師、校長及各位老師到禮堂中間位置取電子蠟燭。 禮堂的中央位置的十字架，是由參與禮儀的師生，用每人的燭光砌成，十字架代表著主耶穌臨在這個禮儀當中，與參與者一起，照耀著我們。這個燭光禮儀，代表著參與師生的心願，盼望能像一點點的火焰，照亮有需要光明的地方，發出生命的亮光。 接著，請各位同學起立，立禮人帶領同學為自己的夢想靜默祈禱，求主耶穌賜福各位同學的未來（靜默祈禱約為30秒），然後由主禮人為同學祈禱，禮儀結束。
12.每班代表學生	11:00-11:10	各班一學生代表、司琴學生3、4	1.學生代表上臺帶領全體同學唱「伴我成長」。 2.學生代表輪流分享（畢業感受、感謝各科任及同學等，每班約1分鐘）／在唱歌期間學生代表分享。
13.祈禱祝福	11:10-11:12	牧師	
14.禮成（離場音樂）安排學生返回課室	11:12-11:15	班主任、隨堂老師、司琴學生5	1.成長禮後請各班的兩位班長到臺前取回「我的成長路」文件匣返回課室。 2.班主任回課室後發回「我的成長路」文件匣給學生留念。

(3)整個環境及布置等的意義：

成長禮	訂立對社會有貢獻的夢想或有更遠大的夢想，帶著上帝的祝福邁向自己的理想
十字架	代表主耶穌就在我們當中
燃點燭光	代表主耶穌將光燃亮我們的生命
打開聖經	代表將主耶穌的話進入生命
講臺（祭壇）	讓我們在神面前獻上我們成長的願景的地方
奉獻禮	代表著我們對上帝、對社會能獻上的一份力量，代表著一份承諾
握手禮	代表彼此承認、扶持、信任、祝福
班主任	代表主耶穌及學校
紀念品	代表主耶穌及學校對我們的祝福及心願
我的成長路	透過奉獻禮，獻上我們成長的期望，讓耶穌看顧及保守著我們的成長
祝福	為同學的前路及夢想祝福

(4)六年級成長禮場地——禮堂

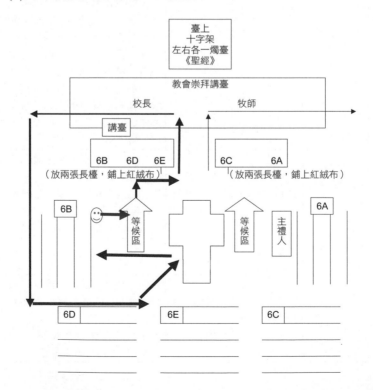

各班成長禮路線圖已存於電腦，請班主任於當天典禮前向學生講解及提醒學生參與典禮的態度。

7.評估方式：

(1)六年級成長禮訪談結果

在完成成長禮時，我們立即請了三位同學留下來進行訪談（綜合三位同學的回應）。

問題1：你們最深刻的是哪個環節？

答：我們覺得在十字架上燃點燭光部分是最深刻的，因為燭光很美麗，令我們覺得很震撼，還有，我們還是第一次親自參與用燭光砌成一個十字架，十分特別。另外，祝福及握手禮對我們來說都很有意義，因為校長和牧師祝福我們升中順利，是我們現在最好和最合適的祝福。班主任在接我們送上的願景信和「我的成長路」文件時，鼓勵我們多發揮自己的長處和特點，讓我們可以更瞭解自己。

問題2：你們在整個成長禮中有什麼感受？

答：我們覺得很難忘，因為那個有自己參與砌成的十字架，看著令自己很感動，加上很欣賞老師們用心的預備，令整個程序很順利，令我們都很享受。

問題3：你們認為成長禮對你有什麼意義？

答：成長禮令我們更瞭解自己，而校長和牧師親自為自己祈禱及祝福，令我們覺得印象很深刻，他們親自問我們的志願，還祝福我們，令我們很感激。

(2)六年級成長禮問卷結果

◎學生統計：

• 閱讀《花婆婆》繪本，能鼓勵訂立對社會有貢獻的夢想。

　非常同意（29%）　　同意（71%）不同意（0%）

• 我體會到在成長禮中，我們是帶著上帝的祝福邁向自己的理想。

非常同意（51%）　同意（49%）　不同意（0%）

◎教師統計：

請圈出合適的評分（1為最佳，5分為最差）

1	活動內容適合學生	1（80%）	2（20%）	3	4	5
2	活動時間適合學生	1（80%）	2（20%）	3	4	5
3	活動形式適合學生	1（80%）	2（20%）	3	4	5
4	活動能帶出主題	1（80%）	2（20%）	3	4	5

8.行動與實踐：在這裡，分享兩封學生寫給家長的夢想信。

(1)夢想信1

親愛的媽媽：

　　經過六年的小學生活，終於畢業了！多謝妳對我的栽培，對我不離不棄，這六年我有頑皮的時候，有開心的時候，也有傷心的時候，但妳都一直鼓勵我，謝謝妳！畢業後，我將會升到新的學校，可能還有很多方面需要改善，我會努力地向著標竿直跑，再取更好的成績。一直以來，我有犯錯的時候，妳都沒有嚴屬地懲罰我，只待我去改善我的錯誤。在學琴方面，有時我都會懶惰，不會自律地去練琴，要妳督促我，令我有今日的成就，真的要多謝妳！希望往後的日子我會自動自覺地練琴，不用妳的督促，我會努力做好我的本分。

　　其實，我一直以來的夢想是想做護士或社工，因為不但可以幫助別人，還可以對這個社會有貢獻，令這個世界、社會、家庭及我自己變得更美麗！

　　有時候，我會和哥哥吵架，要妳去操心及管教我們，我希望我升中後，會和哥哥互相包容，互相幫助，少些吵架！

　　希望我升中後，會繼續努力，不論在學業方面，學琴方面等，我都會努力地做好自己的本分！

女兒

XX

(2)夢想信2

親愛的爸爸：

　　你好嗎？感謝你一直以來對我的照顧，你教了我如何寫字，你教了我很多知識，最重要的是你教導我：要做成功的人就要有夢想。現在我想告訴你，我的夢想就是做一個出色的醫生。

　　我知道做一個醫生很困難，但我不會像現在一樣──輕易放棄。我會好好努力讀書，入我希望入的學校，培養好一個醫生該有的性格，有耐性，永不放棄等，我也知道我在你心目中一直不是一個乖巧的女兒，而是一個做事只有三分鐘熱度的人，但我要證明給你看，我能向我的目標不停前進。

　　我從小就三心兩意，一時想做醫生，一時想做老師，但我現在的目標定下來了，我不再三心兩意，我亦知道做醫生可以救到很多人。我一定會努力做好自己，請你相信我吧！我也想多救人，我不是要贏得別人對我的讚賞，也不是想換來名聲，更不是想換來金錢，我只是想做一個對社會有貢獻的人──一個盡責的醫生！希望你能支持我！

女兒

○○

五、總結與反思

　　我們深信每一個小朋友都有上帝的美意在其中。神讓他們進入一所基督教小學，就如經上說：「讓小孩子到我〔主耶穌〕這裡來，……〔讓主耶穌〕抱著小孩子，給他們按手，為他們祝福。」（馬可福音10章14-16節）我們盼望學生透過六年的主題活動、體驗學習，認識基督，學效主耶穌行事為人的準則，建立基督化的人格，孕育正面及積極的人

生觀，勇於面對未來的挑戰，日後能成為一盞照亮別人、燃點生命的燈
臺。

參考書目

〈繪本推薦：《花婆婆》〉（2007.4.2）。新浪網，檢自http://baby.sina.com.cn/
　　edu/07/0204/113387228.shtml

《我腳寫我心：陳冬梅》（人生熱線之77集）（無日期）。創世電視臺，檢自
　　http://www.theark.cc/mymovie_detail.php?id=2334

《聖經（新標點和合本）》（1988）。香港：香港聖經公會。

吳木崑（2009）。〈杜威經驗哲學對課程與教學之啟示〉。《臺北市立教育大學
　　學報（教育類）》，40（1），頁35-54。

香港教育局（2011）。《行政長官卓越教學獎薈萃2010/2011》。香港：教育局。

陳冬梅（註冊藝術家一覽）（無日期）。香港展能藝術會網頁，檢自http://www.
　　adahk.org.hk/?a=doc&id=278

甄敏宜（2011.6.5）。〈《伴我同行》作者程文輝安息主懷〉。《時代論壇》，第
　　1240期。

附錄21-1　學生反思工作紙

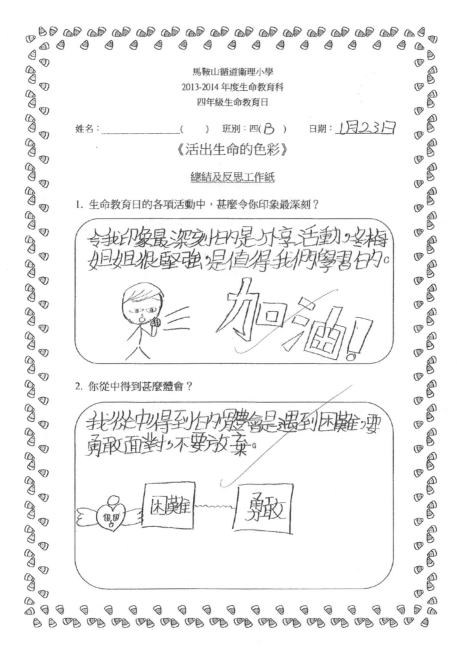

馬鞍山循道衛理小學
2013-2014 年度生命教育科
四年級生命教育日

姓名：＿＿＿＿＿（　　）　班別：四(Ｂ)　日期：1月23日

《活出生命的色彩》

總結及反思工作紙

1. 生命教育日的各項活動中，甚麼令你印象最深刻？

令我印象最深刻的是分享活動，呂梅姐姐很堅強，是值得我們學習的。

加油！

2. 你從中得到甚麼體會？

我從中得到的體會是遇到困難，要勇敢面對，不要放棄。

困難　　　　勇敢

馬鞍山循道衛理小學
2013-2014 年度生命教育科
四年級生命教育日

姓名：＿＿＿＿＿＿＿　（　）　班別：四（ E ）　日期：23-1-14

《活出生命的色彩》

總結及反思工作紙

1. 生命教育日的各項活動中，甚麼令你印象最深刻？

生命教育日的各項活動，令我印象最深刻的
是分享會。我在分享會裏看見陳冬梅，雖然她的手
不太方便，但是她卻可以畫到這麼漂亮的毛筆
字和畫。

2. 你從中得到甚麼體會？

我從中體會到天父創造的每一個人到有
特點。

佛教學校價值教育是人間佛教「心靈教育」之呈現，也是「生命教育」的實踐

黃鳳鳴

一、引言

　　全球經濟一體化的影響下，現代社會變成了一個追求物慾、講求利益、高度競爭的非人性化的社會。美國哈佛大學教授Lewis（2006）曾提出：現代的學校為了追求卓越走上世界的尖端，可悲的是卻忘了教學過程中最重要的是「人」。「學生作為個人才是學習的主體」漸被忽略，人的心靈素質和價值也同時被忽略。各地佛教團體的法師也曾指出人們的心靈

環保¹極為需要。對於現今香港的學校如何關顧孩子的身心社靈與價值觀的發展，正是本文希望瞭解的課題。

本文嘗試瞭解香港佛教小學持有怎樣的教育理念，從不同學校校訓窺探其共通之處及探討當中是否含有人間佛教的意義；心靈教育的概念與佛教學說的配合、在義理上和生活上是否能在學校教育中同時實踐。為更瞭解佛教小學推行的「佛化教育」是怎樣模式的心靈教育或是怎樣的生命教育，本文將檢視佛教小學所推行的佛化心靈教育和佛化生命教育是如何滲進孩子的學習中。接著，再進一步剖析一間佛教小學的示例是如何配合學校的價值教育，瞭解學子們在佛化教育環境下成長，將有機會塑造成怎樣的人格素質。

二、佛教小學的共通點

香港有不少歷史悠久的佛教小學²。全數16間中占半數的學校秉承

1　心靈環保：根據聖嚴法師（2004）於《法鼓山的核心主軸：心靈環保》所指，心靈環保就是以觀念的導正，來提升人的素質，除了能夠不受環境的影響而產生內心的衝擊之外，尚能以健康的心態，面對現實，處理問題。

2　目前香港共有16間由佛教團體主辦的小學，主要由四個佛教團體主辦，分別是香港佛教聯合會主辦的佛教中華康山學校、佛教黃焯菴小學、佛教慈敬學校、佛教林炳炎紀念學校、佛教林金殿紀念小學、佛教榮茵學校、佛教陳榮根紀念學校，小計7間小學；香海正覺蓮社主辦香海正覺蓮社佛教正慧小學、香海正覺蓮社佛教正覺蓮社學校、香海正覺蓮社佛教黃藻森學校、香海正覺蓮社佛教陳式宏學校，小計4間小學；志蓮淨苑主辦佛教志蓮小學；東蓮覺苑主辦寶覺小學、寶覺分校；慈航淨苑主辦慈航學校；以及由五邑工商總會主辦的耀山學校。其中寶覺小學的前身為寶覺義學，為創辦人何東夫人張蓮覺居士在1931年於波斯富街創立一小規模學校（寶覺小學，無日期）。佛教中華康山學校的前身為中華佛教義校，是香港佛教聯合會在1949年間鑑於社會需要，在日僑將灣仔道117號的民房移交政府後，申請以此民房作為校舍，創辦了中華佛教義校，並免費給予小學學生就讀，成為香港佛教聯合會開辦的第一所學校（佛教中華康山學校，無日期）。

相同的校訓——「明智顯悲」。校訓內容釋義節錄如下（覺光法師，1973）：

明智——（明平等智）：要把平等性智的佛德，徹底明白。明白有自己亦同時有他人的道理，彼此之間，也須平等待遇。人與人，人與物，物與物之間，都是平等。

顯悲——（顯同體悲）：一切眾生的身體，和己身同為一體，同樣會發生拔除痛苦，興起快樂之心。這就是同體的慈悲心，應該盡量表現出來。

校訓「明智顯悲」闡明了佛教學校的辦學宗旨，是致力啟發學生的智慧，培養他們的慈悲心，明白眾生皆平等，努力實踐自利利他的菩薩精神。這多間學校還有的共通點，均以「諸惡莫作，眾善奉行，自淨其意，是諸佛教」[3]為各校的核心價值。

三、從文化教育原理和宗教教義上，探討佛教小學推行的心靈教育與生命教育

(一)學校的文化教育就是人間佛教的心靈教育

太虛大師曾指出當代的佛教應鎖定人間，密切配合人類的生活，導引眾生積極向善。學佛先從「學人」做起，學成了一個完善的人，然後才

---

[3] 「諸惡莫作，眾善奉行，自淨其意，是諸佛教」：此四句偈摘自《法句經·述佛品》，此四句話即〈七佛通誡偈〉，是往昔七佛用來教誡弟子之語，已涵蓋所有佛法之精義。佛陀證悟之後成立教團，一開始並未制訂戒條，直到十二年後，才制訂了第一條戒律。在此之前，佛陀都是以「諸惡莫作，眾善奉行，自淨其意，是諸佛教」來教誡弟子們。但持戒的重點不在外相上，而在心地上用功夫，「自淨其意」成為自我觀照的重點。「諸惡莫作」是消極的持戒；「眾善奉行」是積極的持戒；「自淨其意」是定慧並重、定慧雙修，隨時覺察自己的心念是在什麼狀態下；「是諸佛教」，是說一切諸佛都用以上三句話來教導弟子。

談得上學佛。星雲大師也曾說一切法皆是佛法，凡是有助於增進幸福人生的佛法，皆是人間佛教。「人間佛教尤其強調人性、人生和人間。佛教最大的功能乃在於透過『文化教育』來傳播佛法淨化人心，改善社會風氣。甚至透過佛法義理來開啟智慧。」（學愚，2005，頁27）兩位大師之意思即是指「佛化的教育」在人間，幫助人去學習做一個「完善的人」，要成為完善的人是可透過佛法義理來把人的「心靈」提升，啟迪智慧。而現今香港推動文化教育的場所正是學校。佛教學校也就實至名歸成為人間佛教教育的實踐場地之一，也同時是靈性培養的地方。

統計香港16間佛教小學的校訓，發現全都是環繞著人的心靈素養、價值品質的培養（**表22-1**）。從字義上理解，可見大部分都含有與心靈教育相關的價值意涵。

綜合以上佛教小學的校訓並歸納出她們的意思後，原來各自蘊含了不同方式的心靈素養，反映各校希望學子能育養校訓所指的「價值」品質，包括：慈悲、智慧、平等、覺悟、仁愛、信心等。

以其中一間位於九龍灣區的的佛教慈敬學校為例，所持守的校訓正是「明智顯悲」，其校務計畫書及報告書都列出其抱負使命是：「透過佛化教育、多元化課程與活動，培養學生自學能力，使能發揮潛能，盡展所長，成為『德、智、體、群、美、靈』六育兼備、積極自信的新一代。」這正顯示佛教小學十分重視學生的五育均衡外，更需要透過「佛化教育」來幫助學生「靈」育（即心靈培育）的發展，才可貫徹「全人發

表22-1　香港16間佛教小學的校訓

16間佛教小學——校訓		心靈素養／價值品質
8間	明智顯悲	平等心　智慧心　大悲心
4間	覺正行儀	覺悟心　端正心
1間	信解行證	信心　求知心
2間	慈悲博愛	慈悲心　仁愛心
1間	修業立德	修身　修心

展」的教育目標。

(二)從宗教義理上看心靈教育與佛化教育的相融

心靈教育的概念與佛教學說的配合，從何可見？在義理上和生活中可以同時實踐嗎？

著名教育學者Phenix（1975）曾提出心靈教育是包含有「超越性」的概念，而這概念必須同時有三個層面，就是：時間、空間、質素。在探討佛教學說的義理上，發現找出心靈教育的概念與佛教學說之貫通點並不困難，兩者相融的地方且十分配合。

◆在時間上的層面

時間是包括「過去、現在及未來」。時間上的超越，是指對一個社會現象的看法，不應只局限於短暫的眼前或只看現在，而應關注到現象背後的歷史、過去，及將來的發展、未來（Phenix, 1975）。與此相配合的佛教義理，是有關「業力」與「因緣─果報」的關係。

在三世因果的定理，有先種的前因和現在的助緣，果報必會出現。而現在所造的行為亦會引申未來的業果。人若能觀照因果之關係努力創造因緣；凡造任何事或面對困難，都一定要有理想、只要付出、精進和努力，最後必能克服困難和有所成就（《佛化生命教育課程教材套（高小篇）》，2008）。

◆在空間上的層面

空間上的超越，是指超越個體的存在。一個人在社會中生存除了自我的存在外，也有其他個體的存在。因此人必須超越自我，學習從別人的角度看事物，才能懂得如何與別人交往（Phenix, 1975）。與此相配合的佛教義理是「四攝法」的運用，有關與人相處、共事的交往之道，能夠超

越自我中心的自私自利，易地而處並諒解他人的需要。

四攝法包括：布施攝（施法、施財予眾生）、愛語攝（以親愛之語施予眾生）、利行攝（以三業善行利益眾生）、同事攝（與眾生同處，化作與眾生相類似的形體以親近眾生）（《佛化生命教育課程教材套（高小篇）》，2008）。

◆在質素上的層面

我們所接觸的世界是一個不完全的世界，因此我們需要追求一個更完美的境界，這是質素上的超越。所謂超越性就是不斷地反思，積極的反思最後帶來正面的提升（Phenix, 1975）。與此相配合的佛教義理，是有關「覺醒」的培養。

覺醒的培養是從不覺察、無知而提升至覺察，醒悟和明白理解的心靈狀態。只要一個人透過對事物的留心、專注和細心觀察，不斷反思便能夠從無知和執迷的狀態覺醒過來，繼而培養出智慧和完滿的結果（《佛化生命教育課程教材套（高小篇）》，2008）。

從以上的類比可見，佛教義理與心靈教育在學理上的確能夠配合與兼容，佛化教育是一種心靈上追求積極性的「超越」。這心靈教育的目的，就是要幫助學生認識自己的覺知能力，擁有覺察力和掌握到事物與事物之間的法理，如此就能在增長知識的同時，獲得「超越」的智慧。

但筆者更關心的是，學生是否可真實地運用在生活上，去解決問題？是否在真實的人際關係能與人和樂相處？是否在真實的思考抉擇過程上，能懂得再三反思和用智慧來生活？

四、從實踐案例和教學設計上探討香港佛教小學推行的心靈教育與生命教育

讓以過往曾參加香港教育學院宗教教育與心靈教育中心主辦之「協

助小學規劃生命教育計畫（2010/2011）」的三間佛教小學（佛教慈敬學校、佛教陳榮根紀念學校、佛教林金殿紀念小學）的相關例子作出印證，探究各校的大小型活動或課程設計是如何配合心靈教育或生命教育，佛法義理如何與生活同時實踐。

(一)配合心靈教育的教學設計

學校是學生成長的重要環境，在整個教學過程中需要照顧人性的發展。「人」既是最重要的學習的主體，人的心靈素質和價值都不應被忽略。故此，當今的教育十分需要含有關顧心靈的元素。簡單來說，就是走進學生心靈的教育。以下從三個條件：觸動學生的心靈、創造心靈成長的空間、提升心靈境界來印證及比較，檢視佛教慈敬學校自2008年至今的活動或課堂設計（**表22-2**），如何呈現心靈教育的意識與形態。

表22-2　佛教慈敬學校自2008年至今的活動／課堂設計

關顧學生心靈的教育		大型活動設計／小型課堂設計
一、觸動學生的心靈	(一)學生是人，一班擁有活潑心靈的人。但現今的人愈來愈是被物化或心靈受到壓制，需要被觸動和解放過來，回復人性和悟性。 (二)佛教的心靈教育是要透過多樣化的模式或佛法的傳衍，幫助學生把無明煩惱，例如：恐懼、罣礙、悲傷、苦痛等都釋放，使所障蔽的心靈回復安寧。	1.舉行為四川大地震受災同胞《齊心念佛：祈願祝福》的心意傳情（2008）活動 (1)學校與佛教道場共同構思籌劃，由價值教育組與佛學組統籌、執行和推動此心意傳情的全校性及與社區活動連結的大型活動。 (2)目標：四川汶川縣地震災情深深地牽動著我們的心，讓各人都知道「天災無情，我們有愛」。 (3)參與人士：全校學生、區內幼小學生，家長及社區人士、教職員。 (4)內容重點： • 引入／導入：從四川地震災難事件看人生無常 • 心靈對話：情感抒發延伸 • 從四川地震災難事件看人生無常：全體靜坐、靜思 • 誦心經（曲） • 播放：四川地震影片／相片（奇蹟／歡欣）

（續）表22-2　佛教慈敬學校自2008年至今的活動／課堂設計

關顧學生心靈的教育		大型活動設計／小型課堂設計
一、觸動學生的心靈		• 講座：生命的價值意義與延續 • 心靈對話、送上祝福 • 全體活動：寫心意卡、貼許願樹 • 師生祝福語（銀幕播出） • 祈福 • 擁抱生命大合唱：明天會更好 2.老師善用學生生活事件為題材，作為課堂上討論，觸動學生心靈和引發其覺醒能力。 ＊實例：「同學受傷事件」（兩學生是好友，一人推了另一人一下，被推者即倒地不起，送醫院後發覺右手骨截斷……結果……） ＊討論重點： (1)「善與惡，生於一念之間。」 　• 「有心」與「無心」 　• 「玩」與「報復」 　• 「好友反目」與「兩家反目」 　• 「仇（愁）人」與「仇（愁）家」 (2)「包容與寬恕，能使世界更美好。」
二、創造心靈成長的空間	(一)要推行心靈教育，創造空間是十分重要的。設計寧靜的環境（Quiet Room/Meditation Place）讓內省的人可以完全安靜、默想、反思。 (二)佛學課前的「淨思—鐘音」，讓學生有機會反觀自己、正視自己的生命與外間合為一起。這樣的教育對學生靈性及心靈的成長是有益的。	1.於「心靈淨思軒」、「禪香悠閒區」的「禪—淨—思」體驗： (1)緣起生命教育課或常規佛學課時，學生在心靈淨思軒參加禪坐、淨思、閱讀緣起生命教育有關的故事。 (2)緣起生命教育課或常規佛學課時，學生在禪香悠閒區參加互動的心靈對談活動，與居士或法師交流。 2.在每循環週的佛學課，上課前段都必安排「淨思—鐘音」約1-3分鐘的小型活動。 3.學生靜坐、閉目、隨著呼吸進行禪定與淨思：靜／淨（坐）與（禪）定→思考 4.老師隨著敲出鐘音，帶出人生問題，引領學生的思惟走入深沉反思的境界 5.每次思索不同的心靈教育、生命教育的題目，例如： (1)「喜怒哀樂」〔體驗愛別離、求不得、怨憎會、五蘊（色受想行識）熾盛〕 (2)「人的七個黃金十年」（體驗由出生至死亡的感覺）

（續）表22-2　佛教慈敬學校自2008年至今的活動／課堂設計

關顧學生心靈的教育		大型活動設計／小型課堂設計
		(3)「今天做的好事」（體驗菩薩的自利利他）
		(4)「飛越自我、世界一體相連」（體驗「金融海嘯」、「流感」的因果相連）
三、提升心靈境界	(一)心靈的成長必然是包括心靈境界的提升，建立一個「超越的視域」，如中國人談到心靈的境界時有：修心養性、心平氣和、心安理得。 (二)學佛修行時，這境界是清靜、禪定、自在歡喜。	1.在學年當中定期或不定期舉行不同主題的全校活動或小組活動，使學生有淨化心靈的機緣。 (1)2008-2010學年，每週三舉行早會時設立「靜思語」閱讀時段，專責老師帶領學生輕聲閱讀《靜思小語》一句及細意思量句中品詞（印於學生手冊每週家課頁上）。 (2)2011-2014學年，每週二舉行早會時設立「弟子規教育」閱讀時段，專責老師帶領學生誦讀《弟子規》篇章。 (3)農曆四月初八前舉行全校浴佛典禮，提示師生或坊眾要覺省心靈，不斷為自己沐除煩惱，例如：貪慾、瞋恨、愚癡，要眾善奉行和廣種福田。 (4)舉行校內素食活動日或到佛寺體驗素食，實踐對眾生的慈悲心懷。 (5)探訪佛教小叢林或佛寺，讓學生嘗試短暫離開俗世凡塵的日常居處，體驗清淨的生活。感受與法師談話時的如沐春風，開啟心靈及體驗智慧增長的剎那。 2.建設「心靈種植場」（2010）以配合心靈環保教育活動，學生參與有機植物的耕種，認識因緣果報、善因善果的道理。 3.配合各類價值教育活動，關顧心靈成長和對他人的關愛，培養歡喜心、慈悲心： (1)舉行探訪區內獨居長者的親子活動，讓學生與家人一同行善布施，帶給孤獨者點滴溫馨與歡喜。 (2)響應慈善捐款活動，以購買慈善鮮花送贈母親或長輩，體驗回饋親人快樂的感受。

(二)配合生命教育的規劃及教學活動設計

生命，對於每個人來說都是最重要的、最珍貴的；佛教，是一個尊重生命的宗教，強調人身難得，人的一生中需不斷修行，就是要努力修正、修改、修理不良的行為，提升人生的境界。**表22-3**及**表22-4**將分別列舉佛教陳榮根紀念學校、佛教林金殿紀念小學在2010-2011年度間，推行生命教育的發展與實踐佛化教育的狀況。現將其中兩間小學曾舉辦的課堂教學實例節錄如下：

表22-3 佛教陳榮根紀念學校「協助小學規劃生命教育計畫」（2010-2011）之生命教育範疇與目標的規劃：天人物我，知情意行的整合

範疇	目標	重點	教學主題	相關學習範疇或科目
天	認識佛陀愛護一切眾生的慈悲精神。	1.佛陀關懷眾生，鼓勵眾生勇敢面對劫難，衝破萬難，建立精進的態度（知）。 2.以佛陀的生命影響學生的生命（情）。 3.鼓勵學生學習佛陀，關懷眾生，建立精進的態度（意與行）。	慈悲眾生	(1)生命教育核心科目——倫宗科 (2)生命教育體驗活動——讓學生多接觸人及有生命的物體、用語言文字向幫助他們的人表達謝意 (3)組別融滲——訓輔組 (4)跨科——中文、視藝
人	珍惜身邊的人，如：父母、兄弟姊妹、朋友。	1.由一年級開始，透過「扶幼計畫」，同學親身體會大哥哥姐姐幫助他們適應小學生活。經過兩年大哥哥姐姐的幫忙及指導，二年級的同學由抱著戰戰兢兢的心情入小學，到現在反過來幫助身邊的人。同學藉此產生感恩的情操，珍惜身邊的人（情與意）。 2.聆聽生命戰士衝破萬難的經歷，以生命觸動學生（情）。 3.藉生命戰士的分享，認識他們面對困難，也需要身邊的人，例如：父母、兄弟姊妹、朋友，也包括專業人士的幫助（知），感受他們由危難中爬起來乃有賴人們的慈悲關懷（情）。當自己面對困難的時候，也願意尋求別人的幫助（意與行）。		

（續）表22-3　佛教陳榮根紀念學校「協助小學規劃生命教育計畫」（2010-2011）之生命教育範疇與目標的規劃：天人物我，知情意行的整合

範疇	目標	重點	教學主題	相關學習範疇或科目
物	愛護動物及植物：由幫助及愛護弱小，培養慈悲、愛心及關懷態度。	讓同學接觸小動物，體驗眾生皆有生存的權利，包括弱小的寵物。（情與意）		
我	讓學生體會到「我能夠」：珍惜和愛護生命，包括愛己、愛人、愛物。	1.透過生命戰士的故事，明白生命會遇上困難和挑戰（知與情），學習心存感恩，從而更加愛護及珍惜自己（情與意），也明白生命戰士除了自己努力奮鬥，也需要別人的幫助才能夠克服困難（知與情），從而學習當遇上困難的時候，尋求別人的幫助（意與行）。 2.參與「珍惜生命」話劇，使同學親身體會與高年級哥哥姐姐一起宣傳生命可貴的訊息。欣賞「珍惜生命」話劇，加強同學珍惜自己、珍惜生命的意識（情、意與行）。 3.透過課堂認識愛己、愛人、愛護動物及植物的方法（知識），並在生活中實踐出來（意與行）。 4.多接觸不同有生命的物體，能用同理心看待別的生命，體會別人或其他生物的感受（情與意）。 5.感謝幫助的人，日後亦能以同樣方法幫助他人（意與行）。 6.能實踐慈悲和關懷他人的精神，以及衝破困難的毅力（意與行）。		

表22-4　佛教林金殿紀念小學「協助小學規劃生命教育計畫」（2010-2011）之單元教學的設計

單元名稱：人與自己主題：我的夢想

級別：四年級涉及科目：個人成長課、圖書組

學習目標：

一、圖書閱讀學習目標：(1)擴闊學生的閱讀領域；(2)培養學生閱讀的興趣。

二、生命教育學習目標：(1)生命的關係：天人物我；(2)生命的整合：知情意行；(3)生命的價值：自尊、包容、堅毅。

單元教學設計框架（每教節35分鐘）

教節	主題	學習目標（知識／技能／態度）	學習流程	資源
一	一人有一個夢想	認識不同人士的夢想	1.閱讀楊利偉[1]及李樂詩[2]的故事，認識不同人士有不同的夢想。 2.課堂延伸：回家完成《夢想大搜查》工作紙，訪問家中長輩的夢想。	1.教學簡報 2.《夢想大搜查》工作紙
二	夢想的層次	1.認識夢想的層次：個人、社會、國家、宇宙 2.分辨長輩的夢想所屬的層次 3.定下自己的夢想	1.觀看《百載寶蓮》[3]及《羽‧夢‧同行》[4]的訪問片段，認識夢想的層次：個人、社會、國家、宇宙眾生。各人夢想雖不同，但應彼此欣賞和尊重。 2.根據楊利偉、李樂詩、葉姵延[5]及《百載寶蓮》中僧侶的啟示，把第一教節的《夢想大搜查》工作紙分類張貼於黑板上，讓學生認識不同層次的夢想都會為人的生命帶來動力。 3.課堂延伸：回家完成《我的夢想》工作紙，鼓勵學生思考自己的夢想。 4.延伸閱讀：古今中外名人追求夢想的故事。	1.教學簡報 2.《我的夢想》工作紙
三	達成夢想的起點	1.接納、欣賞別人的夢想。 2.同學間互相鼓勵追求夢想。 3.認識達成夢想的起點：瞭解自己優點、缺點；發	1.把《我的夢想》工作紙根據夢想的層面分類張貼在黑板上。 2.從自己的感受出發，討論對待別人的夢想應有的態度：接納、欣賞、鼓勵。 3.進行「性格放大鏡」活動，認識各人都有自己的優點和缺點。	1.教學簡報 2.《性格放大鏡》工作紙 3.《達成夢想的起點》工作紙

三	達成夢想的起點	揮優點、改善缺點。	4.討論如何達成夢想，應怎樣開始：瞭解自己優點、缺點；發揮優點、改善缺點。 5.課堂延伸：回家完成《達成夢想的起點》工作紙，鼓勵學生思考如何藉著發揮優點及改善缺點幫助自己達成夢想。	
四	達成夢想必經之路	1.嘗試實現夢想 2.培養實現夢想時要有的堅毅精神	1.先分享第三教節工作紙：發揮優點，改善缺點，鼓勵學生嘗試實現夢想。 2.透過世界賽單車運動員的故事，與學生共同探討運動員服種種障礙的原因：心中有夢想及堅持要實現夢想；堅毅精神。 3.總結提問：實現夢想的過程中很可能會遇上打擊和挫折，如何克服？ 4.請學生互相鼓勵嘗試實現夢想，並要有堅毅精神。聆聽及歌唱《紅日》。 5.課堂延伸：回家完成《實現夢想路》工作紙。	教學簡報 生命教育圖書《藍斯‧阿姆斯壯》 《實現夢想路》工作紙：加上實現夢想的迂迴路徑和達成夢想的遠景，讓學生表達一些可能遇上的困難，以及達成夢想的喜悅。

註：1.楊利偉是中國第一位進入太空的第一代航天員，他於2003年10月15日北京時間9時，乘坐由長征二號F火箭運載的神舟五號飛船首次進入太空（楊利偉，2010）。

2.李樂詩，香港旅行家和探險家，中國極地博物館基金創辦人，喜好極地科學研究工作，曾經多次到過南極、北極及青藏高原探險。李樂詩曾經是藝術家、作家，從事過二十多年的美術設計、攝影、寫作，在廣告設計、攝影、寫作等方面都做出過豐碩的成績，是一位成功的女人。李樂詩是第一位踏足四極（南極、北極、珠穆朗瑪峰、雅魯藏布大峽谷）的中國女性。李樂詩曾患腸癌，當時為了迎接極地探險船雪龍號來港而延遲治療。近年致力傳承及整理資料工作（《李樂詩（內容簡介）》，2012）。

3.《百載寶蓮》為香港寶蓮寺百週年紀念特輯。特輯主要回顧寶蓮禪寺一百年來在香港佛教發展中所扮演的角色，亦從中反映出香港社會的發展與變遷（劉應強、謝保羅，2012）。

4.《羽‧夢‧同行》是香港東華三院友心情網上電臺「生活頻道」專訪2009年東亞運動會羽毛球女子單打比賽金牌得主葉姵延的專輯，介紹她以勇氣和決心追尋夢想的故事。(饒文傑、葉姵延，2013)

5.葉姵延是中國香港羽毛球女單頭號選手，是香港本土球員的一個標誌性人物。年幼時經常參加戶外活動，曬得一身黝黑皮膚，故有「黑妹」的綽號（李德生、梁慶華，2012）。

　　以上可見各校有著有不同的校本特色，按不同的實際環境、課程發展等，將佛教學校的價值教育，以人間佛教的「心靈教育」之形式來呈現，或是以是生命教育的方式來實踐。

五、探究一所佛教學校的七個示例

　　為了更瞭解佛化教育如何結合孩子的學習，現再進一步探討自1969年創校至今有四十五年的佛教慈敬學校。

　　此校以全人生命教育模式（**圖22-1**）作規劃，結合了心靈與佛化教育、生命教育、生活教育、價值教育等四方面的統整。基於「人類的生命是一個和諧統整的整體，包含了身心靈的整合和安適，以及與社會和環境的和諧關係。生命的意義及價值有其完整的意涵，身心靈統整合一，使生命有一個整全的觀點，不會受物化生命觀所局限，能發揮生命的價值使生命漸達到天地與我齊一之和諧境界。」（汪國成，2009，頁18）學校推行全人生命教育的理念時，當中涵蓋以下元素（**表22-5**）：愛的教育（自

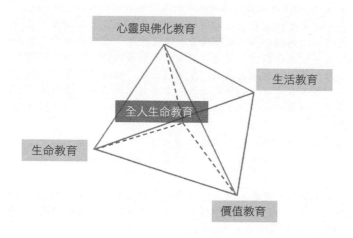

圖22-1　佛教慈敬學校的全人生命教育模式

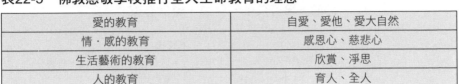

表22-5　佛教慈敬學校推行全人生命教育的理念

愛的教育	自愛、愛他、愛大自然
情‧感的教育	感恩心、慈悲心
生活藝術的教育	欣賞、淨思
人的教育	育人、全人

愛、愛他、愛大自然）、情‧感的教育（感恩心、慈悲心）、生活藝術的教育（欣賞、淨思）、人的教育（育人、全人）。以下從七個示例去瞭解該校的佛化價值教育特色，是如何將相關的心靈教育、生命教育等融入校園學習生活中。

(一)示例1

經歷了香港教育改革和課程改革後，自2002年起由牛頭角下村遷校至九龍灣，慈敬學校踏入第四次的三年發展計畫週期（2011-2014），以「慈悲」與「智慧」為核心。此校上一週期價值教育關注事項：「感恩‧知所回饋」（2008-2011），培養學生有「感恩」之心（九種感恩：師長恩、眾生恩、父母恩、地球恩、母校恩、社會恩、國家恩、佛恩、友輩恩）並「知所回饋」。承續「感恩」，發展至今的第四週期的關注事項是：「珍惜‧善用‧承傳」（圖22-2）。

這種尊重生命、關愛別人和世界的理念，正是實踐人間佛教的理想。學子在校園生活中學習自利與利他，就是慈悲與智慧的實踐。這佛理的活學應用，可從學校各科各組活動（圖22-3）中呈現。

(二)示例2

每次週會時，全校師生一同閱讀「心靈篇章」或分享「論時事‧育品德」。因應社會時事或以校園生活題材，以趣味文章或故事引發思

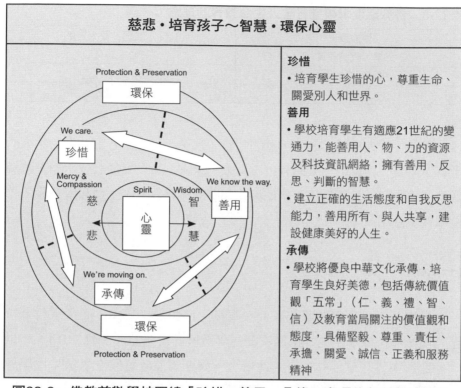

圖22-2　佛教慈敬學校圍繞「珍惜・善用・承傳」事項的各科各組活動

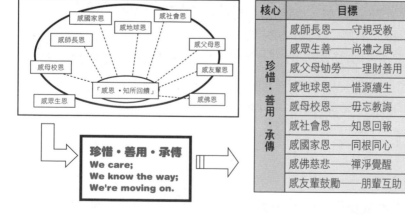

圖22-3　慈敬學校第四次的三年發展計畫週期（2011-2014）

表22-6　心靈篇章舉例

> 被罵也許是另一種幸福！！
>
> 你不要埋怨，應該歡喜，你有缺點還能被人看見，看見了還願意糾正教導你，這是值得慶幸的事呀！
>
> 有時，被罵也許是另一種幸福。
>
> 看見了你有不是之處，仍有人還願意糾正你、教導你，表示你的心靈還很清淨，值得教導，這是值得慶幸的事呀！
>
> 那麼，什麼時候是人最美的時刻呢？
>
> 人最美的時刻，是保持覺察的時刻。

考，潛移默化地將正確的價值、品質烙印於孩子心靈中（**表22-6**）。

(三)示例3

學校以全人生命教育規劃模式，推動關愛校園，幫助學生成為一個有大慈悲心及懂得利己利他、熱愛生命的孩子。透過全校參與整體規劃，建立文化氛圍及改善校園設置等，以應機施教、善用和創設環境的方法去推動生命教育的多元化學習機會，讓孩子能學而時習之（**表22-7**）。

以人為本的全方位發展涵蓋四方面的關顧：身（physical）、心（psychological）、社（social）、靈（spiritual），從縱向性的規劃貫串校園日常生活，包括有「三好運動」、「弟子規教育」、「嚴中有愛——班級經營」。從橫向性的發展依各級重點活動層遞推行，如低年級的「心燈小團」，中年級的「環保護生——緣起生命」，高年級的「人道學堂——夢想飛揚」。

學生從一年級入學到六年級畢業，將會經歷各形式價值教育、生命教育等活動的薰陶，在人生的成長路程上留下深刻的印象，成為他們將來面對逆境仍能不會放棄的動力。

表22-7　生命教育的多元化學習

一年級	心燈小團	弟子規	班級經營‧嚴中有愛	三好運動			一個主題單元 每級每學期
二年級							
三年級	環保護生						
四年級	緣起生命			做好事	說好話	存好心	
五年級	人道學堂						
六年級	夢想飛揚						

(四)示例4

學校推行全年性的全校價值教育計畫「三好運動——生命點金石獎勵計畫」及「弟子規教育」。

◆三好運動——生命點金石獎勵計畫

鼓勵學生「身行好事、口說好話、意存好心」，為自己心靈建構真、善、美的房子。印刷十三款「生命點金石卡」，每當學生實踐「三好」行為，師長贈卡鼓勵，親寫上學生名及簽署，親書勉勵語以作強化。課室掛上「生命點金石」大圖卡，老師配合不同科目而應機施教，加強學生明白正確的做人態度和提升個人的品格。部分生命點金石卡內容節錄如表22-8。

◆弟子規教育

承傳優良中華文化是學校關注事項之一，全年推行全校《弟子規》教育。老師逢週二早會上講解弟子規，讓孩子感受中華美德「五常（仁、義、禮、信、智）」與佛理中的「五戒（不殺生、不偷盜、不邪

表22-8　生命點金石卡（節錄）

1	做人要像一面鏡子，時刻自我觀照。 Be a mirror that shows you your inner self.
2	我願作一棵樹，庇蔭萬千行人，給人清涼。 Vow to be a tree that shades all passersby.
3	世間最難聽的聲音是譏諷，世間最好聽的聲音是讚美，世間最動聽的聲音是掌聲，世間最耐聽的聲音是寂靜。 Ridicule is the harshest sound in the world. Praise is the sweetest sound in the world. Applause is the most inspiring sound in the world. Silence is the most enduring sound in the world.

資料來源：星雲大師（2003）。《生命的點金石》。臺北：香海文化。

淫、不妄語、不飲酒）」共融，學習基本的做人處世的學問，明白做良好公民的道德標準並應用於生活中。全校師生齊齊誦讀（10分鐘），七個篇章包括：「孝」、「弟」、「謹」、「信」、「汎愛眾」、「親仁」、「學文」。

(五)示例5

優化校本佛學課程，將心靈教育、生命教育融入課堂中。一至六年級學習《佛教小學宗教教育課程：正覺大道》（2004）的佛學課程：認識五戒、十善、八正道、六度的義理，培養護生、平等、布施、慈悲等佛陀精神。在常規佛學科外，特別為四年級學生設計「緣起生命教育課」，結合《正覺的道路》（釋衍空編著，2003）增潤課程，豐富學生對佛化生命教育的認識，奠立正確的人生方向。

◆其他相關活動及課堂特色

1. 淨思：「淨思鐘音＋淨思（1-3分鐘）＋調適呼吸」——練習收拾散亂的心神，鍛鍊專注能力。學習自我調控突發的無明情緒，提升個人的心靈素質。

2.基本禮儀：（課前）三稱本師、合什、問訊、頂禮；（課後）回向偈。

3.洗滌心靈的活動：素食日（綠色星期一）、觀音誕之慈悲·行願嘉年華、聆聽心經曲、書寫心經、感恩齊嘗臘八粥、佛誕感恩獻供、浴佛、萬人皈依等。

4.閱讀佛學圖書：師生共讀與分享。

◆訓練與體驗

以上的靈性教育，包含了協助學生發展內在健康與生命連結的活動，總括有以下的訓練與體驗：

1.身心放鬆的訓練——藉各種身心放鬆的技巧及呼吸調節的方法，達到完全放鬆之境界，培養全神貫注能力，沉澱思緒以覺察個人生命意義與人生目的（汪國成，2009，頁17）。

2.自淨其意的體驗——藉停止意識以外的一切活動，達到心與身合一的心靈覺醒的狀態。這種具有靈性的時刻，是可透過「行」、「住」、「坐」、「臥」的體驗，亦可從柔和音樂聲或寧靜無聲中體會。當身心放下了阻礙心靈成長的煩惱，精神得到洗滌、意念得到淨化，心靈在禪定中便能夠騰出新的空間去領悟、接納、創造，並獲得覺醒的智慧。

3.內外修持的經驗——藉著觀察與思考，與他人討論，參與宗教儀式活動，對美與藝術的欣賞，接近大自然等內在省思或外在參與，增長智慧讓內心更充實自在（汪國成，2009，頁17）。

(六)示例6

「靈性發展是任何具有超越一般價值的事，包括了同理心及博愛（慈悲）的胸懷、創造的靈感及奉獻（布施）的熱忱，達到和樂共融的目

的，讓學生學習如何與別人相處，體會照顧另一生命的責任感，瞭解自己與人、物、大自然等的交往與聯繫。」（汪國成，2009，頁18）

學校以「心靈花園」的概念，重視孩子心靈環保的培育，在校園中建設有「心靈有機種植場」。組織校園心靈種植小農夫活動，引導他們以耐心、愛心培植、灌溉、清除雜草，照顧耕物由成長開花到結成纍纍果實，體驗佛教因、緣、果報是互相依存，以及知福、惜福。校園整體就是偌大的心靈花園，孩子每天學習的時刻，同時就在耕耘著一己赤子的心田，使自己內心的心靈花園更為美好，明白到「生命能在愛裡成長、在感動裡活著，會很有意義。」（星雲大師，2007，頁7）為實踐佛陀「慈悲」與「平等」的精神，學校重視學生對世界各地人士的關心與互助。過往四年來讓學生與有緣到訪的非洲朋友交流，一同學習因果道理，增長智慧。每年環保回收佛學課本，布施予阿彌陀佛關懷中心的小朋友，助其學習佛理。學生藉著參加各類無私服務與關懷行動，從而明白佛教「惜緣、惜福、再造福」的道理。

(七)示例7

此校透過建立全校參與文化氛圍，聯繫外間機構共同合作推行各級多元佛化教育策略如**圖22-4**所示。

尊重孩子的心理本質，在學校教育中給予孩子具體參與實踐的機會，讓其透過體驗生活，認識生命（life）和如何生活得好（good living）、怎樣可以使心靈舒暢（in good spirit）、怎樣可以安心地活下去（心安理得、心平氣和地生活）（吳梓明，2008）。以上全校參與文化氛圍的示例可見，從生活中具體參與體驗是心靈教育及生命教育最基本的條件和過程。學校根據具體的生活學習情境，創設全校參與文化氛圍，建立與外間機構合作的佛化教育策略，環環相扣地將人間佛教「心靈教育」呈現，也將「生命教育」實踐出來。

「心燈小團：育苗成長坊——佛光小菩薩」
一、二年級小組：利用遊戲、角色扮演及小組討論，將佛理應用於活動中（學校老師、慈明學佛園地、香港佛光道場）

「小童軍」團隊
一、二年級學生均為當然小童軍：自小養成自律和努力向上，日行一善的精神。（學校老師、香港童軍九龍灣區會238旅）

「環保與護生」系列
一至六年級環保教育：回收分類站、環保工作坊、全球暖化環保講座（學校老師、佛教慈濟基金會香港分會）

「時事熱點」探究
社會上的突發事件、時事話題的探討，滲入生命教育元素。學生在活動中積極分享個人的經驗和感受。
遇有世界大事、災難事件，不定時設計「全校時事熱點」專題，或發起全校師生、家長支持募捐賑災活動（學校老師）

「緣起生命教育」課程
四年級增潤課程：透過淨思／禪坐禪行、藝術／音樂欣賞、書籍閱讀、電影動畫、與法師及各界人士對談、佛寺巡禮、生命成長營等多元化活動，豐富學生對佛化生命教育的認識，奠立正確的人生方向（佛學老師、法師／居士）

「心靈環保」培育
學生參加每年的慶祝佛誕系列活動以浴佛淨心、探訪小叢林、到佛教道場當義工、與法師對談及接受開示，啟迪心靈（佛教道場／小叢林、學校老師）

「人道教室、生命學堂」課程＋「五、六年級校本生命教育單元課程（海・陸・空）
五年級體驗式學習：學生從戰爭、地雷及戰俘等國際關注事件中領悟生命價值：眾生的生命是需要保護、傷困是需要關懷、人的尊嚴是需要互相維護（學校老師、香港紅十字會）
「乘風航（海）—黑暗中對話（陸）—讓夢想飛揚（空）」生命教育活動：協助學生學習面對逆境、體諒別人、互相扶持、訂立個人目標，讓他們認真思考自我的阻力與助力，立志並找到達成目標的推動力（學校老師、乘風航、黑暗中對話）

「生命教育——班級經營」時段
透過自由討論，師生雙向交流方式，學生從互動中瞭解生命教育議題（例如災難、戰爭、社會衝突）的觀點；對日常周遭生活事例或社會現象之疑惑，進一步省思（學校老師）

圖22-4　佛教慈敬學校的各級多元佛化教育

六、討論與反思

(一)佛化教育是融人間佛法於生活中

香港佛教聯合會會長覺光長老（2011）曾指出：「佛法是宇宙真理、人生正道，使人從自覺中起無窮的智慧，由智慧而通達一切。人間佛教是使佛法融入平常生活，豐富今日人們的精神生活。」這正如學者所指的Applied Buddhism（應用佛法）：「當我們理解佛教教義的真正含意時，就能夠將她連結著個人生命，然後自動自覺地將她應用實踐於日常生活之中。」[4]（Barua, A., Barua, D. K. & Basilo, 2009, pp.5-6）

中外的長老大德和研究佛學的學者們都認同一點，佛法是融入於日常生活中，並且是隨時可應用出來的方法。那麼，假若學校的學習生活就是學生日常生活的部分，兩者非為二，而是同為一體的話，學校的佛化教育就不能只是一門學科，而是必須結合孩子的學習生活，透過「佛化的教育」來幫助他去學習成為一個「完美的人」，培養成有佛化的人生態度，擁有「明智顯悲」的精神和「諸惡莫作」、「眾善奉行」、「自淨其意」的心靈品質。在這個網絡訊息轉瞬間千變萬化時代，我們需要佛化教育作為我們的導航燈，藉著校園生活來推行學校價值教育、生命教育的多元化薰陶，幫助孩子修養好個人的身、心、社、靈。學佛先從人做起，為孩子做好「心靈的環保」。本文印證香港的佛教學校，都是人間佛教教育的實踐場地之一，同時也是「五育」加上第六育「心靈」（或稱「靈性」）培養的好地方，使學生的心靈素質和價值品質能夠在日常學校生活教育中得到啟迪和提升。

---

[4] 英文原文為："Once, we understand the true meanings of Buddhist teachings and able to relate them to our own life, then automatically we shall start applying them in our daily practice."

(二)佛化教育是心靈教育的呈現

「整個教育系統與制度，乃至於教材與教法，長久以來一直嚴重地失衡，偏重科技知識，忽視精神內涵與心靈淨化……整個社會環境與風氣的惡化所產生的污染與牽引力，對缺乏心靈力量的現代人，特別是在學的青少年而言，更是無從抵擋。」（寬運法師，2011a，段七）故提出「現代教育身負改造社會與淨化心靈之重大責任，亟需藉佛化教育之方法、精神與意義充實其內涵，以期啟迪人心。」（寬運法師，2011b，段八）學校的教育是需要關顧學生心靈的教育，更必須走進學生的心靈。從前節提及的佛教學校事例，發現以下三種關顧學生心靈發展的有效方法，還有能提升悟性及喚醒志性的功用：

◆觸動學生的心靈

學生是一班擁有活潑童心的人，為了幫助他們從受壓制的社會環境中被觸動及改善過來，學校透過縱向及橫向性的校本生命教育規劃及生活常規，使其不自覺地經歷了一至六年級的佛化校園生活。透過生活上的佛法，幫助他們把無明障蔽的心靈釋放。

◆創造心靈成長的空間

推行心靈教育，創造空間是十分重要的。校園中有寧靜的環境設施——心靈淨思軒（Quiet Room/ Meditation Place），讓參加緣起生命教育課及其他體驗內省活動的學生，可以完全安靜、默想、反思。加上每週佛學課前的淨思一刻，在老師的「靜／淨思—鐘音」引領下，學生有機會反觀自己、正視自己的生命與外間合為一起。這樣的教育安排，對學生靈性的滋養及心靈的成長甚有裨益。

◆提升心靈境界

心靈的成長必然是包括心靈境界的提升，需要建立一個「超越的視域」，正如中國人談到心靈的境界時，有所謂的修心養性、心平氣和、心安理得。學佛修行時，這境界是清靜、禪定、自在歡喜。學校每次週會舉行前，讓學生從容步進禮堂內及安坐堂內的座椅上，在《心經》樂曲的悠揚輕傳聲中。學生由經歷自己慢步進場到寧靜安坐，體會得到心平氣和輕安自在的感覺，這種心靈上的寧靜一刻，就是修養身心和改善心靈素質，即就是悟性提升的時機。

香港的孩子與其他發展國家的孩子都相類同，成長在無常變化的環境，部分更與父母或身邊的人缺乏溝通，加上學業的壓力或各方不良文化的影響，都出現一個難以「靜下來」的身心，更遑論心神合一。在探究多元的事例時，找到有趣的重要發現是孩子們最喜歡的活動，並非設計得好動好玩的學習活動，而是每次佛學課堂上短暫數分鐘的「淨思」經歷。不少緣起生命教育課的學生也曾述說他們在淨思時的感受，有如沐浴於清淨法水中的清涼。學子在潛移默化中練習專注的禪定和呼吸方法，鍛鍊自我調伏身心的能力，即使將來面對煩惱、逆境，也能冷靜、從容地處理。「只有悟性才能使人悟出人生的真諦，悟性提升需要人的心在不斷進行的自主反省中才能獲得，因此要在緊張地學習和工作安排中，給予必要的時空隙，留下師生自主省思的機會。腦的發展可以使人聰明，心的成長才能使人智慧」（儲朝暉，2008，頁37），真的很有道理。

佛化教育正是心靈教育的呈現。每年的四月初八佛誕節，佛教學校必定舉行校內浴佛慶典，就是為每一位學生安排一個發願立志的場地，一邊念誦「我今灌沐諸如來，淨智莊嚴功德海。五濁眾生離塵垢同證如來淨法身」，一邊為太子佛像灌沐的同時，就是為自己的心田舉行自我的心靈灌浴，立志發願去止惡行善、眾善奉行、自淨其意。「喚醒志性」是十分重要，因志為心靈的主導，在心靈教育中有畫龍點睛的功用。「人無志不

立，心無志不靈。」（儲朝暉，2008，頁37）這立志也是佛教所指的發心、發願，願力所至，事必有成。

(三)佛化教育就是生命教育的實踐

「在中國文化的基本論斷中，個體（人）天賦自然地處於德性之內，德性當然地貫乎個體其中。這一基本論斷對人性的基本判斷就是人性本善（具備初德）……人性的完善根本可不需要外在的條件，只需要在自我內部就可以達成。」（呂麗艷，2009，頁24）這論點正與佛教學說有不謀而合之處，佛陀成道時發現宇宙人生的真理是——眾生皆有佛性，人皆可成佛並能成為覺者。著名佛學大師印順導師在其著作《人間佛教論集》中曾表示：「特別在這個時代，應該先修人法——不離家國的人間正道……現代眾生的根性不同，尤其是中國人，重人倫……更應從人倫道德做起。」（印順導師，2002，頁204）

「人生佛學就是要把佛法運用到人的生活和社會中去。」（學愚，2005，頁27）學校推行《弟子規》，是藉著中國文化引導孩子把自己裡面的「天性之善」流露出來。透過學習聖賢的做人處世態度，在孝、弟、謹、信、愛眾、親仁、學文各方面，不斷努力精進，使人格更趨完美。配合三好運動以鼓勵孩子重視自己身、口、意三業的修養，身行好事、口說好話、意存好心，持續強化孩子的德性，止惡行善。從佛教學校七個事例的探討，印證了佛化教育能夠薰陶孩子並培養出感恩的心。在佛化校園參與種植的具體勞動時，可細緻地觀察生物的生長、老死，體證因緣果報、環保護生、物命再續、輪迴不息的道理，從中強化他們成為有覺察能力的人。學校的生命教育體驗，育養孩子的慈悲、平等的精神；透過每學年參加滲透著佛理相融的多元小組活動、團體訓練等，認識人與自己、人與他人、人與環境的相處都需要自律與尊重、關愛與包容。隨著個人智慧的增長、眼界的擴闊，更懂得關注周遭環境與家國社會的問題、世

界的環保問題，甚至追尋人生意義的問題。以上種種生命教育的實踐、正確價值觀的形成，皆源自佛法。佛法就是開啟心靈智慧的鑰匙，這鑰匙可從學校佛化教育的生活中習得而來，佛化教育也就是生命教育的實踐。

七、總結

「教育是心心相印的活動，心靈教育尤其如此，唯獨從心裡出來的，才能打到心的深處。心靈教育之能否見效，在很大程度上有賴真誠和愛。沒有情感，沒有愛，也就沒有教育。」（儲朝暉，2008，頁36）筆者深刻體會到當中的意義，尤其在探討學校如何推行佛化教育的過程中，找到不少事例作引證；還看到不少教育工作者懷著慈悲的愛心，用智慧善巧的規劃和教學設計活動，不經意地讓孩子從學習的過程中體會到愛與感動。這些愛與感動的「因緣」，將幫助他們變得更願意為自己和為別人而上進。同時也將自我的人格塑造得更圓滿，建立正知正見、正思惟的做人態度，學懂明辨因果的道理。

在香港教育局的課程指引或學習領域的規例中，均沒有稱為「心靈教育」或「生命教育」的學科。然而，探討多間佛教小學的事例後，發現兩者並沒有被忽視，反而融滲於學校日常的生活內，其學校的價值教育正是人間佛教「心靈教育」之呈現，也是「生命教育」之實踐，使學生在身、心、社、靈各方面都得著充分發展。

參考書目

《佛化生命教育課程教材套（高小篇）》（2008）。香港：香港大學佛學研究中心。

《佛教小學宗教教育課程：正覺大道》（2004）。香港：香海正覺蓮社。

《弟子規：幸福人生指歸》（2007）。香港：香港佛陀教育協會。

《李樂詩（內容簡介）》（七百萬人的先鋒之四）（2012.8.26）。香港：香港電臺電視部，檢自http://programme.rthk.org.hk/channel/radio/programme.php?name=tv/womenpioneer&p=5540&d=2012-08-26&e=188420&m=episode

印順導師（2002）。《人間佛教論集》。臺北：正聞出版社。

佛教中華康山學校（無日期）。簡介，檢自http://www.bcwkps.edu.hk/it-school/php/webcms/public/index.php3?refid=1449&mode=published&nocache&lang=zh

吳梓明（2008）。〈甚麼是心靈教育？〉。《宗教教育與心靈教育中心通訊》，第2期，頁2-3。

呂麗艷（2009）。《從德育到宗教教育與心靈教育：一個中國學者的反思》（CRSE學術專文系列之十）。香港：香港教育學院宗教教育與心靈教育中心。

李德生編導，梁慶華監製（2012）。《鍥而不捨》（體育的風采——進軍奧運之二）。香港：香港電臺電視部，檢自http://app3.rthk.hk/elearning/sports/olympics/sports.php?eid=6

汪國成（2009）。《全人健康與靈性教育》（CRSE學術專文系列之六）。香港：香港教育學院宗教教育與心靈教育中心。

星雲大師（2003）。《生命的點金石》。臺北：香海文化。

星雲大師（2007）。《佛教的生命學》（人間佛教小叢書之四十）。臺北：香海文化。

楊利偉（2010）。《天地九重》。北京：中國人民解放軍出版社。

聖嚴法師（2004）。《法鼓山的核心主軸：心靈環保》（法鼓法音之一）。臺北：財團法人法鼓山基金會。

劉應強編導，謝保羅監製（2012）。《百載寶蓮》。香港：香港電臺電視部，檢自http://rthk.hk/special/awardpro/award06/tv10.htm

寬運法師（2011a）。〈明智顯悲・至善達德：佛陀教法對現代教育的啟示（上

篇）〉，檢自http://blog.sina.com.cn/s/blog_608c6e6d01017a0c.html（寬運法師
的新浪博客）

寬運法師（2011b）。〈明智顯悲‧至善達德：佛陀教法對現代教育的啟示（下
篇）〉，檢自http://blog.sina.com.cn/s/blog_608c6e6d01017a0n.html（寬運法師
的新浪博客）

學愚（2005）。《人間佛教的社會和政治參與：太虛和星雲如是說、如是行》。
香港：香港中文大學文化及宗教研究系人間佛教研究中心。

儲朝暉（2008）。《生活教育與心靈教育》（CRSE學術專文系列之三）。香港：
香港教育學院宗教教育與心靈教育中心。

寶覺小學（無日期）。學校歷史，檢自http://www.pokokps.edu.hk/frame.html

覺光法師（1973）。《覺光法師註釋：佛教學校訓育教材——校訓校歌釋義》。
香港：香港佛教聯合會。

覺光法師（2011）。〈《香港佛教》月刊之源起〉。《香港佛教》，第614期，頁
4。

釋衍空編著（2003）。《正覺的道路》。香港：香港佛教聯合會。

饒文傑主持，葉姵延受訪（2013）。《羽‧夢‧同行》。香港：香港東華三院
「友心情網上電臺」（Radio I Care, http://www.radioicare.org），檢自http://
www.radioicare.org/channel_detail.php?id=251。

Barua, A., Barua, D. K. & Basilo, M. A. (2009). Applied Buddhism: Phenomenal
and Mental Cultivation. *Bodhi Journal, 14*. Retrieved from http://www.academia.
edu/207047/APPLIED_BUDDHISM_PHENOMENAL_AND_MENTAL_
CULTIVATION

Lewis, H. R. (2006). *Excellence Without a Soul: How a Great University Forgot
Education.* New York: Public Affairs.

Phenix, P. (1975). Transcendence and The Curriculum. In Pinar, W. (Eds.), *Curriculum
Theorizing: The Reconceptualists* (pp. 323-337). Berkeley: McCuthan Publishing
Co.

青松——展現美好生命

劉麗冰

　　隨著時代進步，香港也新興了一些「潮語」。「怪獸家長」、「直升機父母」、「八爪魚家長」，這些都是現在媒體封予香港家長們的「專稱」。隨著這一代的父母「見多識廣」，他們對自己的子女，都抱著很高的期望，所以不難發覺，小朋友的入學年齡越推越前，未滿兩歲，已經報讀一些play group；我想也沒有多少個國家會像香港一樣，幼稚園是四年制，時間等同於修讀一個大學學位！除了正常的上學，課餘時間，就更加「充實」，他們要上樂器課、奧數班、珠心算、會話班、舞蹈班……家長們要培養的是一個「十八般武藝，樣樣皆能」的小朋友，他們常掛在口邊的是，要自己的子女，贏在起跑線。

　　曾經有一個五年級的同學告訴我，他每天下課後，還要到補習班，回到家已經是晚上八時，吃過晚飯便繼續溫書，如果不用溫書，他便會躲在房間「玩電子遊戲」。也有一些學生說不願意留在家，因為爸爸媽媽掛在嘴邊的，除了功課，還是功課。我曾問一個六年級學生的媽媽，他的兒子正努力準備鋼琴八級考試，而兒子亦十分配合，但他聲明，考取八級後，不會再彈鋼琴。於是我問這個媽媽這樣學琴是否有意義，媽媽的反應是：學琴是要他多一張證書，以便投考中學時多一些「本錢」。我覺得這

個想法已經失去了學習樂器的意義，學習樂器除了美感的培養外，也是提升一個人的內在素養，如何把一首曲子彈好，是毅力的訓練，可是現在的情況卻變得不一樣了。其實當父母們努力的替子女裝備時，他們卻忘記把一個最基本的「求生功能」，教他們的子女——如何活得精彩。在家長日與家長傾談，十之八九會問你如何可以考到更好的成績，有多少會關心他們的心靈成長，又或是品德教育及積極的人生觀。

要「活得精彩」不是說你學業成績有多好，課外活動得到多少個獎項，又或是要賺大錢。「活得精彩」是有一個豐盛的人生，也不是物質的生活，而是心靈的富足。現在的小朋友，物質生活很是富庶，有各式各樣的玩具，年紀小小已不時跟著家人到外地渡假，足跡遍布半個地球。記得我小時候，從沒有試過「搭飛機」，更不要奢望放假時與家人到外國享受假期。當時，最開心便是與家人到郊外「野餐」，美其名是「野餐」，其實只不過是預備簡單的三明治，因為到餐廳吃又是要花費一大筆，但是我和哥哥，對於這模式的野餐，總樂此不疲。嘴裡吃著一起準備的午餐，是那麼的享受。雖然家庭環境不是很好，但媽媽堅持做一個全職媽媽，我們從不用外出吃早餐，因為媽媽每早起來，便為我們預備早餐，而放學回家，媽媽也一定在家，我們一家人的感情是互相緊靠，有什麼事，便會一同面對、一同解決。還記得媽媽告訴我和哥哥，農曆新年要辦年貨，又要預備紅封包給親朋戚友，所以家用不夠，於是我和哥哥把拿到的紅封包「完全奉獻」，不過我們沒有覺得不高興或有一丁兒的不滿，因為我們清楚大家都是這家的一份子。雖然我們年紀小小，已經知道一家人是要互相扶持，互相幫助的重要性。可能現在的小朋友過於「物質主義」，而家長們又覺得只要提供豐裕的物質生活，而子女只要考試取得優異成績便十分足夠，因此很多基本的做人道理都被忽略、被遺忘。作為一個教育工作者，想到這裡，真有點擔心，究竟眼前的小朋友，長大後會怎麼樣，而這個社會又會變成什麼模樣？

隨著時代進步，香港教育界近年新興推行「生命教育」，也許是回

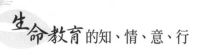
應了這個時代和這輩孩子的需求吧！很多學校都開始推行生命教育，而我們學校亦不例外。作為一所道教團體辦的學校，道教的理念和生命教育有很多不謀而合的地方，道教的崇尚自然，生命教育提到的天人物我。於是我們希望可以配合道教的一些理念，從而發展一套較校本的生命教育課程。

開始實行時，是抱著摸著石頭過河的心態，這個學科可以說是「易如反掌」，也可以說是「難於登天」，這麼自相矛盾的說法，是千真萬確。說它是一個容易的科目，是因為題材舉目皆是；說是困難，因為好像很空泛。不過既然我們是道教學校，那就從《道德經》開始出發，把《道德經》內的一些思想作為生命教育的教材。

「生命教育」包含了四個主要元素——天、人、物、我，而這和道教的信念也是不謀而合的。於是我們便循著這個「方向」出發。《道德經》第八章：「上善若水，水善利萬物而不爭，處為人之所惡，故幾於道。居善地，心善淵，與善仁，言善信，正善治，事善能，動善時。夫唯不爭，故無尤。」

水，不單是任何生命不可或缺的元素，保護江河湖海水質，更是現今環境保護重要課題，甚至關乎地球上所有生命可持續發展的課題。在日常生活和種種工業生產活動，水資源的可持續運用，甚至涉及水的自然災害和防治，也是重要的學習課題。除了作為一種重要物質之外，水在自然景觀、文學和藝術當中，也占有一定角色，更重要者，是在個人品質素養方面，水也給予十分豐富的意象。

本校以《道德經》「上善若水」為基礎，首先是邀請本校辦學團體青松觀派員為我們主持有關「上善若水」的講座，講者以深入淺出的方法，把這句說話講解給同學，讓同學對水有深層次的認識。

在教學方面，水是成為跨學科推行生命教育的元素，本校設有獨立的生命教育科，本科包括有關於水的課題，例如珍惜水資源，以及以水作為品德素養的教學。因為水涉及水的課題，本來就包含於各個不同學

科,所以當我們把水作為生命教育的其中一個主題,就發揮了一種跨科整合的作用,**表23-1**是六年級的例子。

我們的辦學團體對境外學習交流也是十分支持。所以我們在辦交流活動時,也會把有關生命教育的元素加進去。例如我們帶學生到墾丁國家公園時,我們帶他們看不同類型的樹,亦讓他們看到水的重要性,是「水」把樹養育了。之後我們帶他們到公園內的「神仙洞」,這是一個天然的鐘乳石洞,同學們都讚嘆鐘乳石的美,但當他們知道鐘乳石的形成,也是因為水一滴滴的把石頭溶化,同學都覺得嘖嘖稱奇。他們又怎會想到,如此堅硬的石頭,可以被水所溶化呢?就這個現象,我們已經可以

表23-1 道教青松小學以水為主題的六年級生命教育跨科組教學

科組活動	一些關於水的重點
生命教育科	班主任與同學討論兩則剪報,一則是關於旱災,而另外一則是水災,要同學說出「水」的重要性。另外也請同學思考凡事總有兩端,要取其平衡。過猶不及,物極必反。所以太少,固然不好,太多亦有不妥。 也請同學引申及反思:讀書相對於娛樂、父母的照顧相對於自己的獨立、師長的教導相對於自己的思考。
中文科	我們利用了呂夢周先生〈水的希望〉一文作教材。文章的寓意是小水點憑著堅毅的意志,排除萬難,終於理想達到。 而我們亦希望同學看到小小的一個小水點可以有這麼大的作為,而當氣溫下降,本應是代表環境更加惡劣,可是水點在愈加惡劣的環境,反而變得愈堅強,最後還突破障礙,理想成真。
視藝科	同學根據〈水的希望〉這文章,製成繪本故事*,而同學要使用水彩完成著色,並且只可用一種顏色。在調顏色的過程,學生要留意如何用「水」把顏色變得有層次。 當繪本完成後,同學要進行反思,在調顏色時,「水」的重要性,原先是透明的水,卻可以令顏色產生變化。所以天生我才必有用,問題是我們如何運用自己的所長。
常識科	同學完成視藝科之課堂後,我們特別要同學把清洗畫筆的水留下來,在常識科進行實驗。常識科老師會指導同學利用蒸餾的方法,把剛才的汙水,變回清水。 透過這實驗,同學除了獲得一些科學知識外,也體會到水的獨特,無論如何汙濁,到最後,還可以保存自我。

註:＊繪本故事書完成後,由老師帶到低年級進行生命教育課。

帶出很多發人深省的課題；淺易的是恆心的重要，雖然鐵杵磨針的故事他們並不陌生，但這次他們親眼看到，這個親身的體驗是難得的。我們也讓他們知道另一個道理，凡事不一定是強者有利，就如石頭與水，大家都會覺得石頭是很堅硬的，但事實它卻被水「征服」了。

我們可以藉此告訴學生，有道德的人就應像水一樣的謙虛。水滋養萬物，但不求回報，另一方面，我們的一言一行，就像水照萬物一樣的清晰，會以最誠信的一面示人。而做事時，就應該像水的形態，能方能圓，但無論在哪一個形態，都能發揮最好的功用，行動就像水能隨順外物變化一樣的順應時勢。有道德的人就像水的不爭，因為不計較，所以就沒有怨尤。

在這幾年推行生命教育，我們用了不同的方法。我們深信低年級的小朋友喜歡聽故事，於是我們透過一些故事，用深入淺出的方法去帶出不同的主題。以下是一次令我很難忘的經驗。那次我用一個「雞蛋、咖啡和甘筍」的故事，告訴小朋友如何面對逆境。故事大意是說，咖啡粉放在水中就會溶化，甘筍放在水中煮，到最後會煮爛，但雞蛋就不同了，如果你把它放進水中煮，它會愈煮愈硬。故事告訴我們，如果我們遇到什麼事，要像雞蛋一樣，要堅強面對。過了幾天，我在學校操場看見一個一年級的同學不停地哭，我上前問個究竟，小女生告訴我，她剛才跌倒在地上，膝蓋弄傷了。於是我問她是否記得我們上生命教育課的故事，我問她要做一顆雞蛋、咖啡粉還是甘筍，小女生擦乾眼淚，呆了半响，然後告訴我，她要做一顆雞蛋……這一刻，我體會到，生命教育的種子原來已經發芽了。

生命教育另一個很奏效的方法，便是「以生命影響生命」。我們找來一些近在咫尺和活生生的例子，這樣的感染力會更大。我們透過機構「香港精神」邀請了2013香港精神大使之一——關玉麟到學校分享經歷。他是一位中六的學生，也是一個半工讀青年畫家。他熱愛繪畫，在他中三那年，父親因病不能工作，家中經濟出現困難，所以玉麟需到快餐店

當兼職幫補家計，很多時候要工作至凌晨時分才可以回家開始溫習及完成功課。雖然生活艱苦，可是他並沒有放棄繪畫，他寧可犧牲睡眠時間，仍堅持繪畫。這份堅持，讓他於去年奪得「聯合國兒童基金會第十屆國際藝術大賽──小眼睛看大世界」中的「索斯諾維茨藝術金章」。玉麟的故事，令同學體會到怎樣為自己的理想而戰，積極畫出自己的未來。這真人真事特別對那些讀書成績不太理想的同學之影響更大，因為他們都覺得讀書成績不太好，根本就沒有資格去談什麼理想。當他們聽過玉麟的分享，於是有一定的體會。而學校負責生命教育的老師也積極為這群成績不突出的同學策劃一些活動。我們找來了四位六年級的男同學，他們都有一個共通點：永遠提不起勁去溫習功課。計畫開始，我們請其中一位工友叔叔幫忙，看看有什麼工作可以教這四個大男孩。經過工友的訓練，這四位「小技師」開始幫忙做一些粉飾學校的工作。說實話，這麼多年我從沒見過他們如此認真、投入的做一件事。當中一個男孩子更告訴我，他長大後要做一個水電技師。雖然和那些名列前茅的同學相比，他的理想好像沒有什麼大志，但在我而言，他們已經知道什麼是理想，而他們也懂得要為自己的理想努力。

剛過去的一個學年，為使家長配合我校推行生命教育，我們嘗試帶動家長一起參與其中。在現今的大氣候下，投訴文化充斥著整個社會，很多事情，都慣常從負面的角度去看，而從來不懂得去欣賞，因此我們希望學生學懂欣賞、學懂感恩。首先我們從老師開始，實行「老師讚一讚」計畫，我們請老師寫下同學值得稱讚的事，之後我們在週會向全校公開讀出。下一步我們請家長也寫一些讚賞自己子女的字句──「家長讚一讚」，之後請同學帶回學校；我們會把這些讚賞同學的說話上載於學校網頁，亦鼓勵班主任把有關字句張貼在課室供同學欣賞。最後我們再加入「同學讚一讚」，此舉目的是希望培養一個「欣賞」的文化。我們盼望在這個你追我逐的競爭世界，同學亦懂得停下來去欣賞其他人為你做的一切。

　　有些時候，我們說的課題，不單是學生受用，就連老師也受感動。今年的母親節，我們希望提醒同學把父母對我們的愛銘記在心。說實話，這個題目已經說了不知多少次，於是，我這次的目標，是要同學聽完這節課之後，回家做一件很小很小的事……。

　　那天課堂開始之前，我選擇了「哆啦A夢」的動畫片給同學們看，內容是說大雄、靜香、阿福都抱怨自己的媽媽不好，也不理解他們，於是哆啦A夢從他的百寶袋拿出了一件法寶──媽媽交換器。但當他們互調了媽媽之後，才發覺自己的媽媽原來是最好的。接著我在網上找到一個很棒的漫畫，大意是說當我們年紀小，媽媽教我們如何用筷子、如何穿衣服、如何挽著我的小手走路……現在媽媽老了，她顫抖的雙手已拿不穩筷子，她也彎不下腰去綁鞋帶，她走路也要人攙扶。所以身為子女，緊記我們小時候媽媽是如何照顧我們，現在我們也應照顧她。最後，我播了一段很感人的片段作總結，這片段的主角是一群來自臺灣一間國小五年級的同學，母親節在即，他們的班主任要同學打電話回家，簡單說一句：「媽媽，我愛妳！」原來簡簡單單的五個字卻是我們常忽略的。看見片中的同學真情流露，我的學生也開始動容，不少同學都開始掉眼淚，也有不少老師也在偷偷地拭淚。可能中國人一向是比較保守，不慣常把「我愛你」掛在口邊，反觀在西方的國家，他們就常會說「I love you!」，同學看完片後，我要同學回家做一件小事，就是當晚向媽媽說一聲：「媽媽，我愛妳！」（當晚我回到家，也摟著媽媽說：「我愛妳」，結果媽媽從心底裡笑了出來）。第二天，我回到學校，問學生是否有完成我要他們做的小事？大部分的同學都有做，而他們亦告訴我，說完之後，媽媽十分開心。我覺得這是一個很成功的課堂，因為透過課堂，喚醒了同學要感謝媽媽，以至身邊每個對他關懷的人。

　　其實這些理論都是我們應該注意的，然而在一個知識型的社會，往往被人忽略。所以我說，為生命教育找題材，絕對不是困難的事……。

　　題材易找，奈何推行生命教育卻又是一件十分困難的事。首先，生

命教育沒有考試，沒有一個評分準則，而我們向學生灌輸的正能量，成效也不是立竿見影，而家長亦會質疑，你們說所有的道理是否可以幫小朋友成績好一點，會不會因為上了生命教育課後，茅塞頓開，成績突飛猛進？如果沒有這個速效，倒不如用那堂時間讓他們多作一篇文、多做一個數學練習來得實際及有意義。最感慨的是，有些老師也有這樣的心態，還記得有些老師只要遇上取消生命教育課那天，便會十分雀躍，因為又多了45分鐘教學，可讓他們趕進度；他們關心的是學生的學業成績，但作為一位負責任的老師，只著眼於成績，又是否足夠呢？這確是需要我們反思一下。剛完成的兩次境外學習交流，是一個很好的例證，我校是公開給所有學生報名，如太多人參加，超出了預計人數，會以抽籤決定。在參與交流的同學中，有些是屬於精英班的同學，考試成績都很突出，也代表學校參加不少校際賽事並獲獎無數，可以說是學校的「尖子」成員。也有一些是普通班及加輔班的同學，他們的成績一定不及精英班的同學好，而剛才我提到的四個「小技師」的其中兩個也有參加。而整個旅程中，自理能力最弱，自我中心最強，不懂與人相處的，大部分是來自「精英」，這個現象真有點令人咋舌。原來他們只懂唸書，在考試及比賽中取得好成績，其他的事，一概不精。這是我們希望教到的學生嗎？

「生命教育」的涵蓋點很廣泛，教育局於2010年出版的《遊戲中覓方向，體驗中悟道理——生命教育互動學習教材》中，提到推行生命教育時，需以學生的生活經驗為本，希望可以培養他們的抗逆能力，也要他們明白生命的真正意義及如何抱著積極的態度去面對一切。就如文章一開始提到，秉承辦學團體青松觀的教義，我們希望可以不單做到教育局的指引中提到生命教育的目的，也可以令我們推行的生命教育可以更「青松化」。

「生命教育」的重要性是毋庸置疑，而要推行得法，也要多方面的配合，而「當務之急」是要更多人認識及認同，學生、家長、教師、辦學團體、教育當局以至社會大眾，統統都是我衷心希望他們能對「生命教

育」有進一步認識和認同的對象。我深信為人父母，都是希望自己的兒女能活得精彩，而我覺得有一個正確、積極的人生觀，是一個不可或缺的元素，就讓我們一起努力吧！

生命教育個案分享：家長參與人道教室的經驗

胡少偉、杜家慶

一、生命教育在香港的發展

「生命是宇宙中最美的奇蹟。人類活在世上，孜孜不倦地追求著金錢、美貌、品德、誠信、權利、榮譽……可是這一切如果沒有了生命保障，便沒有了意義。生命是一個人所擁有的最寶貴的東西。」（古林松，2012，卷首）沒有生命，人就不能活。在中國傳統文化中，當代儒學大師牟宗三（1970）曾有學者指出「中國文化的核心是生命的學問。由真實生命之覺醒，向外開出建立事業與追求知識之理想，向內滲透此等理想之真實本源，以使理想真成其為理想，此是生命的學問之全體大用。」（頁2）沿著華人傳統文化的承傳，生命教育在近十多年來於香港亦日漸受到關注和重視。據張素玲和巴兆成（2007）的資料，天水圍十八鄉鄉事委員會公益社中學早於1996年便在校內推行生命教育課程的

探索；其後，天主教教育委員會於1999年亦推出了愛與生命教育系列。在這個世紀，文林出版社曾分別出版初中生命教育課程《生命是一棵雜果樹》和小學生命成長課程《成長列車》；與此同時，「2001年香港浸會大學馬慶強等推出的小學生活倫理教育研究計畫、2002年復和綜合服務中心推出的生命挑戰教育，2008年基督教香港信義會的生命天使教育中心還開展了專門針對小學生的愛自己、抗壓力和積極生命三個系列專題教育」（李焱林，2013，頁82）；而香港中文大學崇基學院亦於2009年成立優質生命教育中心。可見，生命教育在香港得到教育和學術界的支持。

在學校課程方面，前德育及公民教育課程總主任張永雄在2007年分享時指出：「生命教育的主題可以劃分為認識生命、愛惜生命、尊重生命及探索生命四個學習層次；學生透過四個層次的學習過程掌握有關的價值信念，從認識生命的奇妙開始，肯定其價值；接納欣賞自己生命的轉變，愛惜生命；學會關懷珍視他人，尊重生命；追求生命理想，超越自我。」（頁28）並藉滲透課堂和舉辦活動去推動香港學校的生命教育。根據教育局的網頁（香港教育局，2012）：「學校推行生命教育，首要幫助學生建立正面的價值觀及積極的人生態度，讓他們在面對不同的處境時懂得如何處理相關的情緒；亦要提高學生的解難能力，幫助他們學習如何走出逆境；並引導學生探索和思考生命的意義，從而過一個快樂、充實和有意義的人生。」這種生命教育的觀念較著重於培育持正面的人生價值和態度，並受各地生命教育學者的認同。而香港教育學院宗教教育與心靈教育中心於2010-11年度起獲香港教育局委託承辦四屆「協助小學規劃生命教育計畫」；該計畫的目標如下：

1.學習配合校本的情況，在小學進行生命教育的整體課程規劃。
2.掌握有效推行生命教育的教學策略及技巧，幫助學生建立正確的價值觀和態度。

3.掌握如何評估生命教育成效的方法。

4.按需要到香港以外地區交流考察，瞭解不同地域推行生命教育的經驗。

5.透過專家到校支援，制定／推行校本課程規劃方案。

6.分享經驗，組織學習社群。（香港教育學院宗教教育與心靈教育中心，2014，課程目標）

在社會方面，在2002年，香港撒瑪利亞防止自殺會從香港賽馬會慈善信託基金獲得五百二十萬港元贊助，成立全港第一間生命教育中心，目的是向社會推廣預防自殺及珍惜生命的資訊（李欣，2009，頁31）。在2011年，一群跨宗教、跨界別的前線生命教育工作者成立了「全人生命教育學會」，推動全人生命教育在香港的發展。雖然香港社會也有不少人著力推動生命教育，然而，據今年報章報導「港爸港媽卻連學校的盆栽種植計畫也請槍。」（種花請槍，2014）其實栽種植物枯萎也是子女學習的一部分，並可藉機讓子女瞭解生命教育，可惜很多家長本身並未接觸生命教育，只重視滿足學校的習作要求，而錯過了培育子女成長的機會，還不自覺地成為溺愛子女的怪獸家長。而這篇文章則分享一群家長在參與人道教室的義工經驗，並剖析這個案成功對推動生命教育的啟示。

二、人道教室的理念

香港紅十字會自2002年開始在香港推行人道教室活動，以不同的活動模式為該會的青少年會員、公眾人士及中、小學生提供體驗式探索活動，以加強參加者對人道與生命核心價值的理解。人道教室參照紅十字國際委員會於2001年推出的探索人道法教材為藍本。這套教材經約二十個國家進行實驗教學後，證明能對不同背景或文化的青少年產生正面效果後，才作全面推行。現時全球已有近百國家和地區同時推行這套教材。香

港紅十字會所推行的人道教室課程由曾參與日內瓦、澳洲、澳門及上海培訓的專家負責進行策劃，課程的目的是加強參加者對「保護生命‧關懷傷困‧維護尊嚴」、「戰爭也有規限」的信念，而各堂課題內容則可見**表24-1**。2005年，「人道教室、生命學堂」教育計畫獲明報「生命教育傑出教案表揚計畫」頒發小學組傑出教案殊榮；2007年，香港紅十字會獲得公益金資助，在同年開始至2010年間向20所中小及特殊學校推展十二節的「人道教室、生命學堂」計畫，一共有近600名11-17歲學生完成課程。

佛教榮茵學校在2003學年開始推行「人道教室、生命學堂」的課程，透過以旁觀者、參與者及受害者等不同角度，讓參與學生探討當人類的生命和尊嚴不受尊重時所帶來的後果。該課程以體驗式活動為主，學生透過多媒體視聽教材、角色扮演、個案討論及處境遊戲等學習活動，學習以人道角度分析事件，建立尊重生命的態度以及瞭解人類尊嚴的價值。至於有關家長在學校生命教育的經驗，有本地學者曾指出「大埔小學同工分享了一個家長參與父親節母親節的學校活動，從活動中讓學生理解父母親在照顧子女過程中的辛苦與快樂，然後讓學生當場向自己父母表達感恩

表24-1　「人道教室、生命學堂」的課堂內容

各堂課題	內容
1.人道教室	向學生簡介課堂內容、探索生命及人類尊嚴的重要
2.戰火人間	讓學生探索戰爭的不同看法及對人類社會的影響
3.戰爭的代價	讓學生探索戰爭對不同人所造成的傷害
4.戰爭也有規限	讓學生知悉即使戰爭發生也應保護無辜者的生命
5.童兵	探討童兵這個問題所帶來嚴重的後果
6.地雷	探討地雷這個問題對人類所帶來的嚴重後果
7.連鎖反應	讓學生探索少數人破壞誠信的嚴重後果
8.維護公益	透過國際人道法庭探索應如何對破壞誠信的人做出回應
9.置身事外	讓學生以旁觀者的角度探索可以對事件產生的果效
10.危機中見關懷	讓學生探索戰爭對人類帶來的禍害及人道救援的重要
11.凝聚人道力量	讓學生思考對保護生命及人類尊嚴可以做出的貢獻
12.生命學堂	與學生總結及評估課程

的愛意，這個活動每次都令不少家長流淚，促進了家長和學生的親子關係。」（胡少偉，2009，頁205-206）為了瞭解佛教榮茵學校家長參與推行這個生命教育的經驗，研究員除了蒐集與人道教室相關的校內外文獻資料外，亦於2012年年初與一批參與計畫的家長義工作焦點訪談，以深入瞭解家長在推動生命教育過程中的感受和經驗，下文以楷體標示的文字正是來自四位家長的分享。

三、校本生命教育的推行

這個校本生命教育課程被公認為成功個案，其中一個原因是它良好地發揮了家長義工的力量，把熱心家長培訓成生命學堂的義務導師。正如本地家校合作學者吳迅榮（2011）指出：「由於家長是一個性質不同的群體，教育程度、社經地位和家庭結構各異，他們對學校的要求也有不同；在準備家長成為學校夥伴前，文化領導者有需要採取主動去裝備他們。」（頁255）為了培訓熱心家長成為人道教室的義務導師，學校安排香港紅十字會的專家「為家長導師提供四次培訓課程，讓家長導師瞭解每次學習活動的分工及指引，並在培訓中即時分享及檢討。」（佛教榮茵學校，2006，頁64）透過專家適切的培訓，這批家長理解了人道法核心價值的意義，並掌握運用相關的教材和教具；一位家長在焦點訪談中提及，雖然她參與培訓已過多年，但專家的講解至今仍然受用。

紅十字會支援我們，如教具、圖片或影帶，其實有很多我們也不清楚的，尤其是如日內瓦的規條，一定要聽他們講解，我們才有概念去告訴小朋友。

佛教榮茵學校推行「人道教室、生命學堂」的課程，目的是讓參與小六學生認識到人道精神的核心價值，透過海防戰爭探索之旅、參觀軍人

墳場、人道法庭的角色扮演和寫軍人日記等活動，參與學生深刻認識到「戰爭也應該有規限」、「生命與尊嚴」和「保護生命、關懷傷困、維護尊嚴」等三個人道精神價值。《國際人道法文選》中指出，這套教材「從一開始，就沒有要求消滅戰爭的禍害，而是將目標確定在盡可能減輕戰爭不必要的殘酷性這點上；不管在平時還是戰時，國際法必須確保對所有人作最低限度的保護及人道待遇。」（朱文奇，2006，頁3-4）反對戰爭、爭取和平是人道精神的最終目標，但在無可避免恐劣環境的戰爭狀況下，還需要談人道精神嗎？人道主義認為，不論何時，人類尊嚴亦應建立；為了讓小六學生體會到保護生命和維護尊嚴等抽象的人道精神，佛教榮茵學校家長導師按香港紅十字會建議，利用體驗式活動在生命學堂中為小六學生提供不同的處境遊戲。一位家長導師分享，在生命學堂中有「拋擲報紙」活動；這些「拋擲報紙」不是讓學生隨便宣洩，而是要讓學生明白不論遊戲抑或戰爭也要有規則。

其實每堂都會有一個數分鐘的遊戲，如「拋擲報紙」；為何要拋擲報紙呢？也應讓他們知道。第一次拋擲是整間房內隨他扔，後期可能要拉繩，令他們知道玩遊戲或在世界上戰爭上也有規限，從遊戲中讓他學習。

四、家長在人道教室的參與

去海防博物館是以活動為主，當中有三個活動，一個是救傷兵，是兩軍對壘，有些同學扮演傷兵，會看他們怎樣去救人和救人的方式，發現當中有些只救自己的人，而有一些會救其他人，我們之後亦會做分享，為何你會救這個人，又或看見他人坐在路邊也不理他，希望帶出從人道立場上戰爭當中，雖然大家對壘，但當有人受傷時是不會分你我的，希望帶出

對人的同情心。

在「人道教室、生命學堂」的課程中，有一節海防戰爭探索之旅；在這課節中，家長導師會與帶隊老師和學生一起到海防博物館，除了讓學生學習覽展館內的內容外，還會讓學生透過搶軍旗、救傷兵和地雷陣等體驗式活動，認識戰爭是會奪去生命的、地雷對人類生命的威脅和救傷兵的捨己為人等等人道精神價值。「戰爭必須設有規限，至少要禁止或限制使用過分殘忍的武器或作戰方式；更要保護未參與或不再參與敵對行動的人員，例如：平民、醫務人員、受傷的戰鬥員及戰俘。」（香港紅十字會青年及義工事務部，頁7）家長導師不是透過講授去要求學生知道這些人道價值，而是先讓學生參與角色扮演後，再一起討論當中的人道精神價值。正如靖國平（2009）指出：「真實的品德是在參與、體驗的過程中獲得的，道德通常是被感染的，不是被教導的。」（頁166）

會讓他們看一法庭影片，中段是某一上校對下屬發一指令，向平民發射；因平民當中有游擊隊侵襲他們。他們看這段故事後，讓他們扮演當中的角色，分別是法官、平民，究竟上校受到上尉的命令去射殺平民是否恰當？有沒有罪呢？由他們自己去決定。

佛教榮茵學校在實踐「人道教室、生命學堂」時，其中一個特色體驗活動是人道法庭；在人道法庭的課節中，家長導師會安排學生觀看一段與軍人有關的錄影片段，然後分派學生扮演為軍事法庭法官、控方律師、辯方律師和陪審員等不同角色，並就有關軍人是否合乎國際人道法作出訴訟和裁決。在這個角色扮演的學習活動中，最重要的不是學生對國際人道法的詮釋是否得宜，而是他們在討論中就人道價值作深入的思考的機會。另一個為家長稱許的活動是帶領參與小六學生參觀柴灣軍人墳場。有學者認為：「9-12歲孩子比年齡較小的孩子對死亡有較激烈的情感表達，且感受到無助與無力。」（楊慕慈，2003，頁18）生命教育的一個核心

課題是讓學生認識死亡，參與生命學堂的小六生在參觀柴灣軍人墳場的過程中不單可聽到家長導師細說當年戰爭的歷史背景，亦可瞭解到來自不同國籍的軍人為保衛香港而戰，有些陣亡戰士的年紀可能與他們是相若的，這便更容易觸動學生，使他們感受到「人的生命是不可重複的、不可讓渡的、是會死的」（鄭曉江，2009，頁15），從而亦激發他們懂得珍惜自己的生命，又或能為自己活著而感恩。

我們會先將歷史背景講解，為何這裡會有那麼多的軍人葬在這裡及會請他們搜尋最小的是多少歲，他們會很認真地去看，及會看到不同國籍的人，有哪些本地的香港人、有多少國家的人會在這裡。

五、家長看到學員的成長

有一小朋友未上此課堂前，他是一個很頑皮及時常欺負人和騷擾人的學生，但從課堂上，看到他的改變，原來尊重是雙向的，發覺自己不去欺負人，人家也會對我好。

家長導師在分享他們多年來參與推動生命學堂的經驗時，不單講述了有關推行課程的細節，也在不知不覺中提到了一些令他們難忘的經驗；上文便是一個家長回憶其中一個被人公認頑皮的小六學生的轉變。而因課時不足和要照顧小學生的成長水準，佛教榮茵學校並沒有完整地按香港紅十字會推行十二節生命學堂，每學年只會因應校曆安排八至十節課；在半個學期的學習中便能讓一個孩子明白到要尊重別人，不再欺負弱小，足見這個課程的魅力。孩子能學會尊重，全賴家長導師對參與孩子一視同仁的尊重；這個「人道教室、生命學堂」課程計畫，「讓參加者透過體驗活動，探索個案的內容，作出討論，反思生命的意義，以及尊嚴對人的重要性。」（香港紅十字會青年及義工事務部，頁5）經歷了被尊重的

生命學堂學習後，學員自然便學懂尊重別人。下文是一個家長導師自述兒子參與後的轉變，她的孩子不單領悟到不要取笑跌倒者，還學會關心世界上發生的時事新聞。

如我兒子，從這活動中他領悟到，如有人跌倒不應該取笑，反而應該去問候和幫助。現時，如他聽到新聞報導中提到有些國家發生戰爭或暴亂時，都會很主動地停下手上正在做的事情而去留意，若他想探究的話就會繼續問；其實有時自己都未必知道詳情，所以連帶我也會在網上搜尋新聞的資料來一起討論。

在《「人道教室、生命學堂」2007-2010研究報告》中，指出「曾參與課程的學生在行為表現和社會參與方面的整體正向表現較沒有參與的學生多，正顯示出課程及活動在推動參與者邁向積極和主動參與方面有正面果效；學生除了關注個人處境外更懂得進而考慮他人處境，無疑是同理心的具體表現。」（香港紅十字會，2010，頁14）在這個校本生命教育的學習歷程中，看到不少學員的關懷情意得到孕育。下文是另一位家長導師分享早期學生的一個個案，當中看到生命學堂能孕育孩子對社會的關懷。正如林繼偉（2004）指出：「關懷倫理學著重人性中關懷的情意力量，使人的關懷情意成為實現社會正義的人性動力。」（頁145）而這個課程的學習可使一些學員產生利他的人道行為。

當年人道教室開始時，剛巧是海嘯，看到紅十字會在當地幫助尋人，他們會回來與我說看到紅十字會在當地幫忙，因為上了這個課程，令他們知道紅十字會的工作，不只於捐錢、捐血、救人，原來還有其他工作可以做，而會引發他們日後對義工工作較為熱心呢！

六、家長在人道教室的付出

　　小朋友已畢業，為何仍回來幫忙呢？我覺得很吸引。這課程是提供六年級參與的，再見時，他們已中一二，但他們對此印象仍然很深；同時，我亦覺得這個人道教室是值得推廣的，所以我會回來幫忙。

　　接受訪談的四位熱心家長導師中，有一位是自2003年起便參與這個課程的家長義工，也有近年才參加的家長導師。令訪問員好奇的是，那位2003年便參與的家長，孩子已小學畢業多年，為什麼她還會回這所子女的母校繼續擔任生命學堂的導師呢？上文是一位家長導師的回應，她不諱言直認人道教室對參與孩子的功效；不少學員畢業升到中學後，也仍對這個課程存有深刻的印象。這個家長參與籌辦學生活動的個案，體現了臺灣學者在家校合作個案的經驗，「家長對學校教育的態度從被動到主動、從個別化轉為團體運作、從溝通者轉變為管理者和教育者。」（陳昭儀、秦秀蘭主編，2005，頁197-198）這批生命學堂的家長導師也在不知不覺間成為了教育者，參與的小六學生從他們身上不單學到人道精神的核心價值，也學到了義務付出和尊重別人。

　　我自己的小朋友，感覺他對熱愛生命的理念增強了，會覺得生命很寶貴；所以覺得幫人可以將生命延續下去，我很贊成這活動繼續傳下去。

　　「人之為人，人之高於動物的地方就在於人不僅追求活著，而且還追求有意義的活著，正是意義決定了人的存在、生活、發展方向，體現了生命的價值和人的尊嚴。」（李忠紅，2008，頁24）從這幾位家長義工的訪談，發現他們都認同參與生命學堂的付出是值得和有價值的；在過程中，這批家長導師與參與人道教室的孩子產生了連結。「孩子在愛中成長，成人在愛中付出；人與人之間最美麗的連結是愛，透過愛的連結可以

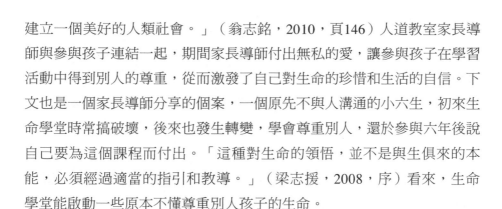

建立一個美好的人類社會。」（翁志銘，2010，頁146）人道教室家長導師與參與孩子連結一起，期間家長導師付出無私的愛，讓參與孩子在學習活動中得到別人的尊重，從而激發了自己對生命的珍惜和生活的自信。下文也是一個家長導師分享的個案，一個原先不與人溝通的小六生，初來生命學堂時常搞破壞，後來也發生轉變，學會尊重別人，還於參與六年後說自己要為這個課程而付出。「這種對生命的領悟，並不是與生俱來的本能，必須經過適當的指引和教導。」（梁志援，2008，序）看來，生命學堂能啟動一些原本不懂尊重別人孩子的生命。

印象中有一男同學，很自我的，他每次來都是破壞，並不與人溝通的，最後，上完所有的堂後，我們發覺他情緒及各樣都有很大轉變，懂得尊重人；看到他進步的是不再仇視別人，他會發覺天生我才必有用。現時他已是中六，碰到他感覺他很開心；他說還記著人道教室，如果有outing通知他，他會回來。

七、家長參與生命學堂的啟示

每節都有不同主題，例如告訴他逃兵、戰爭的代價。除了進化論之外，亦有關於比較現實的案例，如因頸椎受傷癱瘓的斌仔，為何他要尋求安樂死？我們會告訴他們為何他要尋求安樂死，並問學生是否同意安樂死；當中沒有絕對正確或錯誤的答案。由於斌仔的個案，他現時已不再希望安樂死，我們亦會引述當中資訊，讓他們知道為何現在斌仔會改變主意呢？

在香港學校，家長義工參與和支援活動是常見的，但像生命學堂的家長導師能十年如一日般持續地籌劃和帶領學生課外活動，則較為少見。香港佛教榮茵學校的幾位家長導師能認真投入參與生命學堂的工作，其中一個原因是他們看到這個「人道教室、生命學堂」的價值——能

令孩子學懂尊重別人和得到成長。小學生無論是行為還是思想都比較幼稚，缺乏對自身及他人健康安全重要性的認識，他們往往不懂得生命的珍貴和不可逆性（李宗華，2014）。在生命學堂中，參與孩子除了以體驗式活動來學習生命教育，也會如上文家長導師所述般參與討論與死亡有關的課題；從討論個案中斌仔由尋求安樂死轉變為不再尋死，讓參與小六學生也明白到生命的可貴。正如陳志耀（2014）啟導師指出，「真正的成長是一連串領悟的過程；在不同的生活場景當中，遇上不同的人，經歷不同的事情，有些經歷會讓我們有一種當頭棒喝的感覺。」（頁C04）這種令自己領悟到對生命成長有新的看法之經歷，使這幾位家長甘願持續不懈地付出，帶領一批又一批的孩子，參與人道教室的體驗學習。

我們最重要的是要讓他們知道概念，怎樣尊重生命，怎樣及何時關懷傷困，最重要的是希望他們能夠保護好自己的生命，但這個題是很難做到的，我們家長義工的意義是希望教導他們成為一個好人。

在這個推動小學生學習生命教育的個案中，家長導師本著「幼吾幼以及人之幼」的儒家精神，教導每個參與課堂的孩子認識到「戰爭也應該有規限」、「生命與尊嚴」和「保護生命、關懷傷困、維護尊嚴」等三個人道精神價值。而在採訪幾位家長導師時，研究員深切感受到他們對這個活動的擁有感，同時亦聽到了他們在過程中的學習與反思。正如一位家長在上文的分享，他們是以自己的生命去影響孩子們的生命，透過人道教室的體驗活動，家長導師以無私的愛引導學生思考與生命相關的課題，過程中亦使他們自己的生命價值得到彰顯。這正體現出「家長接受生命教育具有雙重效果，既有利於子女的教育，也有利於對家長本人的教育。」（李欣，2009，頁34）而薯老師（2011）亦指出「家長願意犧牲私人的時間為學校服務，可發揮正面的身教作用，成為子女及其他同學的榜樣，讓孩子明白關愛和互助的重要。」（頁151）在這個家長參與人道教室的個案中，家長導師義務地付出的精神和時間，促進了參與生命學堂

孩子的生命成長。最後，正如內地儒學大師郭齊勇（2008）指出，「生即創造、創新，這是中國哲學的主題；中國文化是尊生、重生、創造日新的文化。」（頁9）這個案中，參與孩子和家長導師深刻認識到生命學堂的核心價值，不單使自己的生命有所成長和發展，期間不知不覺地掌握了中國文化重視生命的傳統，亦使這個由紅十字國際委員會推出的人道教室課程能在香港生根和發展。

參考書目

〈種花請槍　家長買現成鳳仙交功課〉（2014.4.7）。《晴報》，頁P04。

古林松（2012）。〈為生命而教育〉。《中小學心理健康教育》，7（1），卷首。

朱文奇（2006）。《國際人道法文選》。北京：法律出版社。

牟宗三（1970）。《生命的學問》。臺北：三民書局。

佛教榮茵學校（上午校）（2006）。〈海防戰爭探索之旅〉。輯於《談「美德」・論「價值」德育教材手冊》，頁164-166。香港：教育統籌局。

吳迅榮（2011）。《家庭、學校及社區協作：理論、模式與實踐（增訂版）——香港的經驗與啟示》。香港：學術專業圖書中心。

李宗華（2014）。〈珍惜生命，納悅自我：小學品德與社會生命教育之我見〉。《考試週刊》，第5期，頁172。

李忠紅（2008）。〈關注生命教育的超越路向與超越意識〉。《思想政治教育》，第6期，頁23-25。

李欣（2009）。〈香港生命教育及其對內地的啟示〉。《現代教育論叢》，第12期，頁31-34。

李焱林（2013）。〈香港生命教育的推行〉。《江西教育（管理版A）》，第19期，頁81-82。

林繼偉（2004）。《社會正義與社會關懷，生命教育之理論與實踐》。臺北：心理出版社。

胡少偉（2009）。〈港深小學教師說學校生命教育的故事〉。輯於黃素君編，
　　《華人社會的教育發展系列研討會「教師說故事 說教師的故事」論文集》，
　　（頁196-210）。澳門：澳門大學教育學院。

香港紅十字會（2010）。《「人道教室、生命學堂」2007-2010研究報告》。香
　　港：香港紅十字會。

香港紅十字會青年及義工事務部（無日期）。《人道教室、生命學堂》。香港：
　　香港紅十字會。

香港教育局（2012）。《幼稚園、小學及中學教育：生命教育》，檢自http://www.
　　edb.gov.hk/index.aspx?nodeID=7122&langno=2。

香港教育學院宗教教育與心靈教育中心（2014）。〈協助小學規劃生命教育計
　　畫〉，檢自http://www.ied.edu.hk/crse/201314lifeedu/index.html

翁志銘（2010）。《生命教育的九堂課：建構生命的安全防護網》。臺北：魔豆
　　文化有限公司。

張永雄（2007）。〈強代抗挫能力，培養積極人生：簡述生命教育在香港的開展
　　情況〉。《中國德育》，第7期，頁26-31。

張素玲、巴兆成等主編（2007）。《生命教育》。山東：中國石油大學出版社。

梁志援（2008）。《和孩子一起學習生命教育》。臺北：稻田出版有限公司。

郭齊勇（2008）。《中國哲學智慧的探索》。北京：中華書局。

陳志耀（2014.5.3）。〈孩子生命成長之旅〉。《信報》，C04版。

陳昭儀、秦秀蘭主編（2005）。《家校合作的學校創新經營模式之推廣》。臺
　　北：師大書苑有限公司。

楊文（2010）。《和兒子一起成長（最新版）》。北京：中信出版社。

楊慕慈（2003）。《生命教育》。臺北：禾楓書局有限公司。

靖國平（2009）。《價值多元文化背景下學校德育環境建設》。南京：江蘇教育
　　出版社。

鄭曉江（2009）。〈通過生命教育構建現代生死觀的核心價值〉。《中小學心理
　　健康教育》，第22期，頁14-16。

薯老師（2011）。《港師遇著港爸媽》。香港：經濟日報出版社。

品格築起的生命彩虹——
深圳開智幼兒園行知生命
教育彩虹模式

歐權英、許善真

　　偉大的人民教育家陶行知先生可以說是我國生命教育的鼻祖，據他在〈生活教育目前的任務〉一文提及，在曉莊開校前九年，即1918年，他就提出「生活教育」的理念，並用英語提出「Life education means an education of life, by life and for life」（陶行知，1939，頁228）這個命題。當時中文他是用「生活教育」，Life Education亦可譯作「生命教育」，而且他的理念，與現在用的「生命教育」，也有很多相通之處。陶行知高度重視品格教育，他說「把自己的私德健全起來，建築起『人格長城』來。由私德的健全，而擴大公德的效用，來為集體謀利益」（陶行知，1951，頁436）。深圳市開智幼兒園，在研陶學陶師陶中得到感悟和啟發，創編了園本課程《天天哥哥教品格》（歐權英，2012），以品格教育作為切入點開展生命教育，按照赤、橙、黃、綠、青、藍、紫（即紅、橙、黃、綠、藍、靛、紫）的行知「生命教育彩虹模式」

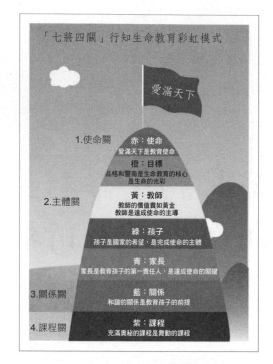

圖25-1　行知生命教育彩虹模式

資料來源：李哲楠、歐權英（2014）。

（**圖25-1**）（李哲楠、歐權英，2014），實踐生命教育的知、情、意、行。2012年至2013年，深圳市開智幼兒園政府機構頒發的榮譽證書有：「深圳市一級幼兒園」、「深圳市普惠性幼兒園」、「三星級健康幼兒園」、「衛生保健先進園所」等。

　　本文重點報告開智幼兒園實踐生命教育的知、情、意、行的行知生命教育彩虹模式。

　　行知生命教育之路是一條康莊大道，是一條幸福之路，但同時也是一條艱難的路，猶如爬山，雖然無限風光在險峰，但要領略險峰的無限風光，路途遇到的危險難以預料，也許被路邊的荊棘刮傷，也許墜落無底的深淵，也許陷入山澗的水簾洞，也許誤闖野獸的領地，也許被饑餓的狼群

襲擊，所付出的代價難以估量。陶行知本人付出的代價是自己的性命！陶行知純潔高尚真摯的心靈，震撼了大地，喚醒了一個個沉睡的心靈。一個陶行知倒下，千萬個陶行知站起來，接過愛滿天下的旗幟（陶行知，年份不詳a），前赴後繼勇往直前。愛滿天下的信念已由涓涓細流匯集大海，洪流滾滾勢不可擋，研陶學陶師陶踐陶播陶已經成為中國夢有效的途徑。

　　行知生命教育彩虹模式簡稱為「七將四關」。「七將」指彩虹七色：赤、橙、黃、綠、青、藍、紫。「赤」是紅旗，代表方向標竿，寓意為生命教育的目的在於培養全人即靈商、智商、情商、體商全面發展。「橙」是警告色，社會的道德淪喪、摧殘生命的慘劇向人們敲響了重視生命教育的警鐘，生命教育的基石在於品格教育。「黃」寓意老師的價值貴如黃金。「綠」寓意孩子是生命教育的主體，社會的希望。「青」是穩重色調，寓意家長是生命教育的第一責任人。「藍」是和諧色調，寓意生命教育要建立親密和諧的關係。「紫」色代表神祕，寓意生命教育課程有無窮的奧祕。「四關」指在七色內劃分出四個模塊：使命關（赤：使命、橙：目標）、人命關（黃：教師、綠：孩子、青：家長）、關係關（藍：關係）、課程關（紫：課程）。

　　使命關、人命關、關係關和課程關四個模塊與生命教育實踐的知、情、意、行相吻合。其中「使命關」和「人命關」屬「知」的部分。「知」是達成使命的前提，做到之前是知道，不知道就無法做到，要知道真知、真理、真道，使使命堅定、目標清晰、方向正確，活出人生的意義。「關係關」屬「情」的部分。「情」是達成使命的原動力，人情、親情、友情、愛情激發出來的感情激情澎湃，動力十足，勢不可擋。國家督學朱小蔓教授在《情感教育論綱》中對情感有這樣的論述：「離開情感層面，教育就不可能鑄造個人的精神，個人的經驗世界，不能發揮大腦的完整功能，不能保持道德的追求，也不能反映人類的人文文化世界。只有情感才能充當熱鬧的內在尺度，才是教育走向創造、實現價值理性的根據。」（朱小蔓，2008，頁58）「意」隱藏並貫穿在實踐生命教育的全

過程中，「意」是達成使命的要素。意志是實施目標必不可少的品格，無論做任何事都須持之以恆、永不放棄，向著標竿直跑方能達成。「課程關」屬「行」的部分。「行」是達成使命的關鍵，成功的最後一步，如果缺少這一步，之前的努力將毫無意義。

總而言之，「知」、「情」、「意」是「行」不可缺少的前提，「行」是「知」、「情」、「意」的結果和價值體現。陶行知主張知行合一，他的〈手腦相長歌〉對知和行作了生動客觀的描述（陶行知，年份不詳b，頁684）：

> 人生兩個寶，雙手與大腦。用腦不用手，快要被打倒。
> 用手不用腦，飯也吃不飽。手腦都會用，才算是開天闢地的大好佬！
> 知道就要行道，行出品格才是王道。

一、彩虹模式的使命關：「赤」使命和「橙」目標

1927年陶行知在南京創辦曉莊試驗鄉村師範學校，他說：「曉莊是從愛裡產生出來的。沒愛便沒有曉莊。……曉莊可毀，愛不可滅。曉莊一天有這愛，則曉莊一天不可毀。……愛之所在即曉莊之所在。」（陶行知，1930，頁450）套用陶行知的說話，我們相信「愛滿天下」是教育的使命和終極目標（陶行知，年份不詳a）。

使命關包括「赤」和「橙」，從宏觀和微觀的角度昭示教育的使命和目標。幼兒園的教育使命是品格第一、快樂生命，教育的終極使命是愛滿天下（陶行知，年份不詳a），而要達至使命必須關注個體的生命，也就是生命教育的目標是以品格為核心的全人發展。

美國作家史蒂芬・柯維（Stephen Covey, 2005）認為，人天性有身

體、頭腦、心靈和靈魂四個重要部分，而與這四個部分相對應的是人擁有的四項能力或才能，分別是：身體能力，他亦稱之為體商（Body Quotient, BQ）、智力能力，即智商（Intelligence Quotient, IQ）、情感能力，即情商（Emotional Quotient, EQ），以及精神能力，即靈商（Spiritual Quotient, SQ）。陳國平亦有運用這四個「商」（Q），聯繫到《聖經》對耶穌生命成長的四個元素：「耶穌的智慧和身量，並神和人喜愛祂的心都一齊增長」（《新約聖經・路加福音》第2章52節）。這段經文提到耶穌四方面的成長：(1)身量：體商；(2)智慧：智商；(3)神喜愛：靈商；(4)人喜愛：情商（陳國平，2011）。

我們認為品格是靈商發展的基礎，從小養成孩子美好的品格，有利於人生最重要的靈商（SQ）的發展。這裡提到的全人發展四商，一是智力商數IQ：是對人智力水準的一種表示方式，它代表一種潛在能力，提供記憶、運算、問題解決等生存必備的能力，也就是智力測驗所測出的數值。二是體商BQ：人由靈、魂、體構成，「體」是靈和魂的載體，是靈和魂外在的表現。體商也可以說是健康商數，包括身體狀態，對健康知識的瞭解與生活習慣的適當性等，即「身體的健康」程度愈高者，商數愈高。「健康知識認知」愈正確者商數愈高，「生活習慣」佳者，商數亦愈高。此三項常會交互影響，任何一項朝正向發展，將可影響其他兩項往正向發展。要維持高的健康商數，則需時時檢驗身心狀態，多吸收相關知識並維持良好的習慣。三是靈商SQ：人除了以肉體方式存在之外，還有心理、情緒、社交、智性等層面的存在，最重要的是靈性（spiritual）的存在。一個人快樂不快樂、成功不成功、健康不健康，跟IQ往往關係不大，跟EQ的關係也不一定密切（EQ爆棚者未必都快樂、成功、健康），但是跟SQ的關係最直接。SQ高，生命最快樂、最成功、最健康。四是情緒商數EQ：此商數乃指面對多元的社會變化衝擊，情緒的穩定程度。商數愈高者表示承受變動的能力愈強，不但順應變化的環境，同時可以調適環境，進而創造環境的一種積極面情緒。

二、彩虹模式的人命關：「黃」教師、「綠」孩子、「青」家長

「中國要到什麼時候才能翻身？要等到人命貴於財富，人命貴於機器，人命貴於安樂，人命貴於名譽，人命貴於權位，人命貴於一切。」（陶行知，1931a，頁110）這段陶行知的話語體現了人命貴於一切的生命觀。

人命關涵蓋與達成愛滿天下（陶行知，年份不詳a）使命和教育目標相關的人員，包括「黃」教師、「綠」孩子、「青」家長。教師指廣義上的教師，三人行必有我師，幼兒接觸到的人都應該為師。教師是生命教育的主導，孩子是生命教育的主體，家長是生命教育的第一責任人。人是萬物之靈，是第一生產力，所謂「成也蕭何，敗也蕭何」，因而，人的生命不可忽視，凸現教育培訓的重要性。

如果說使命關解決方向性和目標問題，那麼人命關解決的是人才問題，為完成使命達至目標而培訓高素質人才，因而團隊組建要把好入職關和培訓關；對於家長，幼兒園應多創造機會家園「戀愛」，增進彼此間的瞭解，最終因情投意合而步入「婚姻殿堂」，雙方為了孩子而盡心盡力。對於孩子的培育，重在品格和安全，以至達到以品格為核心全人發展。

教師的價值勝於黃金，教師是生命教育的主導。陶行知認為「在教師手裡操著幼年人的命運，便操著民族和人類的命運。」（陶行知，1929a，頁352）朱小蔓說：

> 教師職業是一個崇高而神聖的事業，教師是在「傳道、授業、解惑」中將蘊涵在優秀文化中的倫理價值汲取與提升出來，以此來影響、啟迪新一代的心智，提升他們的道德人格境界。因此，教師對學生的心靈成長具有最為廣泛、持久而深刻的影響力。教師職業

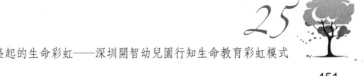
的本質特性就是影響人的心靈，提升人的道德人格境界。正是在這個意義上，我們把道德性理解為具有諸種屬性中最為重要的屬性（朱小蔓，2006，總序頁3）。

我園透過望、聞、問、切、踐五個步驟把關教師隊伍。「望」即看，看學歷證書、職業認證、健康證書；同時也要看外表，微笑常掛臉上，說明心態陽光，具有親和力，容易受到學生歡迎。「聞」即聽，應聘者在社會的口碑如何，最起碼沒有負面的評價。「問」即瞭解，瞭解對方的人品、性格、興趣、與家人的關係、與他人的關係等。「切」即比較深入地溝通，包括小時候成長的環境、家庭成員、婚姻等。「踐」即實操，要求對方根據應聘的崗位展示才華，比如，應聘教師崗位，需提供一份教案，在經過審批後實踐教案，並對上課進行反思；同時，也要透過觀察校園環境、人文環境，書面寫出對學校的印象，這樣可以考察應聘者的觀察力、反應力和感悟力。

團隊成員選拔透過望、聞、問、切、踐五個步驟，從多個角度對成員進行全面的瞭解。根據以德為先，德才兼備的用人準則，篩選出具有愛的態度、愛的原則和愛的能力的人組建團隊，為建立具有使命感、凝聚力、同心力、和諧力和戰鬥力卓爾不群的組織打下堅實的人才基礎。

> 孩子是生命教育的主體，是世界的希望。
> 你這糊塗的先生！
> 你的教鞭下有瓦特，
> 你的冷眼裡有牛頓，
> 你的譏笑中有愛迪生。
> 你別忙著把他們趕跑。
> 你可不要等到
> 坐火輪、
> 點電燈、

學微積分，

才認識他們是你當年的小學生。（陶行知，1931b，頁484）

陶行知敬畏生命，以敏銳的洞察力，對孩子的生命力給予高度的認可和評價。

本園教材《天天哥哥教品格》，其特點是以品格為核心的多元智能全人發展。教材的內核有幾點：第一，愛的主旋律。愛的主旋律就是「道」，「教養孩童，使他行當行的道，就是他到老也不偏離。」（《舊約聖經·箴言》第22章6節）2010年，《國家中長期教育改革和發展規劃綱要（2010-2020年）》明確提出要進行生命教育（中國教育部，2010），「遵循生命之道、直面生命困惑、為生命成長服務」（朱小蔓，2012，無頁碼）。生命教育主要圍繞「認識生命」、「珍愛生命」、「發展生命」三個面向，即全人教育。第二，舞的素材，大千世界，五彩繽紛。與天、人、物、我相關的事物都舞起來動起來。第三，舞者角色。政府導演，家長領舞，教師伴舞，孩子主演，大家共舞出愛的主旋律。第四，舞者素質。領舞和伴舞者即家長和老師的基本素質是對孩子要有「愛」，愛包括三方面，即愛的態度、愛的原則和方法、愛的能力。愛的態度是父母的天性，如果擁有愛的原則和方法就能擁有愛的能力，反之有可能喪失愛的能力，甚至導致愛的扭曲而造成愛的傷害。第五，舞池。家庭和幼兒園是共舞的場所。教育孩子的主戰場是在家庭，家長領孩子跳什麼舞，孩子就跟著跳什麼舞，孩子是家長的一面鏡子（**圖25-2**）（李哲楠、歐權英，2014）。

人生猶如一棵樹；我們相信樹根如人生的根基，因此選擇以《聖經》記載的九種品德，作為品格和靈商的基礎，從而提出人生核心的品格有仁愛、喜樂、和平、忍耐、恩慈、良善、信實、溫柔和節制（《新約聖經·加拉太書》第5章22節）；在樹幹方面，我們相信要如樹幹堅強，人需要在不同能力上進行修煉，所以就選擇以加德納多元智能作為藍本，相信孩子有不同才能，加以培養和發揮，包括詞彙智能、邏輯智能、音樂

D果子如人生的意義：祝福他人
13.品格劇場——親子歡樂時光
14.小眼睛看——五彩繽紛世界
15.人生祝福——品格之星我要當
16.品格銀行——品格存款銀行

仁愛
喜樂 和平
忍耐 信實
恩慈 良善 溫柔 節制

C樹葉如人生的形象：優雅禮儀
12.品格禮儀——優雅紳士淑女

4.詞彙智能——機靈鴿說故事
5.邏輯智能——小猩猩學數學
6.音樂智能——小喜鵲歡聲唱
7.肢體智能——小猴子蹦蹦跳

8.空間智能——小公雞來畫畫
9.自然智能——小熊貓戶外遊
10.人際智能——小花狗樂汪汪
11.內省智能——小烏龜想一想

B樹幹如人生的修煉：多元智能

A樹根如人生的根基：品格和靈商
1.天天哥哥教品格
2.生命之旅
3.有品格我快樂

圖25-2　教育孩子的理念和內容

資料來源：李哲楠、歐權英（2014）。

智能、肢體智能、空間智能、自然智能、人際智能和內省智能（Gardner, 1993）；樹葉如人生的形象：優雅禮儀，體現紳士淑女風範；果子如人生的意義：祝福他人，活出幸福璀璨的人生。

　　教育孩子以遊戲為主要形式，讓孩子在玩中學學中做，教學做合一。如小班《天天哥哥教品格：讚賞》，在自然智能環節裡讓孩子認識菊花，不但要求幼兒初步瞭解菊花的外形、特性、功效，透過畫畫和手工描繪菊花加深印象，同時還要求家長帶孩子到花市欣賞各種菊花，並購買菊花回家學習製作菊花粥、菊花銀耳湯、菊花茶、菊花餃子等菊花食物，讓孩子在看看、走走、做做、玩玩中，學習知識、掌握知識、活用知識，建立無間的親子關係，實現知識的最大化。更重要的是在享受知識的過程中幫助孩子建立明辨、細心、服務、關愛、分享等美好的品格（歐權英，2012）。

家庭是孩子的第一間學校，父母是孩子的第一任老師，孩子在上幼兒園之前初涉啟蒙階段，父母的一言一行一舉一動對孩子的性格和素質的培育都產生深刻的影響，顯然，教育的第一責任人是父母。幼兒園是幫助者的角色，幫助父母完成教育下一代之責。雖然家庭和幼兒園在實施教育的環境、教育者和受教育者的關係、教育者自身條件、教育內容、教育方法途徑等有諸多的不同，但方向目標應該是一致的，也就是為了孩子靈魂身體健康和諧發展，擁有幸福快樂的一生。因此，家庭和幼兒園、父母和老師應該聯合成同一戰線，在人生理念、培養目標、教育原則、日常管理等方面與幼兒園保持高度一致，形成合力，事半功倍，達至「教養孩童，使他行當行的道，就是他到老也不偏離。」（《舊約聖經・箴言》第22章6節）因此，入讀開智家長要過五關：品格關、培訓關、認同關、審核關、承諾關。

1.品格關——教育孩子的基礎。家長需有責任、仁愛、喜樂、和平等基本的品格。

2.培訓關——教育孩子的前提。家長透過參加入讀開智說明會以及透過參加教育原則和方法的培訓，初步瞭解開智的教育理念、辦學目標以及規章制度和日常管理。

3.認同關——教育孩子的保證。家長須認同開智的教育理念、辦學目標以及教育的原則和方法，並積極地、主動地配合幼兒園落實到實處。

4.審核關——實施教育的保障。入讀幼兒園審核關有以下三方面：其一，家長方面：家長對開智的瞭解度、認可度、配合度；其二，孩子方面：瞭解孩子的身體發育狀態，是否符合入園條件；瞭解孩子的個性特徵、興趣愛好、有否忌諱等；其三，其他情況：如家庭住址離幼兒園的距離、接送人員及接送方式等。

5.承諾關——教育反思的依據。承諾關是家長對幼兒園的認可度、配

合度做出書面承諾，提醒家長鄭重其事履行家長的職責，也是家長和幼兒園教育反思的依據，使雙方工作有方向、做事有步驟、管理有追溯，便於總結經驗，反思不足，使工作持續改進，更上一層樓。

三、彩虹模式的關係關：「藍」關係

和諧的關係是生命教育的前提。陶行知說：「真教育是心心相印的活動，唯獨從心裡發出來，才能打動心靈的深處。」（陶行知，1929b，頁363）幼兒教育是社會生態系統工程，需要政府、學校、家庭等相關方「心心相印」，合力營造和諧的人文環境，才能讓孩子健康成長，而幼稚園的職責是向上要為政府負責，向下要為家長和孩子負責，因此，幼兒園要拿出真心，處理好幼稚園與政府和家長三者的關係，方能發揮正能量作用：一是滴水不漏全然吸納的「海綿」作用。幼兒園要像「海綿」那樣，深刻領會政府制定的教育法律法規作為行動的指南。二是承上啟下的「橋梁」作用。幼兒園要把政府對教育的政策向家長傳達，起到「橋梁」作用，使家長、幼兒園與政府保持高度一致。三是教育專業的「領頭羊」作用。幼兒園應擔當起教育專業機構的引領職責，調動社會和家長瞭解教育、配合教育，擔當起社會教育、家庭教育的責任，引導家長從顧客的立場，局外品評者的立場轉到與學校一致的教育者立場、局內參與者的立場上來，共同辦好幼兒園。四是協調的「和事佬」作用。由於幼兒未成年，對幼兒園的訴求有相當大的部分是透過家長傳達的，或者是家長把自己的理解和期待透過代表孩子利益的方式而提出來的，家長作為一個缺乏組織性的群體，其思想理念、意見訴求往往五花八門，莫衷一是，家長意見往往是「多聲道」的。因此幼兒園要充當「和事佬」協調平衡各種意見，吸納建設性的意見以改進工作。

四、彩虹模式的課程關：「紫」課程

《天天哥哥教品格》園本課程有無窮的奧祕（李哲楠、歐權英，2014）。實踐課程須樹立八大觀念：人生價值觀、宏觀宇宙觀、先人後己觀、全人發展觀、天性特質觀、方法融合觀和愛為根基觀。

第一，人生價值觀。人生價值觀決定品格，品格決定命運，品格讓孩子終生受益，而孩子品格建立的主戰場不是在幼兒園而是在「家庭」，故父母應成為孩子的品格榜樣；有品格的父母才有可能建立有品格的「家庭」，有品格的家庭才有可能造就有品格的孩子；而有品格的孩子才可能擁有「快樂」的一生。人生的基本品格是仁愛、喜樂、和平、忍耐、恩賜、良善、信實、溫柔、節制。

第二，宏觀宇宙觀：天、人、物、我。人為宇宙而生，宇宙為人而存，人與宇宙有著千絲萬縷的聯繫，因此，人應均衡發展「物、我、人、天」的四種關係，即人與物質（物）、人與自己（我）、人與他人（人）及人與超自然（天）的關係。

第三，先人後己觀。出自宋代文學家范仲淹的〈岳陽樓記〉膾炙人口的名句：「先天下之憂而憂，後天下之樂而樂」，反映了吃苦在前，享樂在後的高貴人格，也體現了愛人如己的哲理。先人後己真利己，先己後人煩自己，利人利己愛自己。

第四，全人發展觀。如前所述，全人發展觀包括靈商、智商、體商、情商。換言之，培養目標是往下紮根，向上結果，培養有優秀品格根基，體、智、德、美、靈全人發展的下一代。靈商、智商、體商、情商四商是全人發展的主要商數，在這基礎上，可以發展出眾多的商數。特別是靈商，靈商是人類獨有的，最核心的，與人類尋求意義的需求相聯繫。我們依據靈商而產生對意義、視野和價值觀念的渴求，發展建構它們的能力；靈商使得我們去夢想，去追求夢想的實現；靈商支配著我們的信念和

價值觀念、我們自身生活的塑造和行動。智商和情商以及其他商數的有效運轉，靈商就是必要的基礎，它是人類的終極智能。可以說，高靈商大智慧，低靈商小聰明，無靈商實愚昧。

第五，天性特質觀。每一個孩子都是獨一無二的，都是美好的，天生就擁有多元智能，就像一座寶藏，裡面的金銀財寶翡翠鑽石不是等我們去雕琢，而是等我們去發現，我們要做的事是發現寶藏，讓這些寶貝煥發出應有的璀璨而不是與地長眠。

第六，方法融合觀。我們採用的教學方法，是千姿百態，不拘一格。老師會嘗試各種不同合適的教學方法，加以調適，在課堂或活動上運用。

第七，愛為根基觀。愛的真諦是：「愛是恆久忍耐又有恩慈，愛是不嫉妒，愛是不自誇不張狂，不做害羞的事，不求自己的益入，不輕易發怒，不計算人家的惡，不喜歡不義只喜歡真理。凡事包容凡事相信，凡事盼望，凡事忍耐，愛是永不止息。」（《新約聖經‧哥林多前書》第13章4-6節）

《天天哥哥教品格》選用讚賞、接納、順服、關愛、喜樂、誠實、責任、更新八個品格（李哲楠、歐權英，2014）。

「讚賞」使孩子感到自我價值，是建立自信心的祕訣。讚賞是對生命的獨一無二性保持敬畏。讚賞使孩子朝著正確的方向成長。

「接納」可以幫助孩子建立安全感和自我形象。所有的孩子天生都是平等的高貴的，我們應該給予他們尊重和尊嚴，應無條件接納孩子。只有我們先接納孩子，孩子才會接納他自己。

「順服」可幫助孩子學會敬畏、學會尊敬、學會守規矩、學會與自己和諧、與長輩和諧、與同伴和諧、與環境和諧，這是對孩子最好的保護和祝福。

「關愛」是生命的維他命，沒有關愛，生命就會枯萎。麥道衛和迪克‧戴依是這樣談關愛：「如果想要活生生地把你對孩子的接納和欣賞表

現出來,他們必須得到大量的甚至是滿溢的來自於你的愛。對一個孩子來說,父母的關愛就像是澆灌在植物上的水、發動機裡的油、饑餓者的飲食一樣。沒有關愛,一個嬰兒很可能會死亡。沒有足夠的關愛,孩子長到青少年時,會用性來換取被愛的感覺。」(麥道衛、迪克・戴依,1991著/2008譯,頁106)

「喜樂」是從心底裡湧流出來的發自內心的幸福快樂。教育的最終目的是把人引向幸福,幸福的人生是享受的人生。「喜樂的心,乃是良藥;憂傷的靈,使骨枯乾」(《舊約聖經・箴言》第17章22節)。笑一笑十年少,樂一樂精神爽;憂一憂皺紋多,愁一愁運氣跑。喜樂猶如吃「補品」,有助於身體更健康。此外,喜樂的人生會為周遭的人帶來歡樂,有助良好人際關係的建立。

「誠實」是做人的基本原則,是美好道德的核心,是各種良好品格的基礎。誠實意味著實事求是,表裡如一,說實話,做實事,不虛偽,不誇大其詞,不文過飾非。誠實人對自己是誠實的,這就意味著不自欺,內心坦坦蕩蕩,不說違心話,不做違心事;誠實人對他人誠懇實在,不說假話,不做假事,言行一致,踐守諾言。誠實守信,才能建立良好的人際關係,打下牢靠的事業基礎,取得堅實的人生業績。只有人人誠實守信,社會秩序才能有條不紊,文明進步才有可能。學會誠實做人,就要懂得承諾的重要性。無論對大事還是小事,你的承諾一經作出,就應該兌現。一個人的信用是靠始終一貫的誠實守信的行為建立起來的,所以我們不能輕視自己的每一個承諾。誠實如蜂蜜和鮮花,魅力四射千萬家。

「責任」就是明白並盡力履行自己應盡的本分,對自己所做的事情敢於承擔後果。責任體現了一個人的心態、態度、原則、作風、風格、習慣、思想……;責任體現了一個人的心智、格局和胸懷;體現著一個人的使命、生活空間和追求;責任是一個人人生觀、價值觀和世界觀的體現,是一個人對待人生和生命環境的態度。幫助孩子建立責任的品格牽涉培養孩子有五種態度:能自主、肯主動、知現實、會成長、超越自我,使

孩子有自控力和正確的判斷力。負責任的人易得到信任，眾人信任威望高，豐盛人生伴隨來。

「更新」就是心隨時代變化，不斷超越創新。儒家經典《大學》裡提倡更新：「苟日新，日日新，又日新」，從動態的角度來強調不斷革新，每一天都要進步。人生如行船，逆水行舟不進則退，所以要從小建立更新的品格，從小更新進步大，人生越來越美好。

生命教育橫跨生老病死，縱越終身教育。生命教育，教育生命。種植讚賞，你就會收穫陽光；種植接納，就會收穫安全；種植順服，就會收穫祝福；種植關愛，就會收穫美好；種植喜樂，就會收穫幸福；種植誠實，就會收穫信任；種植責任，就會收穫安心；種植更新，就會收穫璀璨。

五、結語

開智幼兒園在研陶學陶師陶踐陶中，以品格教育作為切入點開展生命教育，以園本課程《天天哥哥教品格》為載體，以知、情、意、行的路徑和赤、橙、黃、綠、青、藍、紫的行知生命教育彩虹模式來實踐生命教育，幼兒園的面貌煥然一新，形成了關愛的校園文化，老師與老師、老師與家長、老師與孩子、家長與孩子的關係和諧融洽，家校攜手形成合力，行生命教育之路，認識生命、尊重生命、欣賞生命、發展生命，讓大人的生命綻放出璀璨的光芒，讓孩子稚嫩的生命身心靈健康成長，為實現「愛滿天下」（陶行知，年份不詳a）的終極目標而努力。

參考書目

《聖經（新標點和合本）》（1988）。香港：香港聖經公會。

上海古籍出版社（編者）（2007）。《十三經注疏》。上海：上海古籍出版社。

中國教育部（2010）。《國家中長期教育改革與發展規劃綱要（2010-2020年）》，檢自http://old.moe.gov.cn/publicfiles/business/htmlfiles/moe/moe_177/201407/171904.html

史蒂芬・柯維（Stephen Covey）著，陳允明等譯（2005）。《高效能人士的第8個習慣》。北京：中國青年出版社。

朱小蔓（2006）。《教育職場：教師的道德成長》。北京：教育科學出版社。

朱小蔓（2008）。《情感教育論綱》（第二版）。北京：人民出版社。

朱小蔓（2012）。〈多元價值的生命教育與教師專業發展〉。輯於《生命教育學術及專業實踐會議（會刊）》（香港教育學院宗教教育與心靈教育中心於2012年1月主辦）之「主題演講摺頁」。香港：香港教育學院。

李哲楠、歐權英（2014）。《生命教育的彩虹模式》。深圳：海天出版社。

姚維瑩（2005）。《如何接近孩子的心：成就孩子一生的好品格》。成都：四川出版集團四川美術出版社。

范仲淹（2007）。〈岳陽樓記〉。輯於《范仲淹全集》卷八，頁194-195。成都：四川大學出版社。

陳國平（2011）。〈劃時代牧養的挑戰〉。《牧蹤》，檢自http://www.hkcmi.edu/出版刊物/第81-90期牧蹤/

陶行知（1929a）。〈地方教育與鄉村改造〉。載於《陶行知全集》（2005）。第二卷，頁352-354。成都：四川教育出版社。

陶行知（1929b）。〈這一年〉。載於《陶行知全集》（2005）。第二卷，頁360-363。成都：四川教育出版社。

陶行知（1930）。〈曉莊三歲敬告同志書〉。載於《陶行知全集》（2005）。第二卷，頁449-457。成都：四川教育出版社。

陶行知（1931a）。〈中國人的命〉。載於《陶行知全集》（2005）。第二卷，頁109-110。成都：四川教育出版社。

陶行知（1931b）。〈師範生第二個變：變個小孩子〉。載於《陶行知全集》（2005）。第二卷，頁483-486。成都：四川教育出版社。

陶行知（1939）。〈生活教育目前的任務〉。載於《陶行知全集》（2005）。第四卷，頁228-230。成都：四川教育出版社。

陶行知（1951）。〈每天四問〉。載於《陶行知全集（2005）。》第四卷，頁428-436。成都：四川教育出版社。

陶行知（年份不詳a）。〈愛滿天下〉（題字）。載於《陶行知全集》（2005）。第一卷。成都：四川教育出版社，卷首插圖頁第二幅圖片（無頁數），編者標題為「陶行知手跡」。

陶行知（年份不詳b）。〈手腦相長歌〉。載於《陶行知全集》（2005）。第五卷，頁684。成都：四川教育出版社。

麥道衛、迪克‧戴依（Josh McDowell & Dick Day）著，黎穎等譯（2008）。《六A的力量》。南昌：江西人民出版社。

歐權英（2012）。《天天哥哥教品格》。深圳：海天出版社。

Gardner, H (1993). *Frames of Mind: The Theory of Multiple Intelligences* (The 10th Anniversary ed.). New York, NY: Basic Books.

生命教育在培敦

張淑儀、賴寶伶

　　臺灣學者孫效智指出，要回應學生和社會需要，21世紀的教育應是生命教育（孫效智，2001）。近年，香港政府和學校均積極開展生命教育的工作。2002年，香港教育署課程發展處推行「生命教育教師培訓」，及後更有不同的計畫、方案，協助香港的中、小學校規劃及推行生命教育。不同的辦學團體或制定有關生命教育的目標和政策，鼓勵屬下學校設計有關課程和教材，按章施行；亦有學校透過參與不同的相關計畫，且學且試且行，漸見成效。香港的生命教育雖說一路走來並不輕易，但在經歷各種艱難後而漸入佳境。

　　香港神託會培敦中學是較早期推動生命教育的學校，在生命教育仍未有足夠關注和資源支持的情況下，以「基督精神辦學，貫徹全人關懷的教育理想，引導學生認識真理，效法基督；培養學生良好的品格，正確的價值觀，積極的人生觀，獨立的思考能力，發展學生的潛能」的辦學宗旨，啟動生命教育。由2002年至今，因應學生、老師、家長、學校的需要和情況，引申出不同階段的政策和實施方案，取得相應的成果。

　　本文旨在透過培敦中學的經驗分享，有助瞭解推動生命教育的意義，同時，期望能夠藉分享實務的工作，例如：如何制定有關措施、推動

同工參與等等，引發討論、促進交流。

一、「生命」，我們所關注

　　香港神託會培敦中學（下簡稱「培敦」或「學校」）並不算是「名校」，可以升讀大學的學生未必占大多數。培敦的學生在學習上面對較多困難，如基礎知識不足、家庭支援較少等。而且不少學生的家庭，也難以支持他們到外國升學。

　　學校位於黃大仙區，區內的家庭社經地位普遍較低。基於家庭需要，不少的學生在畢業後須到社會工作，對「未來」感到一片迷惘。

　　為此，我們反思以教授知識為學校發展方針，是否適合這群年輕人。何況，不管學生成績如何，是繼續進修至大學畢業，抑或在完成高中課程後，便進入社會工作，他們同樣需要面對這些問題：究竟社會需要一些怎樣的年輕人？學校是否能夠提供這些學習的機會？學生是否已經準備就緒？

　　我們相信社會需要有品行的年輕人，這才是學生的實際需要。相較於學業成績，品德教育更為重要，這也正是學校教育應該時刻持守和踐行的。正如因此，本校確立發展生命教育為教育方針，希望學生的知識能緊扣正確的價值觀，以致他們能夠正確地運用知識，發揮其正面效用。我們更希望學生能找到自己的興趣，懂得欣賞自己，確立自己的人生目標，積極生活。

　　校長梁錦波博士和老師的共識是：「香港教育一向重視智性的發展，雖然在『學生國際能力評估』中屢獲佳績，但踏入21世紀，傳統的應試教育卻無法解決年輕一代的成長問題……年輕人的成長與逆境智商、情緒智商及靈命息息相關，必須透過有系統的生命教育，藉體驗、反思及內化實踐出來。」（香港神託會培敦中學，2011）所以，培敦並不

打算成為「名校」。「生命」，才是我們最終極的關注！我們期望成為關注「生命成長」的學校。

二、不是課程，是旅程

2002年本校開始推行生命教育，至今已踏入第十三個年頭，期間教改、課改紛至沓來，教師工作量與日俱增。師道尊嚴，教學又是一門獨特的藝術，要推動全校老師參與，維繫老師的熱情，靠的不是一道道行政指令，而是「共同信念」：「以基督精神辦學，貫徹全人關懷的教育理想，引導學生認識真理，效法基督；培養學生良好的品格，正確的價值觀，積極的人生觀，獨立的思考能力，發展學生的潛能」。同工在努力備戰、應對新學制之餘，仍樂意身先士卒作學生的榜樣，熱心策劃生命教育的活動，達至全面及深化，甚至把生命質素融入平日教學當中。在參與學校生命教育的工作時，我們可深切體會到老師活出生命的神采，以及老師向學生分享生命的渴望。事實上，自推行生命教育以來，學生的素質有很大的改變，同學的校內外違規每年減少，嚴重紀律問題紀錄近乎零！學生的心弦被撥動了，他們柔軟受教，並竭盡所能回應老師的循循善誘；老師亦抖擻精神，務求教好每位學生。前中央教育科學研究所所長朱小蔓教授訪問我校時，作出這樣的評價：「培敦中學的生命教育的核心乃是情感教育，而且已成功由以老師主導轉移為由學生作主人」（香港神託會培敦中學，2011）。在推行生命教育期間，本校有幸獲得外界肯定，榮獲多個獎項，尤以2011年獲得「行政長官卓越教學獎」最令同工鼓舞——我校是首間於「德育及公民教育領域」獲此殊榮的中學。

我們剛開始推行生命教育時，雖不至篳路藍縷，無入手之處，但著實是戰戰兢兢，如履薄冰。一來我們沒有太多可借取的經驗，也少有支援幫助，而且，「先導計畫」往往最難估量成效。學校採「循序漸進」、

「邊行邊檢，邊檢邊修」的進程：根據每階段結束後，瞭解學生反應和實際需要，再決定下一階段實施的內容和方式。回顧學校推行生命教育的過程，可分為三個階段（**表26-1**），各階段的推行和成效詳見於下文。

表26-1　三個階段的目的及推行方式

	第一階段	第二階段	第三階段
目的	• 初試啼聲 • 爭取其他同工的認同	• 讓家長參與生命教育 • 將生命教育滲透在各科中 • 建構校園文化	建構學校文化氛圍
推行方式	• 單科單組	• 家長教育 • 制定課程 • 跨科跨組 • 制定大哥哥大姐姐計畫	將學校所認同的價值內化在老師的教學中

(一)第一階段——初試啼聲，以單科單組推行

在第一階段，當時我們尚未設立「生命教育」專科。因著學校以基督教信仰辦學，故設有「宗教及倫理科」教授道德價值。可是，當時「宗教及倫理科」以知識教授為主，直接把基督教為人處事的原則灌輸給學生，效果當然差強人意。或許，「宗教教育」總有一些和「德育」或「生命教育」不同之處。比較主要的分別，可能是「德育」或「生命教育」的教學策略較可以用「體驗式活動」進行，讓學生透過活動，不止於認知價值概念，也能觸動其情感，導引反思，推動他們實踐。因此，學校嘗試把「宗教及倫理科」改名「宗教及生命教育科」，透過學科名稱的轉變，不單擴展教學的內涵，更希望採取更靈活的教學模式。

推行生命教育的過程，學校仍然保留宗教元素，將「宗教教育」與「生命教育」結合，將基督教的信念和精神，作為生命教育制定的標準和方向。除了因為學校的背景外，也回應「多元主義」社會中泛濫的各種「價值（觀）」，當中包括扭曲的思想和價值觀。學校希望以基督信仰為

生命的基石,為生命的南針。同時,為了更有彈性地設計課程及教學,學校不會要求學生報考宗教科的公開試,以免課程受考試內容主導,也令學生對該科目失去興趣。

如前所言,培敦應是香港較早期發展生命教育的學校,為了更瞭解生命教育的教學法,我們先參考兩岸三地的發展經驗,探索具體可行的實踐計畫。接著我們訂定以生命教育的「知、情、行」來發展校本課程,一方面重新編寫「知」性的生命教育課程,並安排五年一貫的「情」性活動,另一方面,在「行」的層面,鼓勵學生參與關愛實踐行動。本校亦與各校外團體合作,如教育局德育及公民教育組(現為「德育、公民及國民教育組」)、突破機構、明天更好基金等,尋找同行夥伴。

◆「知」其所以──生命教育的「知」性層面

雖然當時學校的人手和資源不足,但我們仍決定由學校的生命教育老師為「宗教及生命教育科」自編教材,設計和帶領活動。2005年暑假出版「初中生命教育教材套」及光碟,供初中生命教育課堂之用。

◆「情」動於衷──生命教育的「情」性活動

初期我們把生命教育元素帶進中一迎新營及戶外學習日,希望學生能透過既有活動,認識生命不同層面的意義,如中一迎新營以培養團隊精神的歷奇活動為主,而各級的戶外活動亦包含不同主題,如環保、藝術、文化、生涯規劃等。我們設立「生命教育日」,作為學校每年的主題活動,透過專題分享、講座、分班活動等,跟同學一同探討如何活出生命之真義。

其後,我們開始增設德育活動,如啟播「共享心靈的清泉」,全校師生透過中央視像廣播,聆聽老師分享故事,從中領悟生命的真諦;而同學會就當日的故事寫回應,表達自己的感受。廣播活動深受全校師生歡迎。及後我們把分享的故事及同學的回應結集,出版了《共享心靈的清

泉》及《心靈清泉迴響集》。

◆「行」而宜之──生命教育的「行」動實踐

「身體沒有靈魂是死的，信心沒有行為也是死的」（《聖經‧雅各書》，2：17）。同樣地，「愛心」沒有「行動」也是「死」的，是沒有「生命」的。學校希望同學不要只停留在生命教育的「知」、「情」，而能以實際的行動，關心和幫助身邊有需要的人，才不會把生命教育「褪化」為紙面、言語的概念。2002-03年度的生命教育日，我們以「分享」為主題，邀請全校師生參與「清淡午餐」活動。學生捐出當天的午飯費用，而學校為每位學生預備一盒250毫升的紙包裝飲品和一個麵包作為午餐，讓同學切身體驗不足、貧乏，學習惜福，實踐施予。學校並把將當天同學捐出的午飯費用全數捐贈「宣明會」。

在第一階段結束時，雖然我們實施生命教育的時間只有五年，但成效教人振奮。不少外界團體認同我們的理念和成效，如教育局邀請我們成為「潤物無聲、德育有情」八所向全港推廣德育的中學之一，向友校同工分享經驗。而屯門宣道中學、炮台山循道衛理中學、天水圍循道衛理中學等先後參訪學校，探討如何推行生命教育。朱小蔓教授在瞭解我校生命教育的情況及與學生代表面談後，讚賞我們的教育能迸發學生的潛能，成就斐然。另外，在計畫實施後，學生改變明顯，2004年至2007年的「生命教育進程問卷調查」顯示，同學不單認同「生命教育」所傳遞的生命質素，如親愛家人、樂於助人、積極面對逆境、熱愛生命等，而且認同學校所辦的生命教育對其人生產生深遠的正面影響。

(二)第二階段──從簡到繁，以多元策略推動生命教育

第一階段的工作得到家長和老師的認同後，我們不止步於由「單科單組」推動生命教育，也開始將生命教育的價值滲入其他科目中。事實上

香港學校在德育發展上，普遍面對課時不足的問題。例如，2014年香港教育學院宗教教育與心靈教育中心的「香港中小學品德、倫理及生命教育狀況」調查，指出約半數學校同工表示推行品德、倫理及生命教育的困難是時間不足（香港教育學院，2014）。江浩民和李子建（2014）認為要解決德育堂課時不足的問題，學校可透過「跨科跨組」的方式，將價值教育滲入其他科目，增加教授品德概念的時間，提高課程之間的緊密性，令學生從更多層面思考品德價值。不過，在操作上，我們考慮到「跨科跨組」的方式需要教師熟悉自身學科的課程與生命價值，若處理不善，而未能將兩者內容結合，不但影響本科知識的教授，更可能無法引導學生反思當中價值意涵。因此，我們提供較大空間給老師設計教節，尊重老師的意願，不會要求所有老師在其教學上教授生命教育，或要求所有學科滲入價值意涵。事實上，我們以老師的意願為先，希望確保參與的老師有信心和熱誠進行生命教育，同時讓他們有更多空間設計教學，有更充裕時間預備課堂。同時，我們不會強制要求同工融入德育元素在其學科教導上，而是在他們認同生命教育和瞭解有關課堂策略後，才鼓勵他們將生命教育融入其教學中。而且，我們體諒若同工經常要把生命教育元素融入在各科的教學單元中，可能會影響有關科目的進度，也加重同工的工作量；同時若有關單元與價值概念相關性不大，亦無法引導學生反思。

本校推行「跨科跨組」的策略，成效令人滿意，同工樂於參與生命教育的工作。例如，音樂老師透過輕鬆的手法，以貝多芬的命運交響曲，與同學探討「人生如歌」的意義；又或透過介紹中國音樂，提升同學對祖國的認識；又或透過介紹世界各地戰曲，與年輕人探討戰爭遺禍。亦有同工分享，即使是為考試出一篇閱讀理解題，同工也會思考有關內容是否與生命教育有關，文章所講述的價值是否與學校的理念違背。由此可見，推動生命教育，不再是某個功能組別負責的項目；每位同工在思考教學策略時，已經會不期然地考慮如何將把生命教育的元素融入在其中。

除了教學外，學校在該階段嘗試設計生命教育的實踐活動和課外活

動。我們的活動設計主要以建立文化氛圍和學生互動為主，不會強行要求學生參與其計畫，而是透過鼓勵和建立平臺的形式，讓學生根據其意願參與活動，在活動中感受生命教育的氣氛。為了能持之以恆地對學生進行文化感染，所設計的活動盡可能與學生在校的日常生活聯繫，如與同學之間的互動，早會和班主任課。其中，關愛小組及關愛大使是促進同學之間互動的一個重要活動。

「關愛小組」並非要培訓學生成為解決同學情緒困難的輔導員，而是希望建立校園關愛文化。中一至中四所有同學均會編入關愛小組，一般以同班分組。而關愛大使則由同學自薦，並以選舉產生，經由老師培訓，負責關心所屬小組的同學。而中五至中六的同學，學校認為同學能自發、成熟的關顧同學，故不用強制性分組。在選擇關愛大使上，學校同樣有較大空間，容許學生連任，學生只要有意欲參與，老師便會讓學生成為關愛大使。

另外，學校會不定期推行有關生命教育的課外活動，如梁錦波校長曾推出「乒乓與人生」的活動，與學生打乒乓球，在教授有關運動技巧時，滲透生命議題。同時學校設立平臺，讓學生可以在老師進行生命分享時，寫上個人的看法，透過師生互相交流，反思人生價值。

除了校園外，家庭氣氛也能影響學生的生命成長。因此，我們視家長教育為學校推展生命教育重要的一環。

首先，學校會讓家長認識學校的理念，邀請他們參與其中。例如在中一新生會上，和家長分享學校「生命教育」的信念和當中的教學方向，希望家長初步瞭解學校的取向和策略。學校也期望家長能在不同的項目上參與，例如透過家長教師會，讓部分有意承擔學校工作的家長，參與學校生命教育的工作。另外，學校會鼓勵家長可與學生共同參與生命教育的活動，如前文提及「乒乓與人生」和生命教育日，家長的參與一方面可更認識學校在生命教育範疇的操作，另一方面也希望課堂能感染家長的生命。

為了將生命教育滲透在學校的各方各面中，學校成立了「生命教育組」，也邀請各部門分別負責一項有關生命教育的工作，也會安排家長教師會、訓導輔導組、生命教育組和基督教教育組共同構思生命教育課程的目標。在眾多部門中，我們特別重視與訓導輔導組的合作。生命教育組與訓輔組同樣擔當重要的崗位，前者負責制定課程，後者負責將學校的品德價值，制定成規條，處理學生個案。事實上，訓輔工作與生命教育課程設計有密不可分的關係；生命教育為學生品德定下標準，提供課程，讓學生思考價值，而訓輔工作則根據該標準，處理學校個案。若在學校體制中，課程設計和訓輔工作互不相關，甚至有所衝突，學校宣揚的價值便較難感染學生。例如，若學校課程推廣包容的文化，在訓輔工作上卻嚴厲處罰學生某些小過錯，如髮型問題，則可能會令學生難以感受和認同「包容」的關愛文化。

回顧第二階段的策略，生命教育以「滲透」為主，鼓勵以跨科跨組推動課程和活動。鼓勵各部門如家長和訓輔組，參與生命教育的工作。該階段的目的是將生命教育融入於學校整體文化中，讓學生不論在校園家庭生活、各科學習及接觸學校的各部門中，都感受學校所提倡的價值文化。

(三)第三階段——化繁為簡，建立校園文化

在第二階段後期，我們認為已達到預期目標。例如，即使學校管理層沒有指令要實踐生命教育，同工已經視德育為其教學責任，而在教學和擬寫試卷時，老師會有意識地嘗試結連德育內容。因此，學校打算深化第二階段的成效，不再刻意提出生命教育的口號。如在第一和第二階段時，學校每年制定一個主題，向學生和同工指出學校價值目標，但在第三階段，學校認為有關價值主題已內化在課程和校園氣氛中，不需要再刻意制定口號宣示。而且，發展至第三階段，我們有關生命教育的節目和活動

已十分足夠,亦已成功營造了生命教育之氛圍,為了減輕同學和老師的工作量,我們計畫刪減及簡化部分活動,將生命教育的意涵保留,從外圍環境的推動,深化為對每個學生的照顧。因此,班主任的班級經營在該階段的生命教育變得更為重要,因為他們對所任教班別學生的情況最清楚,也有更大空間和時間進行生命教育。不過,由班主任進行德育,不像課堂或活動般有既定程序和教學概念,更需要老師具有良好的生命素質,以及擅於教授品德價值的能力。故此,在第三階段,我們會減省生命教育的活動,加強老師生命素質的培訓,加深老師對生命的體會,強調有關教學技巧的掌握,讓他們作為班主任時,更能發揮德育的功能。

另外,我們希望學生可以得到更多前輩的關顧和指導,所以推行「師生結伴行計畫」及「培敦校友會師友計畫」,邀請非班主任導師及校友作為同學的夥伴,以小組形式,解答他們對人生的困惑及分享自己過往的人生經驗。

此外,生命教育需要環境的配合。因此,在建立校園文化上,除了提供軟體的支援外,學校也逐步開展硬體工作,進行有關德育的校園建設,如增設一部大型電視,透過播放聖經經文或生命雋語,為學生提供一個思考生命的空間。本校也進行外牆粉飾,校舍以白色為主,配以少量三元色線條,其中新翼外牆以三元色漆上「LIFE」字樣,提示學生熱愛生命,活出美好。此外,在「LIFE」旁亦加裝大型金屬十字架,配以射燈,表明本校校訓:「你們顯在這世代中,好像明光照耀,將生命的道表明出來。」為了讓學生瞭解老師和其他學生對生命的體會,我們建設了名為「生命的禮讚」的生命教育廊,主題包括希望、和諧、服事、勇氣、感恩,讓學生緩步欣賞師生的生命心聲,從而得到啟發。在教學支援的硬體上,學校設立了「生命教育資源中心」,供校內校外老師使用。

經過十多年的推行,學校仍不斷優化生命教育的課程。雖然該課程是從宗教教育演變而成,但重點在處理生命教育的重要議題,如在中一級教授何謂「生」,而在中六級探討何謂「死」,目的是將課程設計為人生

旅程，從生開始，瞭解親情、家庭、朋友的關係，做人處事的態度，最後則探討死亡，反思人生的價值。如**表26-2**可見，我們在中一級，會先讓學生認識自我及生命的起源（上帝），而在中二級則會推至其關係圈，如友情、愛情；在中三級則擴至倫理層面。同時採用螺旋式教學，如中一級瞭解生命價值，緊扣中六級從死思生的單元；中二級談友情、愛情，與中五級所論述的親情、友情和戀愛觀有關；各級單元概念互相緊扣，有利同學加深對有關價值的認識，同時老師可以配合學生的成長，對該概念進行更深入的探討。在教學策略上，我們以活動形式進行，讓學生能投入課堂，如透過有趣的故事，進行道德抉擇，及使用問卷評量生命素質。在初中的教學上，由於初中學生對處世準則未有清晰的定位，老師較多採用概念的陳述和引導性問題，目的在建立學生基本的品德價值。而在高中階段，學生相對於初中有更強的反思能力，教學上會以開放式提問為主，同學可自由表達對教學活動、歌曲和影片的看法，及分享自身經歷和對有關價值的意見，原因是高中學生有足夠的思維和表達能力，回答開放性問題，而且他們能以理性角度整理自身經驗和價值。在教材運用上，我們

表26-2　2014-2015培敦中學宗教及生命教育科中一至中六各單元

班級	單元一	單元二	單元三	單元四	單元五
中一	認識自己I	認識上帝I	認識上帝II	認識自己II	認識自己III
	單元六	單元七	單元八	單元九	
	家人與我	認識情緒I	認識情緒II	這是天父世界	

班級	單元一	單元二	單元三	單元四
中二	朋友仔	朋友仔？交往中？	耶穌是你的知心友	一
中三	講道德？講倫理？	生命優美素質	校園性騷擾知多少	一
中四	做個成熟的高中生	生命中的最愛	抉擇人生	一
中五	人生愛程	忠誠友情	談不完的戀愛	情殤
中六	做生命的管家	告別痛苦，選擇生命	出死入生	活在當下

盡可能選用與學生生活相關的教材，如流行曲及與中學生生活有關的故事，而且我們會採用聖經故事，作為引入，加深同學對基督教道理的認識。

總括而言，在第一階段，我們先推行生命教育的體驗課，在獲得老師和家長的認同後，才在第二階段逐步改變學校架構，例如成立「生命教育協調委員會」（生命教育組），並鼓勵老師透過跨科跨組教授生命教育。現時，培敦已定位為發展生命教育的學校，老師潛移默化地將價值概念滲入在其教學中，所以學校在第三階段化繁為簡，藉建立了的生命教育文化，讓老師柔性地展示自己生命素養即可。

三、生命教育的評估方式

在生命教育的評估上，一般學校傾向透過測量工具，如問卷與訪談，評估學生是否對生命教育的教學感興趣，及其價值態度會否因而轉變。我們認為成功的生命教育能長遠影響學生的品德發展，即使課程內容沒有在短期內改變學生的學習態度與品格，但若是學生日後在工作上，學校所教授的價值，能提醒他們處事為人，學校的生命教育便有成效。因此，我們較少運用短期性的測量方式，如以問卷方式，分析在接受課程後學生品格的改變。相反地，在評估課程的成效上，我們傾向邀請對發展生命教育較具經驗的同工，如生命教育科主任，或大專院校的有關人士，透過觀課、共同備課與反饋等方式，評估現有課程。雖然這種測量方式，較依賴評估同工和有關人士對生命教育課堂設計的知識和經驗，但較能測量課程的長期成效；而負責同工在教學時，不需過分關注課程的短期成效，可以根據學生的長期需要，採用較適合自身的教學方式，更有彈性地設計課程。

四、總結

　　雖然本校實施生命教育的成效，深受教育界認同，但在發展生命教育的路上，我們並非一帆風順。事實上，生命教育有別於其他學科——它沒有考試制度，難以評估其成效或向社會展示成果，所以在推動的早期，較難獲得外界支持與認可。而且由於外界對生命教育的成效，沒有客觀的指標，即使學校過去在生命教育下了不少工夫，但容易因個別學生不當行為，而質疑學校的德育成效。此外，雖然社會普遍支持學校推行品格教育，但主流仍以成績為重，不希望學科資源因德育而減少。雖然本校積極發展生命教育的目標，不常獲得外界的認同，但同工仍堅信生命教育的果效，並努力將學術知識與品德價值相連結，讓充滿內涵的年輕生命，親自向教育界證實生命教育的成效。

　　最後，回顧本校在推動生命教育的每一個階段，有不俗成績，除了因為兩岸三地有不少可作為我們參考借鏡的優質學校外，更重要的原因是同工們以學生為先的理念。正因負責老師認真看待學生的生命發展，才能觸動其他同工，感染家長，令學校有更多資源，發展更多元、更有助於學生成長的生命教育。學校充分肯定及欣賞老師們對生命教育的委身，並期望先驅們能薪火相傳，感染更多同工成為學生的生命師傅，孕育出更優秀、更堅毅的新生代。

參考書目

江浩民、李子建（2014）。〈香港學校生命教育的教學與評估：以六所學校的孝
親教學為例〉。《香港教師中心學報》，第13期，頁125-140。

香港教育學院（2014）。〈教院調查：近八成學校關注學生沉迷智能
手機與學生自理能力問題〉，檢自http://www.ied.edu.hk/web/news.
php?glang=tc&id=20140614

香港神託會培敦中學（2011）。《培敦中生命教育概覽：這些年，我們的生命足
印……2002-2011》，檢自http://www.pooitun.edu.hk/CustomPage/openInIFrame.
aspx?ct=customPage&webPageId=99&nnnid=137

孫效智（2001）。〈生命教育的內涵與實施〉。《哲學雜誌》，第35期，頁
4-31。

知行合一，同步向前——
香港教育學院執行「協助中／小學規劃生命教育計畫」的經驗

何榮漢、李子建、王秉豪、李璞妮、江浩民

在20世紀，各地以發展經濟與科技、與鄰國競爭為目標，教育成為商業社會培訓人才的機制。臺灣學者孫效智曾在21世紀初對當時的臺灣教育表達其深切的憂慮，認為工具理性被過分強調，人文教育教向則較為輕視，令人們成為只著重利益的工作機器，其中一些學生甚至視教育為獲得高薪厚職的工具：讀醫不是要懸壺濟世，而是以月入數十萬為目標；做工程不是為了建設國家社會，而是借執照賺錢等（孫效智，2001）。由於對生命反思不足，學童抗逆力低，不尊重他人、傷害自己和別人的情況日益嚴重。這些令人憂慮的趨勢，使社會各界意識到必須加強價值教育。面對社會和教育需要，如朱小蔓所言：「時代發展至今天，人們對於道德教育的重要性已經認識得愈來愈清楚。」（朱小蔓，2012，頁3）

　　香港教育學院宗教教育與心靈教育中心獲香港教育局委託，連續五年承辦「協助小學規劃生命教育計畫」[1]（2010-11學年、2012-13學年、2013-14學年、2014-15學年、2015-16學年），亦於2014-15學年和2015-16學年承辦「協助中學規劃生命教育計畫」[2]（這兩個計畫以下合稱「計畫」），幫助中小學開展、規劃和提升其生命教育課程。計畫主要包括三個子項，分別為生命教師專業課堂、臺灣生命教育學習團和學校支援，以及若干附加項目[3]。在下文，我們會以2015-16學年的計畫內容為主體，介紹香港教育學院宗教教育與心靈教育中心執行該計畫的經驗，期望可以透過此文，促進華人社會生命教育同行的交流。

一、計畫概覽

　　香港教育學院宗教教育與心靈教育中心獲教育局委託承辦「協助小學規劃生命教育計畫」和「協助中學規劃生命教育計畫」。至2015-16學年，中心已連續五屆承辦「協助小學規劃生命教育計畫」，累計有106所小學參與，占全港小學總數20.15%。「協助中學規劃生命教育計畫」方面，中心則是連續兩屆承辦，累計有47所中學參與，占全港中學總數9.8%。計畫主要分為三個子項（**圖27-1**），其定位如下：

1.教師專業發展課堂：理論基礎與香港本地良好經驗分享。
2.臺灣生命教育學習團：參訪學校和其他團體，借鑑先進的生命教育經驗。

---

[1] 以下簡稱「小學計畫」。

[2] 以下簡稱「中學計畫」。

[3] 此等項目未包括在香港教育局委託的範圍內，為香港教育學院宗教教育與心靈教育中心根據本地前線老師的需要而特別增設。

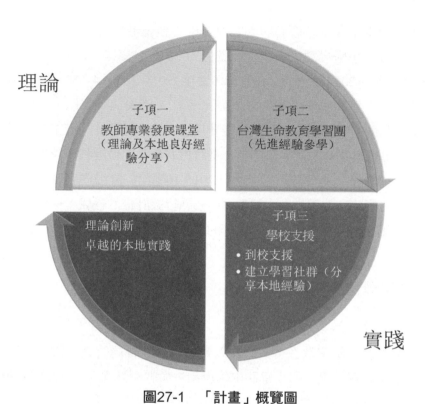

圖27-1 「計畫」概覽圖

3.學校支援：先導試驗與建立學習社群，分享本地經驗。

計畫目標在幫助學校從理論、良好的本地實踐及其他地區先進經驗等各方面認識生命教育，逐步開展校本實踐，繼而連結為學習社群，透過計畫團隊的到校支援與在學習社群中的互動，總結實踐經驗，修正理論，從而豐富本地的生命教育工作。這種良好的「理論—實踐」循環，有助提升本地生命教育專業社群（professional community）的素質。

二、教師專業發展課堂

　　如前文所述，教師專業發展課堂定位在理論和本地良好經驗的分享。本計畫團隊從香港學生的生命發展需要出發，參考華人社會其他地區（主要為大陸、臺灣），或是社經地位相近的國家（如美國、加拿大）的學生生命發展需要，與教師分享適合香港本地的生命教育理論及相應的實踐。該子項的內容主要透過講座、工作坊及學校參訪形式進行。講座／工作坊主要涉及生命教育的內涵、設計和教學策略，項目團隊同時邀請有關學校分享其個案。學校參訪活動則以參觀校園設置和參考學校教材為主。

　　以2015-16學年為例，教師專業發展課堂共32小時，各講題的時間分配如下：「生命教育的理論」及「生命教育的管理與組織」在中、小學各有4小時；在小學計畫中，以生命教育的課程為講題的講座／工作坊有16小時，而相關內容在中學計畫中為8小時；在中學計畫中，以學生支援為講題的講座／工作坊有16小時，而相關內容在小學計畫中為8小時。可見，在子項一，中學計畫與小學計畫的最大分別在於探討生命教育課程與學生支援的時間比重不同（**圖27-2**）。

　　上述差異主要是中小學生命教育的情況和需要有所不同。就計畫團隊所觀察，香港小學在編排課程和課節方面較有彈性，通常以發展學校已有的校本課程為重點，因而會著重於與課程有關的措施，如教學策略和評估等。例如，在小學計畫，除了單元式、主體課程輔以主題活動、非結構性課程，這三種不同課堂模式的對比外，計畫團隊還會邀請導師與前線老師分享三種不同的教學策略，包括戲劇教育、體驗活動及繪本，以具體說明生命教育的課程應如何進行。這一部分的分享與介紹在小學計畫有12小時，但相應的內容在中學計畫僅為4小時，只包括戲劇教育與體驗活動。有前述的設計安排是由於計畫團隊觀察到，香港中學需應對公開考

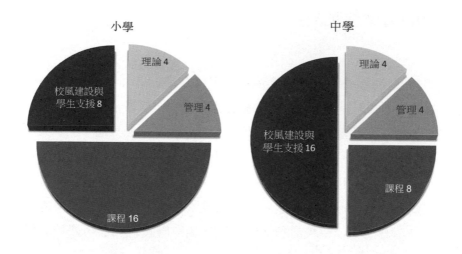

圖27-2　不同講題在中小學的時間分布對比圖（單位為時數）

試，課節的編排較緊張，所以傾向透過「文化建構」和「學生支援」向學生傳達生命價值的內涵。因此，中學計畫的課程會以校園文化建構和學生支援措施作為主幹，具體包括校園建設與生命教育文化氛圍建構、訓輔政策、班級經營及差異關顧、家長教育和生涯規劃等五個主題（**表27-1**）。

三、臺灣生命教育學習團

　　作為子項一的承接，臺灣生命教育學習團的學習主題仍由子項一所涵蓋的主題構成，包括生命教育的管理與組織、課程與教學、學生支援，但該子項定位在學習先進的生命教育經驗，目標是進一步拓闊學員的視野，令學員在規劃本校的生命教育時更有前瞻性，同時有較多的實踐可供參考。計畫團隊之所以會選擇臺灣作為參學目的地的原因，及在參訪安排上是如何因應香港生命教育的需要進行設置，將會在下文以2015-16學年的計畫為例詳述。

表27-1 教師專業發展課堂講題（2015-16學年）

課節	協助小學規劃生命教育計畫講題	協助中學規劃生命教育計畫講題
1	◎**生命教育的理念及時代需要** ➢生命教育的時代需要：本地、中國、國際經驗 ➢生命教育的主要內涵：「天、人、物、我」或「身、心、社、靈」 ➢生命教育的進行方式：知、情、意、行 ◎**主題演講：生命教育與青年人成長** ➢青年人成長問題，如抗逆力不足、自殺、負面情緒、自理能力低下、沉迷上網等回應方案	
2	◎**生命教育的課程及評估** ➢校本生命教育課程規劃模式（含正規課程及非正規課程，包括但不限於：科本或跨科教學、與功能組別協作、全校參與模式推行生命教育） ➢校本生命教育單元的設計 ➢校本生命教育主題單元、教學活動點子 ➢校本生命教育評估方案及評估工具介紹	
3	◎**生命教育的教學策略(I)：體驗學習** ➢理念 ➢教學實踐及成效評估	◎**生命教育的教學策略：體驗學習及解說／生命教育資源分享** ➢理念 ➢教學實踐及成效評估
4	◎**生命教育的教學策略(II)：戲劇教育及服務學習／生命教育的教學資源分享** ➢理念 ➢教學實踐及成效評估	◎**校園建設與生命教育文化氛圍建構**
5	◎**生命教育的教學策略(III)：繪本** ➢理念 ➢教學實踐及成效評估	◎**生命教育的學生支援(I)：生涯規劃及領袖培訓** ➢介紹配合生命教育的校風及學生支援措施，如生涯規劃、領袖培訓 •學生需要／理念 •實踐 •成效評估
6	◎**生命教育的學生支援(I)：班級經營及家長教育** ➢配合生命教育的校風及學生支援措施，如班級經營、家長教育等 •學生需要／理念 •實踐 •成效評估	◎**生命教育的學生支援(II)：班級經營及照顧差異** ➢介紹配合生命教育的校風及學生支援措施，如班級經營、照顧差異 •學生需要／理念 •實踐 •成效評估

（續）表27-1　教師專業發展課堂講題（2015-16學年）[4]

課節	協助小學規劃生命教育計畫講題	協助中學規劃生命教育計畫講題
7	◎生命教育的學生支援(II)：宗教、教務、訓輔政策／校園建設與生命教育文化氛圍建構 ➤配合生命教育的校風及學生支援措施，如宗教氛圍建構、教務政策調整、訓輔支援等 ・學生需要／理念 ・實踐 ・成效評估	◎生命教育的學生支援(III)：訓輔政策 ➤介紹配合生命教育的校風及學生支援措施，如訓輔支援 ・學生需要／理念 ・實踐 ・成效評估
8	◎生命教育的管理與組織 ➤辦學團體、校長、中層管理、基層教師在推動生命教育過程中的角色 ➤前沿研究分享：僕人領導 ➤生命教育的行動方案設計：項目規劃、執行與評鑑 ➤生命教育團隊組建、激勵及持守 　・組建學習社群	

　　若由1997年臺灣前教育廳提出在中學開展「生命教育」計畫算起，臺灣發展生命教育已近二十年，可謂是華人社會之先驅。臺灣生命教育學者對生命教育的概念和教學有豐富而獨特的見解，而且不少曾參與制定臺灣生命教育課程，熟悉前線的學校情況。由相關學者分享生命教育的理念，可幫助老師對生命教育理論的發展脈絡有更深入的理解。在學與教的策略上，本團隊已在教師專業發展課堂中，安排香港推動生命教育較成功的學校進行分享，但香港有關的實證研究甚少；而臺灣在生命教育的教學策略上，則有較豐富的實證研究。因此，學員在臺灣學者的分享中，透過其研究更能瞭解執行時需要考慮的要素，如事前引入、課節編排和如何應對學生反應等。現今香港與臺灣兩地在教育上交流密切，透過網絡與實體書店，香港前線老師要獲得臺灣生命教育相關的資料並不困難。但

---

[4] 該表整理自《「協助小學規劃生命教育計畫」（2015/16）課程手冊》與《「協助中學規劃生命教育計畫」（2015/16）課程手冊》。

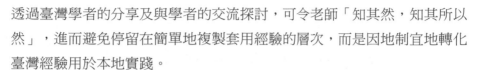
透過臺灣學者的分享及與學者的交流探討，可令老師「知其然，知其所以然」，進而避免停留在簡單地複製套用經驗的層次，而是因地制宜地轉化臺灣經驗用於本地實踐。

如前述，臺灣較早發展生命教育，相對於香港有較前沿的教學實踐。因此計畫團隊在子項二中，邀請臺灣的前線教育工作者，分享子項一所涉及的教學策略的創新實踐。以繪本為例，在子項一，計畫團隊於小學計畫已設置「繪本」講題。因目前香港在生命教育中的繪本運用，仍停留在單純地以繪本為教學材料的階段，故在子項二，計畫團隊安排學員參訪三之三國際文教機構屬下，位於臺北的花花姐姐親子‧故事體驗館。學員透過第三件事兒童故事劇場的互動式繪本故事戲場演示，瞭解繪本與戲劇互相結合的教學策略。同時該機構亦向學員介紹其規劃的各種與繪本相關的活動，如繪本畫畫班、繪本DIY、繪本作文班、繪本研習班等。是次參訪有助於拓寬學員對繪本教學應用的瞭解，令學員以後在選擇繪本作為其學校生命教育課程的教學策略時，更易制訂出有效的計畫，為繪本在日後教學中的多元運用提供可能。

學者歐用生指出，教師覺醒其文化人類學家敏感性，對自己進行質疑與考驗，覺察自己文化的不確定性，是教師專業成長的核心（歐用生，2013）。計畫團隊亦相信，當教師離開原有的文化環境，進入一個全新的文化空間，有利於教師自我反思與成長。上述的教師成長理念在參訪臺灣的項目設置中有所體現。在子項一，計畫團隊在中學計畫中設置了班級經營講題。計畫團隊希望學員透過臺灣之行，瞭解先進經驗之外，亦可經由空間轉換激起振盪，引發自我省思。故在子項二，計畫團隊邀請臺北松山高中的劉桂光（光哥）分享其班級經營的經驗。劉桂光以臺灣學者孫效智的「人生三問」[5]為基礎，在前線教育中實踐以建立一個「溫馨而具

---

[5] 「人生三問」具體指：人為何而活？應如何生活？又如何能活出應活出的生命？（孫效智，2001、2009）

成長動能的班級」為目標的班級生命教育。其班級經營重視學生人格與靈性的教養，將培養學生的重點放在學生關心他人的能力、思考生命課題的能力、生命實踐的行動力。例如透過撰寫「導師叮嚀」、「新年祝福」，在班級開展寫信（明信片）活動，培養學生關心他人、看到他人需要的能力。又透過「午餐約會」、「全班閱讀佳文」、在班會課程中共讀繪本／欣賞影片／時事討論等，培養學生思考生命課題的能力。同時注重服務學習，組織學生至偏鄉小學、老人養護院進行服務，帶領學生體驗如何從付出中體會生命的愛。

此外，部分臺灣學校視生命教育為辦學的核心，認為生命教育是統而不分的課程，其課程構思、校園設置及管理，均與教學文化和品德培養密切相關。參訪有關學校，能讓學員以參訪學校為參考對象，瞭解如何在全校層面統整生命教育。以小學計畫學員參訪的臺北市萬華區華江國民小學為例，該校以生命教育中的自然教育為特色，依託學校附近的華江雁鴨自然公園開發雁鴨校本課程，同時注重校園設施的營造，如翩逐香徑（蝴蝶步道）、總合治水、亮麗圍籬工程等。另外，臺灣亦有不少設計生命教育教材的機構，因臺港兩地共同的中華傳統文化背景，其出版物可供香港的生命教育前線老師借鑑、參考。例如前文提及的三之三國際文教機構，其屬下的三之三出版社就是以繪本為出版核心，以生命教育為繪本出版主軸。

上述子項一和子項二的內容，與子項三密切相關，構成訪校支援的主要理論來源與良好實踐參考。

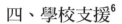
四、學校支援[6]

　　子項三的主要內容為計畫團隊四次訪校支援學校推行生命教育及學習社群的發展。學校支援的基本步驟，包括：(1)協助學校分析需要；(2)協助學校制定初步計畫；(3)參與和評估先導試驗，並作出反饋；(4)總結經驗，改善計畫。在學校支援中，計畫團隊將會根據子項一及子項二的內容，對學校提供支援。在子項一的最後部分，計畫團隊設置學習社群講題，並根據不同學校設計生命教育課程的方向，協助將4-6間學校組成一個學習社群。在子項三，團隊承接上述子項一的學習社群工作，透過舉行兩次群組活動發展學習社群，提升社群學習效能：中期分享定位在參與計畫學校間的分享，總結分享則定位在將本計畫的成果向香港生命教育同行推介。下文將透過分述每次訪校的不同焦點和支援範圍，以及兩次群組活動，詳盡地介紹該子項的內容。

　　第一次到校支援焦點：透過校情檢視及需要分析，確認發展方向。具體支援範圍包括：

1. 透過檢視情意及社交表現評估結果、持分者問卷統計數據、質素保證視學報告等，協助學校就其學生的成長需要進行需要分析。
2. 協助學校檢視過往開展生命教育工作的成果。
3. 協助學校建立／檢視發展生命教育的願景。
4. 協助學校確認未來的生命教育發展方向、規模和方式，從而擬定下學年生命教育週年計畫／目標。
5. 訂立支援時間表。

　　第二次到校支援焦點：討論下學年生命教育週年計畫。具體支援範

---

[6] 該部分整理自《「協助小學規劃生命教育計畫」（2015/16）課程手冊》與《「協助中學規劃生命教育計畫」（2015/16）課程手冊》。

圍包括：

1. 在支援前一星期，老師以電郵方式把下學年生命教育週年計畫發給支援團隊。

2. 學校支援團隊就生命教育週年計畫提出意見，例如：

   (1) 計畫是否針對學校／學生需要而作。

   (2) 計畫可行性（例如：計畫能否執行？有沒有其他更佳執行方法？有何預期困難？所需人手／資源如何？）。

   (3) 計畫的評鑑方式。

3. 協助學校從週年計畫中選出一個教學活動或項目作試驗。

第三次到校支援焦點：先導試驗。具體支援範圍包括：

1. 在到校支援前兩星期，校方把試行教學活動／項目的材料（如教材、教案、評估工具等）交支援團隊參考。如有需要，支援團隊將透過電話及電郵方式做出支援。

2. 支援團隊參與學校選定的試驗活動，記錄有關執行情況，並做出回饋。

第四次到校支援焦點：修訂下學年生命教育週年計畫。具體支援範圍包括：

1. 協助學校檢討試驗活動／項目的成效。

2. 協助學校根據試驗活動／項目經驗，評估日後舉辦同類活動的預期成效及可能限制，並嘗試提出解決／舒緩方案。

3. 協助學校修訂下學年週年計畫的建議。

第一次群組活動為學習社群群組中期分享。團隊為在子項一所建立的不同學習社群，分別籌辦一次中期分享會，分享學校間生命教育先導項目的經驗，以廣交流。主要分享焦點包括：

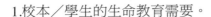

1.校本／學生的生命教育需要。

2.生命教育先導項目策劃如何回應校本／學生需要。

3.生命教育先導項目的執行。

4.生命教育先導項目的評鑑：成效及改善空間。

5.未來的生命教育發展方案的構思（週年計畫）等。

第二次群組活動由項目團隊為全體學員籌辦一次總結分享會，總結不同學習社群的經驗。分享方式包括：

1.展板導覽：20所夥伴學校將其學習成果以展板方式呈現，每所夥伴學校派出代表，為計畫學員／其他教育工作者作介紹。

2.專業學習社群分享：每個專業學習社群派出1～2所學校，就其校本生命教育計畫、試行過程及成果、反思等內容作深入分享。

五、附加項目

前文詳述的三個子項作為計畫的核心部分，主要關注生命教育的理論與實踐，以提升學員實踐生命教育的技巧為目標。但作為生命教育的前線工作者，學員的心靈也是非常重要的。就計畫團隊觀察，在近年的教育改革下，香港前線老師面對巨大的工作壓力。故除了作為三個子項的補充外，附加項目的另一重點是照顧計畫學員的心靈，令他們的壓力得以舒緩，心境詳和。所謂「人能弘道」，前線老師愈能活出生命的光彩，愈能成為學生生命教育的良好榜樣，也才能「以生命影響生命」。在2013-14年度，計畫團隊安排學員參訪西貢崇真天主教學校（中學部）。在是次附加項目中，學員觀摩該校的「明陣體驗課堂」，並進行觀課活動——中五級心靈教育課堂，最後與該校教師交流分享。2014-15年度，計畫團隊舉辦「西貢鹽田梓生命教育與心靈教育體驗之旅」。在鹽光保育中心的專題

導賞服務團隊的帶領下，學員分別體驗鹽田梓的宗教文化、靈修傳統與自然景色——在聖若瑟小堂中，玉帶橋上，百年老樟樹下，三百年活泉老井旁，反思生命。而在2015-16年度，作為前述三個子項的補充，計畫團隊則安排學員參訪香港寶血會培靈學校，觀摩老師如何令生命教育課堂中的師生互動更活潑及深入，讓學員觀察該校老師如何在體驗活動中，透過提問與解說，引導學生反思和沉澱課堂活動的體驗。

六、總結與展望

　　課程發展議會在《基礎教育課程指引——各盡所能・發揮所長（小一至中三）》（課程發展議會，2002）中提出學校加　組織和整體規劃的建議，並以此為課程方向。繼而於十二年後，在《基礎教育課程指引——聚焦・深化・持續（小一至小六）》（課程發展議會，2014）中，加大該部分的篇幅，提出學校整體課程規劃五階段，包括情境分析（階段一）、課程規劃與資源運用（階段二）、課程實施（階段三）、持續監察（階段四）和檢討與評鑑（階段五），這五個規劃階段依序形成一個循環。但在實際規劃過程中，學校不一定依此順序進行，也可因應各階段的實際情況或需要而回到某一個階段，重新進行部署。上述學校整體課程規劃的新理念，間接反映政府對香港教育的組織與管理，有更高的期望和目標。

　　本計畫的設計理念於第二屆「協助小學規劃生命教育計畫」時已初步形成，之後歷經數年的實踐與經驗總結，得以不斷完善，與上述五階段頗有不謀而合之處，即透過子項內及子項間的配合，形成良好的循環，從而不斷提升香港生命教育社群的素質。教師專業發展課堂、臺灣生命教育學習團和子項三中第一次到校支援，是對情境分析（階段一）的回應。計畫團隊與已進行系統理論學習的學校老師，透過各項評估以判斷學校所面

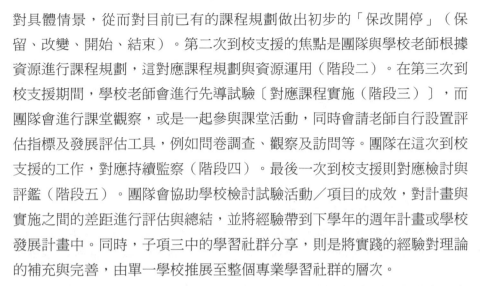

對具體情景，從而對目前已有的課程規劃做出初步的「保改開停」（保留、改變、開始、結束）。第二次到校支援的焦點是團隊與學校老師根據資源進行課程規劃，這對應課程規劃與資源運用（階段二）。在第三次到校支援期間，學校老師會進行先導試驗〔對應課程實施（階段三）〕，而團隊會進行課堂觀察，或是一起參與課堂活動，同時會請老師自行設置評估指標及發展評估工具，例如問卷調查、觀察及訪問等。團隊在這次到校支援的工作，對應持續監察（階段四）。最後一次到校支援則對應檢討與評鑑（階段五）。團隊會協助學校檢討試驗活動／項目的成效，對計畫與實施之間的差距進行評估與總結，並將經驗帶到下學年的週年計畫或學校發展計畫中。同時，子項三中的學習社群分享，則是將實踐的經驗對理論的補充與完善，由單一學校推展至整個專業學習社群的層次。

目前，計畫團隊已對超過百所香港中小學進行支援，協助培育生命教育、校本學生支援領域的教師。展望未來，計畫團隊期待可繼透過本計畫，幫助香港教師掌握課程整體規劃五階段的具體運用，令學校在發展和實施校本生命教育課程上，逐步達到2014年《基礎教育課程指引——聚焦‧深化‧持續（小一至小六）》在課程組織與管理上的期望與目標。

銘　謝

荷蒙香港教育局數年來資助「協助小學規劃生命教育計畫」和「協助中學規劃生命教育計畫」，讓香港教育學院宗教教育與心靈教育中心能加強參與香港生命教育的發展。在寫作過程中蒙童中樂先生協助校對引文、查找核實資料及整理文稿，作者在此一併謹致謝忱。

參考書目

朱小蔓（2012）。《關注心靈成長的教育——道德與情感教育的哲思》。北京：北京師範大學出版集團。

香港教育學院宗教教育與心靈教育中心（2015）。《協助小學規劃生命教育計畫（2015/16）課程手冊》，檢自https://tcs.edb.gov.hk/tcs/admin/courses/previewCourse/downloadFileForPortal.htm?fileId=76185&courseId=CDI020151207

香港教育學院宗教教育與心靈教育中心（2015）。《協助中學規劃生命教育計畫（2015/16）課程手冊》，檢自https://tcs.edb.gov.hk/tcs/admin/courses/previewCourse/downloadFileForPortal.htm?fileId=76186&courseId=CDI020151206

孫效智（2001）。〈生命教育的內涵與實施〉。《哲學雜誌》，第35期，頁4-31。

孫效智（2009）。〈臺灣生命教育的挑戰與願景〉。《課程與教學季刊》，12（3），頁1-26。

歐用生（2013）。〈教師是陌生人——「看見」不一樣的教師〉。輯於《「協助小學規劃生命教育計畫」（2013-2014）臺灣生命教育學習團團刊》，頁11-18。香港：香港教育學院宗教教育與心靈教育中心。

課程發展議會（2002）。《基礎教育課程指引——各盡所能・發揮所長（小一至中三）》。香港：香港教育局。

課程發展議會（2014）。《基礎教育課程指引——聚焦・深化・持續（小一至小六）》。香港：香港教育局。

生命‧死亡教育叢書 17

生命教育的知、情、意、行

主　　編／王秉豪、李子建、朱小蔓、歐用生
執行編輯／何榮漢、吳庶深、李漢泉、李璞妮

出版發行／揚智文化事業股份有限公司
發 行 人／葉忠賢
總 編 輯／閻富萍
特約執編／鄭美珠
地　　址／新北市深坑區北深路三段 260 號 8 樓
電　　話／(02)8662-6826
傳　　真／(02)2664-7633
網　　址／http://www.ycrc.com.tw
 E-mail ／service@ycrc.com.tw

版權所有／香港教育大學宗教教育與心靈教育中心
地　　址／香港新界大埔露屏路 10 號
電　　話／852-29488285
傳　　真／852-29488407
網　　址／http://www.eduhk.hk/crse/
 E-mail ／crse@eduhk.hk

 I S B N ／978-986-298-225-9
初版一刷／2016 年 6 月
定　　價／新台幣 680 元（港幣 167.5 元）

國家圖書館出版品預行編目（CIP）資料

生命教育的知、情、意、行 / 王秉豪等主編. --
初版. -- 新北市 : 揚智文化, 2016.06
面 ； 公分. --(生命.死亡教育叢書 ; 17)

ISBN 978-986-298-225-9(平裝)

1.生命教育 2.文集

528.5907   105005965